ANNUAL REPORT ON DEVELOPMENT OF THE SILK ROAD
ECONOMIC BELT:2018-2019

丝绸之路经济带发展报告

2018—2019

马莉莉 等◎著

中国经济出版社
CHINA ECONOMIC PUBLISHING HOUSE

·北京·

图书在版编目（CIP）数据

丝绸之路经济带发展报告 . 2018—2019 / 马莉莉等著 .
—北京：中国经济出版社，2020.3
ISBN 978-7-5136-6009-9

Ⅰ.①丝… Ⅱ.①马… Ⅲ.①丝绸之路—经济带—区域经济发展—研究报告—中国—2018—2019 Ⅳ.①F127

中国版本图书馆 CIP 数据核字（2020）第 014381 号

责任编辑	孙晓霞　曹　娅
责任印制	马小宾
封面设计	任燕飞设计工作室

出版发行	中国经济出版社
印 刷 者	北京富泰印刷有限责任公司
经 销 者	各地新华书店
开　　本	787mm×1092mm　1/16
印　　张	22.25
字　　数	460 千字
版　　次	2020 年 3 月第 1 版
印　　次	2020 年 3 月第 1 次
定　　价	98.00 元

广告经营许可证　京西工商广字第 8179 号

中国经济出版社　网址 www.economyph.com　社址 北京市东城区安定门外大街 58 号　邮编 100011
本版图书如存在印装质量问题，请与本社销售中心联系调换（联系电话：010-57512564）

版权所有　盗版必究（举报电话：010-57512600）
国家版权局反盗版举报中心（举报电话：12390）　服务热线：010-57512564

序：构建高质量丝绸之路经济带的新格局

2013年，为促进欧亚深入合作、造福沿线各国人民，中国国家主席习近平在哈萨克斯坦纳扎尔巴耶夫大学演讲时提出了共同建设"丝绸之路经济带"这一倡议。这条"新丝绸之路"在古丝绸之路概念上进一步扩展，在中国段形成了包括西北陕西、甘肃、青海、宁夏、新疆五省区与西南重庆、四川、云南、广西四省区市的经济发展区域。基于古丝绸之路的历史传承，新丝绸之路在实现打造对外开放升级版、创造开放红利、打开多元化战略大通道发展目标的同时，也对沿线地区产生了较强的正面作用，进而推动我国区域经济的协调化发展，促进了以先富地区带动后富地区的现代化经济体系建设。共建丝绸之路经济带倡议的推行对我国经济发展具有极为重要的意义，它不仅是建立在古丝绸之路上的国际经贸合作新平台，也是关乎经济安全、地区稳定与区域发展的重要中国方案。

考察丝绸之路经济带的建设机制及该倡议的实施绩效，可以发现，丝绸之路经济带倡议推行6年以来，已对中国段的沿线城市产生了积极的作用。而在这一倡议实施的下一阶段，应以开放战略、创新战略、协同战略、市场战略及品牌提升战略作为具体的发展方向，与推进西部大开发形成新格局这一战略形成政策合力，共同构建高质量丝绸之路经济带新格局。具体内容包括：

一是高水平开放战略。在丝绸之路经济带倡议推行的新阶段，应坚持对外开放这一基本国策，通过打造国际交流的新平台推动我国的高水平开放。就具体部署而言，应将"引进来"与"走出去"紧密结合，在经济全球化的时代背景下提升我国在全球经济中的地位，发挥比较优势推动本国经济的进一步发展。一方面，丝绸之路经济带这一倡议应通过引进高端人才、先进技术及科学的生产管理方法等提高资源配置效率，同时提高利用外资的规模与效率，通过"引进来"推动本国经济、制度等方面的进步。另一方面，在本国技术实力提升的基础上，也要通过丝绸之路经济带这一倡议的实施推动本国产品、文化的对外输出，通过国际合作与交流的加强扩大市场规模，进而推动我国经济的全球化发展，实现以开放促改革、促发展的丝绸之路经济带建设目标。

二是高质量创新驱动战略。这不仅包括科学技术的创新，也包括合作模式、体制机制及战略思想等创新内涵。从合作模式的创新视角出发，在丝绸之路经济带建设过程中，应以各国合作共赢、共建人类命运共同体为目标，通过合作模式的创新形成合理的利益共享与风险共担机制，进而深化国际合作，加强国家间贸易往来与政策沟通，在本国经济发展的同时发挥大国担当，惠及周边国家，推动共同发展。除此之外，也应通过吸收国际发展经验推动体制机制的创新与完善，为经济发展提供制度红利。在这一过程中，政府应以现代化经济体系为战略目标，统筹财政、货币等相关政策，以完善的法律制度作为战略支撑，形成政策合力推动丝绸之路经济带的建设与我国经济发展。而在经济发展的过程中，也应对战略思想的创新给予重视。新时代以来，我国的经济发展进入新常态，在此阶段，我国的经济增长速度由"高速"转为"平稳"。随着经济发展模式的变化，以习近平同志为主要代表的共产党人与时俱进，结合马克思主义与当代中国现状提出了新的理论，即习近平新时代中国特色社会主义思想。而在丝绸之路经济带的建设过程中，也应紧跟时代步伐，以习近平总书记提出的新发展理念为指导，以战略思想的创新推动经济的进一步发展。

三是高质量协同战略。丝绸之路经济带倡议需要沿线地区的协同合作，以协同促高质量发展，共同推进区域经济一体化。在丝绸之路经济带建设过程中，需要沿线各省份的协同配合，以其政策合力推动地区的高质量发展。一方面，考虑到丝绸之路经济带沿线区域存在较大的自然差异，其相应的战略方向也要因地制宜，发挥各地区比较优势，特别是丝绸之路沿线上节点城市的枢纽作用，将地区的资源优势、地理优势转化为经济优势，并通过优势互补实现资源配置的进一步优化与地区的协同发展。另一方面，需要考虑政策实施的连贯性与一致性，应从丝绸之路经济带倡议的整体视角出发，避免地方各自为战导致的资源配置低效率问题。而在这一过程中，丝绸之路经济带沿线地区应从发展的全局视角出发，在目标与规划统一、连贯的基础上实现区域一体化发展，推动丝绸之路经济带这一倡议实现其预期效果，进而推动西部乃至全国经济的高质量发展。

四是高质量市场战略。在丝绸之路经济带的建设过程中，应与国际接轨，深化市场机制改革，根据"市场主导、政府引导"的战略思路推动我国营商环境的优化，激发企业的竞争活力与企业家的创新精神。一方面，市场机制深化有利于政府与市场发挥各自的独特优势，进而推动市场效率的提高，并带动地区经济的高质量发展。特别在丝绸之路经济带这一倡议推动了市场规模扩展的前提下，与国际接轨的市场体制更有利于生产要素的自由流动与其配置效率的提高，进而对我国的经济发展产生正面作用。另一方面，在丝绸之路经济带建设过程中，公平、公正的营商环境有利于激发企业家的创新精神，进而以创新带动企业的高质量发展，也为企业优质品牌的打造奠定基础。随着我国经济的转型发展，现代化的经济体系建设对市场环境有了新的战略要求，而市场战略作为丝绸之路经济带建设的重要支撑，不仅对丝绸之路经济带沿线地区的经济发展具有重要意义，也是推动我国经济高质量发展的关键机制。

五是高质量品牌提升战略。通过优质企业品牌的打造推动我国经济全球化的进一步发展。新时代以来，面临经济发展的转型问题，习近平总书记提出了"中国产品"向"中国品牌"转变的先进指导思想，为我国企业的进一步发展提供了道路规划。特别在丝绸之路经济带建设过程中，随着国际交流的日益频繁，以品牌提升战略推进我国国际分工地位的提升已成为丝绸之路经济带这一倡议的关键战略。这一战略意味着企业应树立品牌意识，在保持产品高质量的同时提高产品附加值，进而通过优质国际品牌的打造树立中国品牌。以阿里巴巴为例，2019年9月19日，联合国环境规划署宣布，中国移动支付平台支付宝推出的"蚂蚁森林"项目获得联合国最高环保荣誉——"地球卫士奖"。阿里巴巴通过公益林项目为移动支付赋予了环保内涵，在全球范围内扩大了其品牌知名度，树立了优质的品牌形象，在推动企业进一步发展的同时也发挥了中国经济高质量发展中的企业担当。除此之外，丝绸之路经济带这一倡议的投资驱动机制未实现其预期效果，这一方面表明丝绸之路经济带这一倡议在具体实施过程中仍存在不足，需要系统规划和改进；另一方面也说明企业未充分发挥战略优势，缺乏吸引外商投资的国际竞争力。为切实发挥丝绸之路经济带的建设效果，应以品牌提升战略提高产品附加值，推动企业创新发展，以提高利用外商资本解决企业的融资约束问题，进而实现我国经济的高质量发展。

西北大学马莉莉教授主持编者的《丝绸之路经济带发展报告2018—2019》，是丝绸之路经济带系列发展报告的第五本，是我当年做经济管理学院院长时扶持起来的六大报告之一，这个系列报告经过连续5年的出版，已经非常成熟，形成了很大的社会影响。本报告以新时代高质量建设"一带一路"为主题，通过7章内容完成了深入系统地剖析，总体来看，该报告有以下几个特点。第一，以高质量建设"一带一路"为主题。依据全面开放新格局的建构生态，围绕重点任务，高质量建设"一带一路"的主要政策要点，包括建构战略制造群落核心支撑、发展层级区域生产网络平台服务中心市场、"多式联运港区城"支点建构方式、全球开放经济治理体系的循序建构等。第二，把丝绸之路经济带建设与大的区域政策相结合，例如，把丝绸之路经济带建设与东亚区域生产网络的功能升级、欧洲区域生产网络的扩展与欧亚协同、打造泛长江经济带战略重心区等区域政策相结合。第三，增加了实际案例分析。例如，郑州空港城市的建设实践、重庆多式联运港口城市的建设实践、爱菊多园联动的建设、粤港澳大湾区建设等。第四，保留了大事记风格。每一本都编写当年的大事记是《丝绸之路经济带发展报告》的特色，本报告仍然保留了这一风格，使得研究者容易把握整个发展过程。

总体来看，《丝绸之路经济带发展报告2018—2019》越来越成熟和规范，成为西北大学理论经济学的重要品牌，期望能够努力坚持，形成西大特色、形成西大风格、形成西大品牌。今天是2019年的最后一天，受主持人委托，是以为序。

西北大学研究生院院长

教育部人文社会科学重点研究基地

——中国西部经济发展研究院院长　任保平敬序

2019年12月31日

前　言

党的十八大以来，中国强力推进经济发展方式的转变；与此同时，以数字、网络、智能为核心的新一轮科技产业革命兴起，中美经贸摩擦频频带来外部环境和关系的深刻变革，为实现"一带一路"的可持续推进，转向"高质量建设"成为越趋重要的战略使命。

一、开创全面开放新格局的必要选择

目前，全球市场主要包括北美、欧洲和东亚，其中，东亚11国和地区2017年人口规模占到全球的近32%，GDP总量占比超过27%；制造业规模2016年占到世界比重的42.3%，其中，中国制造业2016年占比达25.5%，2018年继续攀升至28%；在国内，泛长江经济带的工业聚集占到全国的52%，华南地区占18%。可见，中国及东亚已聚集起全球规模效应最为巨大的生产制造群落及庞大的潜在消费能力，这为中国抓住新科技革命浪潮，充分利用北美、欧洲中心市场需求之外，更多依托东亚的市场潜力，重构生产、服务、消费体系，走上自主驱动的转型升级道路提供了可能。

在引领世界第三、第四轮长波过程中，美国快速崛起，并在"二战"以后通过主导国际治理体系建立、强化美元地位、深刻影响世界原油市场、利用军事力量控制世界运输通道等方式巩固全球首要权力地位。苏联解体后，俄罗斯整体实力大幅下降，大量地缘空间被美国、北约、欧盟等力量挤占。美国发动海湾战争、反恐行动、颜色革命等，大幅降低OPEC组织等对世界原油供应的影响力；页岩油技术的突破性进展，使美国在2013年大幅增加原油出口，2015年取消原油出口禁令，2018年从原油进口国转变为出口国，并在世界原油供应市场与沙特、俄罗斯三足鼎立。美国对世界能源供应的影响和控制力进一步攀升。

在科技领域，21世纪以来，外包非核心环节使美国出现产业空心化问题，发展核心环节一方面使美国仍然获得全球价值链的首要利益，但另一方面这些利益主要流向跨国公司、垄断集团，而普通蓝领成为这一国际分工方式的利益受损方。特别是美国采用吸引全球人才的方式补充高层次劳动力的供给，美国本土中低端劳动力未能通过技能培训转入新兴产业领域构成人力资源基础。由于数字、人工智能与制造、服务的结合需要基于实体经济的全球产业链融合，而缺乏一定规模的制造业基础，先进科技的融合和演进存在短板，因此，从制造业空心化到本土人力资源供给乏力，美国引领下一轮科技产业革命面临严峻挑战。

与此同时，经过40余年改革开放，中国经济实力虽有所提升，但主要是加工制造基地，国际分工地位仍然不高。然而，中国一方面集聚庞大的生产制造能力，另一方面是收入水平有所提高的大规模人口支撑着可观的消费潜力。面对新一轮科技产业革命，中国目前在人工智能领域的基础技术层不具有优势，但在应用技术层、应用场景等领域已表现出一定优势；特别是中国改革开放多年累积了强大的与产业集聚、城市开发相关的公共服务供给能力，为中国培育新兴产业创造有利条件。由此，无论是制造业基础，还是新兴科技应用规模和场景，以及政府的支持能力与协调行动力，中国在参与并融入新一轮科技产业革命中，具有可观的潜力。

全球地缘政治经济关系的实质性变迁，使中美两国关系面临考验。美国重返亚太、中美经贸摩擦、科技暗战等成为大国较量的突出表现。2018年4月，中国成为世界第一大原油进口国；2017年，中国、日本、韩国、印度四大亚洲工业国家占世界原油进口比重的55%。

这一系列内外形势决定，中国需要在充满时代机遇、同时地缘关系复杂多变的背景下创造条件，驱使转型发展与开放格局互动互促，保障国家发展大局和战略目标的顺利推进。

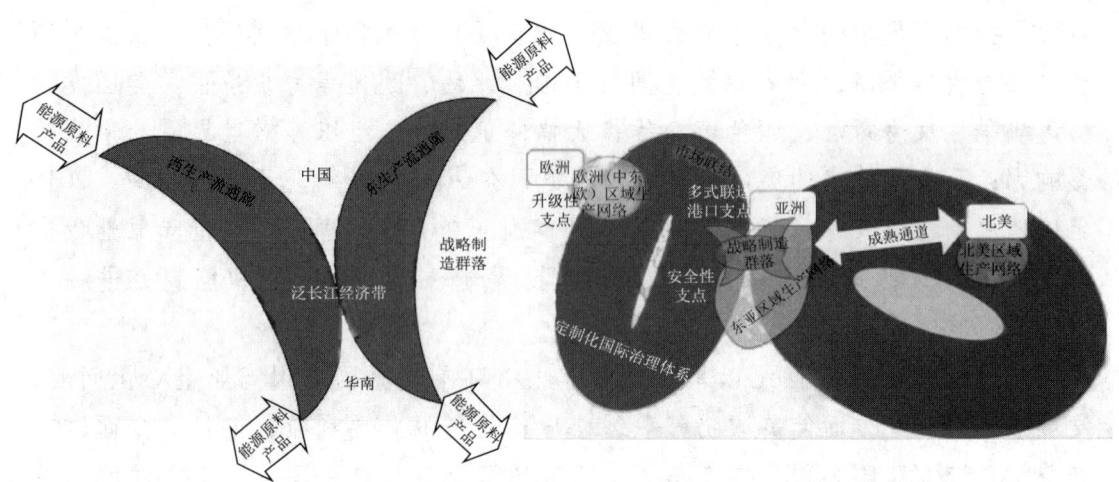

图0-1 "陆海内外联动、东西双向互济"全面开放新格局

在国内外经贸格局基础上，中国所需要推进的新型开放，是与转型发展共生演进的、适应其所需、定制化的、逐步建构与扩展的"陆海内外联动、东西双向互济"全面开放新格局。

其实质是，聚焦北美、欧洲、东亚中心市场，国内依托泛长江经济带、华南等战略制造群落作为核心支撑平台，创新公共治理，驱动新科技产业革命，联动东西两条生产流通廊，多元化能源原材料输入和产品输出，形成东西互济、内外联动的可持续发展生态；国外依托东亚、欧洲、北美等层级区域生产网络，敏捷服务中心市场，带动新兴国家工业化，保障能源原材料安全供应，服务于国内转型发展需要。这同时构建了世界消费市场、生产国、能源国、通道国之间命运相关、共生共荣的协同发展与开放合作格局。

二、高质量建设"一带一路"的内涵

由于中国及东亚等产业聚集区转型发展有一个过程，全面开放合作耗资巨大、挑战众多，因此，"陆海内外联动、东西双向互济"全面开放新格局是一个与转型发展共生联动的循序建构过程，"高质量建设'一带一路'"——驱动新科技革命背景下更大范围地区的命运联结和可持续发展是宗旨和目标所在。

在转型发展与开放协同原理的指导下，高质量建设"一带一路"需要更多地激发市场配置资源的作用，也就是集聚市场需求、驱使生产规模化发展，继而分工深化，实现参与方的产业演进。由于再生产所需市场、交易工具、能源要素的区域分布不同，受地缘关系影响，以及中心地与分工网络具有共生演化和空间关联关系，因此，"中心市场+区域生产网络+战略制造群落核心区域+差异化支点+高速通道+定制化国际治理体系"构成推进全面开放新格局成型的市场化运作机制。

第一，中心市场提供主要需求源。

第二，区域生产网络具有生产集群的规模经济效应，是服务于中心市场的重要生产支撑平台。

第三，在新科技革命趋势下，战略制造群落核心区域提供国家转型升级的基础性支撑。

第四，由于欠发达地区有可能发展异质产品产业链及关联产业链、创新内外公共服务，嵌入全球分工体系并奠定自身地位，因此，主要依据所集聚产业的属性、与所辖分工网络的关联特征、在开放建设中肩负不同使命的集聚中心，属于差异化战略支点，如升级性支点、发展性支点、安全性支点。它们的建设有利于促使集聚效应形成、规避投资于过多地区的风险、辐射引领周边地区。

第五，以差异化支点作为吞吐枢纽，支撑起开放市场互联互通的高速通道，为驱动内外开放市场的一体化创造硬件设施。

第六，从差异化支点、区域生产网络、高速通道等不同层面需要出发，建构定制化国际治理体系，由此提供开放市场一体化的软件设施。软硬件设施的建设，有利于能源、要素、技术、人员、产品、服务等的双向流动。

由于差异化支点、高速通道、定制化国际治理体系等不同组成部分建构难度各异，需要由易到难、从可操作性强到可操作性弱来循序推进。首先，在地缘关系复杂的形势下，需要由内而外驱动全面开放格局的建构。也就是依托战略制造群落核心支撑区和东亚区域生产网络，通过公共治理创新，强化与中心市场的互联互通，实现"中心市场—核心和主导区域生产网络平台"的一体化，由此促进新科技产业革命兴起，并通过吸纳进口，扩大外向合作。其次，依托层级区域生产网络平台和差异性支点，建构陆海联动的高速通道。差异性支点主要提供能源、产品、资金等不同要素或商品流动的门户或枢纽，由此支撑起定制化的高速通道。再次，加快推进数字网络建设，利用现代信息科技降低互联互通的成本，充分利用"长尾"市场效应，即使在经济发展和收入水平均较低的国家或地区，仍尽最大规模集聚消费需求，为模块网络化新兴生产方式运转提供拉动力。最后，与不同国家和地区签署定制化的经贸协议等，由此创新国际治理体系，为全面开放新格局建构提供软件保障。

三、高质量建设"一带一路"的政策要点

依据全面开放新格局的建构生态，围绕重点任务，高质量建设"一带一路"的主要政策选择包括以下几个方面：

第一，建构战略制造群落核心支撑。在新兴市场开发存在难度的背景下，充分利用全球现有消费市场，驱动可推动性强的地区率先发展事关重要；泛长江经济带和华南地区是中国发展基础最好、产业与人口集群效应最为显著的区域，从公共治理创新出发，建构多式联运互联互通环境，提高贸易便利化、投资便利化和营商便利化程度，以智慧城市群落建设为抓手，驱动战略制造群落的新科技产业革命引领功能；进而对进口吸引、出口提质增效、货币国际化等提供需求支撑，以撬动全面开放新格局的自组织建设。

第二，发展层级区域生产网络平台服务中心市场。东亚已成为全球最主要的生产聚集区，产生的整体规模效应显著；以东亚为主导，能够为中心市场周

边生产网络运作提供有力支撑。由于敏捷响应的要求，具有大规模消费能力的中心市场需要周边生产网络提供快销产品和服务供给；且生产与消费的循环互动，才可能驱动生产可持续运转。由此，以东亚区域生产网络为主导，对接近中心市场的区域生产网络，再联结中心市场，能够有力驱动模块网络化发展机制运作及产生分工深化和效率提升的资源配置效应。

第三，布局差异化支点。伦敦、新加坡，以及中国香港和上海等是服务于内外生产体系转型发展的升级性支点，以助推人民币国际化和促进双向投资为首要功能；四川、重庆、陕西、亚非拉发展中国家的城市，是启动或提升工业化的发展性支点，通过治理创新，聚集异质产业，促进产业集聚，辐射带动周边地区，是建设的主要内容；一些地区或提供重要的能源产品，或位于关键的运输通道，它们构成支撑全面开放新格局建设的安全性支点。不同支点的建设内容与方式不同，需要差异化推进。

第四，"多式联运港区城"支点建构方式。支点建设除实现功能各异的发展目标之外，最重要的使命在于提供全面开放新格局下内外一体化大市场建设的流通支撑。只有联结消费的流通实现规模化，才能为生产聚集提供可能；在条件薄弱基础上促进规模化集聚，需要公共服务的供给与支撑；三者规模化联动是集聚系统得以建构的必要方式和途径。由此，将要素和商品规模化吞吐的平台或通道称为"港口"，促进再生产循环规模化联动的公共服务聚集平台或空间载体称为"园区"，生产及其关联行为主体——人口的规模化聚集形成"城市"，因此，需要以"港区城"联动的方式来推进支点建设。利用海港、陆港、空港等多种流通平台以提高流通能力，即形成"多式联运港区城"支点。

第五，陆海高速联通网络建设。以区域生产网络平台、支点和市场为依托，构建陆海空网多式联运高速联通网络，既提供硬件基础设施，又确保货、人、资金、信息等能够"成流"，互相累积循环，得以建构、夯实产生运输规模经济效应的"枢纽—网络"高速通道格局。其中，中欧班列是陆路联结的新兴方式，国内各班列寻求差异化定位和功能协同却有必要；陆路与海洋通道的有机整合，也能提高对全面开放新格局的整体服务水平。

第六，开发开放联动新体制的创建。规模化集聚对全流程开发开放服务产生需求。生产涉及产前、产中、产后全部流程，其中，产前、产后环节要求要素、商品流动便利，产中环节要求要素供应、上下游对接、经营便利等得到保障，并且，全流程只有紧密连接，才能促使生产循环往复并形成集聚。由此，为了便利全流程运作及其连接，其一，需要提供开放服务，包括多式联运港系统为硬件联通设施，贸易与投资便利化及促进政策是软件联通设施，服务于要素和商品的自由流动；其二，需要提供开发服务，包括空间的布局合理、内部交通便利、营商环境便利化、拥有法律制度保障等优良的市场环境与设施，服务于生产经营的聚集；教育、医疗、卫生等公共服务供给为人力资源开发、要素供给提供支撑，继而促进集聚；其三，强化系统协调，以确保公共服务彼此协调，共同保障生产经营的全流程顺畅运转。即为了促使集聚规模化，有必要提供全流程定制化开发开放服务，创建开发开放联动新体制。并且，在满足异质公共服务需求过程中，有必要依据模块网络化原理，通过公共服务供给流程模块分解、网络联结的方式进行组织创新。

第七，全球开放经济治理体系的循序建构。推进全面开放新格局是一项系统工程，需要微观企业、社会机构、地方政府、主权国家、国际组织等各层面主体参与共建，既需要切实的局部推进，又需要强化整体联结，以驱使再生产循环持续往复。从所需要的国际公共服务来看，主要包括促进支点之间市场一体化、要素与商品便利流动的硬件互联互通设施，即高速通道体系建设，以及为此提供便利化环境的软性互联互通设施，即双边或多边经贸协议及政策体系；既包括服务于市场主体跨国运作的资金融通、国际人才培养等公共要素供给，提供市场环境和条件的软硬件公共基础设施建设，帮助投资决策的信息咨询及促进服务，以及出现国际争端时的仲裁、应对和外交协调服务等，还包括服务于各层面参与主体的沟通交流、顶层设计与系统协调等。面对差异化、定制化国际公共服务需求攀升的形势，有必要根据所需要服务的国际公共性程度，由不同范围主体共商共建，通过成立正式或非正式国际协议及组织的方式，创新供给机制，促进专业化分工和合作，提高供给效率。在国际公共服务供给过程中，国别政府及国际机构担任重要的协调主体角色，北京、上海、香港、西安、海南等信息发达与沟通便利的地区在国际协调实践攀升过程中，可以建构为国际治理平台或中心，成为参与国际公共服务供给的独特专业性环节。

目 录

序：构建高质量丝绸之路经济带的新格局

前 言

第一章　高质量建设"一带一路"的形势与路向选择 …………… 1

　第一节　共建"一带一路"的形势变化 ……………………………… 1
　　一、模块网络化生产方式继续深化发展 …………………………… 1
　　二、新科技产业革命蓬勃兴起 ……………………………………… 2
　　三、中美经贸摩擦频现 ……………………………………………… 4
　第二节　新时代高质量建设"一带一路"的使命 …………………… 8
　　一、新时代地缘经济格局的变迁 …………………………………… 8
　　二、高质量建设"一带一路"的时代要求 ………………………… 11
　　三、高质量建设"一带一路"的宗旨与任务 ……………………… 14
　第三节　高质量建设"一带一路"的路向选择 ……………………… 18
　　一、围绕"流通"展开的经济理论及其局限性 …………………… 18
　　二、转向"再生产循环相统一"的"集聚系统论" ……………… 22
　　三、基于"集聚系统论"的"一带一路"建设思路 ……………… 26

第二章　联结市场与建设区域生产网络支撑平台 …………………… 30

　第一节　层级市场与区域生产网络平台的联动体系 ………………… 30
　　一、新科技产业革命趋势下的层级市场与区域生产网络的联动机制 …… 30
　　二、聚焦中心市场与联结区域市场 ………………………………… 32
　　三、建构层级区域生产网络 ………………………………………… 37
　第二节　东亚区域生产网络的功能升级 ……………………………… 43
　　一、东亚区域生产网络的深化发展 ………………………………… 43
　　二、中国在东亚区域生产网络中的困境及贸易结构调整 ………… 49
　　三、东亚区域生产网络面临的挑战及升级调整方向 ……………… 53
　第三节　欧洲区域生产网络的扩展与欧亚协同 ……………………… 57

一、西北欧生产网络的下滑 ························· 57
　　二、中东欧生产网络的承接 ························· 63
　　三、欧亚生产网络的协同发展 ······················· 72

第三章　打造泛长江经济带战略重心区 ··············· 81

第一节　泛长江经济带作为战略重心区的背景与形势 ··· 81
　　一、长江经济带发展背景及其延伸 ··················· 81
　　二、泛长江经济带有力支撑中国开放与发展 ··········· 87
　　三、腹地扩张助推泛长江经济带崛起 ················· 94

第二节　泛长江经济带承载新型功能的资源条件 ······· 98
　　一、区位优势明显且多式通达 ······················· 98
　　二、生态资源丰富提供产业承载基础 ················· 103
　　三、丰裕的人才储备具备支撑科技创新的潜力 ········· 105
　　四、泛长江经济带形成多层次的产业腹地 ············· 108

第三节　全面开放新格局下战略重心区的建设选择 ····· 115
　　一、建设泛长江经济带战略重心区的必要性 ··········· 115
　　二、全面开放新格局下战略重心区的使命与功能 ······· 116
　　三、推进泛长江经济带战略重心区建设的举措 ········· 120

第四章　拓展差异化功能性支点及高速通道 ··········· 124

第一节　建设粤港澳大湾区升级性支点体系 ··········· 124
　　一、粤港澳大湾区研究思维的局限性 ················· 124
　　二、粤港澳差异化分工基础 ························· 126
　　三、区域发展动力的逆转及建构分立式协作的粤港澳支点体系 ··· 136
　　四、粤港澳升级性支点体系的多层次建构方式及其属性 ··· 141

第二节　打造陕西为支撑泛长江经济带的发展性支点 ··· 146
　　一、陕西参与"一带一路"建设的实效 ··············· 146
　　二、陕西融入并支撑泛长江经济带的必要性 ··········· 149
　　三、陕西建构发展性支点的路向选择 ················· 153

第五章　创建"多式联运港区城"支点及高速通道 ····· 158

第一节　创新"多式联运港区城"支点建设模式 ······· 158
　　一、海港城市的历史演进及其启示 ··················· 158
　　二、融入治理的"港区城"模式兴起 ················· 162

三、创新"多式联运港区城"支点建设模式及通道建构 ………… 165

第二节　郑州空港城市的建设实践 ……………………………………… 169
　　一、郑州建设空港城市的背景与历程 …………………………… 169
　　二、郑州航空港的建设进展 ……………………………………… 172
　　三、郑州空港园区建设及产业聚集 ……………………………… 175
　　四、郑州空港城市的兴起及互动效应 …………………………… 178
　　五、郑州空港城市支点建构及助推"一带一路"建设的作用 …… 181

第三节　重庆多式联运港口城市的建设实践 …………………………… 184
　　一、重庆多式联运港的建设 ……………………………………… 184
　　二、重庆的园区配套及产业聚集 ………………………………… 186
　　三、重庆多式联运港口城市的兴起及互动效应 ………………… 189

第四节　支点城市与中欧班列的联动发展 ……………………………… 193
　　一、中西部支点城市开通中欧班列及其运行 …………………… 193
　　二、中欧班列的陆路通道建构 …………………………………… 197
　　三、中欧班列运行对中西部支点城市的经济影响 ……………… 201
　　四、支点城市中欧班列运行存在的问题及改进措施 …………… 202

第六章　推进国际产能合作园区建设 …………………………………… 205

第一节　国际产能合作园区的拓展空间 ………………………………… 205
　　一、国际产能合作园区的建设原理 ……………………………… 205
　　二、国际产能合作园区建设的必要性 …………………………… 207
　　三、国际产能合作园区建设的可行性 …………………………… 208
　　四、国际产能合作园区的建设模式 ……………………………… 211
　　五、我国国际产能合作园区存在的问题及其原因 ……………… 213
　　六、发挥国际产能合作园区作用的政策建议 …………………… 221

第二节　中白工业园的建设与发展选择 ………………………………… 223
　　一、中白工业园建设的背景与条件 ……………………………… 223
　　二、中白工业园建设的历程与进展 ……………………………… 226
　　三、中白工业园的发展模式 ……………………………………… 227
　　四、中白工业园建设经验、挑战及发展选择 …………………… 231

第三节　爱菊多园联动的建设与发展选择 ……………………………… 234
　　一、爱菊集团创建多园联动模式的背景与动因 ………………… 234
　　二、爱菊集团多园联动的运作方式 ……………………………… 236
　　三、爱菊集团多园联动的挑战与发展选择 ……………………… 238

第七章　建构国际经济治理体系 … 241

第一节　国际经济治理体系的建构方式 … 241
一、需求拉动的定制化供给及治理体系建构方式 … 241
二、高质量推进"一带一路"实践建构国际公共服务需求 … 243
三、高质量建设"一带一路"的定制化国际公共服务供给 … 244
四、层级网络国际治理体系的建构 … 246

第二节　拓展定制化经贸协议网络 … 248
一、定制化经贸协议网络的分布 … 248
二、东亚的经贸协议网络 … 249
三、中国与中东欧国家经贸协议 … 252
四、联动中心市场国家的第三方市场合作机制 … 254

第三节　多元组织协同供给国际公共服务 … 256
一、提高国际话语权与促进共识 … 256
二、公共要素供给服务 … 258
三、信息服务与纠纷解决 … 261

第四节　打造功能性国际治理中心 … 264
一、打造功能性国际治理中心的必要选择 … 264
二、顶层决策与国际治理中心——北京 … 266
三、"一国两制"联动支撑的国际交往中心——粤港澳大湾区 … 268

大事记 … 272

附　记 … 327

CONTENTS

Preface ··· 1

Chapter 1　The situation and path selections of high-quality

　　　　　　Belt and Road Initiative ·· 1

　1.1　Situation Changes ofthe Belt and Road co-construction1 ·························· 1

　　　1.1.1　Module production continues to deepen ·· 1

　　　1.1.2　The thriving development of new technology industry revolution ·········· 2

　　　1.1.3　China-US trade frictions become frequent ···································· 4

　1.2　Missions of high-quality Belt and Road Initiative in the new era ················· 8

　　　1.2.1　Changes in the geo-economic pattern in the new era ······················· 8

　　　1.2.2　Time requirements of high-quality Belt and Road Initiative ············· 11

　　　1.2.3　The purpose and task of high-quality Belt and Road Initiative ········· 14

　1.3　The path selections of high-quality Belt and Road Initiative ····················· 18

　　　1.3.1　The economic theory centering on " circulation"
　　　　　　 and its limitations ·· 18

　　　1.3.2　"Agglomeration system theory" focusing on " unification
　　　　　　 of reproduction cycle" ··· 22

　　　1.3.3　Ideas of " the Belt and Road" Initiative Based on
　　　　　　 "Agglomeration System Theory" ·· 26

Chapter 2　Market connecting and regional production network

　　　　　　support platform building ·· 30

　2.1　Linkage system of hierarchical market and regional
　　　　production network platform ··· 30

　　　2.1.1　Linkage mechanism of hierarchical market and regional production
　　　　　　 network under the tendency of new technology industry revolution ······ 30

2.1.2 To focus central market and to connect regional market ……… 32
2.1.3 To construct hierarchical regional production network ………… 37
2.2 Functional upgrade of regional production networks in East Asia ……… 43
    2.2.1 Deepening development of regional production networks in East Asia ……………………………………………… 43
    2.2.2 China's Dilemma in Regional Production Networks in East Asia and Related Adjustment of Trade Structure ……… 49
    2.2.3 Challenges faced by regional production networks in East Asia and the direction of upgrading and adjustments ……… 53
2.3 Expansion of production network in Europe and Eurasian synergy ……… 57
    2.3.1 Decline in production network in Northwestern Europe ……… 57
    2.3.2 Acceptance by production networks in Central and Eastern Europe … 63
    2.3.3 Synergistic development of Eurasian production network ……… 72

Chapter 3 To build the key strategic area of the Pan-Yangtze River Economic Belt ……………………………………… 81

3.1 Background and situation of the Pan-Yangtze River Economic Belt as key strategic area ……………………………… 81
    3.1.1 Developmentbackground and extension of the Yangtze River Economic Belt ……………………………… 81
    3.1.2 The Pan-Yangtze River Economic Belt strongly supports China's reform and opening up and development ……… 87
    3.1.3 Hinterland expansion boosts the rise of the Pan-Yangtze Economic Belt …………………………………… 94
3.2 Resource Conditions for Carryingout New Functions in the Pan-Yangtze River Economic Belt …………………………… 98
    3.2.1 Obvious location can offer multimodal linkage ……………… 98
    3.2.2 Abundant ecological resources can provide solid industrial foundation ………………………………… 103
    3.2.3 Rich talent pool boasts the potential to support scientific and technological innovation ………………………… 105
    3.2.4 The Pan-Yangtze River Economic Belt has formed a multilevel industrial hinterland ………………………… 108
3.3 Constructionstrategy of the key strategic area in the new context

  of the all-round opening up ········· 115
  3.3.1 The necessity of building a key strategic area of the Pan-Yangtze Economic Belt ········· 115
  3.3.2 The mission and function of the key strategic area in the new context of the all-round opening up ········· 116
  3.3.3 Measures topromote the construction of the key strategic area of the Pan-Yangtze River Economic Belt ········· 120

Chapter 4 Expanding the Functional Fulcrum of Differentiation ········· 124

4.1 To establish an upgrading fulcrum system for Guangdong-Hong Kong-Macao Greater Bay Area ········· 124
  4.1.1 Limitations of research thinking in the Guangdong-Hong Kong-Macao Greater Bay Area ········· 124
  4.1.2 The basis of Guangdong, Hong Kong and Macao differentiated division of labor ········· 126
  4.1.3 Reversal of Regional Development Motivation and Construction of a Discrete-Cooperative Guangdong-Hong Kong-Macao Fulcrum System ········· 136
  4.1.4 Multi-level construction mode of Guangdong-Hong Kong-Macao upgraded fulcrum system and its attributes ········· 141

4.2 To build Shaanxi as the development fulcrum to Support the Pan-Yangtze River Economic Belt ········· 146
  4.2.1 The effectiveness of Shaanxi's participation in the Belt and RoadInitiative ········· 146
  4.2.2 The necessity of Shaanxi to integrate and support the Pan-Yangtze River Economic Belt ········· 149
  4.2.3 The path selection of constructing developmental fulcrum in Shaanxi ········· 153

Chapter 5 To establish the fulcrum and high-speed passage of a "multimodal port city" ········· 158

5.1 Innovation" multimodal transport port city" fulcrum construction mode ········· 158
  5.1.1 Historicalevolution and inspiration of seaport cities ········· 158

    5.1.2　The popularity of the " port city" model that integrates with governance ……… 162

    5.1.3　The innovation of fulcrum construction mode and channel of the "multimodal transport port city" ……… 165

5.2　Constructionpractice of Zhengzhou Airport City ……… 169

    5.2.1　Background andcourse of the construction of Zhengzhou Airport City ……… 169

    5.2.2　Constructionprogress of Zhengzhou Airport City ……… 172

    5.2.3　Construction of Zhengzhou AirportIndustrial Park and its industrial clusters ……… 175

    5.2.4　The Rise of Zhengzhou Airport City andits interactive effect ……… 178

    5.2.5　The fulcrum construction of Zhengzhou Airport City and its Role in promoting the Belt and Road Initiative ……… 181

5.3　Constructionpractice of Chongqing Multimodal Transport Port City ……… 184

    5.3.1　Construction of Chongqing Multimodal Transport Port ……… 184

    5.3.2　Chongqing´sindustrial park facilities and its industrial clusters ……… 186

    5.3.3　The rise of Chongqing´s Multimodal Transport Port City and its interactive effect ……… 189

5.4　Interactive development between fulcrum cities and the CR express ……… 193

    5.4.1　Fulcrum cities in central and western China have opened CR express lines and their operation ……… 193

    5.4.2　Construction ofland passage of the CR express lines ……… 197

    5.4.3　Economicimpact of the CR express Operation on Fulcrum Cities in Central and Western China ……… 201

    5.4.4　Operation problems of the CR express lines in fulcrum cities and improvement measures ……… 202

Chapter 6　To promote the construction of International Production Capacity Cooperation Park ……… 205

6.1　The expansion space of International Production Capacity Cooperation Park ……… 205

    6.1.1　Construction Principles of International Production Capacity Cooperation Park ……… 205

    6.1.2　The necessity of International Production

     Capacity Cooperation Park ……………………………………… 207

  6.1.3 Construction feasibility of International Production

     Capacity Cooperation Park ……………………………………… 208

  6.1.4 Construction mode of International Production

     Capacity Cooperation Park ……………………………………… 211

  6.1.5 Problems existing in China's International Production

     Capacity Cooperation Park and its reasons ………………………… 213

  6.1.6 Policy Suggestions on giving full play to the role of

     International Production Capacity

     Cooperation Park ……………………………………………………… 221

6.2 Construction and development options of the

  China—Belarus Industrial Park ……………………………………………… 223

  6.2.1 Background and conditions for the construction of the

     China—Belarus Industrial Park ………………………………… 223

  6.2.2 The History and progress of the construction of the

     China—Belarus Industrial Park ………………………………… 226

  6.2.3 Development pattern of the China—Belarus Industrial Park ………… 227

  6.2.4 Construction experience, challenges and development

     options of the China —Belarus Industrial Park ……………………… 231

6.3 Construction and development options of Aiju's Multi-Park linkage ………… 234

  6.3.1 The background and motivation of the establishment of Aiju's

     Multi-Park linkage mode ……………………………………………… 234

  6.3.2 The operation of Aiju's Multi-Park linkage …………………………… 236

  6.3.3 Challenges and development options of Aiju's

     Multi-Park linkage …………………………………………………… 238

Chapter 7 To construct international economy governance system …………… 241

7.1 The constructing method of the international economy governance system …… 241

  7.1.1 The customized supply driven by demand and the

     construction of governance system ……………………………………… 241

  7.1.2 The international public service demand constructed by the

     promoting high-quality Belt and Road practice …………………… 243

  7.1.3 The customized international public service supply of high-quality

     Belt and Road Initiative ……………………………………………… 244

- 7.1.4 The construction of the hierarchical international governance network system ······ 246
- 7.2 The broaden of customized international economy and trade agreement network ······ 248
  - 7.2.1 The distribution of customized international economy and trade agreement network ······ 248
  - 7.2.2 The economy and trade agreement network in East Asia ······ 249
  - 7.2.3 The economy and trade agreement signed by China and Central and Eastern European Countries ······ 252
  - 7.2.4 Third-party market cooperation mechanism ganging up with central market countries ······ 254
- 7.3 International public service supplied by the synergy of pluralistic organizations ······ 256
  - 7.3.1 To enhance international discourse power and to prompt consensus ······ 256
  - 7.3.2 Public factors supplying service ······ 258
  - 7.3.3 Information service and dispute settlement ······ 261
- 7.4 To forge functional international governance center ······ 264
  - 7.4.1 The essential choices to forge functional international governance center ······ 264
  - 7.4.2 Beijing: top decision-making and international governance center ······ 266
  - 7.4.3 Guangdong-Hong Kong-Macao Great Bay Area: the international connection center supported by the linkage of "One Country, Two Systems" policy ······ 268

MEMORABILIA ······ 272

EXCURSUS ······ 327

图目录

图 0-1　"陆海内外联动、东西双向互济"全面开放新格局 …………………… 2
图 1-1　2014 年 1 月至 2017 年 12 月中国官方外汇储备 ……………………… 5
图 1-2　"二战"后大国经济权力体系的建构 …………………………………… 10
图 1-3　国际经济霸权体系的运作 ………………………………………………… 11
图 1-4　高质量建设"一带一路"与建构国际经济新秩序 …………………… 14
图 1-5　"集聚系统论"的内涵 …………………………………………………… 23
图 1-6　基于"集聚系统论"的"一带一路"建设原理 ……………………… 26
图 1-7　基于"集聚系统论"的"一带一路"建设思路 ……………………… 27
图 2-1　2000—2017 年中国与主要贸易伙伴国的贸易差额情况 ……………… 50
图 3-1　2012 年与 2016 年中国主要区域制造业各行业销售产值占全国比重 … 90
图 3-2　2012 年与 2016 年泛长江经济带制造业各行业销售产值占全国比重 … 91
图 3-3　1998—2017 年中国主要区域工业总值占全国比重 ……………………… 92
图 3-4　1995—2016 年中国主要区域实际使用外国直接投资占全国比重 …… 92
图 3-5　1993—2018 年中国主要区域进出口占全国比重 ………………………… 93
图 3-6　1998—2018 年中国主要区域 GDP 占全国比重 ………………………… 94
图 3-7　2012—2016 年泛长江经济带主要区域制造业销售值占全国比重 …… 94
图 3-8　1998—2017 年泛长江经济带主要区域工业总值占全国比重 ………… 95
图 3-9　1995—2016 年泛长江经济带主要区域实际使用
　　　　外国直接投资占全国比重 ……………………………………………… 96
图 3-10　1993—2018 年泛长江经济带主要进出口占全国比重 ………………… 96
图 3-11　1998—2018 年泛长江经济带主要区域 GDP 占企业比重 …………… 97
图 3-12　2017 年中国主要区域交通设施占全国比重 …………………………… 99
图 3-13　2017 年泛长江经济带主要区域交通设施占全国比重 ………………… 100
图 3-14　2017 年全国航空旅客吞吐量排名前 20 与对应的货邮吞吐量 ……… 102
图 3-15　2017 年泛长江经济带耕地与水资源拥有量 …………………………… 103
图 3-16　1998—2018 年中国主要区域人口占全国比重 ………………………… 105
图 3-17　2009—2018 年泛长江经济带消费品零售总额及各区域占全国比重 … 106

图 3-18	战略重心区与"东西双向互济"	118
图 3-19	战略重心区与"陆海内外联动"	119
图 3-20	战略重心区建设方式	120
图 4-1	离岸货品贸易、转口贸易及港产品出口额占香港公司出口总额的比重	127
图 4-2	1970—2017 年澳门 GDP 与港澳人均 GDP	131
图 4-3	2005—2016 年澳门三次产业结构	132
图 4-4	1970—2017 年澳门进出口额及外贸依存度	133
图 4-5	1978—2018 年广东省三次产业构成	133
图 4-6	广东省规模以上高技术制造业增加值及其占工业产值与 GDP 的比重	134
图 4-7	深圳市新兴产业增加值及其 GDP 的比重	135
图 4-8	1998—2018 年广东及华南工业和进出口贸易占全国比重	137
图 4-9	粤港澳支点体系的系统建构	140
图 4-10	粤港澳与战略重心区的联结互动	142
图 4-11	2016—2018 年"长安号"运量与货值	147
图 4-12	2000—2017 年陕西旅游国内外收入及相当于 GDP 的份额	148
图 4-13	1998—2018 年陕西主要经济指标占全国比重	148
图 4-14	2005—2017 年陕西工业主要构成	150
图 4-15	2010—2018 年西北地区主要经济指标占全国的比重	151
图 4-16	2010—2018 年陕西主要经济指标占泛长江经济带比重	152
图 5-1	港城联动发展机制	162
图 5-2	"港区城"的发展机制	165
图 5-3	"一带一路"的"多式联运港区城"支点建构	166
图 5-4	2011—2018 年中欧班列开行数量	200
图 6-1	1998—2017 年白俄罗斯三次产业构成	223
图 6-2	"郑新欧"班列运行示意	224
图 6-3	中白商贸物流园与克莱佩达港的双港联动	228
图 6-4	中白工业园管理架构	229
图 6-5	1992—2017 年白俄罗斯、乌克兰、俄罗斯 GDP 变化	232
图 6-6	爱菊三大物流加工园区分布示意	236
图 7-1	定制化国际公共服务供求与层级网络国际治理体系	242
图 7-2	中国推进建设的自贸区	248
图 7-3	功能性国际治理中心及网络	265

表目录

表1-1　工业经济时代、信息经济时代与数字经济时代的比较 …………………… 3
表1-2　2018年2月—2019年5月中美高级别磋商时间 …………………… 6
表2-1　全球主要区域相关指标占世界的比重 …………………… 34
表2-2　2017年全球主要地区区域内贸易占总贸易比重 …………………… 36
表2-3　全球主要区域产业指标占世界的比重 …………………… 39
表2-4　东亚10国和地区区域内贸易占世界比重及2016年区域内出口商品结构 …………………… 40
表2-5　2000—2016年东亚10国和地区区域内贸易份额及其变动 …………………… 44
表2-6　2016年东亚主要经济体向区域内出口商品构成 …………………… 45
表2-7　1995—2016年东亚区域内出口商品构成 …………………… 46
表2-8　2000—2016年东亚主要经济体贸易品流向 …………………… 47
表2-9　2016年东亚10国和地区区域内零部件贸易的市场分布 …………………… 48
表2-10　1998—2016年西北欧14国制造业占世界比重 …………………… 57
表2-11　1999—2017年西北欧14国区域内贸易占世界比重 …………………… 58
表2-12　2016年西北欧14国向区域内出口商品构成及其地区分布 …………………… 60
表2-13　1998—2017年西北欧14国服务业及服务出口占世界比重 …………………… 61
表2-14　1998—2017年西北欧14国GDP和人口占世界比重 …………………… 62
表2-15　1998—2016年中东欧16国制造业占世界比重及2016年地区分布 …………………… 64
表2-16　2017年中东欧16国进出口的地区格局 …………………… 65
表2-17　2017年中东欧16国向西北欧14国出口商品情况 …………………… 66
表2-18　2000—2017年中东欧16国区域内进出口比重及其变化 …………………… 68
表2-19　2017年中东欧16国区域内出口商品情况 …………………… 69
表2-20　1998—2017年中东欧16国GDP与人口占世界比重及其变化 …………………… 71
表2-21　1998—2017年西北欧14国向东亚10国和地区进出口占总进出口比重 …………………… 73
表2-22　2016年西北欧14国向东亚10国和地区出口商品构成 …………………… 74
表2-23　2016年东亚10国和地区向西北欧14国出口商品构成 …………………… 76
表2-24　2017年中东欧16国向东亚10国和地区进出口占总进出口比重 …………………… 77
表2-25　2016年东亚10国和地区向中东欧主要国家出口商品构成 …………………… 78

表 3-1	长江流域面积分布及相关省（市、区）流域面积占比	85
表 3-2	2004—2016 年东亚 11 国和地区制造业占世界比重	87
表 3-3	1998—2017 年东亚 11 国和地区进出口占世界比重	88
表 3-4	1998—2017 年东亚 11 国和地区 GDP 占世界比重	89
表 3-5	泛长江经济带机场分布	101
表 3-6	2017 年泛长江经济带各省市常住人口及研究生和本专科在校人数	106
表 3-7	2016 年泛长江经济带各省市科研实力	108
表 3-8	1998—2018 年泛长江经济带各区域三次产业构成	109
表 3-9	1998—2018 年泛长江经济带三次产业的区域分布	110
表 3-10	2016 年泛长江经济带各地区制造业销售产值占全国份额	111
表 3-11	2016 年泛长江经济带各省区制造业专业化情况	112
表 3-12	2016 年泛长江经济带各区域城镇服务业内部行业就业人数占比	114
表 3-13	泛长江经济带腹地承接转移和区域规划有机结合	121
表 4-1	2008—2018 年驻港地区总部、地区办事处及当地办事处数量	128
表 4-2	香港特区及全球其他交易所以人民币交易的上市证券（2018 年 9 月）	129
表 4-3	2005—2017 年香港主要行业增加值和就业比重	130
表 4-4	2017 年深圳主要产业构成	135
表 4-5	1998—2018 年中西部四省市进出口及制造业工业销售产值占全国比重	149
表 5-1	2000—2016 年 GaWC 的 Alpha+ 及以上城市	160
表 5-2	2013—2017 年新郑机场吞吐量及排名	174
表 5-3	长安号"中欧、中亚班列（西安）及国内集装箱班列开行路线	195
表 5-4	2018 年"长安号"进出口货物类别及地区分布	196
表 5-5	中欧班列（郑州）的开行数量	197
表 5-6	各地区主要班列固定开行周期	198
表 6-1	我国支持国际产能合作园区建设的政策分类	210
表 6-2	我国海外产业园区的建设模式分类	212
表 6-3	三级联动共治模式的应用	213
表 6-4	商务部通过核准的 20 个境外经贸合作区的园区及产业定位	214
表 6-5	海外产业园区的盈利模式和融资安排分析	217
表 6-6	境外经贸合作区驻在国营商环境排名及得分变化情况	219
表 7-1	2012—2018 年人民币跨境结算额	260

第一章　高质量建设"一带一路"的形势与路向选择

第一节　共建"一带一路"的形势变化

"一带一路"共建倡议已经提出 6 年多时间,在《推动共建丝绸之路经济带和 21 世纪海上丝绸之路的愿景与行动》、"十三五"规划等重要纲领性文件的指引下,"一带一路"围绕"六大经济走廊"和"政策沟通、设施联通、贸易畅通、资金融通、民心相通",主要经由国家部委、地方政府、国有企业及部分民营机构的共同努力,取得显著建设进展。截至 2019 年 3 月底,中国政府已与 125 个国家和 29 个国际组织签署了 173 份合作文件,共建的"一带一路"国家已由亚欧延伸至非洲、拉美、南太等区域。① 然而近年来,世界经济格局、科技革命、中美经贸摩擦等时代背景的快速变化,正给"一带一路"建设提出严峻挑战。

一、模块网络化生产方式继续深化发展

模块网络化生产方式代表着生产力的发展方向,在"十三五"规划指引下,其将更大规模地深化发展。

所谓模块网络化生产方式,就是面对异质化、快速变化的消费需求,生产流程进行生产环节或模块的专业化分解,各模块展开规模化生产,不同模块组合形成差异化产品,模块并行运作以节约整体生产时间,模块厂商相对分立,但因生产同一产品而内在联结为网络组织的生产方式(Pine,1992;Baldwin,2000)②。这一生产方式起初在利用模块化技术来提高市场响应能力的跨国公司内部孕育,但随着时间、竞争、专业化要求、成本等压力的攀升,跨国公司外包非核心环节而形成网络组织,由此使模块网络化成为社会生产方式。③ 随着对自身专业化及敏捷反应要求的提升,模块厂商不断向上游供应商提出越趋定制化及快速响应的需求,由此累积为社会经济系统的典型

---

① 共建"一带一路"倡议:进展、贡献与展望[N]. 经济日报,2019-04-22.
② Pine II B. J. *Mass Customization: The New Frontier in Business Competition* [M]. Boston: Harvard Business School Press, 1992; Baldwin, C. Y., Clark, K. B. *Design Rules: The Power of Modularity* [M]. Cambridge, MA: MIT Press, 2000.
③ 昝廷全. 系统经济:新经济的本质——兼论模块化理论[J]. 中国工业经济,2003(9).

消费特征；而当需求异质化压力上升，模块可以进一步流程分解，并且循环往复。① 可见，模块网络化是有助于促使分工深化、技术创新、专业化水平提升的新兴生产方式与不断累积强化的发展机制。② 它代表着生产力的发展方向，也预示着世界经济进入新时代。

20世纪末以来，模块网络化率先在东亚兴起，短短十余年深刻改变了东亚乃至全球分工格局，中国也因廉价劳动资源丰富、加工制造环节集聚而快速跻身世界第一大商品贸易国、全球第二大经济体。由于深处价值链低端，且高投入、高消耗、高排放的数量型增长已难以符合国家发展需要，适应、对接世界经济的时代走向、驱动发展方式转变，成为中国的必要选择。

党的十八大以来，中国逐步提出适应"经济新常态"、建设"国家治理体系"、发挥"市场在资源配置中的决定性作用"、推进"供给侧结构性改革"等一系列重要的改革与发展理念，并被系统融入《"十三五"规划》及党的十九大报告的新时代中国特色社会主义建设的基本方略。其中，《"十三五"规划》勾勒出国家未来一段时间向现代化经济体系转型的发展思路与蓝图，即利用20世纪末以来模块网络化新兴生产方式，驱动分工深化、促进产业转型升级，其从国内向"一带一路"共建区域延伸的趋势将进一步加强。

二、新科技产业革命蓬勃兴起

"二战"以后，随着计算机、互联网、移动互联网等技术的发明，信息经济悄然兴起，由此带来的一系列变化也正催生新一轮科技产业革命。

信息经济兴起既是"二战"后成长起来的大型跨国企业布局、组织全球化生产的物质技术要求，与此同时，供给、需求信息越趋快速的变化，也逐渐给大企业带来冲击。20世纪90年代初，美国里海大学邀请国防部、工业界和学术界代表组成联合研究组，编写了"21世纪制造企业战略"，提出全球性竞争使市场变化太快，单个企业依靠自己的资源调整赶不上市场变化的速度，建议采用可以快速重构的生产单元构成的扁平组织结构，以充分自治、分布式的协同工作代替金字塔式的多层管理结构。跨国公司开始外包非核心环节，带来全球供应链、产业链、价值链的重构，模块网络化生产方式快速兴起。

分工一旦细化到生产流程内部，模块网络化就成为不可逆转且循环往复越趋加快的发展机制。模块厂商为提高敏捷反应能力，需要延迟生产、减少原材料库存；真实需求一旦确定，又需要上游快速提供定制化的生产资料，由此消费市场的差异化、快

---

① 青木昌彦，安藤晴彦. 模块时代：新产业结构的本质［M］. 周国荣译. 上海：上海远东出版社，2003.
② 马莉莉，张亚斌. 网络化时代的公共服务模块化供给机制［J］. 中国工业经济，2013（9）.

速变化的需求压力不断攀升。模块厂商在真实需求的时间压力加大的情况下,自身也转向进一步模块分解。由此,社会生产系统的碎片化程度加大、供给响应的时间要求提升。为了联结越趋分散化的真实需求,以及碎片化的生产流程,需要数字技术、网络技术、智能技术,从而使分散于广阔空间范围的生产环节并行运作,对变化频繁的消费需求作出敏捷响应。模块网络化生产方式发展,为数字化、网络化、智能化等的新兴科技提出强劲需求;后者支撑数据驱动的社会生产、消费体系面临更深层次的重构,信息经济时代转向数字经济时代,成为必然趋势(如表1-1所示)。

表1-1 工业经济时代、信息经济时代与数字经济时代的比较

	工业经济时代	信息经济时代	数字经济时代
代表性的通用技术	电力、交通网络等	数据中心、数字通信网络开始发育	大数据、云计算、人工智能、移动互联网、智能终端等
生产要素	资本、劳动力、土地等	"信息"开始体现价值	"数据"成为核心要素
代表性产业	汽车、钢铁、能源等	IT产业,以及被IT化的各行业	DT的产业融合产业,被DT化的各产业,数据驱动
核心商业主体	大企业主导,追求纵向一体化	大企业主导、由IT技术支撑起供应链协同	平台主导
新经济形态	规模经济:以产品为价值载体	范围经济:以服务和解决方案为价值载体	平台经济+共享经济
商业模式	B2C	大规模定制为最高形态	C2B、C2M
组织模式	泰勒制	传统金字塔体系受到冲击,各类管理理念盛行	云端制(大平台+小前端)
文化习惯	命令与控制	泰勒制松动	开放、分享、透明、责任

数据来源:阿里研究院。转引自:汤潇. 数字经济:影响未来的新技术、新模式、新产业[M]. 北京:中国工信出版集团,人民邮电出版社,2019:8.

2008年全球经济陷入萧条后,德国提出工业4.0、美国的重振制造业、日本的产品制造革命,以及"中国制造2025"等,均以新一代信息技术为支撑,寻求人工智能与制造的革命性结合,并延伸至新材料、新工艺、新商业模式等方面的开拓与创新。更进一步,生命科学、生物技术、医学医疗、生态与环境科技等领域技术变革悄然兴起。第一次工业革命改变了劳动工具与劳动者的结合方式,机器作为劳动者体力劳动技能的延展,在此后历轮科技产业革命中不断演进,并重构整个社会生产生活体系。当前,数字经济、人工智能等的开发与应用,再一次实质性地改变了劳动工具与劳动者的结合方式,智能制造作为劳动者脑力和体力劳动的延展,势必进一步解放劳动力,并重构生产模式、消费模式、生活方式、城市运行、国家运作、全球联系,及其政治

与思想上层建筑。① 也就是说，在模块网络化新兴生产方式基础上，新一轮科技产业革命即将更具颠覆性、影响范围更为深远地转变为现实。由于历史原因，中国已经错失既往历轮科技产业革命；而当前阶段，在生产规模、消费水平、综合国力、人力资源累积等到达一定程度的基础上，中国也绝不可再次错失时代机遇。

1993年，国家经济信息化联席会议获批成立；1996年，国务院信息化工作领导小组及其办公室成立；1998年信息产业部组建；2008年，改组为工业和信息化部。可见，中国的信息化建设相对发达国家而言起步较晚；并且，起初信息产品制造、通信和软件业等是以相对独立的产业纳入规划与发展管理，工业和信息化部的成立，一定程度上表明信息化与工业融合发展的指导思想和管理体制得以明晰。

2012年以来，《物联网"十二五"发展规划》《中国云科技发展"十二五"专项规划》《关于实施"宽带中国"2014专项行动的意见》等相继出台，大力推动数字技术相关领域的发展。党的十八大以后，两化融合的政策思路更趋成熟，2014年12月，工业与信息化部明确提出，"以智能制造为主攻方向，大力发展新一代信息技术、高端装备制造等新兴产业，全面提升制造业产品、装备、生产、管理和服务的智能化应用水平"。2015年，国务院《关于促进云计算创新发展培育信息产业新业态的意见》《关于大力发展电子商务加快培育经济新动力的意见》《中国制造2025》《关于促进跨境电子商务健康快速发展的指导意见》《关于运用大数据加强对市场主体服务和监管的若干意见》《关于积极推进"互联网+"行动的指导意见》《促进大数据发展行动纲要》等重要规划及政策密集出台，全面指引中国构建现代化经济体系、走向制造强国。2016年后，国务院进一步出台"互联网+政府服务""互联网+流通""互联网+先进制造业""互联网+医疗健康"等指导意见，从创造应用场景、指引创新方向等角度系统推动新科技产业革命与社会经济生态的共生演进。

面对新科技产业革命兴起的浪潮，中国已紧抓时代机遇，积极推动社会生产消费体系变革。然而，如何在核心技术、自主创新基础依旧薄弱的条件下融入甚至引领新科技产业革命，对中国而言，任务仍然十分艰巨。

三、中美经贸摩擦频现

2001年中国加入世界贸易组织使庞大的廉价劳动力资源开始参与国际分工，模块网络化生产方式的兴起，使中国不仅大规模承接劳动密集型产业，而且承接各类密集型产业的劳动密集型生产环节，从而跻身东亚乃至全球的加工制造中心。发达国家作为高技术核心环节的供给方和资本输出方，在全球价值链中获得更多的利润回报，再加上其金融市场繁荣带来的财富效应，其强大的消费能力与水平构成全球经济运转的

---

① 里夫金. 第三次工业革命[M]. 北京：中信出版社，2012.

发动机。受制于发达国家人口消费能力增长的自然约束,最终靠金融泡沫支撑的过度消费难以为继,2008年次贷危机爆发导致全球经济陷入萧条。中美力量的此消彼长在美国总统特朗普上任后转向经贸摩擦,并不断加剧。

2008年次贷危机后,为了挽救濒危的银行系统,美国实施低利率政策,通过四轮量化宽松政策,购买国债等中长期债券,增加基础货币供给,向市场注入大量流动性资金,以鼓励开支和借贷。过剩的美元流动性也大幅涌入中国市场,2008年11月,中国官方外汇储备为1.8万亿美元;到2014年6月达到历史最高水平3.99万亿美元,股市和楼市成为重要的资金流入地。在此期间,2009年新疆"七五事件"、2009年南海争端、2012年钓鱼岛争端,再到2014年台湾反服贸运动和香港占中,国家稳定与安全不断面临挑战。2014年美国开始退出量化宽松,美元币值回升,资本趋于外流。在人民币探索资本项下可自由兑换的背景下,贬值预期导致资本加速外逃;2015年"8·11"汇改使人民币兑美元汇率中间价机制进一步市场化,从而更加真实地反应当期外汇市场的供求关系,贬值压力得以部分释放;然而,2015年12月,美联储宣布将联邦基金利率上调25个基点,人民币贬值压力进一步加剧。2015年6月至2016年2月,中国股市经历20次千股跌停,上证指数由近5200点跌至2600点。2014年6月至2016年12月,中国官方外汇储备减少近1万亿美元(如图1-1所示)。

图1-1　2014年1月至2017年12月中国官方外汇储备

资料来源:国家外汇管理局网站

2017年初,中国开始实行资本管制,资金外逃形势得到遏制。但随着特朗普1月就任美国总统,中美经贸摩擦频现并不断升级。2017年4月,美国根据《1962年贸易扩展法》第232条,对钢铁和铝发起"232调查";5月,对从中国进口的洗衣机、光伏产品发起"201调查";8月,根据《1974年贸易法》对中国发起"301调查"。2018年2月,为弥合分歧,应美方要求,中共中央政治局委员、中央财经领导小组办公室主任、中美全面经济对话中方牵头人刘鹤赴美访问，对双方经贸问题展开磋商。4月，美国公布对500亿美元中国输美产品加征25%关税的产品清单，并对中兴进行制裁。此后，2018年5月至2019年5月，中美展开11轮高级别磋商。在这个过程中，美国于2018年6月15日对500亿美元中国输美产品加征25%的关税，于9月18日对2000亿美元中国输美产品加征10%的关税，于2019年5月9日对2000亿美元输美产品加征25%的关税，于5月15日通过宣布国家紧急状态，对华为实行断供制裁。中国除分别于2018年6月16日和2019年5月13日宣布征收反制关税外，在2018年9月24日和2019年6月2日发布两个白皮书，阐述中方观点与立场（如表1-2所示）。

表1-2　2018年2月至2019年5月中美高级别磋商时间

序号	时间	序号	时间
0	2018年2月27日—3月3日	6	2019年2月14日—15日
1	2018年5月3日—4日	7	2019年2月21日—22日
2	2018年5月18日—19日	8	2019年3月28日—29日
3	2018年6月2日—3日	9	2019年4月3日—5日
4	2019年1月7日—8日	10	2019年4月30日—5月1日
5	2019年1月30日—31日	11	2019年5月10日

数据来源：根据公开资料整理

中美经贸摩擦中，美国所指责的对美贸易顺差是在模块网络化生产方式带来北美与东亚区域生产网络深度融合基础上，西方跨国公司主导全球产业链布局、中国作为加工制造中心及最终产品总出口方而表现出来的结果，中国并非主要责任方及受益方。美国据此对中国施压，一方面表明贸易不平衡成为被指责的借口，另一方面表明时代特征变迁背景下地缘政治经济格局将面临重构。

其一，2008年次贷危机爆发在一定程度上表明，在模块网络化初兴变革国际分工格局的形势下，处于全球价值链高端地位的美国通过消费、最终依赖于金融泡沫催生的过度消费拉动全球经济增长已渐趋乏力，仅仅依靠美国已难以消化中国及东亚区域生产网络的巨大产能。其二，美国作为全球价值链的上游国家，获得收益颇丰，但主要集中于极少数跨国集团；而产业空心化、本国蓝领工人技能转型乏力等导致国内矛盾激化，以及生产制造外迁，不利于驱动以智能制造、增材制造等为核心的新科技产业革命，这使美国面临严峻考验。其三，中国具有庞大的生产制造体系、可观的消费规模、潜力巨大的人工智能场景应用空间，以及多层次、高效率的公共治理及服务体系，这些都使中国在新一轮科技产业革命中存在显著机遇，[1] 从而构成"潜在威胁"

---

[1] 关志雄. 中美经贸摩擦进入新阶段：矛盾焦点从贸易失衡转向技术转移 [J]. 国际经济评论, 2018 (7): 35-45.

的现实来源。美国所面对的国内外矛盾,在"美国优先"理念指引下很可能使其不会放弃对华施压,除了贸易摩擦,货币较量、资本角逐、地缘热点问题激化等都可能成为表现形式,中美关系走向增加许多变数。

可见,在国际局势快速变化的背景下,留给中国和平崛起的时间有限、环境越趋复杂,如何加快转型升级、提升国家竞争力,成为中国的迫切选择。

第二节 新时代高质量建设"一带一路"的使命

"一带一路"是中国改革开放40年以来第一次对全球经济格局走向提出构想和倡议,在国家产能达到较高水平的形势下,所推动的全球市场规模与结构将深刻影响中国的转型升级及走势,而时代背景的变化正在给中国施加巨大的动力和压力,且时间窗口并不宽裕。2018年8月27日,习近平总书记在推进"一带一路"建设工作5周年座谈会上指出,下一阶段工作的基本要求是"推动共建'一带一路'向高质量发展转变",也就是要使"一带一路"建设更具有实效,能够"造福沿线国家人民,推动构建人类命运共同体"。① 可见,在新阶段的复杂形势下,"一带一路"建设承载着更为艰巨的使命。

一、新时代地缘经济格局的变迁

20世纪末以来,随着模块网络化生产方式的兴起,世界地缘经济格局发生巨大变迁;特别是2008年以后,引领国进一步强化经济霸权,这给后起国家寻求发展带来巨大压力。

(一) 工业革命后经济大国更迭及其权力体系建构

工业革命的爆发给社会生产体系的运作与经济增长提供了强大的动力,也给工业革命引领国奠定了大国崛起的物质基础。

随着新技术的发明,产业体系及经济系统爆发性增长,由此使科技产业革命发生国快速兴起。不同国家和地区在分别引领各轮技术创新和分工深化的浪潮过程中,世界经济呈现周期性变化特征,经济学家将之归结为"长波"。根据各学者提出的长波年表,② 一致认可21世纪前主要经历四次长波,相继诞生了英国、德国、美国、日本等工业与经济大国(如表1-3所示)。

在"二战"前,西方工业大国的崛起与殖民体系的建构紧密结合,宗主国从殖民地获得能源、原材料、劳动力等,并向其销售工业品;强大的工业基础使宗主国拥有政治、军事等机制和力量,为维系殖民体系提供保障。

---

① 习近平出席推进"一带一路"建设工作5周年座谈会并发表重要讲话 [EB/OL]. 新华社,2018-08-27.
② 范·杜因. 经济长波与创新 [M]. 上海:上海译文出版社,1993;华·惠·罗斯托. 第五次大周期高涨与第四次工业革命 [J]. 世界经济译丛,1983 (6).

表 1-3　21 世纪前分工演进与西方大国崛起

	第一次长波	第二次长波	第三次长波	第四次长波
时间	1782—1845	1845—1892	1892—1948	1948 至 20 世纪 80 年代
技术创新	蒸汽机、纺织技术	铁路运输技术与炼钢技术	电力、化工技术和内燃机技术	电子技术
主导产业	纺织、煤炭、炼铁	钢铁、机器制造、造船	电力及电气机械、化工、汽车、石油	电子、宇航
主导国家	英国	德国、美国	美国、德国	美国、日本

数据来源：范·杜因. 经济长波与创新［M］. 上海：上海译文出版社，1993.

经过两次世界大战，英国、法国、德国等工业国大幅衰落，美国异军突起，在 19 世纪后半叶直到 20 世纪上半期，跻身为西方首要工业国。发展中国家获得民族独立，殖民体系瓦解，美国转向依托强大的工业与经贸实力，在自由市场和民主制度基地上，建立起新型的国际权力体系。第一，美国推动建立起包括关贸总协定、国际货币基金组织、世界银行等在内的国际经济治理机制，同时不断输出自由民主等文化与普世价值观，保障西方世界开放市场经济的基本运行规则；第二，布雷顿森林体系确立了以美元为中心的国际货币体系，从起初美元与黄金挂钩，到美元与黄金脱钩，美元的国际货币地位越趋巩固，权力也不断增大；第三，发达国家强劲的能源需求起初通过维持低价来得到保障，20 世纪 70 年代，石油输出国组织（OPEC）大幅提升石油价格，对西方世界形成滞胀冲击，作为最大的能源消费国，美国与沙特阿拉伯签署协议以美元作为石油贸易结算货币，从而使美元与石油挂钩，再加上国际能源署的成立、原油期货市场的运作等，美国对能源特别是原油市场形成较强影响力；第四，在工业和金融力量的保障下，美国始终占据全球科技制高点，引领世界经济体系演进；第五，领先的科技、工业、金融等资源，支撑起美国强大的军事力量，其反向又为大国的国际秩序维系、文化价值输出、美元国际地位、能源运输通道等提供安全保障（如图 1-2 所示）。

在美国建立主导西方世界的权力体系过程中，以苏联为首的社会主义阵营在计划体制下大力推行工业化，全球形成冷战时期美苏争霸的格局。经济竞争与军备竞赛，更是强化美国的科技、军事、美元等权力支柱。

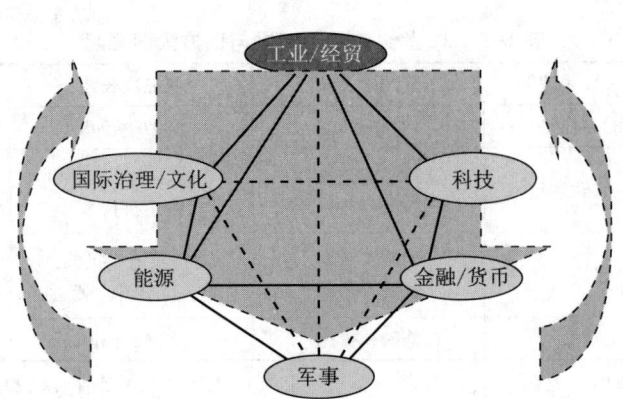

图1-2 "二战"后大国经济权力体系的建构

（二）转向国际经济霸权体系

20世纪90年代初，苏联解体，美苏争霸格局结束，美国进一步强化了主要的权力支柱。

第一，新自由主义经济思想及政策主张在转型国家和发展中国家广泛传播，资本主义开放市场进一步扩张到既往的社会主义阵营国家，全球一体化在自由市场经济基础上大幅推进。

第二，强化国际货币基金组织和世界贸易组织等国际经济协调机制功能，资金支持、市场开放等往往与国内改革相挂钩，从而有力地推动自由市场经济制度的传播与建构。

第三，美国领导的联盟军队以恢复科威特主权、独立与领土完整名义发动对伊拉克的海湾战争，大量高科技武器投入实战，美国大幅强化了在波斯湾地区的军事存在和影响力；依托强大的军事力量，美国迅速填补苏联解体释放出来的地缘空间，在世界原油市场、运输通道、军事科技等方面均取得主导地位。

第四，模块分解技术的出现，使美国转向控制全球产业链的核心环节，大量非核心环节外包，特别是技术含量较低的特定资源禀赋的生产环节，主要聚集于不同要素禀赋的发展中国家，美国由完备的生产体系转向仅自主生产核心环节，大量非核心环节分散于广泛的发展中国家。

第五，美国实施信息高速公路计划等产业政策，推动互联网等高新技术产业快速崛起，抢占信息科技制高点，既对全球产业链形成核心环节控制，又支撑军事力量进一步高科技化与强化。

第六，领先的军事力量大幅增强美国干预国际事务的能力和信心。1998年美国对伊拉克实施"沙漠之狐行动"；"9·11事件"后，美英绕开联合国安理会，对伊拉克发动军事行动；2011年，法美等联军对利比亚发动导弹攻击等。依托军事科技的领先地位，美国不断强化在地缘政治、世界能源、金融、价值输出等领域的强权（如图1-3所示）。

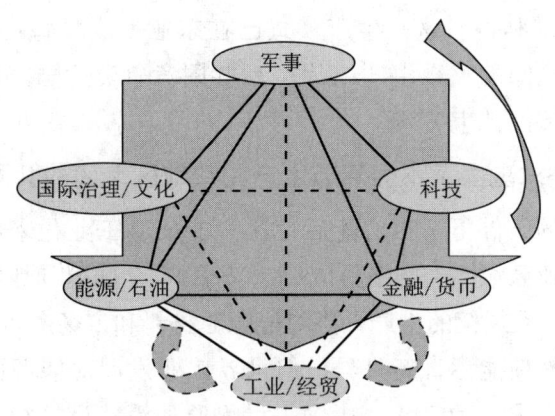

图 1-3 国际经济霸权体系的运作

经过一系列的变革，与大国崛起过程中依托工业建构各权力支柱有所不同；冷战结束后，新兴科技的发展使美国收缩工业战线，转向依靠高科技军事来强化国际治理、石油能源、美元、科技等权力支柱，进而实现对世界经济的主导影响。（如图 1-3）

在美元货币发行过程中，各发展中工业国拉动经济快速增长，大量产出并销售产品，以获得美元通货；无论是对国际能源市场的干预，还是美联储加息、美元升值等，发展中国家在经济体系脆弱且金融开放背景下，资金大量外逃，从而陷入本币危机、金融危机、经济衰退，美元则完成一轮从流出到流入的利益收割过程。20 世纪 90 年代的拉美金融危机、东亚金融危机，都表现出美国新型国际经济权力机制的作用及其影响。

二、高质量建设"一带一路"的时代要求

在新科技革命与地缘经济政治格局变迁的背景下，相对落后国家和地区利益相连，既拥有重大机遇，又面对切实挑战，高质量建设"一带一路"、建构人类命运共同体，成为日趋迫切的时代要求。

（一）新时代的全球利益共同体

在分工尚未深化到生产流程内部时，生产方与消费方、供给方与需求方、同类生产之间、上下游之间，都存在利益分配的博弈关系，社会分工虽有所发展，但难以切实形成不可分割的利益联结关系。新生产方式发展、地缘关系的变革，使全球分工中越趋形成命运紧密联结的利益共同体。

1. 模块网络化生产方式的兴起，使生产链条参与方成为命运共同体

生产流程内部分解，使不同模块厂商只有通过紧密协作，才能完成同一产品的生产；即使同一模块的不同供应商，也只有竭力提升专业化水平，形成差异化优势，并能嵌入产业链，才能有效保障自身的生存与发展。由此，生产参与方越来越形成不可

分割的合作联系和共同利益。这一生产模式已在东亚形成日益广泛的区域生产网络，从而使参与国和地区之间的关系由"二战"后共同竞争发达国家市场的关系，转化为紧密合作寻求共同发展的共生关系。

2. 共同的利益需求巩固了不同环节生产国和地区之间的共同体关系

在缺乏自然资源的条件下，相对落后地区只能依靠工业化来实现发展，由此成为全球生产聚集区。东亚区域生产网络形成后，其中11个国家和地区至今已聚集全球超过40%的生产制造①。大规模的生产聚集对能源原材料和市场产生强劲的需求，并具有共同的利益关切。虽然新能源日新月异，但世界工业发展对能源原材料的需求仍然集中地体现为对石油的需求。2017年，中国占世界原油消费量的约13%，其他亚太地区合计消费约为22%，其总量已超过世界第一大原油消费国美国20%的规模。而且，作为全球工业的聚集区，中国、日本、韩国等均面临国内原油供应短缺问题，由此共同成为全球主要的原油进口国。2017年，从全球原油海运进口周转量来看，中国占比为29%，日本为10%，韩国为9%，印度为7%，四国原油进口周转总量已达到全球的55%。② 由于生产链条所产产品只有实现销售，才能实现所有参与方的生存，因此，国内外消费市场成为生产链条所有参与方共同面对的另一大需求。

3. 美国所主导的国际原油市场格局的变迁，使石油供应国和工业消费国形成较高程度的共同利益关系

美国引领世界工业发展以来，一直占据原油的首要消费方地位，并逐渐通过巩固石油美元地位、发展原油期货交易所、影响国际能源署运作、垄断原油运输通道等方式，参与世界原油市场博弈，维护自身利益。苏联解体前后，美国通过发动海湾战争、反恐战争、颜色革命等方式，加大了对中东、非洲等原油主要供应地的影响，从而巩固自身对国际原油市场的权力与地位。③ 受20世纪70年代石油危机冲击的影响，美国开始开发页岩油，但直到21世纪初，都属于试验性质，产量和影响微不足道。2006年后，美国爆发"页岩油革命"，起初产量缓慢增长，2012年后产量开始急剧增长，截至2018年4月，美国原油出口量由2012年以前几乎可以忽略不计，转变为出口量达到1756千桶/天。2018年11月，美国结束了75年以来石油净进口的历史，转变为石油出口国。④ 欧佩克成员方在相继受到冲击的背景下，其协调功能大幅下降，世界石油供给转向美国、沙特阿拉伯、俄罗斯三足鼎立的格局。⑤ 由于工业国美国与其他产油国有着

---

① 东亚11：中国、中国香港、中国台湾、日本、韩国、新加坡、马来西亚、印度尼西亚、泰国、菲律宾、越南。资料来源：UNCTAD数据库。
② 2018年中国原油行业产量、消费量及进出口情况统计分析 [EB/OL]．http://www.chyxx.com/industry/201808/664511.html，2018-08-02．
③ 潜旭明．美国能源霸权探析——基于能源地缘政治学的视角 [J]．江南社会学院学报，2013（3）：1-6．
④ 美国页岩油革命及冲击国际油价 [EB/OL]．金融界，2018-07-10．
⑤ 2019年中国原油市场的发展 [EB/OL]．http://www.sohu.com/a/286035344_100217022，2019-01-02．

本质区别，前者并不依赖于而后者严重依赖于石油收入，由此，在美国加大石油出口、打压国际石油价格过程中，其他产油国国内经济也受到较大冲击。世界原油市场格局的深刻变迁，使原油供应国需要与消费国加强对接，以保障自身的利益和发展；而原油消费国也就是工业发展国，由此，在美国石油霸权影响力攀升的形势下，与欠发达的石油供应国形成越趋深化的共同利益关系。

4. 新科技革命加深了工业生产国与各层次消费市场之间的共同体关系

其一，以数字化、网络化、智能化为代表的新科技革命，使全球市场跨越时间和距离的约束，具有更高程度融合的可能性；其二，分工的深化，以及生产向规模效应显著的东亚等区域转移的形势，使不同地区的专业化程度有所提升，也进一步加强了对全球大市场的依赖性，否则局部的小市场难以实现专业化模块或环节的销售；其三，现代信息科技使长尾市场成为重要的新兴市场，哪怕消费能力较低，但在信息传递成本大幅下降的时代，大规模的低消费能力群体的聚集，也构成庞大的差异化消费市场，由此为驱动模块网络化生产提供重要的需求拉动力。因此，地区分工的专业化、高低消费能力的不同市场，使彼此产生强大的相互需求，并构成新型共生关系。

5. 空间距离切实存在使通道国与全球生产消费体系联结为利益共同体

生产的集群化和地区专业化，以及消费的分散化使空间距离切实地影响到生产与消费的联结。特别是能源、商品等可触摸的实物，存在必要的运输通道和网络，以及货币、信息等不可触摸的服务，存在必要的软硬件联通渠道与设施。由于中转通道自身并不创造价值，但对于联结生产与消费不可或缺；特别在全球地缘关系深刻重构的过程中，保障通道安全成为全球生产消费体系顺利联结的重要前提，通道国也因此成为与生产消费系统紧密联结的利益共同体。

模块网络化生产方式的兴起，使全球生产分散化程度有所提高，欠发达国家因承接全球产业链非核心环节而加快工业化进程。与此同时，美国对各个权力支柱的强化统治，又使非核心生产环节及能源国、多层次消费市场，以及通道国之间产生越趋紧密且不可分割的共同利益，这为"一带一路"的建设、人类命运共同体的打造奠定了重要的物质及地缘经济关系基础。

（二）推进"一带一路"高质量建设的必要选择

以"五通"和"六大经济走廊"为主要内容的"一带一路"建设在6年时间内取得了显著进展，但科技革命进展迅猛及大国较量频频带来更多机遇与挑战，顺应地缘经济格局变迁、推进"一带一路"高质量建设、打造人类命运共同体，成为日趋紧迫的现实选择。

1. 全球产业链生态中利益攸关方范围的扩大，为高质量建设"一带一路"奠定了经济基础

在全球产业链生态中，生产国、多层次市场、能源国与通道国之间形成越趋紧密

的利益联系,这为产业链系统的自组织运作提供了可能。在国际竞争加剧的时代背景下,时间与成效尤为重要。高质量建设"一带一路"就在于顺应共同体共生联系发展形势,充分利用市场的自组织机制,加快建设进度,尽快形成早期收获,从而有效应对来自各方面的质疑、反对等阻力。

2. 美国所建构的权力体系及其运作或形成重大挑战

由于从控制工业体系,转向外包非核心生产环节、控制核心生产环节,以及协同发挥军事、国际治理、文化价值、能源供应、金融货币等权力支柱的作用来维护自身利益,美国在全球政治经济体系中越趋走向权力主导与控制方;同时只有权力支柱有效发挥作用,实现对全球产业链体系中低端环节的利益收割,才有助于进一步强化其主导地位。"一带一路"建设的目标在于维护不同参与方的根本利益和繁荣发展,而非让渡劳动成果。由此,"一带一路"建设与依赖权力支柱获取垄断收益的发展方式之间存在矛盾与冲突,甚至有可能威胁到后者的利益夺取。美国出于"美国优先"的自身利益而充分驱动权力体系的运作,或将成为"一带一路"建设的现实阻力来源。

3. 有必要在建构国际经济新秩序过程中推进"一带一路"高质量建设

面对既有国际经济秩序下发达国家利用权力体系维护统治地位的现实挑战,"一带一路"建设有必要联结起从能源供给到生产到流通再到市场的产业链生态,并基于利益的创造去建构新型国际经济秩序,以维护命运共同体的共同利益,并与传统国际经济秩序展开不同环节、不同权力支柱、不同范围的竞争与较量,这构成高质量建设"一带一路"不可缺少的组成部分(如图1-4所示)。

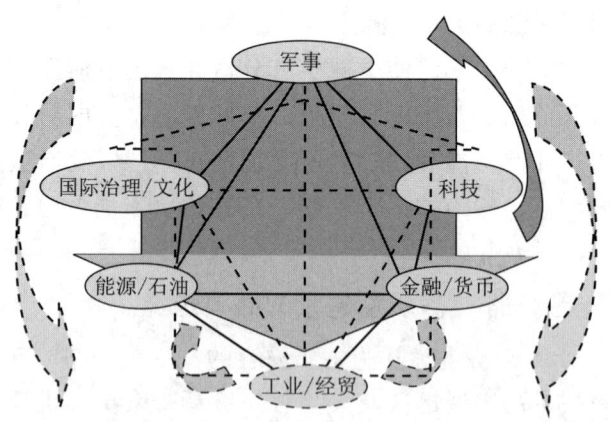

图1-4 高质量建设"一带一路"与建构国际经济新秩序

三、高质量建设"一带一路"的宗旨与任务

面对新时代的形势与走向,"一带一路"建设需要依托利益共同关系,锐意创新,

提高建设效率与质量,其宗旨与目标就在于,聚焦关键环节,驱动新时代背景下的世界经济自组织机制。

(一)和平安全

在全球利益格局和地缘关系发生深切变动的当前阶段,大国竞争、局部冲突、两极分化、贫困落后等均带来严峻的不稳定因素,甚至爆发战争、动荡等,从而威胁到新经济格局和国际秩序的建构。维护和平,保障安全,成为高质量建设"一带一路"的重要前提。

维护和平是建设"一带一路"的首要出发点,拥有共识、稳定而非冲突的环境,才有利于合作、生产、发展。与此同时,对于"一带一路"建设而言,更具现实意义的是提供可靠的安全保障。2014年4月,习近平总书记在中央国家安全委员会第一次会议上提出,坚持总体国家安全观,走出一条中国特色的国家安全道路,也就是要构建集政治安全、国土安全、军事安全、经济安全、文化安全、社会安全、科技安全、信息安全、生态安全、资源安全、核安全等于一体的国家安全体系。[①] 也就是在国内转型升级和国际产业链合作过程中,保障分工深化的跨区域生产体系能够可持续运转,其不仅需要要素、能源、原材料投入的安全,也需要货币、通道等交易安全,还需要产业链各环节联结、科技进步等的生产安全,以及空间配套、社会政治文化维护、军事保障等上层建筑安全。在全球地缘关系复杂化、局部冲突或难避免的形势下,保障总体安全、系统性安全,对于顺利推进"一带一路"建设而言更为现实与重要。

(二)繁荣惠民

"一带一路"建设只有释放各国潜力,实现增长与繁荣,服务于更广泛的人民群众,才具有稳固的可持续发展力。由此,市场融合、生产发展、成果创造、利益共享,才是高质量建设"一带一路"的核心任务。

在全球分工深化的新科技产业革命兴起时代,生产系统具有自组织的社会生态性,促使更广泛、更大规模的市场融合,是驱动生产系统运转的重要前提。其中,一方面是提高软硬件互联互通水平,将业已存在的分散市场有效联结,扩大一体化的市场容量,提升沿途各地区的市场潜力,为其增长发展创造有利环境。另一方面是依托于现代信息数字科技的进步,既贯彻惠民理念,又通过数字技术、信息技术,汇聚每个消费者有限的消费能力,但整合形成大规模、差异化的长尾市场,由此为驱动模块网络化生产方式运转提供新的市场驱动力。

(三)创新驱动

在相对落后国家大规模从事全球产业链非核心环节,领先国家控制核心环节,并

---

① 习近平. 坚持总体国家安全观 走中国特色国家安全道路[EB/OL]. 新华网,2014-04-15.

通过权力支柱体系强化自身利益的过程中，处于外围生产环节的国家既面对巨大的压力和收益流失的风险，又存在现实的机遇，那就是在集聚大规模市场前提下，驱动新型发展机制，以再造分工体系和经济秩序，由此抵御传统国际经济秩序的掠夺与桎梏，维护发展主权。

就创新驱动而言，首先，进一步深化发展模块网络化机制，促进分工细化，创造新科技孕生的消费场景；其次，强化体制机制创新，为新组织、新业态、新模式运行创造有利环境，以进一步促进科技创新；再次，充分利用大数据、云计算、人工智能、量子计算机等先进技术成果，强化基础设施建设，提供新经济运行的新支撑、注入新动能；最后，创新知识产权保护、国际经济治理等上层建筑，为新兴生产方式的可持续运转提供制度保障。

总体而言，高质量建设"一带一路"的要义在于利用新科技革命背景下的新技术、新生产方式、新组织，来开辟基于市场机制自组织性、高质高效的崭新发展道路和局面。

（四）绿色持续

全球大规模高效的生产将产生对能源原材料的消费需求，以及对环境的排放、污染等问题，这都考验着生态环境的可承载力与发展的可持续性。此外，在美国进一步强化对国际原油市场的控制并且退出《巴黎协定》，而可能加大欠发达国家对化石能源的消费依赖性背景下，转向绿色发展，减少对化石能源的消费，开发非化石能源、新能源，不仅对于资源节约、环境保护、生态平衡等来讲至关重要，对于全球新型产业链的能源安全、可持续发展也甚为关键。

此外，绿色发展也意味着生产链条由开环转向闭环、由绿色技术取代耗能技术的全新生产消费方式与理念，这本身也构成创新驱动发展的内在组成部分。

（五）法治廉洁

"一带一路"建设涉及广泛的国际合作，不同种族、不同宗教、不同文化、不同法律体系等，会给深化合作带来巨大挑战。为求同存异、积极应对分歧，在共识基础上建立法治机制，对于维护各参与方根本利益、约束交往行为、解决争端分歧确有必要。

除了外部约束，"一带一路"建设更需要强化自律，廉洁成为建设参与者必须坚守的道德"底线"和法律"红线"。在2017年第一届"一带一路"国际合作高峰论坛上，习近平主席提出加强国际反复合作，让"一带一路"成为廉洁之路；2019年第二届"一带一路"国际合作高峰论坛期间，与会国家和各界代表共同发起《廉洁丝绸之路北京倡议》。这些行为规范及其倡议的提出，表明"一带一路"建设需要从自律的角度约束积极行动主体的管理、服务、经营等行为，以打造公正、规范、透明的现代营商环境。

（六）高质时效

在地缘关系复杂化的时期，高质量建设"一带一路"的战略任务还体现在尽早收获切实成效。

分散且大规模参与方的共识形成与协调行为，都是相对困难的事情，且建设成本高昂，风险多元，冲击性大。如果不能树立建设典范及尽早收获成效，将给基础薄弱的合作机制运行增加不确定性风险。利用市场机制、从基础较好及有条件的局部展开建设，对于提高"一带一路"建设质量、增强时效性而言非常重要。

可见，高质量建设"一带一路"是新时代国内外形势深刻变化下的迫切选择，在大国竞争和地缘角逐又到关键的转折点上，抢抓时机，科学推进，是"一带一路"建设承载的重大历史使命。

第三节　高质量建设"一带一路"的路向选择

当前，从"一带一路"近 6 年的建设实践来看，基本上初步完成规划和布局，"正在向落地生根、深耕细作、持久发展的新阶段迈进";① 但"行政化"色彩浓厚、民间与社会力量参与有限,② 内外存在认知差异与行动差距、风险聚集、地缘格局冲突,③ 建设成本高昂、大量投资分散到广袤欠发达地区能否收效或何时形成商业价值等构成越来越严峻的现实考验。

面对在市场机制发育不均衡的全球环境中建设"一带一路"的使命与挑战，由围绕"流通"展开的资源配置理论，转向"生产与流通相统一"的"集聚系统论"，才能为复杂时代背景下的实践提供理论基础和方向指引。

一、围绕"流通"展开的经济理论及其局限性

不考虑分配因素，社会再生产运动的基本循环包括生产、流通与消费，其中，流通是交换的总和。以不同环节为重心，构成不同的经济学分析框架。马克思主义政治经济学以剖析生产为核心，探究资本与社会生产运动规律及生产关系特征；西方经济学核心围绕交换及其均衡，研究资源配置方式及其效率。围绕"交换""流通"展开的分析构成"一带一路"研究的主要经济理论，面对复杂国内外形势及艰巨建设任务，其表现出一定的局限性。

（一）"一带一路"建设的主要经济理论

共建"一带一路"倡议提出以来，学界从不同学科方向对其展开理论研究，除经济学方法论外，国际政治与外交（薛力，2015，2016；黄益平，2015；田文林，2016；张弘，2016)④、地缘政治学（Shannon，2014；Rolland，2015；杜德斌，2015；曾向

---

① 于洪君. 推动"一带一路"建设要处理好六大关系［J］. 求是，2016（16）.
② 盛垒，权衡. 从政府主导走向多元联动："一带一路"的实践逻辑与深化策略［J］. 学术月刊，2018（4）：46-57.
③ 翟崑. "一带一路"建设的战略思考［J］. 国际观察，2015（4）：49-60.
④ 薛力. 中国"一带一路"战略面对的外交风险［J］. 国际经济评论，2015（2）：68-79；薛力. 美国再平衡战略与中国"一带一路"［J］. 世界经济与政治，2016（5）：56-73，157-158；黄益平. 中国经济外交新战略下的"一带一路"［J］. 国际经济评论，2015（1）：48-53；田文林. "一带一路"与中国的中东战略［J］. 西亚非洲，2016（2）：127-145；张弘. "一带一路"战略中的政治风险研究逻辑与方法［J］. 北京工业大学学报（社会科学版），2016（4）：45-55.

红，2016；科林等，2016）①及地缘经济学（陆大道，2013；何天时，2015；汪亚青，2015；安虎森，2016）②等视角均有大量著述。由于后者涉及经济判断时一般借鉴或基于经济学核心观点，因此，探究"一带一路"建设的经济理论基础是理解其推进方式的关键。

由于"一带一路"涉及跨国经贸活动，"贸易促增长"理论成为首要方法论基础。贸易包括商品、要素、服务等跨国界流动，从重商主义、比较优势论、要素禀赋论、技术差距论，到战略贸易论、垄断优势论，以及蒙代尔开放经济模型等的国际经济理论，均论证了商品及要素国际流动带来分工效率、福利效应与经济等增长。基于这些理论认知，"一带一路"概念提出前后，学者们最先主张交通设施、贸易连接。单元庄（1991），芮杏文（1998），李忠民（2011），张勇（2014），陈万灵（2014）等指出，"一带一路"是依托现代运输工具和信息技术连接起来的国际货物运输通道或国际贸易网，由此交通等基础设施建设是首要合作领域。③在硬件联通基础上，贸易促进、投资选择、便利化水平测度及其优化成为又一重点建设领域（冯宗宪，2013；刘艳霞，2014；周五七，2015；程中海，2015；孔庆峰，2015；孙楚仁，2017）。④进一步，邹嘉龄（2015）、朱智洺（2015）、许娇（2016）、张学鹏（2016）等运用投入产出法、GVAR模型、GTAP模型等工具，实证测度了交通、贸易、投资等"一带一路"建设对

---

① Shannon Tiezzi. The New Silk Road: China's Marshall Plan? [J]. *The Diplomat*, 2014, 6；杜德斌，马亚华."一带一路"：中华民族复兴的地缘大战略 [J]. 地理研究, 2015, 34 (6): 1005-1014；曾向红."一带一路"的地缘政治想象与地区合作 [J]. 世界经济与政治, 2016 (1): 46-71, 157-158；科林·弗林特，张晓通."一带一路"与地缘政治理论创新 [J]. 外交评论, 2016 (3): 1-24.

② 陆大道，杜德斌. 关于加强地缘政治地缘经济研究的思考 [J]. 地理学报, 2013 (6)；何天时. 地缘经济视野下的中国"一带一路"战略构想 [J]. 理论学习, 2015 (1): 27-29；安虎森，郑文光. 地缘政治视角下的"一带一路"战略内涵——地缘经济与建立全球经济新秩序 [J]. 南京社会科学, 2016 (4).

③ 单元庄，王欣，朱俊宏. 开辟"空中丝绸之路"——振兴西部经济与航空工业的战略设想 [J]. 人文杂志, 1991 (2): 39-43；芮杏文，孙永俭，等. 新亚欧大陆桥（中国段）经济带开发的战略思考 [J]. 中国软科学, 1998 (8): 5-10；李忠民，刘育红，张强."新丝绸之路"交通基础设施、空间溢出与经济增长——基于多维要素空间面板数据模型 [J]. 财经问题研究, 2011 (4): 116-121；张勇. 略论21世纪海上丝绸之路的国家发展战略意义 [J]. 中国海洋大学学报（社会科学版）, 2014 (5): 13-18；陈万灵，何传添. 海上丝绸之路的各方博弈及其经贸定位 [J]. 改革, 2014 (3): 74-83.

④ 冯宗宪，等. 欧亚地区经济发展形势分析和展望 [R]. 2013 欧亚经济论坛发展报告，西安：西安交通大学出版社，2013: 55-63；刘艳霞，朱蓉文，黄吉乔. 海上丝绸之路沿线地区概况及深圳参与建设的潜力分析[J]. 城市观察, 2014 (6): 37-46；周五七."一带一路"沿线直接投资分布与挑战应对 [J]. 改革, 2015 (8): 39-47；程中海，罗超. 丝绸之路经济带贸易便利化：理论、实践与推进 [J]. 石河子大学学报（哲学社会科学版）, 2015 (4)；孔庆峰，董虹蔚."一带一路"国家的贸易便利化水平测算与贸易潜力研究 [J]. 国际贸易问题, 2015 (12): 158-168；孙楚仁，张楠，刘雅莹."一带一路"倡议与中国对沿线国家的贸易增长 [J]. 国际贸易问题, 2017 (2): 83-96.

沿线国家或地区的经贸效应、对经济增长的影响等。①

除了从双边角度考察经贸关系，国际经济理论向区域或整体研究视角延伸，一是区域一体化或区域经济合作理论，关税同盟论、大市场论、协议性国际分工原理、次区域经济合作论等构成其理论支撑，由此，王义桅（2016）、中国与全球化智库（2017）、孙壮志（2018）等认为，"一带一路"是区域合作的理念创新，多层次、多领域、多渠道的合作将促使新型全球化发展，以及实现"共赢共享"。② 二是全球产业链或价值链理论，据此，盛斌（2016）等指出，"一带一路"建设的目标是促进中国产业及价值链升级，③ 蓝庆新（2016、2017）、刘伟（2015）、魏龙（2016）等认为，全球价值链呈现出以中国为联结枢纽的"双环流"特征，④ 中国可以从嵌入欧、美、日主导的全球价值链转换为自我主导"一带一路"区域价值链，从而实现世界经济均衡发展。

将国际经济理论与区域经济学、城市经济学及空间经济学等相结合，为"走廊""通道""支点"建设方式提供重要的理论支撑。基于佩鲁、布代维尔的增长极理论，沃纳·松巴特的"点—轴"开发理论，克鲁格曼的产业集聚与国际贸易理论，波特的城市竞争力理论，以及斯科特、霍尔、迪肯等的城市群、城市通道等研究，学者们提出，"一带一路"以"点""串轴"辐射"面"，继而促进合作与经贸往来是可行的建设路径。如王文（2016）提出培养、推动国际贸易支点城市，以促进贸易畅通；⑤ 屠启宇团队（2016、2017、2018）在三个年度的《国际城市蓝皮书》中分别提出"丝路城市"概念，⑥ 主张推进"一带一路"经济走廊、发展轴线，并给出筛选丝路节点城市的评价指标体系。

可见，国际经济学、区域经济学、城市经济学等为"经济走廊""要素、商品等互

---

① 邹嘉龄，刘春腊，尹国庆，等．中国与"一带一路"沿线国家贸易格局及其经济贡献［J］．地理科学进展，2015（5）：598-605；朱智洺，丁海燕，陈效林．"一带一路"下中国OFDI对中亚五国经济增长的影响测度［J］．河海大学学报（哲学社会科学版），2015（10）；许娇，乔坤铭，杨书菲，等．"一带一路"交通基础设施建设的国际贸易效应［J］．亚太经济，2016（5）；张学鹏，曹银亮．"一带一路"前景下经济开放与西部地区经济增长［J］．宁夏社会科学，2016（3）：81-89．

② 王义桅．世界是通的［M］．北京：商务印书馆，2016；中国与全球化智库（CCG）课题组．"一带一路"国际合作共赢的实施方案及实现路径［J］．宁波经济（三江论坛），2017（6）：7-11；孙壮志．"一带一路"合作空间拓展的着力点探究［J］．新疆师范大学学报（哲学社会科学版），2018（1）：25-35．

③ 盛斌，黎峰．"一带一路"倡议的国际政治经济分析［J］．南开学报（哲学社会科学版），2016（1）．

④ 蓝庆新，姜翰．"一带一路"与以中国为核心的国际价值链体系构建［J］．人文杂志，2016（5）：29-34；蓝庆新．"一带一路"经济合作共谱和谐世界新篇章［J］．人民论坛，2017（9）：87-88；刘伟，郭濂．"一带一路"：全球价值双环流下的区域互惠共赢［M］．北京：北京大学出版社，2015：3．

⑤ 中国人民大学重阳金融研究院．"一带一路"与国际贸易新格局［M］．北京：中信集团出版社，2016．

⑥ 苏宁，等．丝路城市——世界城市网络新板块［A］．屠启宇．国际城市发展报告（2016）［M］．北京：社会科学文献出版社，2016：1-70；李健，等．丝路城市走廊构筑"一带一路"战略主通道［M］．屠启宇．国际城市发展报告（2017）［M］．北京：社会科学文献出版社，2017：1-53；邓智团，等．丝路节点城市：识别撬动"一带一路"建设的支点［A］．屠启宇．国际城市发展报告（2018）［M］．北京：社会科学文献出版社，2018：1-50．

联互通""以点带线到面"的建设方式提供重要的理论支撑（张蕴岭，2015；胡键，2016；刘方平，2018）；① 结合地缘因素及国家需要，"一带一路"建设主要表现为推进"六大经济走廊"和"五通"。

（二）围绕"流通"展开的理论基础的局限性

不难发现，"一带一路"建设的相关理论支撑主要是新古典框架在资源跨国配置、区位与空间等领域中的应用，聚焦"流通"是其典型特征。面对"一带一路"建设的特殊性，围绕"流通"展开的理论基础及其实践存在较大的局限性。

首先，新古典框架建基于成熟的市场机制，交换、流通即供求均衡构成核心内容，而"一带一路"沿线国家普遍市场机制残缺，即使关注流通，重要的是难以驱动生产响应。新古典框架在经济人理性基础上，通过利润最大化的生产函数和效用最大化的需求函数互动，寻求不同市场结构下如何实现均衡，即达到资源最优配置。无论是生产者行为还是消费者行为，在有效市场中都内化为对价格机制形成相应反馈，从而问题的核心聚焦于市场均衡，即交换、流通环节。当涉及跨越国界，理论就演化为关注软硬件跨国联通、进出口商品与要素自由流动及可能的均衡；区域与空间经济理论也是在创造联通环境中考察流通枢纽的意义。然而，"一带一路"沿线地区普遍市场基础设施薄弱、市场体系残缺，即使消费者能够在需求与预算约束权衡中进行选择，而生产者往往难以作出有效的生产响应，或者组织生产的成本高昂，从而使均衡论证再完善也难以付诸实践。由此，围绕"流通"展开论证，没有抓住"一带一路"沿线社会经济发展的主要矛盾。据此理论进行"互联互通"建设，即使消耗大量投入，也难以驱动生产响应，从而尽早收获经济效益。

其次，模块网络化、新科技革命使生产领域的变革突飞猛进，也为落后地区驱动生产发展提供可行路径；然而，围绕"流通"展开的理论基础难以将之纳入分析框架，从而影响"一带一路"优化方案的设计。模块网络化生产方式兴起，表明社会生产分工加速深化时代的到来，局部模块的规模化、专业化生产足以奠定其在全球产业链中的独特地位；而专业化水平提升有赖于人才、科技等非自然资源的投入，其产生没有捷径，除了外部流入，更主要的是公共治理创新的培育和开发。这为相对落后地区指明了可行的发展路径，即在经济基础相对薄弱的阶段，不需要发展全产业体系，而可以将公共治理、生产、流通、市场紧密联结，寻求局部突破。然而，围绕"流通"展开的理论基础难以将生产方式的多元突破纳入分析框架，通过引入新制度分析框架、新增长理论等进行补充论证，但难以体现系统关联性，这些都在很大程度上制约了"一带一路"建设方案的想象与设计空间。

---

① 张蕴岭. 大战略下的"一带一路"建设 [J]. 中国国情国力，2015（3）：9-10；胡键. "一带一路"：战略构想及其实践研究 [M]. 北京：时事出版社，2016；刘方平. "一带一路"：引领新时代中国对外开放新格局 [J]. 甘肃社会科学，2018（2）：64-70.

最后，在"流通"理论指导下，促进多层面互联互通成为主要建设内容。但是，在广袤地区建设软硬件联通设施，极其耗费资源；沿线地区发展水平低下，能够参与投入建设的能力有限；建设带来地缘格局变化，能否取得东道国与国际社会的认同，存在不确定性；投资风险大，可能会侵蚀到既往建设成效。这些因素共同作用，一是使局部的互联互通建设达不到市场联通效果；二是互联互通即使达到一定程度，有限的市场容量也难以实现可观的经济回报；三是全面互联互通的建成是耗时漫长的过程，此前商业价值有限势必影响支持力量的参与，甚至出现反对声音的增多，从而影响"一带一路"建设全局。

当前，时代背景的变化给"一带一路"建设施加的舆论、时间、机会成本等压力均不断攀升，围绕"流通"展开的理论基础难以有效指导"一带一路"实践，甚至存在误导。由此，从理论与理念突破出发，创新"一带一路"建设方式变得尤为必要。

二、转向"再生产循环相统一"的"集聚系统论"

对生产能力达到较高水平的中国及东亚生产网络而言，以北美为主导的既有国际市场已难以满足其转型升级及高效率产能攀升的需求，扩大内外市场整体规模的"一带一路"式国际化，成为中国推进新时代社会主义建设的必要选择；而且，充分发挥市场机制作用，才能使"一带一路"建设走上可持续的自组织强化道路，并取得实质性推进成效。从全球格局来看，除了欧美市场经济发达地区，"一带一路"沿线分布的大多是市场机制不完善、发展水平低下、内外形势复杂的经济体，将"生产、流通、消费"的再生产循环相统一，并结合时代背景的特征创新理论基础——"集聚系统论"，这是探究"一带一路"建设可行路径的必要前提。

集聚是空间经济学的核心概念，即在结合市场潜力、运输成本和生产可流动性等因素基础上，考察收益递增作用机制下的生产聚集继而经济地理的变迁与重构（克鲁格曼，2000；藤田昌久，2005；世界银行，2009）。[①] 与空间经济学关注产业聚集标的有所区别，所谓"集聚系统论"，就是将集聚的相关因素和经济活动过程视为一个整体，建立起生产、流通、消费相联结与互动的分析框架，进而与当前世界经济的消费市场格局、产业发展走势以及生产演进特征相对接的方法论（见图1-5）。

---

① ［美］保罗·克鲁格曼. 地理和贸易[M]. 北京：北京大学出版社，中国人民大学出版社，2000；［日］藤田昌久，保罗·克鲁格曼，安东尼·J. 维纳布尔斯（1999）. 空间经济学：城市、区域与国际贸易[M]. 北京：中国人民大学出版社，2005；世界银行. 2009年世界发展报告：重塑世界经济地理[M]. 北京：清华大学出版社，2009.

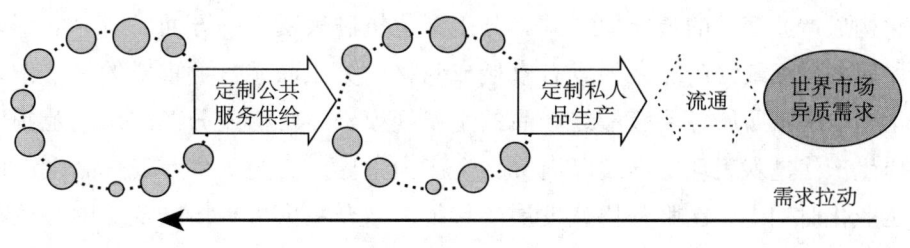

(1) 全产业链基本构成

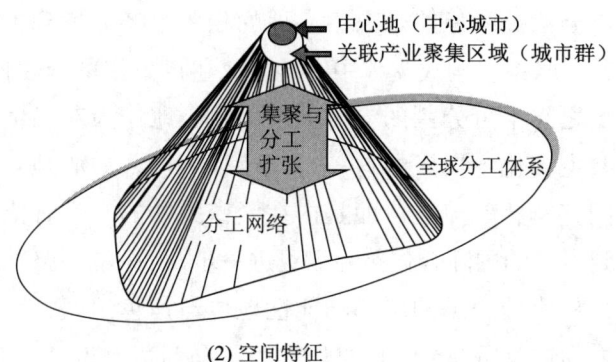

(2) 空间特征

图 1-5 "集聚系统论"的内涵

（一）集聚理论构成的基本分析框架

基于垄断竞争的 D-S 模型（1977）将收益递增纳入形式化分析，克鲁格曼等将之应用于空间区位研究，论证收益递增促使集聚产生的机制，即在市场潜力较大、运输成本较低、生产可流动性较强的条件下，收益递增效应使集聚达到突变点后以自组织的方式累积发展。在 D-S 垄断竞争一般均衡框架下，人们证明至少存在三种集聚机制：要素流动、垂直关联和资本创造。[①] 市场潜力涉及消费环节，运输成本涉及流通环节，生产可流动性及其聚集涉及生产环节，由此，将集聚点放到包含影响因素的系统或整体中去考察，实际上构建起生产、流通、消费相统一的分析框架。该理论表明，生产的聚集及演进，需要由足够大的市场规模作为消费支撑，并提高通达程度继而实现要素与商品的流动便利，三者是不可分割的组成部分，是再生产得以循环的必要条件。

（二）在系统视角下，集聚具有中心地与分工网络共生演化的空间特征

集聚既是生产聚合的过程，也成为生产行为及其主体——人集中的空间形式，当达到一定规模，即形成城市。人类社会生产的演进，就是生产分工不断广化与深化的过程，即包括新产品出现的分工广化，以及中间产品专业化、独立化出来的分工深化。随着最终产品生产规模的扩大，中间环节不断独立化、产业化，由此再层级分工递进，

---

① 梁琦. 分工、集聚与增长 [M]. 北京：商务印书馆, 2009.

分工深化构成产业演进的最主要方式。分工深化机制表明，一方面，衍生的新兴中间环节与所属各层级最终产品之间具有直接或间接的分工联系，更重要的是，新兴中间环节的衍生取决于所属各层级最终产品的生产规模，即所构成分工网络的范围。人类社会物质生产演进就表现出早期以消费品生产为主导，工业革命后资本品生产地位攀升，后工业化时期生产性服务快速发展的特征。结合集聚机制，以及受中心地租金成本影响，高盈利、高租金承受能力的新兴生产更易占据中心地，并将低盈利、低租金承受能力的传统生产挤出中心地；分工关联但无法远离中心地的相关生产聚集在中心地周围，共同形成城市群；分工关联但能远离中心地的相关生产分散到世界各地，与中心地形成直接或间接的分工联系，构成支撑中心地新兴生产发展的分工网络。由此，因新兴生产与层级关联分工之间不可分割的支撑关系，中心地作为新兴生产的集聚空间与所关联分工网络之间共生演化。集聚的这一空间特征表明，中心地、城市群、分工网络、全球分工体系之间并非相互分立，而是内在紧密关联的，只有依循集聚与分工的互动规律，才可能找到可行的国际合作路径。更进一步，"一带一路"沿线各空间并非同质且无须并行开发，从所处分工网络的功能性地位与角色出发，针对中心地进行重点突破，就能起到辐射周边及所在分工网络的作用（马莉莉，2014、2017）。①

（三）与世界市场的空间特征相对接

不同于研究局部地区产业发展，"一带一路"建设源于北美与东亚紧密联结的背景下，北美已难以提供足够的消费力来驱动两大区域发展，从而有必要进一步向全球市场拓展消费需求。从世界市场整体而言，消费需求的总体规模和空间分布是有其基本特征的，"集聚系统论"的内在要求之一就是结合世界市场整体空间特征来进行经济地理设计。其基本原则是：首先，庞大的消费规模才可能驱动庞大的生产体系重构，与大市场联结是必要前提；其次，多元化、多层次的市场联通才可能保障市场潜力转化为现实的需求拉动；最后，市场不以国界为划分标准，距离越近，市场需求的经济意义越大，对于类似中国内外贸曾经分离发展的国家而言，打破内外市场区别，强化内外市场的一体化、扩大化、通达化，对于地区产业集聚而言至关重要。

（四）与世界产业发展特征及趋势相对接

随着分工的深化，世界产业发展是不断历史演进的；同时，在不同地区，产业演进的程度存在显著差别。经历多次科技产业革命，从消费品的生产，到资本品的生产，再到生产性服务的独立化、专业化，生产系统变得越趋复杂；分工形式也从产业间分工，过渡到产业内分工，继而到当前阶段东亚地区呈现产品内分工的发展特征。② 只有

---

① 马莉莉. 世界城市：全球分工视角的发展与香港的选择 [M]. 北京：商务印书馆，2014；马莉莉. "一带一路"沿线的协同转型及其建构方式 [J]. 福建论坛（人文社会科学版），2017（9）：16-24.
② 卢锋. 产品内分工 [J]. 经济学（季刊），2004（10）：55-81.

生产规模扩大到一定程度,分工才可能不断细化、深化,并表征产业演进的高度。随着模块网络化生产方式的兴起并迅猛发展,产品内分工必将进一步深化与拓展。"集聚系统论"的内在要求之二是与当前时代产品内分工越趋上升为全球分工主导地位,同时产业内分工、产业间分工在不同地区各有分布的特征相对接,从而使"一带一路"建设不是孤立于历史之外,而是与时代演进走向相一致。"集聚系统论"的这一属性表明,由于模块网络化及产品内分工的发展,相对落后国家或地区无须发展完整产业体系,而需集中资源大规模发展异质模块的生产及其关联产业,并通过其产业化、分工深化奠定国际分工地位,这为诸多中小国家和地区参与"一带一路"建设提供了可行方式与路径。

(五) 与生产分工演进阶段相对接

模块网络化生产方式的兴起,其一,使生产流程分解为专业化模块,并组成网络组织协同应对异质消费需求变化,分工深化为以信息、智能等为核心的新科技产业革命开辟路径。其二,随着模块厂商对专业化程度、敏捷反应要求的提高,其自身一方面对公共服务产生更高要求,另一方面难以自我供给,从而转向从外部市场获得;特别是随着创新、继而心智开发越趋重要,围绕人力资源的培育、培养、开发、"干中学"等需求大幅攀升,继而产生对教育、医疗、住房、环境等大规模公共服务的异质性需求,并且,政府作为公共服务传统的供给方,受专业化能力、成本压力等因素影响难以全部独立供给,由此,异质公共品生产同样面临模块分解、网络联结的组织重构,继而提高供给效率的过程(戈德史密斯,2008;迟福林,2011;马莉莉,2013)。[①]模块网络化机制向公共品供给领域的延伸,表明产业链的进一步拉长,即在模块网络化机制下,具备技术创新、分工深化能力的生产系统由包含公共品供给、私人品生产、流通直至对接消费需求的全产业链构成,这是一条由异质消费需求拉动,以层级定制化供给、敏捷响应、多元组织参与为特征的弹性生产与服务供应链。分工深化到公共服务领域的特性表明,公共治理的创新可以为生产聚集、继而高效满足消费需求提供可行路径,这为相对落后地区嵌入全球分工体系的提供了现实路径。"集聚系统论"的内在要求之三在于,有必要结合生产分工演进到利用模块网络化机制提升公共品供给效率,继而推动产业转型升级的当前阶段特征,创新公共治理,发展延伸至公共服务领域的全产业链,从而为落后地区在市场不完善形势下驱动生产者行为提供破解之道。

可见,围绕"流通"展开的经济理论忽视了市场机制不健全、生产基础薄弱等"一带一路"沿线地区的现实情况,从而即使设计高水平互联互通,也难以有效驱使生产响应并影响到"一带一路"的建设效果。而"集聚系统论"将空间经济学的集聚理

[①] 斯蒂芬·戈德史密斯,威廉·D. 埃格斯. 网络化治理:公共部门的新形态 [M]. 孙迎春译. 北京:北京大学出版社,2008;迟福林,方栓喜. 公共产品短缺时代的政府转型 [J]. 上海大学学报(社会科学版),2011(7).

论拓展到整体层面,将生产、流通、消费的再生产循环相统一,特别是将生产变革继而公共治理纳入统一分析框架,并结合世界经济的空间、时间、生产演进特征,构建起系统、动态的分析框架,由此可为复杂的"一带一路"建设提供若干指引。

三、基于"集聚系统论"的"一带一路"建设思路

"集聚系统论"提供了从整体、系统、演进角度推进"一带一路"建设,使其形成自组织机制并实现累积强化发展的理论指导,从而使"一带一路"向高质量发展转变具有现实基础。从"集聚系统论"出发,高质量建设"一带一路"的基本思路包括微观层面的建设原理和总体功能架构的设计。

(一)基于"集聚系统论"的"一带一路"建设原理

在"集聚系统论"指导下,"一带一路"的建设原理在于,通过开放与转型相协同,驱动市场联通与地区产业集聚的互动循环,由此形成可持续并累积强化的发展机制(见图1-6)。

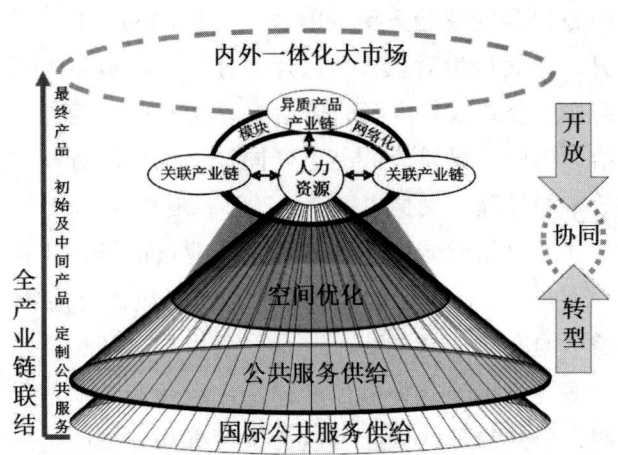

图1-6 基于"集聚系统论"的"一带一路"建设原理

首先,对于"一带一路"整体及局部地区而言,需要拓展及对接内外一体化的大市场,实现软硬件联通,由此为相关集聚点嵌入整体分工体系创造条件。

其次,不同地区基于自身资源禀赋及开发潜力,选择发展异质产品产业链及其关联产业,在大市场效应下扩大生产规模,驱动模块网络化机制发展,促进技术创新与分工深化,由此奠定国际分工地位。由于关联分工的空间转移,以及同一产业链中不同异质生产环节要求空间临近以最大限度敏捷响应。因此,当异质产品生产及分工达到一定规模与水平并分布于区域内时,形成区域生产网络,相关异质生产环节以高度协作的方式满足世界市场大规模消费需求。

再次，无论是市场基础设施不完善还是发展新型生产所需要素资源储备不足问题，都可以通过公共治理的创新，提供异质产业发展所需公共服务。随着创新重要性的上升，围绕人力资源开发的公共服务需求攀升，更需要提高定制化公共服务供给水平与效率。

最后，从整体、区域及各地区而言，分别形成不同表现形式的全产业链，即产业环节联结的形式不同；但公共服务创新支撑异质产业聚集继而参与国际分工的发展方式决定，形成自主转型升级机制的全产业链具有定制公共服务、初级及中间产品到最终产品的基本联结结构。"一带一路"跨越国界展开建设，由此需要不同层级的国际公共服务供给。需求拉动、定制化供给、敏捷响应、网络组织是全产业链运作的重要特征。

（二）基于"集聚系统论"的"一带一路"建设总体功能架构

"集聚系统论"将生产、流通和消费作为整体进行考察，从而可以将世界经济当前阶段的时代背景与特征纳入统一分析框架，这为"一带一路"高质量建设总体功能架构的设计指明了方向（见图1-7）。

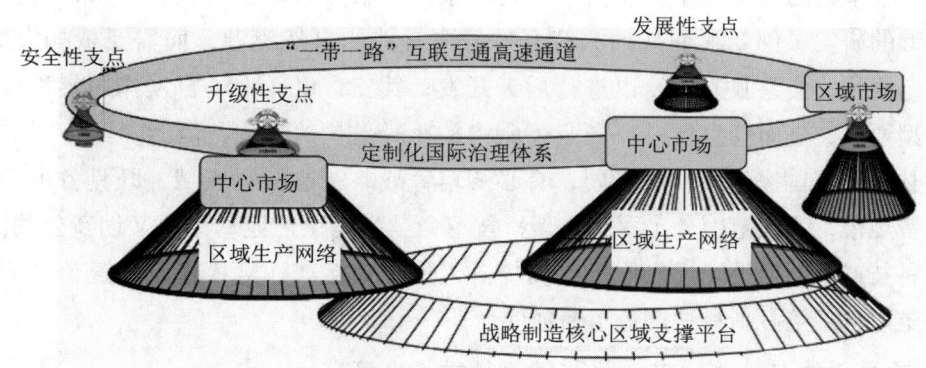

图1-7 基于"集聚系统论"的"一带一路"建设思路

1. 中心市场是驱动"一带一路"整体建设的主要需求源

没有需求拉动，再生产循环难以持续往复进行下去。"一带一路"建设并非仅牵涉局部地区的发展，而是延伸到广袤的世界市场。就全球市场而言，消费需求有极限且存在特定的空间分布特征。由此，扩大消费需求规模的首要条件是定位中心市场，并将"一带一路"所涉及的生产体系最大限度地与中心市场异质需求相对接，由此提供庞大的生产流通体系运转的强劲消费驱动力。

2. 区域生产网络是服务于中心市场的重要生产支撑平台

在世界经济演进到当前时代，中心市场一方面消费能力较强，另一方面主要是高盈利、高租金承受能力的新兴生产或服务的聚集所在地，因而，盈利能力和租金承受能力较低的生产制造就趋向于空间外移。其一，距离中心地越近，越容易供给产品，中心市场的强劲消费力对关联生产制造具有空间吸引力；其二，模块网络化的兴起使敏捷响应成为越趋重要的生产要求，即缓慢的生产难以满足快速变化的消费需求，这就要求产品能够快速抵达消费市场，在软硬件流通条件不够便利的情况下，距离临近是重要应对方式；其三，中心市场的大规模消费需求，使服务于中心市场的生产制造能够集聚到较大规模。在模块分解、分工深化过程中越趋形成区域生产网络，分散在区域内不同地区的异质厂商分工协作，以敏捷响应中心市场的异质消费需求。由此，与中心市场流通便利或距离较近的区域生产网络将成为服务于中心市场的重要生产支撑平台。

3. 新科技革命趋势下，战略制造核心区域成为"一带一路"整体拓展与国家转型升级的基础性支撑

模块网络化生产方式的兴起及新科技革命的萌芽，表明在全球生产与消费规模进一步扩张的过程中，更深层次分工细化的时代即将到来。"一带一路"建设在更高程度上联结全球市场的过程中，也为大规模科技创新、模块分解和分工深化创造条件。其一，新科技革命的突变性爆发依赖于可观的生产、服务与消费规模；其二，新科技革命所依赖的研发、创新继而人的心智开发等要素并非自然资源，而需要依托大规模、高效、定制化的公共服务供给以进行后天开发；其三，仅凭市场自发作用累积科技研发等新型要素，进而催生新科技产业革命将是耗时漫长的过程，因此，配合"一带一路"整体拓展及国家转型升级需要，有必要培育战略制造核心区域，既具备可观的生产与消费规模，为大范围分工深化、新科技革命孕生提供产业基础，又创新公共治理，为酝酿科技产业革命爆发提供服务与支撑。无论是缺乏产业规模还是缺乏公共治理创新，都难以承载培育新科技产业革命的使命。

4. 差异化支点是"一带一路"建设的重点地区

从"集聚系统论"的微观建设原理来看，"一带一路"沿线地区都有机会通过选择发展异质产品产业链及关联产业链、创新内外公共服务，来嵌入全球分工体系并奠定自身地位，但各地资源储备、市场基础、治理能力等存在显著差异。特别是集聚的空间特征表明，对区域乃至全球的经济开发，并不需要并行推进，而是依循中心地与分工网络共生演化的规律，对区域分工体系中的重点地区，特别是中心地进行着力开发，就能顺应集聚自组织机制并辐射引领周边区域。这也适用于"一带一路"拓展的特殊性，即"一带一路"沿线投资环境复杂，各地开发成本高昂，分散投资难以形成规模效应，同时导致所需应对的风险攀升；构建互联互通通道经过多节点时，导致出现中断的风险加大。因此，对投资条件较好的区域经济中心地或功能性地区进行重点开发，有利于促使集聚效应形成、规避投资于过多地区的风险、辐射引领周边地区，从而大幅提高"一带一路"的建设效率。这些区域经济中心地或功能性地区称为"一

带一路"建设支点,它们主要依据所集聚产业的属性、与所辖分工网络的关联特征、在"一带一路"建设中肩负的使命,来确定差异化的功能定位和定制化建设方案,即属于差异化支点。其中,由于"一带一路"建设的主要目标是造福沿线国家人民,因此,承载带动地区发展的发展性支点与负责引领转型升级的升级性支点构成差异化支点的主体。此外,若干地区不具备开发条件或基础,但对"一带一路"建设或地区安全具有重要意义的节点,也需强化建设,称为安全性支点,其开发规模和程度不必过高,但需承担起相应的安全功能。

5. **由差异化支点支撑起"一带一路"市场互联互通的高速通道**

内外一体化大市场的构建,继而市场的互联互通对"一带一路"建设顺利推进尤为关键。借鉴高速铁路通过架设桥墩承载轨道,以规避沿线复杂地势进而提高通达效率的原理,"一带一路"也需避免大范围的随自然地理及地区分布来建设软硬件联通设施,而应以差异化支点为依托,在其相对周边形成的商品和要素规模化吞吐基础上,建设干线联通设施,以尽快形成"一带一路"全局性互联互通高速通道,保障沿线支点的集聚机制尽早驱动,进而为"一带一路"建设增强市场推动力。而支点与周边地区,则主要通过建设支线联通设施来促进市场一体化,以增强支点对周边的辐射带动力。

6. **从差异化支点、区域生产网络、高速通道等不同层面建构定制化国际治理体系**

为了促使互联互通环境的成型,提供各层面产业集聚所需要跨国公共服务,以及协调越趋频繁的经贸、政治文化等联系,在差异化支点、区域生产网络等各层面需要建构正式或非正式国际协调机制、规则及其组织,所构成的整体即为国际治理体系。由于"一带一路"各层面建设的方式、功能、目标均有差异,所需要的国际公共服务也呈现异质化特征,因此,国际治理体系的建构也需利用模块网络化原理,通过多元组织参与并协同的方式,来定制化地提供国际公共服务。

第二章　联结市场与建设区域生产网络支撑平台

第一节　层级市场与区域生产网络平台的联动体系

模块网络化生产方式与新科技产业革命在促使分工深化、加速需求变化的过程中，驱使全球生产消费体系走向层级市场与区域生产网络的联动发展，为适应这一发展趋势，高质量建设"一带一路"成为首要任务。

一、新科技产业革命趋势下的层级市场与区域生产网络的联动机制

生产流程内部分解使各生产环节、生产与消费之间的联结需求加速攀升，再加上时间压力的增强，全球生产消费体系越来越趋于层级市场与区域生产网络的联动发展。

（一）新科技产业革命影响下的动因

模块网络化生产方式既是适应消费需求异质化、快速变化的客观结果，其反过来又会加剧需求的异质化和快速变化，由此带来时间压力的攀升，并累积强化，驱使生产系统层进式分工深化。碎片化生产流程联结、生产与消费联结、并行生产的需要，引致数字化、网络化、智能化技术发展；后者又反过来创造物质技术基础和条件，支撑生产流程进一步分解，由此驱动新科技产业革命爆发。就在这一过程的深刻影响下，生产与消费的空间分布呈现出相应走向特征，构成高质量建设"一带一路"有必要以地缘经济为依据。

1. 生产集群化

模块网络化驱使生产流程层进式分解，与此同时，碎片化的生产环节只有紧密联结在一起完成同一产品的生产，才能最终实现价值增值；对消费响应要求的提高，对生产环节的空间接近产生需求。生产模块的专业化、规模化生产，分散生产环节的紧密联结要求攀升等，使生产只有实现集群化才有可能同时提高规模经济和范围经济效应；并且，大规模生产集群还能产生外部规模效应，再加上公共服务的协同式供给，就越有可能提升整体生产效率。

2. 空间专业化

在新兴生产方式下，对于任何地区而言，并不在于组织全类别产品的生产，也不

在于生产同一产品的所有生产环节,而在于选择差异化的生产流程或环节,通过专业化、规模化生产及产业链深化来提高竞争力及嵌入全球分工的能力。由此,空间专业化成为适应模块网络化生产方式兴起的空间特征。在生产集群化发展背景下,局部空间的专业化与关联生产的联结,将促使空间具有集群化潜力,也就是形成城市群效应。生产的专业化分工和空间集群的内外规模效应提升,是产业聚集所形成城市群经济效率和竞争力提升的关键与根本。

3. 枢纽化与网络化并行

生产的流程分解和空间专业化,带来了流通规模的迅速攀升和流通方向与路径的复杂化。一方面,运输、物流等流通环节的规模经济效应,驱使流通体系趋向中心化、枢纽化;另一方面,数字信息技术的发展,特别是中心拥挤效应的攀升,又使空间分散成为可能,由此带来以枢纽为中心的空间分散化即网络化发展。枢纽化与网络化共同提升了整个生产流通消费体系的规模经济效应,进而有利于区域竞争力的提升。

4. 响应敏捷化

信息技术的大幅发展增强了消费者的选择能力,扩大其可选择范围,这也导致差异化消费需求变化加快。运输物流技术的提升,可以提高供给的敏捷响应程度,但需求的快速变化形成强劲的拉动力,使生产网络需要紧密、近距离联结消费市场,特别是涉及面向消费者的快消品供给。此外,随着生产流程的模块分解,模块厂商提前储备原材料、中间品库存,都可能面对消费需求变化而带来库存不被需要的风险。由此,模块厂商转向消费需求确定之前的延迟储备、延迟生产,以及需求一旦确定后的敏捷响应。在原材料、中间品储备空缺或不足的情况下,模块厂商一旦需要实现对下游的敏捷响应,就会转向向上游供应商提出定制化、差异化、时间要求高的需求;并且由于生产厂家能够产生持续订货的需求,这对于供应商而言,满足其需求具有更强的约束力。由此循环往复,生产系统中定制化、差异化、快速变化的生产与生活品需求不断增多,这进一步要求生产系统更高效敏捷的与需求联结,生产系统的近市场化成为响应敏捷化的适应性选择。

5. 分散空间联结化

信息网络技术的发展,便利于货流与商流的进一步分离,货流的联通依赖于软硬件设施的建设,特别是跨区域之间的联结难度更大,但是信息技术却提供了商流跨越空间距离便利联结的可能性。此外,模块网络化生产方式将创造更为高效的生产能力,并且能够对差异化、小批量化、低成本产品提高供给能力,为大规模、大范围、低水平消费需求的联结及其满足提供可能,也就是长尾市场的全球化发展。分散消费、分散空间的小规模集中化,小范围区域联结化,对于基础设施薄弱的地区来讲,是驱动发展的可行切入点。

（二）层级市场与区域生产网络联动机制的特征

在新兴生产方式和新科技革命的深刻影响下，全球生产消费系统将展开新一轮的转移与重构，层级市场与层级区域生产网络的联动结合成为潜在走向。

1. 中心市场和区域市场构成层级消费市场

生产的聚集带来人口的聚集，继而带来消费能力的聚集，生产集群所形成的规模效应，为区域一体化奠定经济基础，并使区域整体消费能力相较分散市场来得更高，从而形成中心市场化。而信息通信技术的发展，使分散生产、分散消费有可能先近距离集中，虽然整体规模效应较小，导致生产能力、消费能力都相对有限，但其累积发展有助于区域市场的形成。从全球消费市场分布来看，中心市场的聚集化、规模扩张，以及区域市场的形成与累积，将并行发展，并为更高程度的全球一体化提供条件。

2. 区域生产网络的兴起与层级分化发展

生产系统的流程分解为生产集群化提供微观动力，也构成生产网络区域化发展的强大动因，大规模专业化生产环节的空间聚集在外部规模经济效应和范围经济效应提升过程中，整体竞争力累积攀升。这同时也表明，模块网络化所驱使生产系统的分工越深化、生产环节越多、联结越便利，所能创造的整体规模经济效应将有力领先于其他聚集化程度有限的地区，从而形成区域生产网络之间的分化。特别是不同区域生产网络再基于生产流通的不同环节展开差异化分工与协作，将带来层级区域生产网络之间的空间分离与分工协作。

3. 层级市场与层级区域生产网络的联动

生产流程的分解使各环节趋向于在各自要素禀赋聚集区集中，呈现出一定程度的空间分化。不同生产与服务环节所获得报酬的差异，使消费市场也呈现空间分化。聚集高端生产或服务环节的区域，往往具有较强的消费与购买力，成为中心市场；中低端生产或服务环节的聚集地消费能力较弱，易于形成区域市场。区域生产网络规模效应的提升带来层级分化，主导性区域生产网络成为全球生产系统的核心构成，在与从属性区域生产网络形成分工联系的基础上，对其运作起到支撑作用。由于中心市场消费能力较强，同时响应敏捷化的要求，使近市场的快速响应的区域生产网络有发展的潜力与必要；在缺乏大规模生产聚集条件的情况下，近中心市场的区域生产网络有必要依托于主导性区域生产网络所提供的规模化生产支撑，从而提高生产效率。由此，中心市场、区域市场、主导性区域生产网络、从属性区域生产网络共同构成需求扩张、生产效率提升、敏捷响应程度提高的联动协作系统。

二、聚焦中心市场与联结区域市场

市场的联结是高质量建设"一带一路"的重要前提，聚焦中心市场、拓展区域市场成为现实选择。

（一）聚焦中心市场

选取全球 110 个主要国家和地区，基于欧盟、北美自由贸易协定、"10+3"等既有主要区域一体化协议，以及地区代表性、关联性及地域邻近等因素，大致划分北美 3、西北欧 14、东亚 10、中东欧 16、其他欧 6、其他东亚 9、南亚 7、西亚 18、中亚 5、非洲 14、大洋 2、拉美 6 共 12 个区域，利用 UNCTAD 和 UNCOMTRADE 数据库的 1998—2017 年数据对全球分工格局进行统计分析，据此勾勒出"一带一路"建设的主要国际空间格局。①

综合 110 个国家及地区的经济与人口总量，2017 年分别占到全球的 97.7%和 90%，对全球社会经济整体具有显著代表性。从 GDP、货物贸易、服务贸易的分布来看，北美和西北欧虽然在 20 世纪末以来占世界比重已显著下滑，但 2017 年仍分别占到世界 GDP 的 27.7%和 20.4%、商品出口的 13.4%和 30.3%、服务出口的 16.7%和 38.7%。东亚地区崛起迅猛，2017 年占世界 GDP 的 26.6%、商品出口的 30.2%。从各区域消费能力来看，无论是商品总进口还是最终产品的进口能力，西北欧、北美、东亚、西亚、中东欧是全球最主要的进口消费地，并且，其他区域与之差距悬殊。因此，北美、以西北欧为主的欧洲，以及包含东亚和西亚的亚洲，是"一带一路"建设有必要密切对接的中心市场（见表 2-1）。

从三大中心市场来看，区域内贸易构成最主要组成部分，北美 3 国，除美国以区域外贸易为主外，加拿大和墨西哥主要展开区域内贸易；除中国外，东亚 10 国和地区平均区域内贸易比重在 50%左右；在西北欧国家，除德国的区域内贸易比重在 45%左右，其他国家最主要的是展开内部贸易。区域内贸易的高水平发展，表明中心市场的一体化联结程度较高，加上总体规模庞大，具有拉动世界经济运转的大市场效应。其中，东亚是经济与贸易规模上升最为显著的地区，其中心市场效应正加快提升（见表 2-2）。

---

① 北美 3：加拿大、墨西哥、美国（北美自由贸易协定）；西北欧 14：奥地利、比利时、丹麦、芬兰、法国、德国、爱尔兰、意大利、荷兰、挪威、西班牙、瑞典、瑞士、英国（欧盟与欧洲自由贸易联盟主要经济体）；东亚 10：中国、中国香港、印度尼西亚、日本、韩国、马来西亚、菲律宾、新加坡、泰国、越南（"10+3"主要经济体，因 UNCOMTRADE 数据库没有中国台湾数据，而 UNCTAD 数据库则有，使用东亚 11 时包括中国台湾）；中东欧 16：阿尔巴尼亚、波黑、保加利亚、克罗地亚、捷克、爱沙尼亚、匈牙利、拉脱维亚、立陶宛、黑山、波兰、罗马尼亚、塞尔维亚、斯洛伐克、斯洛文尼亚、马其顿（已经加入或拟加入欧盟的中东欧国家）；其他欧 6：希腊、摩尔多瓦、白俄罗斯、俄罗斯、乌克兰；其他东亚 9：文莱、柬埔寨、中国澳门、中国台湾、朝鲜、老挝、蒙古、缅甸、尼泊尔（其他东亚 8 指去除中国台湾）；南亚 7：阿富汗、孟加拉国、不丹、印度、马尔代夫、巴基斯坦、斯里兰卡；西亚 18：亚美尼亚、阿塞拜疆、巴林、格鲁吉亚、伊朗、伊拉克、以色列、约旦、科威特、黎巴嫩、利比亚、阿曼、卡塔尔、沙特阿拉伯、巴勒斯坦、叙利亚、土耳其、阿联酋；中亚 5：哈萨克斯坦、吉尔吉斯斯坦、塔吉克斯坦、土库曼斯坦、乌兹别克斯坦；非洲 14：阿尔及利亚、吉布提、埃及、厄立特里亚、埃塞俄比亚、肯尼亚、毛里塔尼亚、摩洛哥、尼日利亚、索马里、南非、苏丹、突尼斯、也门；大洋 2：澳大利亚、新西兰；拉美 6：阿根廷、巴西、智利、哥伦比亚、秘鲁、委内瑞拉。

表2-1 全球主要区域相关指标占世界的比重　　%

指标	年份	北美3	西北欧14	东亚10	中东欧16	其他欧6	其他东亚9	南亚7	西亚18	中亚5	非洲14	大洋2	拉美6	总计
GDP	1998	32.8	29.6	19.4	1.44	1.50	1.01	1.77	2.80	0.14	1.37	1.42	4.85	98.1
	2008	27.5	28.2	19.5	2.55	3.52	0.83	2.45	4.65	0.31	1.88	1.87	4.59	97.7
	2017	27.7	20.4	26.6	1.92	2.33	0.97	4.01	4.43	0.33	1.93	2.02	5.05	97.7
人口	1998	6.8	6.1	31.6	1.97	3.56	2.20	21.92	3.82	0.91	7.02	0.37	5.16	91.5
	2008	6.7	5.7	30.1	1.83	3.03	2.16	22.94	4.08	0.90	7.70	0.38	5.18	90.6
	2017	6.5	5.3	28.7	1.60	2.71	2.10	23.29	4.31	0.94	9.04	0.39	5.10	90.0
商品出口	1998	18.4	42.0	21.9	2.28	1.81	2.19	0.95	3.22	0.19	1.22	1.23	2.33	97.7
	2008	12.6	34.3	24.6	4.24	3.52	1.77	1.49	7.77	0.60	2.04	1.35	3.07	97.3
	2017	13.4	30.3	30.2	4.82	2.45	2.04	2.08	6.51	0.39	1.42	1.52	2.59	97.7
商品进口	1998	22.7	39.0	17.4	3.00	1.91	2.06	1.18	3.64	0.18	1.61	1.37	2.67	96.8
	2008	17.7	33.3	22.1	5.09	2.95	1.65	2.47	5.16	0.37	2.07	1.42	2.57	96.8
	2017	18.3	28.7	26.7	4.89	1.99	1.82	3.29	5.45	0.30	2.07	1.50	2.15	97.1
服务出口	2005	16.9	40.9	14.7	3.4	3.0	1.1	2.2	3.7	0.1	1.8	1.6	1.3	90.7
	2008	15.6	39.2	15.8	4.2	3.4	1.1	2.9	3.5	0.2	1.8	1.5	1.6	90.8
	2017	16.7	38.7	17.8	4.0	2.2	1.7	3.8	4.8	0.2	1.3	1.5	1.4	94.2
服务进口	2005	15.0	38.6	18.3	2.6	2.6	1.4	2.8	5.1	0.3	1.7	1.6	2.0	92.0
	2008	13.4	36.7	18.4	3.3	3.3	1.1	2.7	6.3	0.3	2.2	1.6	2.5	91.8
	2017	13.1	36.0	23.0	2.7	2.4	1.3	3.5	6.4	0.3	1.6	1.6	2.4	94.2

续表

指标	年份	北美3	西北欧14	东亚10	中东欧16	其他欧6	其他东亚9	南亚7	西亚18	中亚5	非洲14	大洋2	拉美6	总计
最终产品进口	2008	20.9	36.8	15.7	5.3	4.4	0.1	1.3	4.7	0.3	1.8	2.0	2.6	96.0
	2016	22.1	25.8	18.9	4.8	2.4	0.4	1.4	12.2	0.2	4.1	2.1	2.1	96.4

注：依据 UNCOMTRADE 的广义商品分类（BEC）统计以及 Françoise Lemoine 和 Deniz Ünal-Kesenci(2002)提供的五阶段 BEC 分类，贸易商品分为：初级产品（111+21+31），半成品（121+22+32）和零部件（42+53）的中间产品，含资本品（41+521）和消费品（112+122+51+522+61+62+63）的最终产品。

数据来源：根据 UNCTAD 和 UNCOMTRADE 数据计算

表 2-2　2017 年全球主要地区区域内贸易占总贸易比重　　　　　　　　%

国家和地区	区域内出口	区域内进口	国家和地区	区域内出口	区域内进口
北美 3			西北欧 14		
加拿大	77.3	57.7	奥地利	55.8	60.2
墨西哥	82.7	48.7	比利时	66.3	61.7
美国	34.0	25.9	丹麦	54.7	65.3
东亚 10			芬兰	51.7	52.1
中国	34.6	31.4	法国	54.8	54.3
中国香港	66.9	70.7	德国	47.7	43.6
印度尼西亚	52.9	61.8	爱尔兰	51.5	56.7
日本	46.7	43.6	意大利	48.1	51.6
马来西亚	57.8	58.3	荷兰	64.3	50.8
菲律宾	61.5	67.2	挪威	76.1	51.1
韩国	52.6	43.3	西班牙	51.4	45.1
新加坡	63.1	47.8	瑞典	61.1	69.4
泰国*	47.1	57.8	瑞士	42.1	55.2
越南	42.9	70.7	英国	48.2	51.7

*泰国为 2016 年数据。

数据来源：根据 UNCOMTRADE 数据计算

（二）联结区域市场

除北美、西北欧、东亚三大经济聚集区域之外，世界更广袤地区覆盖的人口众多，但经济发展水平较低，这需要通过区域市场的拓展来推进建设。

区域市场的拓展方式取决于基本经济原理。首先，现代信息、网络、数字技术大幅降低信息传播的成本，这为低收入群体的市场联结提供可能；而长尾市场的意义在于，通过低收入消费能力的大规模聚集，累积起即使差异化、小批量化，但是总量仍然可观的消费规模，可以为生产提供驱动力。其次，模块网络化生产技术为响应长尾市场需求提供可能性。模块网络化生产的优势在于，通过模块的专业化生产和模块组合的范围经济优势，能够对大规模差异化消费需求进行敏捷响应，规模经济和范围经济的叠加，为大幅降低生产成本提供了可能，这为满足长尾市场需求奠定了物质技术基础。最后，需要通过"枢纽—网络"的方式实现区域市场联结。非中心市场的重要特征是经济发展水平较低、总体消费能力不高，因而长距离的软硬件联通设施建设都面临成本高昂、经济价值有限的现实挑战。由此，以区域内部强化联结为主，促进枢纽形成，跨区域之间着力于枢纽之间的联结，是更为合理的区域市场拓展方式。

基于长尾市场对个体消费能力要求不高,但对个体数量有需求,因此,人口聚集程度高、具有一定消费能力的地区,是区域市场的潜在开拓目标。

首先,南亚地区 2017 年占世界总人口的 23.29%,经济总量增长显著,由 1998 年占世界比重的 1.77%,升至 2017 年的 4.01%,成为重要的区域市场。其中,印度、巴基斯坦和孟加拉国是南亚地区最主要的国家,2017 年,三国人口分别占南亚 7 国的 76.2%、11.2% 和 9.4%,GDP 占比分别为 79.3%、9.5% 和 7.6%。

其次,非洲是另一个人口增长持续上升的区域,但经济总量占全球比重相对较低。2017 年,非洲 14 国人口占到全球的 9.04%,GDP 占比虽逐年攀升,但 2017 年仅占 1.93%,具有较强的开发潜力。其中,尼日利亚是经济总量和人口规模均占最大比重的国家,2017 年分别占到非洲 14 国的 24.2% 和 28%;南非是非洲第二大经济体,GDP 占比为 22.5%,但人口占比为 8.3%;埃及的 GDP 比重为 12.7%,人口占比为 14.3%,综合实力也相对较强;埃塞俄比亚人口占比却达到 15.4%,而 GDP 规模仅占非洲的 4.7%,开发空间较大;阿尔及利亚的 GDP 占比也显著高于人口比重,前者为 11.5%,后者为 6.1%。

最后,拉美和西亚均是人口规模仅次于非洲、经济总量相对较高的区域。2017 年,拉美 6 国和西亚 18 国的总人口分别占到全球的 5.1% 和 4.31%,GDP 规模占比分别为 5.05% 和 4.43%。在拉美 6 国,巴西和阿根廷均是人口和经济大国,其中,2017 年巴西的人口规模占比达到 54.4%,GDP 占比达到 50.6%;阿根廷人口规模占比和 GDP 占比分别为 11.5% 和 15.4%;哥伦比亚人口规模占比较大,占 12.8%,经济总量较小,占 7.7%;委内瑞拉人口占比较小,占 8.3%,经济总量较大,占比为 14.3%。在西亚 18 国中,土耳其、伊朗、沙特阿拉伯是人口规模、经济总量均占最主要比重的国家,阿联酋和以色列经济总量较大、人口规模较小。①

三、建构层级区域生产网络

模块网络化生产方式的兴起将深刻重构全球生产制造体系,区域生产网络的层级化成为发展走向。

(一) 区域生产网络的层级格局

分工细化到生产流程内部,同时需求的敏捷响应压力攀升,这使生产趋于集群化,并且整体生产规模越大,产生的外部规模效应越显著。另外,需求的快速变化,使近市场的生产系统更需具备敏捷响应能力。随着模块网络化生产方式的发展,全球越趋显示出区域生产网络的层级化特征。

20 世纪末期,北美和西北欧是全球最主要的工业和服务业聚集区,随着东亚参与

---

① 资料来源:根据 UNCTAD 数据库计算。

模块网络化生产方式，工业，特别是制造业不断向东亚聚集，到 2008 年，包括中国台湾在内的东亚 11 个国家和地区的工业占世界比重达到 26.1%、制造业占比为 32.7%，已超过北美和西北欧。2008 年以后，制造业继续加速向东亚集中，到 2016 年，东亚的工业占世界比重达 36.8%，制造业占比达 42.3%，成为全球最大规模的工业聚集区。劳动人口是支撑工业大规模聚集的重要前提，2008 年以来，除南亚、西亚、非洲占世界人口比重仍有小幅上升外，其他地区、特别是欧洲发达地区人口占比回落显著；但人口增长区经济总量较小、市场基础薄弱，因此，结合人口因素、市场基础及生产规模效应，东亚具有集聚工业的显著竞争优势。北美和西北欧作为曾经的工业聚集区，全球占比不断下降，特别是西北欧 2016 年仅占世界工业的 17.2%、世界制造业的 18.5%。南亚、西亚和拉美仍然具有一定的工业基础，但 1998—2016 年，南亚和西亚增幅有限，拉美的工业和制造业还有小幅下降（见表 2-3）。

表2-3 全球主要区域产业指标占世界的比重

单位：%

产业	年份	国家和地区 北美3国	西北欧14国	东亚11国	中东欧16国	其他欧6国	其他东亚8国	南亚7国	西亚18国	中亚5国	非洲14国	大洋2国	拉美6国	总计	中国
农业	1998	11.9	15.1	28.1	2.27	2.45	0.92	12.17	6.30	0.65	5.11	1.33	6.80	93.0	15.5
	2008	9.5	10.1	32.5	2.64	3.79	1.00	12.16	5.56	0.79	7.32	1.37	6.61	93.4	21.5
	2016	7.6	5.9	42.3	1.46	2.33	1.13	14.68	4.45	0.77	7.58	1.30	5.37	94.8	31.5
工业	1998	28.8	27.5	26.2	1.60	1.62	0.11	1.73	3.55	0.14	1.40	1.28	4.30	98.3	5.5
	2008	22.4	23.5	26.1	2.65	3.47	0.19	2.60	7.91	0.42	2.11	1.75	4.61	97.7	12.0
	2016	21.6	17.2	36.8	1.99	2.12	0.28	3.61	6.01	0.42	1.91	1.75	4.09	97.8	22.2
制造业	1998	31.5	30.2	23.0	1.59	1.45	0.09	1.66	2.54	0.12	1.15	1.05	4.05	98.4	
	2008	21.7	25.4	32.7	2.77	3.07	0.14	2.59	3.26	0.32	1.21	1.05	4.10	98.3	14.6
	2016	21.2	18.5	42.3	2.14	1.56	0.22	3.50	3.28	0.37	1.36	0.85	3.24	98.5	25.5
服务业	1998	38.3	27.8	18.8	1.18	1.27	0.08	1.14	2.36	0.10	1.13	1.44	4.68	98.3	1.9
	2008	33.2	28.3	18.3	2.25	3.07	0.11	1.84	3.38	0.24	1.53	1.93	3.95	98.1	4.9
	2016	34.3	20.7	24.4	1.62	1.91	0.20	2.94	3.87	0.26	1.74	2.06	4.00	98.0	11.8

数据来源：根据 UNCTAD 数据计算

（二）东亚跻身占据全球主导地位的区域生产网络

东亚各国和地区地域邻近，要素禀赋具有一定程度的差异，劳动力资源丰富，开放程度较高，政府公共服务供给能力较强，在显著的规模经济效应的作用下，正成为全球占据主导地位的区域生产网络。

东亚占世界工业、特别是制造业比重在20世纪末以来不断攀升，特别是2008年国际金融危机后，制造业集聚的程度进一步提高。2008年，包含中国台湾在内的东亚11个国家和地区工业占到全球的26.1%，制造业占比为32.7%；2016年两项指标分别攀升至36.8%和42.3%。在东亚11国和地区内部，2016年中国的制造业占比达到60.3%，其次是日本，占比为19.2%；韩国为7.4%，印度尼西亚为3.7%，中国台湾为3.1%，泰国为2.2%。马来西亚、菲律宾、新加坡、越南、中国香港所聚集的制造业规模都仅占1%左右。从东亚10国和地区区域内贸易占总贸易比重来看，由1998年的平均41.2%升至2008年的44.5%，2016年继续升至46.4%。从2016年区域内出口商品结构来看，各国和地区最主要的是向区域内出口中间产品，整体平均水平达到64.4%。东亚主要形成基于生产流程内部分解的庞大区域生产网络（见表2-4）。

表2-4　东亚10国和地区区域内贸易占世界比重及2016年区域内出口商品结构　　%

国家和地区	向东亚10国和地区进出口占向世界贸易比重			2016年向东亚10国和地区出口的商品结构						
	1998年	2008年	2016年	初级产品	半成品	零部件	中间产品	资本品	消费品	最终产品
中国	45.6	34.5	34.3	2.4	25.8	28.1	53.8	30.0	22.4	52.4
中国香港	57.2	67.3	69.0	0.7	22.8	57.2	80.0	11.6	7.5	19.1
印度尼西亚	47.2	58.3	57.4	29.9	40.4	8.7	49.1	4.4	18.3	22.8
日本	29.0	39.1	44.7	1.9	32.9	30.2	63.1	19.1	8.3	27.4
马来西亚	48.4	55.0	58.2	5.6	39.6	33.0	72.6	10.9	10.7	21.6
菲律宾	43.1	54.7	64.4	6.0	18.8	52.0	70.8	15.8	7.4	23.2
韩国	33.9	42.8	48.1	0.5	34.2	41.1	75.4	17.2	6.9	24.1
新加坡	46.9	54.2	56.3	0.6	28.8	44.9	73.7	13.0	10.5	23.5
泰国	43.8	48.5	52.2	5.3	32.4	24.2	56.5	14.5	23.6	38.1
越南	26.5	54.2	54.1	7.5	23.6	24.0	47.6	11.7	32.7	44.4
东亚10国和地区	41.2	44.5	46.4	3.1	28.8	35.6	64.4	19.4	14.7	34.1

数据来源：根据UNCTAD和UNCOMTRADE数据计算

由于东亚所形成的工业聚集规模是其他任何地区短期内难以逾越的，且既往北美分工体系已将东亚作为生产网络支撑，由此，"一带一路"建设有必要继续强化东亚产品内分工网络优势，并扩大其服务范围，即拓展延伸到三大中心市场及其他沿线市场，从而支撑"一带一路"整体建设。

(三) 服务中心市场的北美与欧洲区域生产网络平台

北美和欧洲是工业发达国家聚集区,随着外包的兴起,北美加快了生产制造向东亚的转移,欧洲也相继加大外包力度。1998年,北美地区占到世界工业的28.8%、制造业比重的31.5%,2008年分别下降到22.4%和21.7%,其中制造业下降近十个百分点;西北欧14国的制造业占世界比重也从2008年的25.4%,下降至2016年的18.5%。欧盟通过东扩,使中东欧国家成为承接地,中东欧16国的工业占比由1998年的1.6%升至2008年的2.65%,制造业比重由1998年的1.59%升至2008年的2.77%;但2008年后,同样出现增长乏力的态势,2016年工业占比又降至世界比重的1.99%,制造业占比降至2.14%。

与此同时,北美和西北欧仍然是全球中心市场,但人口规模较小且呈现萎缩态势,2016年,北美3国人口占世界比重的6.5%,西北欧14国仅占5.3%。缺乏生产制造的规模化优势,使北美与欧洲难以再度成为全球主导型生产制造聚集群落,转向与东亚区域生产网络分工协作且服务于中心市场的生产制造聚集区,具有较强的发展潜力。

从北美的工业及制造业分布来看,2016年,美国占据北美3国工业的83.3%、制造业比重的87.2%,加拿大所聚集的制造业已经低于墨西哥。

在西北欧地区,德国是制造业的首要聚集国,2016年占西北欧14国的32.1%;其次是意大利,占比为12.1%,法国为11.2%,英国为10.7%,西班牙为7.1%;瑞士、爱尔兰、荷兰、瑞典分布的制造业比重为3%~5%。①

(四) 新兴的欠发达地区生产聚集平台

除了东亚、北美及欧洲区域生产网络,其他地区的生产聚集规模较小。通过与主导型区域生产网络相对接,新兴的欠发达地区生产聚集平台发展,有助于服务区域市场。

首先,南亚制造业聚集程度大幅提升,从1998年占全球制造业的1.66%,提升至2008年的2.59%,以及2016年的3.5%;工业占比也由1998年的1.73%,增至2008年的2.6%,以及2016年的3.61%。南亚生产聚集平台的发展,有助于服务区域市场,提高对需求的敏捷响应程度。

其次,西亚的制造业规模缓慢提升。西亚占全球工业比重在2008年达到7.91%,随后有所下降,2016年为6.01%。但从制造业聚集来看,占世界比重较低,但近20年有小幅提升。1998年,西亚18个国家占世界制造业比重为2.54%,2008年升至3.26%,2016年微增至3.28%。西亚是能源富集地区,能源收入较高,使区域市场规模在欠发达国家中属于较高水平,西亚生产聚集平台的建设,有助于提高对该地区消

---

① 资料来源:根据UNCTAD数据库计算。

费需求的满足水平。

最后，拉美国家所聚集工业与制造业均有所下降。拉美6国曾经是相对领先的发展中国家，由于多元矛盾的累积，掉入"中等收入陷阱"，这影响了拉美地区的生产集聚程度提升。1998年，拉美6国的工业占世界比重为4.3%，制造业规模是4.05%；2008年两者比重均小幅提升，分别为4.61%和4.1%；但是2016年，分别降至4.09%和3.24%。依托东亚区域生产网络，发展拉美生产聚集平台，有助于提升对于拉美区域市场的服务能力和效率（见表2-3）。

总体而言，随着新兴生产方式在更大范围驱动运转，其重构世界生产消费体系的力度不断攀升，市场范围的扩张，生产网络的层级化、功能对接与协调、近市场化，成为重要的发展趋势。

第二节　东亚区域生产网络的功能升级

20世纪末，东亚金融危机成为重要的时间窗口，跨国资本转向投资中国；2001年，中国加入世界贸易组织，开启了融入全球化的进程。由于中国庞大的廉价劳动力资源在从事加工制造领域具有绝对优势，生产流程模块分解过程得以加速推进，初步形成东亚区域生产网络的产品内分工格局。2008年国际金融危机以来，东亚区域生产网络的集聚效应进一步加强，由此构成"一带一路"建设首要的生产制造承载区。

一、东亚区域生产网络的深化发展

2008年以来，拥有全球近30%人口的东亚继续成为全球工业、贸易的聚集区，包含中国台湾的东亚11国和地区2016年工业规模达到世界的36.8%、制造业比重的42.3%；未包括中国台湾的东亚10国和地区商品出口占世界比重由2008年的24.6%攀升至2016年的30.2%，商品进口比重由22.1%升至26.7%；服务出口占比由15.8%升至17.8%，服务进口占比由18.4%升至23%。与此同时，东亚区域内的生产流程分工深化进一步加强。

（一）东亚区域内贸易比重继续攀升

2000—2012年，东亚10国和地区向区域内出口占东亚总出口贸易的比重由42.2%上升到47.8%，随后受到全球经济低迷的影响，2016年又小幅下降至45.9%。这意味着东亚地区各经济体的联系日益紧密，东亚地区的商品贸易向区域内市场倾斜的程度有所加大。同一时期，东亚区域内进口占东亚总进口贸易的份额却出现下滑，由48.0%下降至43.1%，2016年又回升至46.9%。具体来看，2000—2008年，东亚10国和地区中仅中国和越南向东亚出口占本国总出口的比重、中国和新加坡从东亚进口占本国总进口比重出现明显下滑，其他国家和地区区域内贸易占本国贸易比重均有所提升或基本保持不变。2008年国际金融危机后到2016年，所有国家和地区向区域内出口比重均出现先攀升后小幅下降的趋势，除中国、中国香港、韩国和新加坡从东亚进口先下降后略有回升外，其他国家均继续增加从东亚的进口。2000年，向东亚出口比重高于50%的国家仅有印度尼西亚和新加坡，而到2016年，仅中国、日本、泰国和越南向东亚出口比重低于50%。其中，2016年中国香港向区域内出口比重为最高，达67.2%。此外，从东亚各经济体的区域内进口比重变化来看，2000—2008年上升最快的是印度尼西亚，上升了11.9个百分点，其2016年区域内进口比重上升至63.9%。而

2008—2016年增幅最大的是菲律宾，上升了12.9个百分点；中国香港、菲律宾和越南是2016年东亚区域内进口占总进口比重最高的地区，占比分别达到70.7%、66.0%和69.5%。从东亚10国和地区进出口比重的整体变化来看，中国的区域内贸易比重明显下滑，这也说明近些年中国更多地承担起东亚区域对外总出口和总进口的角色；新加坡则增加了海外采购比重，区域内进口比重出现明显下滑；菲律宾的区域内进出口份额均出现了大幅增长，这得益于其国内工业和服务业的快速发展（见表2-5）。

表2-5　2000—2016年东亚10国和地区区域内贸易份额及其变动　　　　　　%

国家和地区	中国	中国香港	印度尼西亚	日本	马来西亚	菲律宾	韩国	新加坡	泰国	越南	东亚10国和地区
年份	向东亚出口占总出口的比重										
2000	45.8	47.7	54.4	32.6	50.0	40.2	40.3	52.0	43.2	49.6	42.2
2004	41.0	57.6	55.3	40.0	50.8	54.7	44.6	56.9	48.4	41.6	46.1
2008	34.4	60.7	56.2	41.9	53.8	46.5	44.6	56.4	47.7	39.2	44.2
2012	36.9	69.3	58.2	46.9	58.4	64.3	51.2	61.0	49.8	42.9	47.8
2016	35.9	67.2	51.3	44.6	56.7	62.0	51.4	62.2	47.1	38.7	45.9
年份	向东亚出口占总出口比重增减										
2000—2008	-11.4	13.1	1.8	9.3	3.9	16.3	4.3	7.4	4.5	-10.3	2.0
2008—2016	1.5	6.4	-4.9	2.7	2.9	5.4	6.8	2.8	-0.6	-0.5	1.7
年份	从东亚进口占总进口比重										
2000	42.7	70.2	48.6	35.5	56.6	48.6	39.6	57.9	50.4	66.2	48.0
2004	41.1	72.5	50.7	40.3	57.4	52.7	44.8	53.6	52.4	63.0	48.9
2008	34.6	73.5	60.5	36.2	56.6	53.2	41.2	48.8	49.3	65.8	44.7
2012	30.7	69.6	62.2	39.8	59.4	53.9	37.9	44.9	53.3	67.0	43.1
2016	32.2	70.7	63.9	44.8	59.9	66.0	44.1	49.5	57.8	69.5	46.9
年份	从东亚进口占总进口比重增减										
2000—2008	-8.1	3.3	11.9	0.7	0.0	4.6	1.6	-9.3	-1.0	-0.4	-3.3
2008—2016	-2.4	-2.8	3.4	8.6	3.3	12.9	2.9	0.9	8.5	3.8	2.2

数据来源：根据UNCOMTRADE数据库计算

（二）中间产品、特别是零部件贸易比重继续攀升

2016年，东亚区域内中间产品出口总额达到14101亿美元之多，占东亚区域内出口总额的63.37%，其中零部件贸易额为7797亿美元，占比为35.0%，半成品贸易额为6304亿美元，占比为28.3%。值得注意的是，2016年印度尼西亚向区域内出口的29.4%为初级产品，紧接着依次为越南的7.5%、菲律宾的6.0%、马来西亚的5.6%和泰国的5.3%，而其他国家和地区初级产品出口所占比重都极小。除了中国、印度尼西

亚、泰国和越南向区域内出口中间产品的比重低于 60%，分别为 49.5%、48.2%、56.6% 和 47.8%，其余东亚国家和地区的中间产品出口比重均超过 60%，其中中国香港出口比重最高，其向区域内出口的 80.1% 均为中间产品，且其零部件出口比重也为最高，2016 年占本地出口比重的 57.3%。马来西亚、日本、印度尼西亚和泰国的半成品均为其首要出口产品，分别为本国区域内出口的 39.7%、35.6%、39.7% 和 32.4%。总之，东亚的中间产品贸易规模一直占据着东亚商品贸易的绝对地位，对当前模式下的东亚生产网络的运转举足轻重（如表 2-6）。

表 2-6 2016 年东亚主要经济体向区域内出口商品构成

国家和地区	中国	中国香港	印度尼西亚	日本	马来西亚	菲律宾	韩国	新加坡	泰国	越南	东亚10国和地区
类别	向东亚10国和地区出口商品金额（亿美元）										
初级产品	174	25	218	54	60	21	13	12	53	51	681
半成品	1850	773	294	946	426	66	871	591	326	162	6304
零部件	2014	1937	63	870	354	182	1047	922	243	165	7797
资本品	2156	393	32	550	117	55	438	268	146	81	4235
消费品	1618	253	133	238	115	26	175	215	238	224	3234
合计	7811	3381	740	2658	1072	349	2544	2007	1006	683	22251
类别	向东亚10国和地区出口商品构成										
初级产品	2.2	0.7	29.4	2.0	5.6	6.0	0.5	0.6	5.3	7.5	3.1
半成品	23.7	22.9	39.7	35.6	39.7	18.8	34.2	29.4	32.4	23.8	28.3
零部件	25.8	57.3	8.6	32.7	33.1	52.0	41.2	45.9	24.2	24.1	35.0
中间产品	49.5	80.1	48.2	68.3	72.8	70.8	75.4	75.4	56.6	47.8	63.4
资本品	27.6	11.6	4.4	20.7	10.9	15.8	17.2	13.3	14.5	11.8	19.0
消费品	20.7	7.5	18.0	9.0	10.7	7.4	6.9	10.7	23.6	32.8	14.5
最终产品	48.3	19.1	22.4	29.6	21.6	23.2	24.1	24.0	38.2	44.6	33.6
合计	100	100	100	100	100	100	100	100	100	100	100

数据来源：根据 UNCOMTRADE 数据库计算

从东亚区域内出口商品的整体构成来看，中间产品贸易占比基本保持在 60% 以上。1995 年，东亚 8 国和地区的中间产品出口比重为 59.3%，此后开始逐年攀升；2008 年中间产品出口占到区域总出口的 65.4%，为历史最高水平，分别高于 2002 年东亚 9 国和地区的 62.5% 与 2006 年的 64%；2010 年东亚 10 国和地区的中间产品比重下降为 63.6%；2016 年又小幅下降至 63.4%。其中，2016 年半成品出口所占份额跌破了 30%，零部件出口比重由 1995 年的 24.5% 攀升至 2006 年的 33.2%，此后几年略有下降，2016 年继续上涨，占东亚区域内总出口的 35.0%（如表 2-7 所示）。

表 2-7　1995—2016 年东亚区域内出口商品构成　　　　　　　　　　%

年份	初级产品	半成品	零部件	中间产品	资本品	消费品	最终产品
1995	4.4	34.7	24.5	59.3	17.6	18.8	36.4
2002	3.7	30.2	32.3	62.5	16.7	17.1	33.8
2006	4.0	30.8	33.2	64.0	19.2	12.8	32.0
2008	4.4	33.8	31.6	65.4	18.6	11.7	30.3
2010	4.1	30.8	32.8	63.6	20.0	12.3	32.2
2013	3.8	32.4	31.5	63.9	18.9	13.4	32.3
2016	3.1	28.3	35.0	63.4	19.0	14.5	33.6

注：1995 年为东亚 8 国和地区，缺少菲律宾和越南；2002 年、2006 年为东亚 9 国和地区，缺少越南；其余为东亚 10 国和地区。

数据来源：根据 UNCOMTRADE 数据库计算

（三）中国继续强化东亚区域生产网络的加工制造中心地位

从东亚各经济体的贸易品流向整体来看，中国已经成为东亚区域的加工制造中心，是东亚中间产品的主要流入地。2000 年东亚贸易品流向的主要特征为：东亚主要从印度尼西亚、中国和马来西亚进口初级产品，初级产品绝大部分流向日本；而日本是东亚区域内半成品、零部件和资本品的最大出口国，其中，半成品主要流向中国，零部件主要流向中国和新加坡，资本品主要流向中国香港和中国内地；另外，东亚区域内有 44.7% 的消费品进口自中国，消费品中有 43.7% 流向了日本。到了 2008 年，东亚区域内贸易品流向有了巨大变化，初级产品主要进口自印度尼西亚，占比达到 30.7%，东亚 10 国和地区的初级产品出口中，有 26.7% 流向了日本、26.2% 流向中国。中国此时已成为区域内半成品、零部件的首要进口国和出口国，也是区域内资本品和消费品的首要出口国，东亚 10 国和地区分别从中国进口 41.7% 的资本品和 49.7% 的消费品。而到了 2016 年，中国中间产品贸易核心的地位更加显著，东亚 10 国和地区初级产品出口的 28.4%、半成品出口的 30.0%、零部件出口的 38.9% 均流向中国，占比均为区域内最高水平；而区域内资本品进口的 50.9%、消费品进口的 50.0% 均来自中国，比重相较 2008 年均有所上升，也反映出中国已成为东亚地区最终产品的加工组装基地（见表 2-8 所示）。

表 2-8 2000—2016 年东亚主要经济体贸易品流向   %

年份		中国	中国香港	印度尼西亚	日本	马来西亚	菲律宾	韩国	新加坡	泰国	越南	东亚10国和地区
2000	初级产品进口自	24.4	7.6	28.6	3.5	13.5	1.2	1.5	2.5	6.1	11.1	100
	初级产品出口至	19.6	5.1	4.7	32.6	4.6	2.2	16.9	8.6	5.1	0.7	100
	半成品进口自	13.8	17.0	8.3	23.4	6.4	0.9	16.2	9.7	4.0	0.3	100
	半成品出口至	30.2	16.3	5.0	15.9	6.2	3.0	10.2	6.1	4.6	2.5	100
	零部件进口自	8.7	14.8	1.8	28.7	10.2	4.9	10.0	15.9	4.8	0.4	100
	零部件出口至	19.1	14.1	2.7	13.4	13.0	5.4	8.6	16.5	6.5	0.6	100
	资本品进口自	16.6	12.9	2.4	35.2	6.6	2.0	8.5	12.8	2.9	0.1	100
	资本品出口至	18.0	18.3	3.1	16.4	8.4	3.8	12.0	13.6	5.2	1.1	100
	消费品进口自	44.7	16.7	3.5	8.2	4.6	1.2	7.1	4.8	6.5	2.7	100
	消费品出口至	10.4	21.5	2.2	43.7	3.7	2.4	5.1	7.4	2.0	1.7	100
2008	初级产品进口自	14.7	4.9	30.7	9.2	13.1	1.6	2.1	1.9	9.5	12.5	100
	初级产品出口至	26.2	3.6	2.9	26.7	6.0	2.5	16.6	10.4	4.1	1.0	100
	半成品进口自	22.2	8.5	6.7	20.9	7.8	1.9	15.0	12.1	5.0	0.8	100
	半成品出口至	26.6	12.0	7.1	14.2	6.3	2.7	13.0	7.5	5.6	5.2	100
	零部件进口自	22.0	21.5	1.1	18.2	3.7	2.7	10.7	16.2	3.7	0.5	100
	零部件出口至	35.9	19.7	3.9	10.1	6.8	2.6	7.7	7.1	4.9	1.3	100
	资本品进口自	41.7	10.4	1.2	19.3	3.2	1.6	10.8	7.1	4.3	0.4	100
	资本品出口至	23.8	26.3	5.2	12.2	5.6	1.7	8.7	9.4	4.3	2.7	100
	消费品进口自	49.7	11.3	2.8	10.4	3.5	0.9	4.0	6.9	7.2	3.3	100
	消费品出口至	13.5	20.5	3.8	31.8	5.6	3.4	8.3	6.9	3.6	2.6	100
2016	初级产品进口自	25.5	3.7	31.9	8.0	8.9	3.1	1.9	1.7	7.8	7.5	100
	初级产品出口至	28.4	5.4	2.1	16.0	19.6	3.1	9.7	7.1	6.1	2.6	100
	半成品进口自	29.3	12.3	4.7	15.0	6.8	1.0	13.3	9.4	5.2	2.6	100
	半成品出口至	30.0	9.0	7.1	10.8	6.8	4.0	9.8	6.4	6.6	9.4	100
	零部件进口自	25.8	24.8	0.8	11.2	4.5	2.3	13.4	11.8	3.1	2.1	100
	零部件出口至	38.9	22.5	2.6	7.4	5.6	2.0	6.9	4.7	4.2	5.1	100
	资本品进口自	50.9	9.3	0.8	13.0	2.8	1.3	10.3	6.3	3.5	1.9	100
	资本品出口至	21.7	28.6	4.2	10.9	7.2	2.8	8.6	6.4	4.6	5.0	100
	消费品进口自	50.0	7.8	4.1	7.4	3.5	0.8	5.4	6.6	7.3	6.9	100
	消费品出口至	15.0	20.1	3.8	24.0	5.0	5.8	9.2	5.5	5.0	6.7	100

数据来源：根据 UNCOMTRADE 数据库计算。

从中国所扮演角色来看，主要通过加工制造促进了生产流程内部的零部件贸易，成为区域内最大零部件进口国。2016年，中国吸纳了东亚区域内零部件出口的38.9%，远远超出第二名香港，而且日本、韩国等零部件的主要供应国均以中国为最大的区域内出口市场。2016年，中国占日本对区域内零部件出口的42.1%，占韩国对区域内零部件出口的48.5%，而在香港对区域内零部件出口中占到了90.5%。而在零部件进口方面，所考察的东亚经济体中有四个以中国为区域内最主要的零部件进口来源地，中国香港、日本、马来西亚和韩国分别有55.1%、44.2%、42.2%和47.9%，而东亚整体从区域内进口的零配件有25.8%来自中国。这些数据也说明了随着中国的经济发展和产业结构的升级，零部件等中间产品的加工制造能力不断提升，中国正逐步向东亚生产网络的两端延伸（见表2-9）。

表2-9 2016年东亚10国和地区区域内零部件贸易的市场分布   %

国家和地区	出口方										
	中国	中国香港	印度尼西亚	日本	马来西亚	菲律宾	韩国	新加坡	泰国	越南	东亚10国和地区
进口方	出口地区分布										
中国		90.5	4.5	42.1	24.8	12.5	48.5	21.8	21.4	23.9	38.9
中国香港	48.0		3.8	11.2	17.0	27.5	20.5	31.9	16.1	19.1	22.5
印度尼西亚	2.1	0.5		4.6	1.9	0.9	0.7	7.0	7.5	4.9	2.6
日本	12.7	2.5	22.2		8.4	22.7	5.5	6.0	18.6	18.9	7.4
马来西亚	9.2	0.8	10.6	5.1		3.9	1.6	13.5	12.5	5.3	5.6
菲律宾	1.5	0.9	7.9	3.7	1.9		2.6	2.5	5.7	1.4	2.0
韩国	12.8	2.0	2.8	11.6	3.4	4.3		8.1	4.1	21.0	6.9
新加坡	4.6	0.1	26.6	4.9	32.7	17.8	4.1		7.6	2.3	4.7
泰国	3.6	1.2	16.6	12.3	8.2	8.2	1.3	5.6		3.2	4.2
越南	5.6	1.5	4.9	4.5	1.7	2.2	15.2	3.5	6.5		5.1
东亚10国和地区	100	100	100	100	100	100	100	100	100	100	100
进口来源地分布											
中国		57.8	0.1	12.1	2.9	0.7	16.8	6.6	1.7	1.3	100
中国香港	55.1		0.1	5.5	3.4	2.8	12.2	16.7	2.2	1.8	100
印度尼西亚	20.9	5.0		20.2	3.4	0.8	3.9	32.6	9.1	4.0	100
日本	44.2	8.4	2.4		5.1	7.1	9.9	9.6	7.8	5.4	100
马来西亚	42.2	3.3	1.5	10.0		1.6	3.8	28.4	6.9	2.0	100
菲律宾	19.4	10.5	3.2	20.3	4.3		17.3	14.4	8.9	1.5	100
韩国	47.9	7.2	0.3	18.8	2.3	1.5		13.8	1.9	6.4	100

续表

国家和地区	出口方										
	中国	中国香港	印度尼西亚	日本	马来西亚	菲律宾	韩国	新加坡	泰国	越南	东亚10国和地区
新加坡	25.0	0.4	4.6	11.7	31.7	8.8	11.6		5.0	1.1	100
泰国	22.2	7.1	3.2	32.7	8.9	4.5	4.2	15.7		1.6	100
越南	28.1	7.3	0.8	9.7	1.5	1.0	39.6	8.1	3.9		100
东亚10国和地区	25.8	24.8	0.8	11.2	4.5	2.3	13.4	11.8	3.1	2.1	100

数据来源：根据UNCOMTRADE数据库计算

中国所拥有的廉价劳动力资源使联结碎片化模块的加工制造得以迅猛发展，这为模块网络化的流程分解创造了条件和可能，庞大的规模经济效应提供生产制造进一步集聚东亚的吸引力，也奠定了东亚成为"一带一路"主导型生产制造网络的地位。

二、中国在东亚区域生产网络中的困境及贸易结构调整

近年来，东亚区域生产网络的外部环境正在发生重大变化，区域外许多国家的贸易保护主义行为不断升级，东亚地区出口导向型的经济因外部限制的加大正在遭遇前所未有的挑战，而这种挑战对中国的压力最大。为了避免继续被锁定在价值链分工中的低端环节，积极应对日益加剧的国内矛盾，中国加快贸易结构调整，这为东亚区域生产网络转型升级提供了重要动力。

（一）中国在东亚区域生产网络中的困境

当前，拉动中国经济增长的"三驾马车"之一的出口，其对中国经济的带动作用急剧下降，尤其是在人民币升值的背景下，外部需求作为中国经济增长的驱动力将继续被大幅压缩。同时，在东亚区域生产网络中，中国在东亚生产网络内的产业升级面临诸多困境。例如，加工贸易方式仍严重依赖关键零部件的进口，原材料及能源消耗大，环境污染严重，成本优势不断缩减。

首先，中国作为东亚地区的出口平台，与区域外国家的贸易摩擦不断，也是东亚和美国贸易不平衡的重要中转站。东亚各国或地区仅承担相关产品的特定环节，各类中间产品按工序在东亚各国或地区之间来回流转，最终产品销往全球各地。东亚生产网络的这种经济运转方式导致中国在对于提供半成品和零部件的其他东亚经济体增加贸易逆差的同时，也不断增加中国对发达国家尤其是美国的贸易顺差，而美国同期对东亚的贸易逆差却没有明显的变动，因而美国对中国贸易赤字的增加主要是因为东亚制造和组装产业链向中国的转移，这在很大程度上增加了中国对区域外市场的依赖，导致中国成为东亚与其他地区贸易失衡的替罪羊，成为全球贸易保护主义的主要攻击目标。近年来，中国对日韩等东亚主要发达经济体保持持续的贸易逆差，这主要是因

为日本、韩国、新加坡是东亚主要的中间产品出口国;对中国香港表现的贸易顺差主要是因为中国对香港的出口贸易大多为再出口到美欧市场的转口贸易,即中国香港是重要的服务于中国中间产品贸易的中转地;而中国对美国和欧洲17国则表现为明显的贸易顺差,且该顺差有不断加大的趋势。其中,2017年中国对美国的贸易顺差为2759亿美元,比上一年增加了253亿美元,增长率为10.1%(见图2-1)。

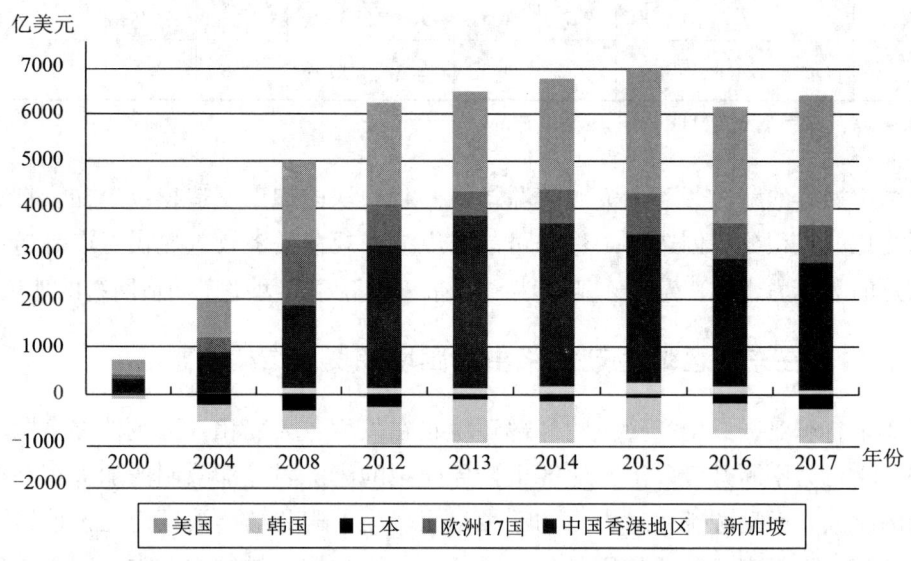

图2-1 2000—2017年中国与主要贸易伙伴国的贸易差额情况

注:欧洲17国包括奥地利、比利时、波兰、捷克、丹麦、芬兰、匈牙利、法国、德国、爱尔兰、意大利、荷兰、挪威、西班牙、瑞典、瑞士、英国。

资料来源:根据UNCOMTRADE数据库计算并绘制

其次,中国在加入东亚区域生产网络后,积极发展对外贸易,大力吸引外商投资,然而这些所带来的技术溢出效应十分有限,并没有促进中国经济的内生增长。中国主要处于东亚产品内垂直分工的加工、组装环节,所获得的产品附加值非常少,尤其是在分工发达的信息和通信技术产业。中国近些年在东亚生产网络内不断水平扩张自身的加工及组装能力,长期被锁定在价值链的低附加值环节上,没有提高核心零部件的制造能力、研发能力及销售能力等。特别是相较于新加坡、韩国等东亚发达经济体,中国的技术水平提高缓慢,产品附加值获取的增长速度远低于产品出口总值的增长,而且最终产品的销售依赖于跨国公司和全球品牌商的销售渠道,本国企业在国际市场上的销售能力相对较低,缺少自己的国际品牌。这种低附加值、高投入的发展状态难以为继。

最后,中国过去一直依赖的成本优势正在逐步消失,过去通过压低劳动力工资来扩大就业、增加出口以及吸引外资的发展模式已经无法持续下去。特别是在中国工业化进程步入后期的背景下,人口红利逐步消失,人口老龄化问题日益严重,劳动力低成本优势正在急速流失。除此之外,资本边际报酬的递减、能源产品价格的不断上涨和能源供应日趋紧张等问题也在严重威胁着中国的经济增长,加之中国长期依靠高投入、高消耗、高污染的增长方式不仅带来了严重的能源浪费问题,也造成了国内环境的严重恶化。这不仅会削弱中国的国际竞争力,降低中国在国际市场上的谈判地位,更重要的是,会影响中国经济、社会、环境的可持续发展。

(二) 中国的贸易结构调整对策

事实上,相较于东亚其他国家而言,中国目前仍具有比较大的要素优势、经济规模和市场潜力,以及强大的政府执行能力。在整个东亚区域生产网络中,中国已经产生了较强的集聚效应,培育了一批颇具实力的中国企业,因此,在中国未来的贸易发展目标中,中国政府和企业应该在比较优势原理的基础上积极进行贸易结构的调整,实现自身的产业升级。

1. 限制低水平扩张,加大投资吸引更多高附加值环节聚集

中国目前已经是世界上制造能力最强的国家,产业发展基础相对完备且良好,然而中国以加工贸易为主的有关制造行业被长期锁定在低附加值的、劳动密集型的加工制造环节上,大大增加了中国平稳且可持续发展的难度。中国以产业升级为目的,对单纯寻求效率而无技术含量的生产环节缩减相应的优惠条件,而对于能够促进劳动分工精细化的生产环节以及研发环节则给予大力扶持,不断优化投资结构,继续扩大利用外资的规模并鼓励外资投向先进制造业、先进服务业和高新技术产业,逐步引导跨国公司将加工贸易中的高技术环节放在中国,通过对加工制造业的改造、对发展中行业的扶持和对新兴产业的培育来拉动对设备及技术的需求,促进高附加值生产环节在中国境内的聚集。

2. 继续推进加工贸易国内价值链的延伸

首先,改革和完善相关有利于配套产业发展的政策措施,提高配套性以推动国内关联产业的发展。中国的加工贸易主要处于简单加工和组装环节,缺乏向前和向后的产业带动作用,特别是国内的中上游产业,因此,如果能够充分发挥和利用加工贸易的关联效应,就可以带动相应关联产业的发展,促进国内产业的发展和升级。所以,中国着力于加强对配套产业的技术和信息支持,引导资金投入,提供技术咨询、优惠贷款和补贴等服务,同时鼓励外商进行关联性投资,促进产业集群,实现外部的规模经济,进而引导加工贸易价值链的延长,充分发挥其辐射效应,最终实现国内贸易、产业结构的升级。其次,提高中间投入品的国内采购率。中国的加工贸易获得的增值非常低,而且与其他国家相比中间产品的本地采购率也很低,工业的生产能力和优势主要集中在最终产品的生产环节上,阻碍了相关产业的技术获取和技术扩散。因此,

中国正致力于推进加工贸易中间投入品的国产化,通过贸易和投资行为促进加工贸易向中间产品生产的延伸,从而延长国内产业链。最后,加工贸易企业也逐步提升自身的营销能力,努力创建开发设计营销网络,将间接加工转变为直接贸易,并积极培育自主品牌,从整体上提升加工贸易价值链。

3. 提高研发水平和自主创新能力

中国目前已经是一个贸易大国,但许多产业的关键核心技术尚未掌握,研发能力与发达国家差距较大。虽然在一定条件下引进先进技术和关键设备可以逐步缩小与发达经济体的差距,但是中国要实现贸易结构的调整升级,跃居产业价值链的顶端,就必须依靠内生的技术进步,加大投资从事 R&D 和自主创新。一方面,中国积极引导企业进行自主创新,制定切实有效的财政和税收政策来激发企业自主创新的能力,加大对于战略性的高新技术产业以及促进传统产业升级和产品更新换代等技术的财政投入,鼓励以企业为主导的产学研合作,提升研究成果转化为生产力的能力。另一方面,加强知识产权保护,为自主创新提供良好的制度环境,积极创建知识产权评估和交易体系,建立广泛的知识产权交易市场,完善知识产权的转让、抵押和处置制度,加快形成行业内外相互制约的监督机制,提高知识产权保护的公众意识,保障知识产权制度的执行和落实。

4. 加强人才培养,优化人力资本

为了有效地吸收东亚区域生产网络向中国传递的先进技术,使其转化为中国企业自身的生产能力并进一步进行持续的研发创新,中国正大力进行高素质人才的培养,重视人力资本的积累和优化。一方面,努力创新人才培养模式,积极培养人才并大力挖掘国内现有人才的研发潜力,探索人才培养的"产学研"合作机制和途径;另一方面,积极引进国外高校、科研机构以及企业的科研、技术人员并加强相关合作。目前,中国的部分大企业在一些关键技术及设备生产上不断取得突破,甚至在某些行业领域已经跃居世界领先地位,这些成就都得益于国内科研技术人才的培养和优化。

5. 继续鼓励国内企业走出国门

在全球化的大背景下,企业不可能完全依靠本国环境来维持自身的竞争优势。借鉴跨国公司的发展经验,当企业发展到一定规模后,会将其经济活动扩张到其他国家来加大本国的比较优势。然而在全球价值链中,中国由于缺乏技术、营销等主导价值链条的要素处于明显的劣势地位,因此,中国在"走出去"战略的基础上继续鼓励具有一定规模实力的企业走出国门。也就是说,国内企业正积极开发和利用国外的市场及资源,促进生产要素更大范围的优化配置,从而推动中国贸易结构的调整和升级,提高中国在东亚生产网络中的地位。

三、东亚区域生产网络面临的挑战及升级调整方向

在日益严峻的国际形势下,东亚区域生产网络的外部生存空间正在遭受严重的挤压,区域外市场的需求极不稳定,东亚区域生产网络当前的运转模式面临不可持续的现实挑战。为了改变这种东亚地区生产、欧美国家消费、跨国公司获取绝大部分贸易利益的发展模式,东亚生产网络也需要积极调整和转型升级。

(一) 东亚区域生产网络面临的挑战

东亚区域生产网络的形成和发展改变了原有的产业间、产业内分工体系,构建了以价值链为基础的产品内分工体系。该生产网络极大地推动了本地区的经济起飞和发展中国家的经济赶超,然而生产与消费的不对称性使得东亚难以实现区域内的良性循环,加之全球经济再平衡的压力不断加大,严重依赖区域外市场的东亚生产网络面临的挑战越来越严峻。东亚各经济体在该生产网络中结合自身优势获得经济增长动力的同时,也出现了一系列的问题,而且随着问题的积累其所导致的负面影响日益严重,阻碍了东亚地区在未来阶段的经济持续增长。

1. 东亚经济增长的外部依赖性仍较高,缺乏区域内消费市场,由此导致东亚应对外部冲击的能力较弱

东亚区域最终消费品的出口主要集中在美欧等国,特别是在国际金融危机之前,美欧地区超前的过度消费带动了东亚地区经济的快速增长。然而,出口目的地的过度集中也使得东亚经济的高度外部依赖性被显著放大。东亚发展程度较高的经济体在进入高收入阶段以后并没有发挥区域内最终消费市场的作用,反而在减少对区域外市场出口的同时扩大对区域内的贸易顺差,而与此同时,东亚发展经济体对区域内贸易则出现越来越大的逆差,并不断地向区域外寻找最终消费市场。因此,一旦区域外市场出现经济衰退或经济危机将导致需求下降,这种影响就会立刻传播到东亚地区并引发大规模出口萎缩,即区域外市场的波动将给东亚地区的经济带来巨大的冲击。此外,在东亚区域生产网络内,当区域内某一经济体出现经济危机或者最先受到外部冲击时,也会迅速地在整个东亚地区内蔓延。东亚这种高度依赖区域外市场的发展模式不可持续,其不但会使东亚越来越严重地受到西方国家经济波动的牵连,还会加剧全球经济失衡,导致贸易摩擦频发。

2. 支撑东亚区域生产网络运转的动力在不断减弱

东亚区域生产网络的持续运转主要依靠区域外市场需求的拉动,然而随着东亚生产网络制造能力的水平扩张和全球经济形势的变化,外部对东亚产品需求的增长速度慢于其生产能力的扩张速度,因而拉动东亚经济增长的动力已大不如前。尤其是近年来,欧美发达经济体市场需求增长乏力,贸易保护主义纷纷抬头,相继做出以经济再

平衡为目的的发展战略调整，外部需求作为东亚经济的驱动力在不断地被压缩，如美国的"再工业化战略"和德国的"工业4.0"战略等，限制本国跨国企业的FDI流向东亚，以期让经济增长的动力回归自身实体经济。同时，随着越南、柬埔寨、缅甸等国融入东亚生产网络，东亚的出口制造能力持续提高，而欧美等出口市场的市场容量却相对有限甚至在不断缩减，因此，在外部生存空间日渐遭到挤压的背景下，东亚区域生产网络势必要进行转型。

3. 东亚地区缺乏独立的国际结算货币及制度保障

相较于欧盟和北美地区，东亚生产网络的国际结算货币由地区之外的国家提供，形成了对美元的过度依赖。在东亚区域生产网络中，处于加工组装等低端环节的国家通过对美国保持一定的贸易顺差来获得美元，并向区域内的发达经济体支付美元用于零部件等中间产品的进口，从而保证整个生产网络的运转。也就是说，东亚各经济体利用对美国的贸易顺差来获得美元，然后通过用美元购买美国国债的方式来实现资本回流。然而，居高不下的美国赤字让东亚各国面临着就业和利润下降的风险，如果美元不断贬值，这些拥有美元储备投资的东亚国家就会逐渐丧失国家财富。此外，东亚区域生产网络是产品内跨境垂直分工，零部件等中间产品需要来回经过多个国家，关税及通关程序大大增加价格成本和时间成本，造成区域内贸易的低效率，因而，提高东亚区域网络的贸易便利化、投资便利化、营商便利化建设等，具有重要意义。

4. 东亚区域内的金融合作滞后于贸易合作

国际汇率的剧烈波动往往会给东亚地区的贸易活动造成重大影响，1997年的东亚金融危机就充分证明了这一点。事实上，日本、韩国等拥有大型跨国公司的国家在国际汇率波动面前依靠经验和有效的处理办法通常可能不会损失太多，但是多数东亚国家自身的金融市场并不发达，出口厂商缺乏有效的方法来应对汇率风险，汇率波动对这些国家就会造成很大的冲击。此外，东亚债券市场的发展也相对滞后。东亚多数国家都是世界债券市场上的主要跨境投资者，然而其在东亚区域内的债券市场却只占很小的比例。发展东亚债券市场，一方面可以充分利用东亚的金融资源，引导资金流回东亚地区，减轻对欧美资本市场的依赖程度，提高东亚整体的抗风险能力；另一方面可以提升东亚区域内的金融合作水平，提高东亚国家在资本市场上的地位，对东亚生产网络的发展意义重大。

（二）东亚区域生产网络的升级调整方向

在新贸易保护主义、地缘政治危机、全球经济再平衡等多重压力之下，东亚面临的国际环境更加严峻和复杂，东亚生产网络急需调整升级。也就是说，东亚作为全球贸易顺差的主要来源地必须加强区域内各经济体之间的合作，积极对东亚区域生产网络的结构进行调整，以便为本地区转变经济增长方式选择最优路径。具体而言，东亚

区域生产网络可以从以下几个方面作出调整:

1. 积极开拓区域外多元化市场,促进区域内终极消费市场的形成

东亚的最终消费品市场集中在美国和欧洲,这种状况使得东亚生产网络有着较强的脆弱性和依赖性,对东亚地区经济的稳定增长具有较高的风险且不可持续。在欧美市场需求下滑的背景下,一方面应该积极开拓区域外如新兴国家的市场,另一方面扩大东亚区域内需求也起到弥补作用。东亚各发展中经济体要积极进行产业结构调整和优化升级,重视技术创新并努力参与到高层次的生产分工阶段中,不断提高产品附加值并拉动内需,以便能够实现增收和经济持续增长。同时,这也能够迫使日韩等区域内发达经济体加快其制造业向外转移的速度,倒逼其产业结构向以服务业为主的经济形态快速转变,从而培育东亚区域内的消费市场。

2. 加快东亚出口平台的分散化发展

长时间以来,东亚地区对美国保持着巨额的贸易顺差,而中国作为东亚地区最终消费品的出口平台,更是占据了东亚对美贸易顺差的50%以上①,由此导致贸易摩擦不断和严重的经济损失。因此,中国在大力吸引FDI的同时,也要加快自身对外直接投资的步伐,尤其是拓展生产链条,将敏捷响应型生产环节布局于区域生产聚集区。这不仅可以促进东亚地区的发展中国家进一步参与国际分工协作,实现包容性增长,也能够将中国对美的贸易顺差转移出去,分散东亚出口平台过于集中的风险,减少贸易摩擦的发生。

3. 积极推进东亚区域的货币合作

事实上,亚洲金融危机之后,东亚各经济体就为尝试建立区域金融合作的制度基础做出过很多努力,例如,清迈倡议下的货币互换安排、亚洲债券市场倡议和亚洲债券基金等非正式的合作计划,然而它们所发挥的作用和产生的效果都不尽人意。加强东亚货币合作,建立区域内统一货币对于最终解决东亚对美元的依赖和稳定区域内金融事务至关重要,但这一进程十分缓慢,至今未能有任何实际性的措施。而且从目前来看,美元在接下来的很长一段时间内仍将是世界强势货币,加之东亚区域内部对于金融货币合作存在较大分歧,东亚推进货币合作的道路必将坎坷且漫长。不过,中国现阶段正在大力倡导的人民币国际化会对东亚货币合作产生一定的助推作用。人民币国际化的推进应该先以周边化、区域化为开端,逐步提高人民币在区域内的接受程度,引导其成为区域内的关键货币,这对未来实现东亚区域局部的汇率协调与合作、推进东亚货币合作体系的建立具有积极意义。②

---

① 胡超,王新哲. 东亚自由贸易协议:特点、趋势与挑战[J]. 首都经济贸易大学学报,2012 (6):92
② 李晓. 东亚货币合作为何遭遇挫折[J]. 国际经济评论,2011.

4. 加强东亚区域经济一体化的程度，积极推动自由贸易区建设

相较于北美和欧洲经济合作的制度化水平而言，东亚区域经济一体化的水平还比较低，生产网络在东亚的发展和调整仍旧缺乏制度保障，区域内不同种类的关税及非关税壁垒阻碍着东亚地区的经济活动。当前，东亚区域的内部分歧较大，经济一体化的路径尚不明确，而且美国为了维护其在东亚地区的利益，不断干涉东亚各经济体的经济合作，中日韩自贸区的搁置就是最好的例证。然而，长久且可持续的东亚区域经济网络需要经济及制度一体化的支持，东亚经济合作规模的扩大及制度化水平的提高能够创造更多的经济收益，因此，加快东亚区域经济一体化建设势在必行。

随着东亚的分工深化，特别是中国及其他参与国家和地区，不断加入产业链体系，并且通过加强人力资源培育，向高技术产业领域演进，东亚所具有的生产制造集聚的规模经济效应还将不断强化，从而奠定其在"一带一路"主导型区域生产网络的地位，并为其他区域生产网络提供分工支撑。

第三节 欧洲区域生产网络的扩展与欧亚协同

欧洲是工业革命的爆发地,也聚集着德国、英国、法国、意大利等资本主义工业强国。然而近年来,市场增长乏力、制度创新迟缓、生产经营成本较高、劳动力供给不足等问题,使欧洲工业特别是制造业趋于下滑。随着中东欧国家加入欧盟,捷克、匈牙利等国不断承接西北欧转移出来的工业。但其规模经济潜力仍然有限,欧亚生产网络的层级联结,成为新时代背景下高质量服务欧洲市场的有效方式。

一、西北欧生产网络的下滑

西北欧工业基础雄厚、经济发展水平领先,是全球最主要的经济聚集区。20世纪后期,随着东亚生产网络的兴起,西北欧加速向服务化转型,区域生产网络显著下滑,占世界经济比重也趋于衰落。

(一)西北欧生产制造比重下降

西北欧14个工业国在1998年占到世界制造业比重的30.2%,截至2008年已经下降4.8个百分点,其中,英国、德国都是下滑较为显著的国家,分别下降1.9个和1.2个百分点。美国次贷危机、欧洲债务危机后,西北欧工业继续加速下滑,2008—2016年,制造业占世界比重下降6.9个百分点,德国、意大利、法国的制造业分别下降1.6%、1.4%和1.1%,西北欧14国制造业占全球比重已经降至2016年的18.5%。曾经世界领先的工业国德国占世界制造业比重在2016年降至5.9%,西北欧位居其次的意大利、法国和英国,分别仅占2.2%、2.1%和2%(见表2-10)。

表2-10 1998—2016年西北欧14国制造业占世界比重 %

年份 国家	1998	2000	2002	2004	2006	2008	2010	2012	2014	2016	1998—2008年增减	2016—2008年增减
奥地利	0.7	0.6	0.7	0.7	0.7	0.7	0.6	0.6	0.6	0.5	0.0	-0.2
比利时	0.9	0.7	0.8	0.8	0.7	0.7	0.5	0.5	0.5	0.5	-0.2	-0.2
丹麦	0.5	0.4	0.5	0.4	0.4	0.4	0.3	0.3	0.3	0.3	-0.1	-0.1
芬兰	0.6	0.5	0.5	0.5	0.5	0.6	0.4	0.3	0.3	0.3	0.0	-0.3
法国	4.1	3.5	3.8	3.7	3.2	3.1	2.6	2.3	2.3	2.1	-0.9	-1.1
德国	8.7	7.3	7.9	8.0	7.6	7.5	6.5	6.0	6.3	5.9	-1.2	-1.6
爱尔兰	0.4	0.4	0.6	0.6	0.5	0.5	0.4	0.4	0.4	0.8	0.1	0.3

续表

年份 国家	1998年	2000年	2002年	2004年	2006年	2008年	2010年	2012年	2014年	2016年	1998—2008年增减	2016—2008年增减
意大利	4.4	3.6	4.0	4.0	3.6	3.6	2.9	2.4	2.4	2.2	-0.7	-1.4
荷兰	1.2	1.0	1.1	1.1	1.1	1.1	0.8	0.7	0.7	0.7	-0.1	-0.4
挪威	0.3	0.2	0.3	0.3	0.3	0.3	0.4	0.3	0.3	0.2	0.0	-0.1
西班牙	1.9	1.7	2.1	2.2	2.1	2.2	1.7	1.4	1.4	1.3	0.2	-0.8
瑞典	1.0	0.9	0.9	1.0	0.9	0.9	0.8	0.7	0.7	0.6	-0.2	-0.3
瑞士	1.1	0.9	1.1	1.1	1.0	1.1	1.1	1.1	1.0	1.0	0.1	-0.1
英国	4.5	3.9	3.8	3.4	3.1	2.6	2.1	2.0	2.1	2.0	-1.9	-0.6
西北欧14国	30.2	25.9	28.4	27.8	25.9	25.4	21.0	18.9	19.3	18.5	-4.8	-6.9

数据来源：根据 UNCTAD 数据计算

（二）西北欧虽然仍以区域内贸易为主，但其比重不断下降，内部市场趋于萎缩

随着欧盟的建设及扩大，欧洲内部市场一体化程度相当高，并构成大市场，为参与方发展创造有利环境。20世纪末以来，西北欧的内部一体化程度趋于下降，各国不断减少区域内贸易比重，转向与区域外国家展开更多贸易往来。1999年，西北欧14国中，10个国家对区域内出口超过60%，9个国家对区域内进口超过60%，比利时、荷兰、挪威等国区域内出口占比超过70%，奥地利、比利时、丹麦、瑞典、瑞士等国区域内进口占比超过70%；1999—2017年，仅挪威在1999—2008年区域内出口、爱尔兰在1999—2008年的区域内进口、芬兰在2008—2017年的区域内进口比重有过正增长，其他所有国家在2008年前后的两个时期内均持续地减少区域内进出口。2017年，仅4个国家区域内出口比重超过60%，德国、意大利、瑞士、英国的区域内出口均低于50%；仅4个国家的区域内进口超过60%，德国和西班牙的区域内进口比重降至50%以下。相互贸易比重的下降，使西北欧内部市场规模趋于萎缩，依靠自身市场驱动各国发展的需求引力有所下滑（见表2-11）。

表2-11　1999—2017年西北欧14国区域内贸易占世界比重　　　　　　　　%

国家	区域内出口占向世界出口比重							
	1999年	2004年	2008年	2012年	2016年	2017年	1999—2008年增减	2017—2008年增减
奥地利	69.6	63.0	58.1	55.7	54.9	55.8	-11.5	-2.4
比利时	74.7	72.4	71.1	65.3	66.6	66.3	-3.7	-4.8
丹麦	67.2	65.8	61.6	59.0	56.8	54.7	-5.5	-7.0
芬兰	58.2	53.2	49.9	46.6	51.8	51.7	-8.3	1.8
法国	65.3	63.3	59.0	56.0	55.8	54.8	-6.3	-4.3

续表

国家	区域内出口占向世界出口比重							
	1999年	2004年	2008年	2012年	2016年	2017年	1999—2008年增减	2017—2008年增减
德国	59.0	57.9	54.5	49.0	48.1	47.7	-4.5	-6.8
爱尔兰	67.4	64.6	62.6	60.3	51.1	51.5	-4.9	-11.0
意大利	58.0	54.6	49.9	48.9	48.7	48.1	-8.0	-1.8
荷兰	73.6	74.5	71.1	67.7	65.6	64.3	-2.6	-6.8
挪威	73.0	76.7	80.5	77.8	74.0	76.1	7.4	-4.4
西班牙	62.1	60.5	55.0	51.3	53.8	51.4	-7.1	-3.6
瑞典	65.9	62.4	63.2	60.3	61.3	61.1	-2.7	-2.1
瑞士	60.1	58.3	56.1	47.8	45.5	42.1	-4.0	-14.0
英国	56.4	56.7	54.5	49.1	48.2	48.2	-1.9	-6.4
国家	区域内进口占从世界进口比重							
	1999年	2004年	2008年	2012年	2016年	2017年	1999—2008年增减	2017—2008年增减
奥地利	72.9	68.6	65.7	60.3	67.2	60.2	-7.2	-5.5
比利时	70.5	70.4	68.2	66.1	60.6	61.7	-2.3	-6.6
丹麦	75.5	71.7	69.2	68.2	65.8	65.3	-6.3	-3.9
芬兰	59.8	55.7	49.6	47.0	52.8	52.1	-10.2	2.5
法国	63.8	61.6	57.1	54.7	53.6	54.3	-6.7	-2.8
德国	56.1	54.5	52.4	48.4	46.4	43.6	-3.8	-8.7
爱尔兰	55.5	58.0	63.6	58.7	58.1	56.7	8.1	-6.9
意大利	63.3	58.0	49.0	47.3	52.1	51.6	-14.4	2.6
荷兰	56.0	56.3	53.5	49.9	50.7	50.8	-2.5	-2.6
挪威	68.1	66.6	61.1	57.4	54.0	51.1	-7.0	-10.0
西班牙	65.9	60.9	50.2	43.2	47.7	45.1	-15.6	-5.1
瑞典	76.8	74.4	70.7	68.7	69.5	69.4	-6.1	-1.3
瑞士	77.3	78.2	75.7	58.4	52.6	55.2	-1.7	-20.4
英国	55.0	53.1	51.4	50.4	52.1	51.7	-3.5	0.3

数据来源：根据UNCOMTRADE数据计算

（三）西北欧内部的产业内贸易，半成品和最终产品的相互间贸易，生产流程分解程度相对较低

从西北欧内部的贸易构成来看，半成品和消费品构成最主要的贸易品，2016年，西北欧14国区域内出口的32.8%为半成品，32.2%为消费品；零部件和资本品贸易的比重都相对较低，分别仅为13%和14.4%。这表明西北欧国家主要展开产业内贸易，

生产流程内部分解的程度较低,零部件等中间产品的加工及贸易量较小。从各类贸易品区域内出口国的分布来看,挪威是区域内初级产品的主要供应方,德国、荷兰和比利时是区域内半成品的主要供应方,德国向区域内提供零部件和资本品分别达到31%和31.3%,消费品的主要供应方包括德国、荷兰、法国、意大利等国(见表2-12)。

表2-12　2016年西北欧14国向区域内出口商品构成及其地区分布　　　　%

国家和地区	向区域内出口的商品构成					
	初级产品	半成品	零部件	资本品	消费品	总量
奥地利	2.3	34.9	20.4	16.2	23.8	100.0
比利时	3.6	43.9	6.8	8.9	34.3	100.0
丹麦	6.9	24.9	10.2	18.1	38.9	100.0
芬兰	2.1	55.8	8.0	17.6	9.8	100.0
法国	4.5	26.0	16.4	17.3	33.2	100.0
德国	1.9	27.9	15.7	17.7	30.6	100.0
爱尔兰	1.2	51.2	3.5	10.2	33.1	100.0
意大利	1.3	30.9	14.7	14.3	37.4	100.0
荷兰	5.2	35.9	9.6	17.1	32.0	100.0
挪威	61.3	17.7	4.0	3.5	10.0	100.0
西班牙	1.8	26.2	13.0	8.7	49.6	100.0
瑞典	3.2	38.5	15.7	16.6	24.1	100.0
瑞士	1.0	51.4	7.8	9.5	29.1	100.0
英国	7.8	30.0	15.2	11.9	33.4	100.0
西北欧14国	4.8	32.8	13.0	14.4	32.2	100.0
国家和地区	向区域内出口的地区分布					
	初级产品	半成品	零部件	资本品	消费品	总量
奥地利	1.8	3.9	5.8	4.1	2.7	3.7
比利时	6.2	11.0	4.3	5.1	8.7	8.2
丹麦	3.1	1.6	1.7	2.7	2.6	2.1
芬兰	0.5	2.0	0.7	1.4	0.4	1.2
法国	10.1	8.6	13.7	13.0	11.2	10.8
德国	10.1	21.8	31.0	31.3	24.3	25.6
爱尔兰	0.7	4.2	0.7	1.9	2.7	2.7
意大利	2.4	8.4	10.1	8.8	10.3	8.9
荷兰	12.7	12.7	8.6	13.6	11.5	11.6
挪威	33.8	1.4	0.8	0.6	0.8	2.6
西班牙	2.2	4.8	6.0	3.6	9.2	6.0

续表

国家和地区	向区域内出口的地区分布					
	初级产品	半成品	零部件	资本品	消费品	总量
瑞典	2.3	4.0	4.1	3.9	2.5	3.4
瑞士	1.2	8.6	3.3	3.6	5.0	5.5
英国	12.9	7.2	9.2	6.4	8.1	7.9
西北欧14国	100.0	100.0	100.0	100.0	100.0	100.0

数据来源：根据UNCOMTRADE数据计算。

（四）西北欧消费力和人口增长乏力，生产聚集的竞争力趋于衰减

20世纪末以来，西北欧国家加快向服务业转型，1998—2008年，大多数国家服务业占世界的比重仍有所上升，西北欧14国整体上升0.48个百分点，2008年占到世界服务业的28.3%。此后，西北欧服务业占世界比重同样趋于下滑，到2016年仅占比20.67%，1998—2016年下滑7.63个百分点。服务业相对萎缩影响到西北欧服务出口，2005—2008年，西北欧14国服务出口占世界比重小幅下降1.65个百分点，2008—2017年，继续下降0.57个百分点。但西北欧仍然是世界服务贸易的首要聚集区，2017年仍然占据世界服务出口的38.66%，其中占据首要地位的英国占比为6.55%（见表2-13）。

表2-13　1998—2017年西北欧14国服务业及服务出口占世界比重　　　　%

国家和地区	服务业占世界比重						
	1998年	2004年	2008年	2012年	2016年	1998—2008年增减	2016—2008年增减
奥地利	0.64	0.64	0.67	0.55	0.51	0.02	-0.15
比利时	0.82	0.86	0.88	0.74	0.67	0.06	-0.22
丹麦	0.54	0.55	0.56	0.45	0.42	0.02	-0.14
芬兰	0.36	0.39	0.40	0.34	0.30	0.04	-0.11
法国	5.01	5.18	5.19	4.08	3.60	0.18	-1.59
德国	5.35	4.92	4.54	3.65	3.49	-0.81	-1.05
爱尔兰	0.25	0.38	0.43	0.31	0.35	0.18	-0.09
意大利	3.92	4.12	3.93	2.96	2.55	0.01	-1.37
荷兰	1.41	1.53	1.57	1.23	1.13	0.16	-0.44
挪威	0.44	0.49	0.57	0.57	0.39	0.13	-0.17
西班牙	1.84	2.28	2.61	1.94	1.71	0.77	-0.90
瑞典	0.79	0.82	0.80	0.74	0.70	0.00	-0.10
瑞士	1.03	0.98	0.98	1.02	0.99	-0.05	0.02
英国	5.43	5.93	5.19	4.06	3.86	-0.24	-1.32
西北欧14国	27.82	29.08	28.30	22.65	20.67	0.48	-7.63

续表

国家和地区	服务出口占世界比重					2005—2008年增减	2017—2008年增减
	2005年	2008年	2012年	2016年	2017年		
奥地利	1.56	1.57	1.27	1.23	1.24	0.01	-0.33
比利时	2.23	2.41	2.34	2.28	2.22	0.19	-0.19
丹麦	1.65	1.84	1.48	1.22	1.21	0.20	-0.63
芬兰	0.68	0.80	0.63	0.53	0.54	0.12	-0.26
法国	5.76	5.58	5.16	4.74	4.66	-0.18	-0.92
德国	5.99	6.00	5.56	5.67	5.68	0.01	-0.32
爱尔兰	2.13	2.26	2.43	3.14	3.49	0.13	1.23
意大利	3.46	2.90	2.39	2.03	2.07	-0.56	-0.83
荷兰	—	4.12*	3.70	3.82	4.08	—	-0.04*
挪威	1.12	1.06	1.02	0.75	0.69	-0.06	-0.37
西班牙	3.47	3.29	2.70	2.55	2.60	-0.17	-0.69
瑞典	1.43	1.48	1.43	1.45	1.36	0.05	-0.12
瑞士	2.49	2.40	2.40	2.40	2.25	-0.09	-0.15
英国	8.90	7.63	6.93	6.68	6.55	-1.27	-1.08
西北欧14国	40.88	39.23	39.44	38.49	38.66	-1.65	-0.57

*：荷兰为2010年数据，增减为2010—2017年变化。
数据来源：根据 UNCTAD 数据计算

虽然西北欧趋向服务化转型，然而其工业实力的大幅下降使其在世界经济总量占比中显著下降，1998—2008年，西北欧14国 GDP 占世界比重下降1.44%，2008年为28.18%；2008—2017年，下降幅度达到7.79%，2017年仅占世界 GDP 的20.39%。西北欧的整体消费力显著下降。与此同时，西北欧14国人口占世界比重也缓慢下降，1998—2008年和2008—2017年分别下降0.45个和0.41个百分点，2017年人口占比仅为5.28%。有限的消费力和总人口使西北欧国家在规模化吸聚工业方面已难再有优势，从区域外获得工业品成为潜在趋势（如表2-14所示）。

表2-14　1998—2017年西北欧14国 GDP 和人口占世界比重　　　　　　%

国家和地区	GDP 占世界比重						1998—2008年增减	2017—2008年增减
	1998年	2004年	2008年	2012年	2016年	2017年		
奥地利	0.69	0.68	0.68	0.55	0.52	0.52	-0.02	-0.16
比利时	0.83	0.84	0.81	0.66	0.62	0.61	-0.01	-0.20
丹麦	0.56	0.57	0.56	0.44	0.41	0.40	-0.01	-0.15

续表

国家和地区	GDP 占世界比重							
	1998 年	2004 年	2008 年	2012 年	2016 年	2017 年	1998—2008 年增减	2017—2008 年增减
芬兰	0.43	0.45	0.45	0.34	0.32	0.31	0.02	−0.13
法国	4.82	4.84	4.60	3.58	3.27	3.22	−0.21	−1.38
德国	7.14	6.42	5.90	4.73	4.60	4.57	−1.24	−1.33
爱尔兰	0.29	0.44	0.43	0.30	0.40	0.41	0.15	−0.02
意大利	4.03	4.09	3.76	2.77	2.46	2.41	−0.27	−1.35
荷兰	1.38	1.48	1.47	1.11	1.03	1.03	0.10	−0.45
挪威	0.49	0.60	0.73	0.68	0.49	0.49	0.24	−0.23
西班牙	1.96	2.43	2.57	1.78	1.64	1.63	0.61	−0.94
瑞典	0.85	0.87	0.81	0.73	0.68	0.67	−0.04	−0.14
瑞士	0.95	0.91	0.88	0.90	0.89	0.85	−0.07	−0.03
英国	5.21	5.46	4.54	3.55	3.50	3.26	−0.67	−1.29
西北欧 14 国	29.62	30.10	28.18	22.11	20.81	20.39	−1.44	−7.79

国家和地区	人口占世界比重							
	1998 年	2004 年	2008 年	2012 年	2016 年	2017 年	1998—2008 年增减	2017—2008 年增减
奥地利	0.13	0.13	0.12	0.12	0.12	0.12	−0.01	−0.01
比利时	0.17	0.16	0.16	0.16	0.15	0.15	−0.01	−0.01
丹麦	0.09	0.08	0.08	0.08	0.08	0.08	−0.01	−0.01
芬兰	0.09	0.08	0.08	0.08	0.07	0.07	−0.01	−0.01
法国	1.02	0.97	0.95	0.92	0.90	0.89	−0.07	−0.06
德国	1.36	1.26	1.19	1.14	1.10	1.09	−0.17	−0.11
爱尔兰	0.06	0.06	0.07	0.07	0.06	0.06	0.00	0.00
意大利	0.95	0.91	0.88	0.84	0.80	0.79	−0.08	−0.09
荷兰	0.26	0.25	0.24	0.24	0.23	0.23	−0.02	−0.02
挪威	0.07	0.07	0.07	0.07	0.07	0.07	0.00	0.00
西班牙	0.67	0.67	0.68	0.66	0.62	0.61	0.00	−0.06
瑞典	0.15	0.14	0.14	0.13	0.13	0.13	−0.01	0.00
瑞士	0.12	0.11	0.11	0.11	0.11	0.11	−0.01	0.00
英国	0.98	0.93	0.92	0.90	0.88	0.88	−0.06	−0.04
西北欧 14 国	6.13	5.84	5.69	5.51	5.32	5.28	−0.45	−0.41

数据来源：根据 UNCTAD 数据计算

二、中东欧生产网络的承接

中东欧国家在"二战"后属于社会主义阵营，转型后不断推进与西北欧的融合，

2004年5月,波兰、匈牙利、捷克、斯洛伐克、斯洛文尼亚、爱沙尼亚、拉脱维亚、立陶宛8国正式加入欧盟;2007年1月,罗马尼亚和保加利亚正式成为欧盟成员国;2013年7月,克罗地亚成为欧盟第28个成员方。此外,阿尔巴尼亚、波黑、黑山、塞尔维亚、马其顿等虽然尚未加入欧盟,也正积极筹备,是欧盟进一步东扩的潜在国。与欧盟经贸便利化程度的提高,使中东欧16国成为面向西北欧的区域生产网络。

(一)中东欧16国在生产制造聚集方面依旧乏力

1998—2008年,中东欧国家的生产制造规模有所扩大,16国合计占世界制造业的比重由1998年的1.59%提升至2008年的2.77%;其中,升幅最为显著的国家是波兰、捷克、罗马尼亚、斯洛伐克和匈牙利。2008年后,中东欧16国的生产制造均有所下滑,波兰、捷克、罗马尼亚下降较为显著,整体占世界制造业比重2016年为2.14%,比2008年下降0.629个百分点。从2016年中东欧16国的制造业分布来看,波兰最为聚集,占区域整体的32.96%;其次是捷克,占比为18.4%;罗马尼亚占比为13.57%,匈牙利占比为9.69%,斯洛伐克占比为7.1%。其他国家的制造业规模都非常小(见表2-15)。

表2-15 1998—2016年中东欧16国制造业占世界比重及2016年地区分布 %

国家和地区	制造业占世界比重							2016地区分布
	1998年	2004年	2008年	2012年	2016年	1998—2008年	2008—2016年	
阿尔巴尼亚	0.00	0.00	0.01	0.00	0.01	0.004	-0.001	0.25
波黑	0.01	0.01	0.02	0.02	0.02	0.011	-0.004	0.81
保加利亚	0.03	0.05	0.07	0.06	0.06	0.033	-0.005	2.87
克罗地亚	0.07	0.08	0.09	0.06	0.05	0.019	-0.036	2.53
捷克	0.29	0.38	0.52	0.38	0.39	0.228	-0.125	18.40
爱沙尼亚	0.02	0.03	0.03	0.03	0.03	0.017	-0.007	1.22
匈牙利	0.19	0.27	0.28	0.20	0.21	0.100	-0.078	9.69
拉脱维亚	0.02	0.02	0.03	0.03	0.02	0.014	-0.010	1.14
立陶宛	0.03	0.06	0.07	0.07	0.06	0.041	-0.014	2.81
黑山	—	—	0.002	0.001	0.001	0.002	-0.001	0.06
波兰	0.58	0.59	0.86	0.68	0.70	0.282	-0.155	32.96
罗马尼亚	0.17	0.22	0.40	0.28	0.29	0.227	-0.105	13.57
塞尔维亚	—	—	0.07	0.06	0.06	0.074	-0.019	2.60
斯洛伐克	0.09	0.13	0.19	0.15	0.15	0.105	-0.041	7.10
斯洛文尼亚	0.09	0.10	0.11	0.08	0.07	0.012	-0.031	3.48
马其顿	0.01	0.01	0.01	0.01	0.01	0.003	0.001	0.51
中东欧16国	1.59	1.95	2.77	2.10	2.14	1.172	-0.629	100.00

数据来源:根据UNCTAD数据计算。

（二）中东欧国家主要面向西北欧展开经贸往来

2017年，从中东欧16国的进出口区域分布来看，向西北欧14国出口比重达到57.9%，进口比重为50.8%。其中，最主要的国家捷克向西北欧14国出口比重达64.8%，波兰为63.1%，罗马尼亚为57.8%，匈牙利为56.9%，斯洛伐克为56.3%。2017年向西北欧14国出口量最大的中东欧国家为波兰，占中东欧16国向西北欧14国出口的28.9%；其次是捷克，占比为24.2%，匈牙利为13.4%，斯洛伐克为9.9%，罗马尼亚为8.5%，5国合计占比为84.9%。从西北欧14国进口量最大的国家包括波兰，进口占16国从西北欧总进口的比重为26.6%，捷克为19.2%，匈牙利为14.5%，罗马尼亚为11.1%，斯洛伐克为6.9%，5国合计占比为78.3%（见表2-16）。

表2-16 2017年中东欧16国进出口的地区格局   %

国家和地区	向西北欧14国出口比重	各区域的出口分布		向西北欧14国进口比重	各区域的进口分布	
		西北欧14国	世界		西北欧14国	世界
阿尔巴尼亚	68.4	0.3	0.3	44.6	0.6	0.7
波黑	42.8	0.6	0.8	36.3	0.9	1.2
保加利亚	42.1	2.6	3.6	43.5	3.4	4.0
克罗地亚	44.1	1.4	1.9	54.2	3.1	2.9
捷克	64.8	24.2	21.6	51.3	19.2	19.0
爱沙尼亚	53.2	1.7	1.8	50.6	2.0	2.0
匈牙利	56.9	13.4	13.6	60.5	14.5	12.2
拉脱维亚	37.0	1.0	1.5	42.2	1.5	1.9
立陶宛	35.0	2.1	3.5	49.4	3.5	3.6
黑山	11.9	0.0	0.1	29.6	0.2	0.3
波兰	63.1	28.9	26.5	52.9	26.6	25.6
罗马尼亚	57.8	8.5	8.5	56.4	11.1	10.0
塞尔维亚	39.3	1.4	2.0	40.1	2.0	2.6
斯洛伐克	56.3	9.9	10.1	35.9	6.9	9.7
斯洛文尼亚	56.8	3.4	3.5	57.2	3.7	3.3
马其顿	61.7	0.7	0.7	38.0	0.7	0.9
中东欧16国	57.9	100.0	100.0	50.8	100.0	100.0

数据来源：根据UNCOMTRADE数据计算

（三）主要承接西北欧工业，并向西北欧提供中间产品

中东欧国家面向西北欧出口的商品主要包括消费品、半成品、零部件和资本品，2017年，16国向西北欧出口商品中的比重分别为30.9%、25.4%、23.8%和16.3%。从中东欧最主要国家对西北欧的出口来看，捷克、匈牙利、罗马尼亚最大的出口商品类别是零部件，分别占各自总出口的26.9%、33.6%和35.8%。从中东欧16国各类别出口品来看，阿尔巴尼亚、克罗地亚、捷克、爱沙尼亚、匈牙利、黑山、波兰、罗马

尼亚、斯洛伐克、斯洛文尼亚、马其顿等国均将60%以上的零部件输往西北欧14国，零部件成为中东欧16国出口西北欧比重最高的商品类别。2017年，出口至西北欧消费品的最主要国家为波兰，占中东欧16国向欧出口消费品的34%，其次是捷克为19.8%，斯洛伐克为12.8%；出口至西北欧半成品的最主要国家为波兰，占中东欧16国向欧出口半成品的32.7%，其次是捷克为22.5%，匈牙利为10.2%；出口至西北欧零部件的最主要国家为捷克，占中东欧16国向欧出口零部件的27.6%，其次是波兰为22.1%，匈牙利为18.8%，罗马尼亚为12.5%；出口至西北欧资本品的最主要国家为捷克，占中东欧16国向欧出口资本品的32.8%，其次是波兰为26.9%，匈牙利为15%，斯洛伐克为8.7%。将与西北欧融合程度最高的波兰、捷克、匈牙利纳入西北欧14国的统一市场考察，三国的功能更主要表现为是零部件、资本品的供应地。其中，捷克为第五大零部件出口方与第六大资本品供应方，波兰、匈牙利分别为第七和第八大零部件供应方，波兰为第八大资本品供应方和第八大消费品供应方（见表2-17）。

表2-17　2017年中东欧16国向西北欧14国出口商品情况　　　　　　　　　　%

国家和地区	向西北欧14国出口商品结构					
	初级产品	半成品	零部件	资本品	消费品	合计
阿尔巴尼亚	2.6	10.3	0.5	0.2	86.5	100.0
波黑	4.9	45.5	12.6	4.2	32.8	100.0
保加利亚	11.1	35.8	14.2	9.0	29.8	100.0
克罗地亚	7.9	36.5	15.4	11.2	29.0	100.0
捷克	2.4	23.5	26.9	22.0	25.2	100.0
爱沙尼亚	7.4	38.5	12.5	21.5	20.2	100.0
匈牙利	3.7	19.4	33.6	18.4	24.9	100.0
拉脱维亚	16.2	46.9	8.1	9.0	19.9	100.0
立陶宛	5.4	39.3	7.6	6.9	40.9	100.0
黑山	11.4	48.9	23.6	3.9	12.2	100.0
波兰	2.3	28.5	18.0	15.1	36.1	100.0
罗马尼亚	4.6	18.5	35.8	13.1	28.1	100.0
塞尔维亚	3.4	27.5	20.4	10.9	37.8	100.0
斯洛伐克	4.5	18.3	23.2	14.3	39.7	100.0
斯洛文尼亚	5.0	32.7	21.1	9.9	31.3	100.0
马其顿	1.8	41.0	16.2	22.2	18.7	100.0
中东欧16国	3.6	25.4	23.8	16.3	30.9	100.0
国家和地区	向西北欧14国出口占总出口的比重					
	初级产品	半成品	零部件	资本品	消费品	合计
阿尔巴尼亚	21.3	43.1	80.2	46.2	83.1	70.9

续表

国家和地区	向西北欧14国出口占总出口的比重					
	初级产品	半成品	零部件	资本品	消费品	合计
波黑	33.9	38.2	53.0	56.5	53.3	44.2
保加利亚	46.8	35.2	56.4	41.0	53.3	43.7
克罗地亚	52.7	38.6	60.6	39.1	46.4	44.2
捷克	61.7	59.6	68.6	65.9	65.8	64.9
爱沙尼亚	49.5	50.1	59.5	57.6	49.9	52.5
匈牙利	55.1	47.8	66.7	62.9	51.3	56.9
拉脱维亚	45.4	48.0	38.9	24.6	24.6	36.9
立陶宛	27.3	33.0	34.4	17.8	47.8	35.2
黑山	5.7	12.2	63.2	7.3	7.8	11.8
波兰	57.5	60.3	62.6	63.3	66.3	63.2
罗马尼亚	37.0	41.4	65.5	63.0	69.3	57.8
塞尔维亚	23.0	30.7	51.5	47.4	45.8	40.1
斯洛伐克	60.2	44.0	64.5	51.0	61.7	56.4
斯洛文尼亚	76.4	54.9	66.1	49.6	54.2	56.9
马其顿	13.6	61.2	74.1	93.1	52.6	61.8
中东欧16国	50.0	50.9	64.8	59.6	60.7	58.1

国家和地区	向西北欧14国出口的地区分布					
	初级产品	半成品	零部件	资本品	消费品	合计
阿尔巴尼亚	0.2	0.1	0.0	0.0	0.6	0.2
波黑	0.8	1.0	0.3	0.1	0.6	0.6
保加利亚	8.0	3.7	1.6	1.4	2.5	2.6
克罗地亚	3.2	2.1	0.9	1.0	1.4	1.4
捷克	16.0	22.5	27.6	32.8	19.8	24.3
爱沙尼亚	3.3	2.4	0.8	2.1	1.0	1.6
匈牙利	13.6	10.2	18.8	15.0	10.7	13.3
拉脱维亚	4.3	1.8	0.3	0.5	1.2	1.0
立陶宛	3.2	3.3	0.7	0.9	2.8	2.1
黑山	0.0	0.0	0.0	0.0	0.0	0.0
波兰	18.4	32.7	22.1	26.9	34.0	29.1
罗马尼亚	10.4	6.0	12.5	6.6	7.5	8.3
塞尔维亚	1.3	1.5	1.2	0.9	1.7	1.4
斯洛伐克	12.4	7.2	9.7	8.7	12.8	9.9

续表

国家和地区	向西北欧 14 国出口的地区分布					
	初级产品	半成品	零部件	资本品	消费品	合计
斯洛文尼亚	4.7	4.4	3.0	2.1	3.5	3.4
马其顿	0.4	1.2	0.5	1.0	0.4	0.7
中东欧 16 国	100.0	100.0	100.0	100.0	100.0	100.0

数据来源：根据 UNCOMTRADE 数据计算

（四）区域内部展开一定程度分工，以半成品贸易为主

21 世纪以来，中东欧国家内部之间的相互间贸易也显著上升，构成第二大贸易区域。2000 年，中东欧国家约 15.3% 的出口流向区域内，10.8% 的进口源自内部；到 2017 年，中东欧 16 国的区域内出口比重提升至 23%，区域内进口比重升至 19.1%。黑山、波黑、克罗地亚、塞尔维亚、拉脱维亚等小国对区域内贸易的依赖程度较高（见表 2-18）。

表 2-18　2000—2017 年中东欧 16 国区域内进出口比重及其变化　　　　%

国家和地区	出口				
	2000 年	2006 年	2012 年	2017 年	2006—2017 年
阿尔巴尼亚	1.7	8.4	14.2	19.4	11.0
波黑	—	53.7	44.5	43.7	-10.0
保加利亚	7.4	18.1	19.1	20.8	2.7
克罗地亚	26.7	33.0	35.9	38.0	4.9
捷克	18.1	21.0	20.9	20.6	-0.3
爱沙尼亚	11.9	17.0	14.9	18.3	1.3
匈牙利	9.3	20.5	25.7	24.9	4.3
拉脱维亚	16.1	31.4	37.1	36.1	4.7
立陶宛	24.3	25.6	26.8	25.5	0.0
黑山	—	44.2	71.7	58.7	14.4
波兰	11.2	15.9	16.8	17.8	1.8
罗马尼亚	8.8	14.8	18.4	18.9	4.1
塞尔维亚		46.0	47.7	43.7	-2.4
斯洛伐克	31.3	30.7	33.8	30.9	0.1
斯洛文尼亚	22.3	27.9	27.0	28.1	0.2
马其顿	11.0	41.6	38.2	28.0	-13.7
中东欧 16 国	15.3	21.6	23.3	23.0	1.5

续表

国家和地区	进口				
	2000 年	2006 年	2012 年	2017 年	2006—2017 年
阿尔巴尼亚	9.2	12.5	15.7	10.8	-1.7
波黑	—	48.9	40.1	37.8	-11.1
保加利亚	9.3	11.8	18.1	22.4	10.6
克罗地亚	16.6	21.7	21.4	34.1	12.4
捷克	12.3	15.0	17.7	18.1	3.0
爱沙尼亚	6.6	13.0	18.5	19.4	6.4
匈牙利	7.8	13.9	19.2	22.7	8.8
拉脱维亚	21.9	31.8	40.3	39.9	8.1
立陶宛	11.0	20.7	22.0	24.9	4.2
黑山	—	44.5	53.4	45.3	0.8
波兰	7.8	9.6	9.4	9.9	0.4
罗马尼亚	9.1	11.8	22.1	23.3	11.5
塞尔维亚	—	23.5	28.7	27.3	3.8
斯洛伐克	18.9	17.3	15.9	18.5	1.2
斯洛文尼亚	15.3	16.6	18.3	20.3	3.8
马其顿	18.8	28.6	25.7	28.2	-0.4
中东欧 16 国	10.8	15.0	17.6	19.1	4.1

数据来源：根据 UNCOMTRADE 数据计算

从区域内出口的商品构成来看，半成品是占比最高的商品，2017 年中东欧 16 国向区域内出口的 38.6%为半成品；消费品占比位居其次，为 28.1%。从各类出口品的国别分布看，波兰、捷克、匈牙利、斯洛伐克成为最主要的半成品出口国，分别占区域内半成品总出口的 20.3%、17.2%、13.6%和 13.3%，四国同样是消费品的最主要出口国，分别占区域内消费品总出口的 23.5%、19.3%、15.6%和 11%（见表 2-19）。

表 2-19　2017 年中东欧 16 国区域内出口商品情况　　　　　　　　　　%

国家和地区	向中东欧 16 国出口商品结构					
	初级产品	半成品	零部件	资本品	消费品	合计
阿尔巴尼亚	5.1	49.3	0.4	0.7	44.5	100.0
波黑	7.4	59.9	9.0	2.6	21.0	100.0
保加利亚	5.4	48.9	10.6	12.1	23.0	100.0
克罗地亚	6.6	48.1	7.8	8.8	28.7	100.0

续表

国家和地区	向中东欧16国出口商品结构					
	初级产品	半成品	零部件	资本品	消费品	合计
捷克	3.4	34.0	18.7	16.1	27.8	100.0
爱沙尼亚	3.2	39.6	7.2	13.1	37.0	100.0
匈牙利	4.3	35.8	20.1	9.9	29.9	100.0
拉脱维亚	7.7	35.6	5.1	13.9	37.7	100.0
立陶宛	7.8	48.3	4.7	12.8	26.4	100.0
黑山	16.7	52.0	0.8	8.4	22.1	100.0
波兰	2.7	37.9	17.4	10.0	31.9	100.0
罗马尼亚	5.5	40.2	25.6	8.2	20.5	100.0
塞尔维亚	9.1	44.7	12.8	7.0	26.3	100.0
斯洛伐克	4.7	37.6	16.3	18.9	22.5	100.0
斯洛文尼亚	2.5	37.5	13.8	11.7	34.5	100.0
马其顿	17.1	42.6	10.0	2.3	27.9	100.0
中东欧16国	4.5	38.6	16.4	12.3	28.1	100.0

国家和地区	向中东欧16国出口的地区分布					
	初级产品	半成品	零部件	资本品	消费品	合计
阿尔巴尼亚	0.2	0.2	0.0	0.0	0.2	0.1
波黑	2.4	2.3	0.8	0.3	1.1	1.5
保加利亚	3.9	4.1	2.1	3.2	2.7	3.3
克罗地亚	4.6	3.9	1.5	2.2	3.2	3.1
捷克	14.7	17.2	22.2	25.5	19.3	19.5
爱沙尼亚	0.9	1.4	0.6	1.4	1.8	1.3
匈牙利	14.0	13.6	17.9	11.7	15.6	14.7
拉脱维亚	3.9	2.1	0.7	2.6	3.1	2.3
立陶宛	6.7	4.9	1.1	4.1	3.7	3.9
黑山	0.5	0.2	0.0	0.1	0.1	0.1
波兰	12.5	20.3	21.8	16.8	23.5	20.7
罗马尼亚	8.2	7.1	10.6	4.5	4.9	6.8
塞尔维亚	7.8	4.5	3.0	2.2	3.6	3.9
斯洛伐克	14.3	13.3	13.6	21.0	11.0	13.7
斯洛文尼亚	2.3	4.1	3.6	4.0	5.2	4.2
马其顿	3.1	0.9	0.5	0.2	0.8	0.8
中东欧16国	100.0	100.0	100.0	100.0	100.0	100.0

数据来源：根据UNCOMTRADE数据计算

（五）经济总量与人口规模呈现萎缩态势，工业集聚规模难以大幅上升

在西北欧工业萎缩，中东欧承接部分工业并面向西北欧出口的过程中，中东欧16国的经济发展仍然相对有限，并且工业聚集的潜力不容乐观。1998—2008年，中东欧国家的经济总量普遍有所提升，从14国占世界GDP比重的1.44%，提升至2008年16国占比的2.55%。但是2008年后，中东欧国家的GDP总量提升乏力，所有国家均呈现不同幅度的下滑，16国总体占世界GDP的比重降至2017年的1.92%，下降0.625%；其中，波兰、捷克的下降幅度都超过了0.1%。与此同时，中东欧国家的人口也相对萎缩，16国占世界总人口的比重由2008年的1.83%降至2017年的1.6%。人口规模有限决定其承接大规模工业聚集的可能性较小（见表2-20）。

表2-20 1998—2017年中东欧16国GDP与人口占世界比重及其变化　　　　%

国家和地区	GDP				
	1998年	2008年	2012年	2017年	2008—2017年
阿尔巴尼亚	0.01	0.02	0.02	0.02	-0.004
波黑	0.01	0.03	0.02	0.02	-0.008
保加利亚	0.05	0.09	0.07	0.07	-0.015
克罗地亚	0.08	0.11	0.08	0.07	-0.043
捷克	0.21	0.37	0.28	0.27	-0.101
爱沙尼亚	0.02	0.04	0.03	0.03	-0.006
匈牙利	0.16	0.25	0.17	0.17	-0.075
拉脱维亚	0.02	0.06	0.04	0.04	-0.018
立陶宛	0.04	0.08	0.06	0.06	-0.017
黑山	—	0.01	0.01	0.01	-0.001
波兰	0.55	0.84	0.67	0.65	-0.186
罗马尼亚	0.13	0.33	0.23	0.26	-0.066
塞尔维亚	—	0.09	0.06	0.06	-0.025
斯洛伐克	0.07	0.15	0.12	0.12	-0.033
斯洛文尼亚	0.07	0.09	0.06	0.06	-0.027
马其顿	0.01	0.02	0.01	0.01	-0.001
中东欧16国	1.44	2.55	1.92	1.92	-0.625
国家和地区	人口				
	1998年	2008年	2012年	2017年	2008—2017年
阿尔巴尼亚	0.05	0.04	0.04	0.04	-0.005
波黑	0.06	0.06	0.05	0.05	-0.009
保加利亚	0.14	0.11	0.10	0.09	-0.017

续表

国家和地区	人口				
	1998年	2008年	2012年	2017年	2008—2017年
克罗地亚	0.08	0.06	0.06	0.06	-0.009
捷克	0.17	0.15	0.15	0.14	-0.013
爱沙尼亚	0.02	0.02	0.02	0.02	-0.002
匈牙利	0.17	0.15	0.14	0.13	-0.018
拉脱维亚	0.04	0.03	0.03	0.03	-0.006
立陶宛	0.06	0.05	0.04	0.04	-0.009
黑山	—	0.01	0.01	0.01	-0.001
波兰	0.64	0.56	0.54	0.51	-0.059
罗马尼亚	0.37	0.31	0.28	0.26	-0.046
塞尔维亚	—	0.13	0.13	0.12	-0.018
斯洛伐克	0.09	0.08	0.08	0.07	-0.007
斯洛文尼亚	0.03	0.03	0.03	0.03	-0.002
马其顿	0.03	0.03	0.03	0.03	-0.003
中东欧16国	1.97	1.83	1.72	1.60	-0.224

数据来源：根据UNCTAD数据计算。

总体而言，中东欧16国通过加入欧盟，具备与西北欧便利流通的软件条件，也正承担工业聚集、中间产品供给的角色，并逐步推进区域内经贸往来的展开。但其经济总量与人口规模的有限性决定，中东欧难以大规模承接西北欧转移出来的工业制造，通过与区域外生产网络的合作，提升服务功能与发展潜力确有必要。

三、欧亚生产网络的协同发展

在东亚区域生产网络的规模效应攀升、西北欧生产网络萎缩、中东欧承接生产但难以大幅聚集的形势下，东亚、西北欧、中东欧形成更广泛的生产消费联系，三大区域间协同发展成为可行选择。

（一）西北欧加大了与东亚地区的进出口贸易

1998年，西北欧13国向东亚10国和地区的出口量仅占总出口的5.7%，平均进口比重为10.7%。随着东亚区域生产网络的兴起，西北欧不断加大与东亚之间的进出口规模。2008年，西北欧14国向东亚出口比重提升至6.3%，进口比重升至12.3%，西北欧越来越转向从东亚更多的进口。到2017年，西北欧14国向东亚出口继续攀升至平均10.2%的水平，其中瑞士22.2%的出口是面向东亚；西北欧从东亚地区的进口比重亦升至14.5%，挪威有21.5%的进口来自东亚，荷兰为18.9%，德国为17.3%，英国为15.6%。并且从进出口差异来看，西北欧有更高比重的从东亚进口，出口比重相对较低（见表2-21）。

表2-21　1998—2017年西北欧14国向东亚10国和地区进出口占总进出口比重　　　%

国家和地区	向东亚10国家和地区出口占总出口比重						
	1998年	2003年	2008年	2013年	2016年	2017年	2008—2017年比重变化
奥地利	3.0	4.0	4.5	5.8	5.4	6.0	1.5
比利时	—	3.8	3.4	5.2	5.2	5.2	1.8
丹麦	5.9	6.1	5.8	7.9	8.0	7.5	1.6
芬兰	7.0	6.0	6.0	8.9	8.5	10.3	4.3
法国	6.1	5.9	7.2	10.5	10.4	11.1	3.9
德国	6.0	7.8	7.6	11.6	11.9	12.1	4.5
爱尔兰	5.8	6.9	7.8	5.7	7.7	7.9	0.1
意大利	5.3	6.3	5.7	8.0	8.1	8.6	2.8
荷兰	3.0	3.7	4.0	5.4	6.7	7.1	3.1
挪威	5.2	5.0	4.1	6.2	8.0	6.6	2.5
西班牙	2.8	2.8	3.3	4.5	5.1	5.2	1.9
瑞典	6.9	6.9	6.0	7.6	8.2	8.7	2.7
瑞士	9.5	11.6	12.2	30.0	22.3	22.2	10.0
英国	6.5	7.3	8.2	11.3	12.4	13.0	4.9
西北欧14国	5.7	6.2	6.3	10.0	10.0	10.2	3.9
国家和地区	从东亚10国家和地区进口占总进口比重						
	1998年	2003年	2008年	2013年	2016年	2017年	2008—2017年比重变化
奥地利	5.5	6.5	7.6	8.4	6.9	9.4	1.8
比利时	—	8.4	9.6	9.2	11.0	10.4	0.8
丹麦	6.8	8.3	8.9	9.8	10.6	11.3	2.4
芬兰	10.5	11.7	13.2	9.8	11.5	11.5	-1.7
法国	9.3	10.7	11.5	13.0	14.5	14.4	2.9
德国	11.7	12.5	13.6	14.8	16.8	17.3	3.6
爱尔兰	18.2	16.3	13.3	10.4	10.6	10.8	-2.5
意大利	7.0	8.1	9.8	9.6	11.5	11.0	1.2
荷兰	13.9	15.2	15.6	16.1	18.5	18.9	3.3
挪威	10.5	11.1	12.0	15.8	18.3	21.5	9.6
西班牙	9.0	9.7	12.1	10.8	13.3	13.0	0.9
瑞典	6.2	7.1	7.5	7.9	8.5	8.2	0.7
瑞士	7.7	6.1	7.0	7.8	14.5	15.3	8.3
英国	14.4	16.1	16.1	14.1	16.0	15.6	-0.4
西北欧14国	10.7	11.4	12.3	12.3	14.4	14.5	2.3

数据来源：根据UNCOMTRADE数据计算

（二）西北欧将更高比重的零部件和资本品输往东亚，东亚则向西北欧出口最终产品

从 2016 年西北欧 14 国向东亚 10 国和地区的出口来看，大部分国家均将本国更高比重的零部件和资本品出口输往东亚，从平均水平来看，西北欧国家将零部件出口的 12.7% 和资本品出口的 11.8% 输往东亚，而消费品和半成品输往东亚的比重分别为 9.4% 和 8.9%。从西北欧国家整体对东亚出口商品的构成来看，消费品和半成品的比重相对更高，分别占对东亚总出口的 28.1% 和 27.7%，其中瑞士、比利时都出口了较大量的半成品，法国、意大利、瑞士、英国等出口了较大量的消费品。而德国是对东亚出口零部件和资本品最大的国家，西北欧地区向东亚出口 45.1% 的零部件和 45% 的资本品都源自德国；另外，英国还提供了 13.2% 的零部件，法国提供了 16.8% 的资本品。西北欧差异化的资源禀赋与产业基础为东亚供应多元化的产品，但工业品的供给成为重要组成部分（见表 2-22）。

表 2-22 2016 年西北欧 14 国向东亚 10 国和地区出口商品构成 %

国家和地区	向东亚 10 国和地区出口商品占各类商品总出口比重					
	初级产品	半成品	零部件	资本品	消费品	总量
奥地利	0.8	4.0	7.3	7.3	3.3	5.4
比利时	6.5	5.3	7.9	3.8	4.0	5.2
丹麦	15.4	6.2	11.2	7.9	9.5	8.0
芬兰	27.8	8.5	18.6	10.9	3.9	9.9
法国	4.7	6.8	10.4	15.6	10.5	10.4
德国	5.4	8.3	16.1	15.1	10.6	11.9
爱尔兰	10.0	3.5	20.2	8.2	10.7	7.7
意大利	13.4	6.0	8.2	8.4	10.1	8.1
荷兰	6.9	6.4	9.9	7.8	5.2	6.7
挪威	0.5	12.6	17.4	23.2	14.4	8.0
西班牙	22.6	4.1	4.9	4.7	4.9	5.1
瑞典	3.4	6.8	11.9	10.1	8.3	8.2
瑞士	2.2	27.4	14.2	14.3	18.6	22.3
英国	20.4	9.7	16.0	11.8	12.0	12.4
西北欧 14 国	7.8	8.9	12.7	11.8	9.4	10.0
国家和地区	向东亚 10 国和地区出口商品结构					
	初级产品	半成品	零部件	资本品	消费品	总量
奥地利	0.3	24.1	25.0	28.2	13.7	100.0
比利时	8.2	43.8	11.5	6.3	24.9	100.0

续表

国家和地区	向东亚10国和地区出口商品结构					
	初级产品	半成品	零部件	资本品	消费品	总量
丹麦	11.4	18.4	15.6	16.3	37.7	100.0
芬兰	6.4	42.9	20.9	22.4	3.2	100.0
法国	1.6	15.5	17.9	31.2	31.8	100.0
德国	0.9	17.5	26.0	26.7	24.4	100.0
爱尔兰	1.3	21.5	21.6	12.6	43.1	100.0
意大利	2.0	22.0	16.0	18.1	41.5	100.0
荷兰	4.9	33.1	17.9	20.9	22.6	100.0
挪威	3.2	33.3	13.2	19.4	25.9	100.0
西班牙	12.0	23.9	12.9	9.2	41.2	100.0
瑞典	1.2	28.9	24.1	22.5	23.3	100.0
瑞士	0.1	63.0	4.5	5.4	26.2	100.0
英国	10.2	20.3	23.8	12.8	31.8	100.0
西北欧14国	3.1	27.7	19.0	19.6	28.1	100.0

国家和地区	向东亚10国和地区出口商品的地区分布					
	初级产品	半成品	零部件	资本品	消费品	总量
奥地利	0.2	1.6	2.5	2.7	0.9	1.9
比利时	11.4	6.7	2.6	1.4	3.8	4.3
丹麦	5.8	1.0	1.3	1.3	2.1	1.6
芬兰	2.5	1.8	1.3	1.3	0.1	1.2
法国	5.6	5.9	9.9	16.8	12.0	10.6
德国	9.4	20.9	45.1	45.0	28.7	33.0
爱尔兰	0.9	1.6	2.4	1.3	3.2	2.1
意大利	5.0	6.2	6.5	7.2	11.5	7.8
荷兰	10.0	7.5	5.9	6.6	5.0	6.2
挪威	1.5	1.8	1.0	1.5	1.4	1.5
西班牙	11.5	2.6	2.0	1.4	4.3	3.0
瑞典	0.9	2.5	3.0	2.7	2.0	2.4
瑞士	0.2	32.1	3.3	3.9	13.1	14.1
英国	35.0	7.7	13.2	6.9	11.9	10.5
西北欧14国	100.0	100.0	100.0	100.0	100.0	100.0

数据来源：根据UNCOMTRADE数据计算。

从东亚10国和地区向西北欧的商品出口来看，消费品和资本品成为最主要的输欧产品，2016年东亚各国和地区平均有16.2%的消费品和14%的资本品是向西北欧出口；两者也占据对欧出口商品的首要地位，2016年东亚向西北欧出口的商品中31.5%是消费品，26.1%是资本品。在出口至西北欧各类商品的主要来源地中，中国占据绝对主导地位，60.6%的消费品、55.6%的资本品、43.9%的半成品和38%的零部件都由中国供应。东亚越来越成为西北欧最终产品的一大供应地（见表2-23）。

表2-23　2016年东亚10国和地区向西北欧14国出口商品构成　　　　　%

国家和地区	向西北欧14国出口商品占各类商品总出口比重					
	初级产品	半成品	零部件	资本品	消费品	总量
中国	13.9	11.3	9.8	14.7	18.0	13.9
中国香港	4.3	14.1	3.1	14.7	18.7	9.9
印度尼西亚	3.4	9.8	8.0	11.4	19.0	10.7
日本	7.2	9.5	10.7	11.4	12.5	11.0
马来西亚	6.2	6.5	12.2	13.8	10.1	9.7
菲律宾	4.1	13.8	11.0	13.3	11.6	11.7
韩国	3.9	6.8	4.7	8.5	10.4	7.0
新加坡	25.8	11.2	7.7	9.7	10.9	9.5
泰国	7.2	12.1	9.4	13.3	12.2	11.6
越南	17.1	5.9	9.7	31.1	18.4	18.2
东亚10国和地区	8.1	10.4	7.9	14.0	16.2	11.8
国家和地区	向西北欧14国出口商品结构					
	初级产品	半成品	零部件	资本品	消费品	总量
中国	0.7	19.7	13.0	28.8	37.8	100.0
中国香港	0.4	32.2	13.9	27.1	26.2	100.0
印度尼西亚	7.1	37.3	5.3	4.8	45.6	100.0
日本	0.7	21.3	27.2	21.5	22.3	100.0
马来西亚	3.6	25.3	37.8	19.0	14.0	100.0
菲律宾	1.5	21.0	45.2	20.8	11.5	100.0
韩国	0.2	30.5	21.9	26.8	20.0	100.0
新加坡	2.7	34.0	32.5	14.7	12.3	100.0
泰国	2.2	29.0	17.0	20.3	31.5	100.0
越南	4.7	4.9	7.5	41.1	41.6	100.0
东亚10国和地区	1.3	22.7	17.2	26.1	31.5	100.0

续表

国家和地区	向西北欧14国出口商品的地区分布					
	初级产品	半成品	零部件	资本品	消费品	总量
中国	25.5	43.9	38.0	55.6	60.6	50.5
中国香港	2.8	12.7	7.2	9.3	7.4	8.9
印度尼西亚	14.6	4.4	0.8	0.5	3.9	2.7
日本	7.0	11.5	19.4	10.1	8.7	12.3
马来西亚	8.9	3.5	7.0	2.3	1.4	3.2
菲律宾	1.3	1.1	3.0	0.9	0.4	1.1
韩国	1.0	8.1	7.6	6.1	3.8	6.0
新加坡	11.2	8.1	10.3	3.0	2.1	5.4
泰国	7.2	5.5	4.2	3.3	4.3	4.3
越南	20.4	1.2	2.4	8.8	7.4	5.6
东亚10国和地区	100.0	100.0	100.0	100.0	100.0	100.0

数据来源：根据UNCOMTRADE数据计算。

（三）中东欧从东亚进口以更多地满足西北欧和区域内贸易要求，东亚主要向中东欧出口中间品

2017年，从中东欧16国的进出口结构中来看，对东亚10国和地区的出口比重非常低，平均仅为2.7%，面向西北欧和区域内出口是中东欧国家的主要功能。但与此同时，中东欧国家从东亚进口的比重相对较高，平均为14%，斯洛伐克、捷克等国20%的进口源自东亚。从东亚进口品的地区分布来看，波兰进口了32.5%，捷克进口了27%，斯洛伐克进口了14.3%，匈牙利进口了8.8%，罗马尼亚进口了4.8%，其他国家的进口能力极其弱小（见表2-24）。

表2-24　2017年中东欧16国向东亚10国和地区进出口占总进出口比重　　　%

国家和地区	出口比重		进口比重	
	向东亚10国和地区出口占总出口比重	向东亚10国和地区出口的地区分布	从东亚10国和地区进口占总进口比重	从东亚10国和地区进口的地区分布
阿尔巴尼亚	3.7	0.4	9.3	0.4
波黑	0.5	0.1	8.6	0.8
保加利亚	4.1	5.5	5.7	1.6
克罗地亚	2.3	1.6	4.7	1.0
捷克	2.8	22.2	19.9	27.0
爱沙尼亚	3.4	2.3	12.2	1.8
匈牙利	4.2	21.0	10.1	8.8

续表

国家和地区	出口比重		进口比重	
	向东亚10国和地区出口占总出口比重	向东亚10国和地区出口的地区分布	从东亚10国和地区进口占总进口比重	从东亚10国和地区进口的地区分布
拉脱维亚	2.8	1.6	4.7	0.6
立陶宛	2.5	3.2	4.1	1.1
黑山	10.6	0.2	12.9	0.3
波兰	2.2	22.0	17.9	32.5
罗马尼亚	2.3	7.3	6.7	4.8
塞尔维亚	1.2	0.9	11.3	2.1
斯洛伐克	2.2	8.1	20.6	14.3
斯洛文尼亚	2.5	3.2	10.1	2.4
马其顿	1.4	0.4	9.1	0.6
中东欧16国	2.7	100.0	14.0	100.0

数据来源：根据UNCOMTRADE数据计算

考察东亚10国和地区对中东欧主要进口国的出口商品构成，波兰、捷克、匈牙利、斯洛伐克和罗马尼亚均主要从东亚进口资本品和零部件。2016年，东亚10国和地区对波兰出口的30.6%是资本品、22.7%是零部件；对捷克出口的41.5%是资本品、34.6%是零部件；对匈牙利出口的50%是零部件、27.4%是资本品；对斯洛伐克出口的41.7%是零部件、40.6%是资本品；对罗马尼亚出口的29.2%是零部件、25.5%是资本品。东亚区域生产网络通过向中东欧提供工业中间产品或最终产品，支撑中东欧区域生产网络的运转，从而向西北欧和区域内提供产品和服务（见表2-25）。

表2-25　2016年东亚10国和地区向中东欧主要国家出口商品构成　　　　%

国家和地区	向波兰出口商品构成					
	初级产品	半成品	零部件	资本品	消费品	总量
中国	0.6	21.1	18.9	30.3	29.0	100.0
中国香港	0.0	4.1	29.1	53.3	13.3	100.0
印度尼西亚	5.3	35.1	13.2	13.8	32.5	100.0
日本	0.1	13.0	21.8	36.1	26.0	100.0
马来西亚	1.8	19.9	20.7	30.7	26.7	100.0
菲律宾	3.1	6.8	13.2	66.5	10.3	100.0
韩国	0.0	23.4	43.8	22.1	8.2	100.0
新加坡	1.1	9.2	38.0	9.5	42.0	100.0
泰国	6.7	20.2	18.4	24.6	30.0	100.0
越南	4.4	18.0	8.1	32.6	36.9	100.0

续表

国家和地区	向波兰出口商品构成					
	初级产品	半成品	零部件	资本品	消费品	总量
东亚 10 国和地区	0.8	19.8	22.7	30.6	25.6	100.0

国家和地区	向捷克出口商品构成					
	初级产品	半成品	零部件	资本品	消费品	总量
中国	0.2	6.9	28.8	49.5	14.5	100.0
中国香港	0.0	5.7	23.7	53.6	16.8	100.0
印度尼西亚	1.0	8.7	10.1	12.9	67.3	100.0
日本	0.0	15.5	42.8	25.5	8.9	100.0
马来西亚	0.0	4.7	39.0	30.4	25.8	100.0
菲律宾	0.1	4.2	47.9	43.2	4.6	100.0
韩国	0.0	16.4	61.2	17.6	4.8	100.0
新加坡	0.0	2.9	26.2	45.9	24.9	100.0
泰国	0.1	15.1	21.8	52.3	10.8	100.0
越南	3.4	6.4	15.1	15.4	59.6	100.0
东亚 10 国和地区	0.2	9.3	34.6	41.5	13.7	100.0

国家和地区	向匈牙利出口商品构成					
	初级产品	半成品	零部件	资本品	消费品	总量
中国	0.1	11.9	48.2	31.0	8.7	100.0
中国香港	0.0	4.7	72.5	21.1	1.7	100.0
印度尼西亚	4.6	18.7	9.5	20.5	46.5	100.0
日本	0.0	13.0	55.9	13.2	11.6	100.0
马来西亚	0.0	5.1	37.3	40.0	17.0	100.0
菲律宾	0.3	4.6	57.9	36.0	1.3	100.0
韩国	0.1	31.8	24.7	29.9	13.4	100.0
新加坡	0.0	26.4	30.6	28.0	14.9	100.0
泰国	0.3	4.5	46.6	38.0	10.6	100.0
越南	0.6	12.9	33.6	40.0	12.9	100.0
东亚 10 国和地区	0.1	12.5	50.0	27.4	9.0	100.0

国家和地区	向斯洛伐克出口商品构成					
	初级产品	半成品	零部件	资本品	消费品	总量
中国	0.1	6.6	22.3	60.3	10.6	100.0
中国香港	0.0	3.9	35.8	55.8	4.3	100.0
印度尼西亚	0.1	0.4	13.2	54.0	32.3	100.0
日本	0.0	5.0	61.4	18.5	8.1	100.0

续表

国家和地区	向斯洛伐克出口商品构成					
	初级产品	半成品	零部件	资本品	消费品	总量
马来西亚	0.1	5.8	63.9	20.3	9.4	100.0
菲律宾	0.0	6.2	73.5	13.7	6.6	100.0
韩国	0.0	15.0	59.7	22.2	3.0	100.0
新加坡	0.0	15.2	48.0	14.4	22.4	100.0
泰国	1.7	13.5	39.3	34.5	11.0	100.0
越南	0.0	3.4	17.8	37.0	41.8	100.0
东亚10国和地区	0.1	10.2	41.7	40.6	7.1	100.0

国家和地区	向罗马尼亚出口商品构成					
	初级产品	半成品	零部件	资本品	消费品	总量
中国	0.7	25.3	25.6	25.1	23.2	100.0
中国香港	0.0	3.9	34.5	57.2	4.1	100.0
印度尼西亚	30.6	33.9	2.6	0.1	32.9	100.0
日本	0.0	21.3	45.2	17.4	13.2	100.0
马来西亚	1.7	13.9	19.7	46.6	17.4	100.0
菲律宾	0.4	15.2	58.7	13.0	12.7	100.0
韩国	0.0	47.6	31.1	14.6	6.8	100.0
新加坡	4.3	4.7	77.9	11.1	1.4	100.0
泰国	11.3	12.9	46.8	18.7	10.3	100.0
越南	8.6	11.0	29.6	15.0	35.7	100.0
东亚10国和地区	1.5	24.7	29.2	25.5	18.8	100.0

数据来源：根据UNCOMTRADE数据计算

由此可见，随着东亚区域生产网络整体规模效应的提升，将进一步吸聚全球生产制造；而西北欧区域生产网络在产业转型升级及工业外迁过程中，除部分转向地域邻近的中东欧之外，更高程度的在与东亚区域生产网络相连接；中东欧人口和经济规模的有限性决定其难以大规模承接从西北欧转移出来的工业，与东亚区域生产网络对接，依托于其强大的生产规模效应，同时自身利用毗邻西北欧的优势，发展敏捷响应环节，由此就能提高对西北欧中心市场的服务水平，以及提升自身的发展空间。东亚区域生产网络、西北欧生产网络与消费市场、中东欧生产网络之间就形成良性的循环互动关系，这成为高质量建设"一带一路"的重要方向。

第三章 打造泛长江经济带战略重心区

第一节 泛长江经济带作为战略重心区的背景与形势

长江经济带发展战略思想于1984年首次提出,之间经过多次深化,到2014年国务院发布《关于依托黄金水道推动长江经济带发展的指导意见》,标志着长江经济带正式成为国家重大战略。自提出至今,长江经济带总体发展迅速,经济总量占国家比重逐年攀升,已成为我国新的经济增长极,并在国家生产聚集与开放发展中扮演越趋重要的地位。

一、长江经济带发展背景及其延伸

长江经济带以长江为轴,横贯我国东中西三大自然地理和经济区域,具有横贯东西、辐射南北、通江达海的独特地理区位优势,拥有的广阔腹地和发展空间,是我国区域发展战略格局中的重要功能区。

(一)长江经济带研究历程

长江经济带战略思想自1984年陆大道首次提出以来,学术界对长江经济带的研究大致经历了三个阶段。[1]

1. 兴起阶段(20世纪80—90年代)

早在1984年,陆大道就提出将"长江沿岸产业带"作为沿江—沿海"T"字型发展战略的横轴,[2] "T"字型经济空间布局战略被1987年发布的《全国国土总体规划纲要》采用,此后,很多地理学家先后提出,长江沿线必须建设一条横贯东西的"产业密集带",以大城市为中心辐射带动周边的中小城市和农村地区。[3] 这一时期的研究主体以政府研究机构为主,国务院发展研究中心、中国生产力经济学研究会以及浙江、湖北、四川等地区的各类决策咨询部门都发表过相关的研究成果。这一阶段长江经济

---

[1] 王丰龙,曾刚. 长江经济带研究综述与展望[J]. 世界地理研究,2017,26(2):62-71.
[2] 陆大道. 2000年我国工业生产力布局总图的科学基础[C]. 全国经济地理于国土规划学术讨论会,1984.
[3] 孙尚清,薛永应,周明镜,等. 长江综合开发利用考察报告[J]. 中国社会科学,1985(1):69-78.

带的开发建设主要以流域为主体,核心范围是"七省二市"①(也有研究界定为"七省一市"②),战略重点是流域开发中上游、中游、下游产业布局的分工协作。

2. 停滞阶段（2001—2012 年）

进入 21 世纪后,对长江经济带的研究有所减少。由于浦东开发和三峡建设告一段落,同时国家仍然主要实行纵向的区域开发政策（从沿海优先发展转为西部大开发战略）,因此长江经济带的战略构想并未全面实施。这一时期,研究长江经济带的主力是以华东师范大学为代表的长江沿线高校,研究范围沿用了之前的"七省二市",研究内容偏重生态、物流等基础条件和一体化及空间结构等理论问题。这一时期长江经济带建设进展缓慢,以部门或专题规划为主要推进形式。

3. 复兴阶段（2013 年至今）

自 2013 年习近平总书记提出长江经济带发展构想后,尤其是国务院于 2014 年发布《关于依托黄金水道推动长江经济带发展的指导意见》,标志着长江经济带正式成为国家重大战略,学术界重新兴起长江经济带研究热潮。这一时期的研究机构以武汉大学、华东师范大学、南昌大学等长江沿线高校和中科院的分支结构为主,值得注意的是,这一时期长江经济带研究的背景和主要问题与 90 年代相比有了很大变化。首先,长江经济带的范围从"七省二市"变为"九省二市"③;其次,在新的时代背景下,长江经济带发展战略下不再单纯局限于流域协调,而是主要服务于扩大开放打造新经济增长点和促进国内区域间合作两个目的;最后,从研究主体来看,这一阶段学术机构的实证分析多于政府部门的政策研究。

（二）中国经济新支撑带的起步建设

长江发源于"世界屋脊"——青藏高原的唐古拉山脉各拉丹冬峰西南侧,干流流经青海、西藏、四川、云南、重庆、湖北、湖南、江西、安徽、江苏、上海等 11 个省、自治区、直辖市,于崇明岛以东注入东海,全长 6300 余千米,比黄河长 800 余千米。由于其流域覆盖范围广泛,涉及问题复杂,对其的综合利用和定位也经历了一定的变化。

1990 年国务院批准同意《长江流域综合利用规划简要报告》,指明长江流域综合利用规划的任务包括水资源开发利用、防洪、治涝、水力发电、灌溉、航运、水土保持、中下游干流河道整治、南水北调、水产、下流沿江城镇布局、城市供水、水源保护与环境影响评价、旅游等,并指出流域规划工作要坚持"统一规划,全面发展,适

---

① 孙尚清. 关于建设长江经济带的若干基本构思 [J]. 管理世界,1994 (1):27-28.
② 长江流域发展研究院课题组. 长江经济带发展战略研究 [J]. 华东师范大学学报（哲学社会科学版）,1998 (4):49-55.
③ 王仁贵. 长江经济带战略诞生记 [J].《瞭望》新闻周刊,2014 (36):23-24.

当分工，分期进行"的基本原则，要正确地处理远景与近期，干流与支流，上中下游，大中小型，防洪、发电、灌溉与航运，水电与火电，发电与用电，整体与局部以及水土和生物资源的利用与保护等方面的关系。①

依托长江这一内河航运最发达的黄金水道，2005年11月，上海、江苏、安徽、江西、湖北、湖南、重庆、四川和云南等7省2市在北京签订了长江经济带合作协议。合作协议由交通运输部牵头，确定了以"龙头"上海与"龙尾"重庆合力担当起构筑长江经济带首尾呼应、联动发展的战略格局，这也成为中国经济新支撑带的雏形。

党的十八大召开后，建设长江经济带"一轴"的展开了实质性部署。2012年12月，时任国务院副总理的李克强在江西省九江市主持召开长江沿线部分省份及城市负责人参加的区域发展与改革座谈会时强调，为保持我国经济持续健康发展，中西部回旋余地和发展空间更大，沿江地带是重要的战略支点。2013年7月，习近平总书记在湖北调研时强调，"长江流域要加强合作，充分发挥内河航运作用，发展江海联运，把全流域打造成黄金水道"。自此，"依托长江这条横贯东西的黄金水道，带动中上游腹地发展，促进中西部地区有序承接沿海产业转移，打造中国经济新的支撑带"在国家层面提上了议事日程。

在国家发展改革委会同交通运输部的组织协调下，2014年9月，国务院印发《关于依托黄金水道推动长江经济带发展的指导意见》，部署将长江经济带建设成为具有全球影响力的内河经济带、东中西互动合作的协调发展带、沿海沿江沿边全面推进的对内对外开放带和生态文明建设的先行示范带。《指导意见》的出台，标志着长江经济带建设进入实质性推动阶段，其所覆盖地区，也由既往的"七省二市"变为"九省二市"，即覆盖上海、浙江、江苏、安徽、江西、湖北、湖南、重庆、四川、贵州、云南等9个省和2个直辖市。②

2016年9月，《长江经济带发展规划纲要》正式印发，确立了长江经济带"一轴、两翼、三极、多点"的发展新格局："一轴"即以长江黄金水道为依托，发挥上海、武汉、重庆的核心作用，推动经济由沿海溯江而上梯度发展；"两翼"分别指沪瑞和沪蓉南北两大运输通道，这是长江经济带的发展基础；"三极"指的是长江三角洲城市群、长江中游城市群和成渝城市群，充分发挥中心城市的辐射作用，打造长江经济带的三大增长极；"多点"是指发挥三大城市群以外地级城市的支撑作用。③

2018年11月，中共中央、国务院明确要求充分发挥长江经济带横跨东中西三大板块的区位优势，以共抓大保护、不搞大开发为导向，以生态优先、绿色发展为引领，

---

① 综合利用规划.水利部长江水利委员会，http://www.cjw.gov.cn/zjzx/cjyl/zlkf/.
② 王仁贵.长江经济带战略诞生记[J].《瞭望》新闻周刊，2014（36）：23-24.
③ 《长江经济带发展规划纲要》正式印发[EB/OL].国家发展与改革委网站，2016-10-11.

依托长江黄金水道,推动长江上中下游地区协调发展和沿江地区高质量发展。①

(三)长江经济带的延伸

推动长江经济带发展,是党中央和国务院主动适应把握引领经济发展新常态、科学谋划中国经济新棋局、作出的既利当前又惠长远的重大决策部署。2018年4月26日,习近平总书记在深入推动长江经济带发展座谈会上强调,要"推动长江经济带发展,关键是要正确把握整体推进和重点突破、生态环境保护和经济发展、总体谋划和久久为功、破除旧动能和培育新动能、自身发展和协同发展等关系,坚持新发展理念,坚持稳中求进工作总基调,加强改革创新、战略统筹、规划引导,使长江经济带成为引领我国经济高质量发展的生力军"②。长江经济带发展,在推动我国经济高质量发展方面扮演着重要角色。

习近平总书记指出,长江经济带高质量发展主要体现在五个方面:第一,推动长江经济带发展必须从中华民族长远利益考虑,走生态优先、绿色发展之路,使绿水青山产生巨大生态效益、经济效益、社会效益,使母亲河永葆生机活力;第二,当前和今后相当长一个时期,要把修复长江生态环境摆在压倒性位置,共抓大保护,不搞大开发;第三,长江经济带作为流域经济,涉及水、路、港、岸、产、城和生物、湿地、环境等多个方面,是一个整体,必须全面把握、统筹谋划;第四,推动长江经济带发展必须建立统筹协调、规划引领、市场运作的领导体制和工作机制;第五,沿江省市和国家相关部门要在思想认识上形成一条心,在实际行动中形成"一盘棋",共同努力把长江经济带建成生态更优美、交通更顺畅、经济更协调、市场更统一、机制更科学的黄金经济带。可见,绿色、创新、协调等新发展理念,是推进长江经济带建设的重要原则,做强做优做大制造业,把绿色发展作为现代化的导向与核心元素之一,依托城市群、优化区域布局,把自主科技创新作为发展的根本支撑等,是长江经济带建设达到预期目标的必要路径。③

长江经济带规划区域主要包括"九省两市",陕西和河南作为长江流域的重要组成部分,科技、教育、装备制造及人口资源丰富,肩负着辐射带动西北经济发展的重任,有必要联动长江经济带,对其形成扩大规模经济的支撑,并在大市场效应和差异化分工过程中实现自身更高水平发展。

1. 陕西与河南是长江流域的重要组成部分

长江第一大支流汉江发源于陕西,陕西省长江流域面积达到72770平方千米,高

---

① 中共中央 国务院关于建立更加有效的区域协调发展新机制的意见[EB/OL]. 新华社, 2018-11-29.
② 习近平. 在深入推动长江经济带发展座谈会上的讲话[EB/OL]. 新华社, 2018-06-13.
③ 侯永志:国务院发展研究中心发展战略和区域经济研究部部长,这句话摘自他在"宜宾市贯彻落实习近平新时代中国特色社会主义思想高端对话"上的发言。

于安徽、江苏、浙江、上海等省市。而河南的长江流域面积也达到 27370 平方千米，高于浙江和上海。从长江流域占各省（市、区）总面积比例来看，陕西的这一指标与江苏接近，且高于浙江；河南的比例也达到 16.39%（见表 3-1）。

表 3-1 长江流域面积分布及相关省（市、区）流域面积占比

地区	长江流域面积		各省（市、区）总面积	
	面积（平方千米）	占流域面积的比例（%）	面积（万平方千米）	长江流域所占比例（%）
四川	468275	26.02	48.8	95.96
湖南	206650	11.48	21.18	97.57
湖北	183851	10.21	18.74	98.11
青海	169308	9.41	72.1	23.48
江西	163262	9.07	16.69	97.82
贵州	115747	6.43	17	68.09
云南	109096	6.06	39.4	27.69
重庆	82368	4.58	8.24	99.96
陕西	72770	4.04	20.58	35.36
安徽	65634	3.65	13.94	47.08
江苏	39853	2.21	10.26	38.84
甘肃	38369	2.13	45.44	8.44
西藏	29205	1.62	122	2.39
河南	27370	1.52	16.7	16.39
浙江	12225	0.68	10.18	12.01
广西	8444	0.47	23.67	3.57
上海	6185	0.34	0.63	98.17
福建	1048	0.06	12.2	0.86
广东	340	0.02	18.48	0.18
长江流域	1800000	100	536.23	33.57

数据来源：水利部长江水利委员会_长江水利网，http://www.cjw.gov.cn/zjzx/cjyl/.

2. 陕、豫两省自古与长江经济带各省在政治、经济、社会、文化等方面交流频繁、联系紧密

陕西，东邻河南，南抵四川、重庆、湖北，横跨黄河和长江两大流域中部，自古与巴蜀交往频繁，是出川的重要通道。陕西汉中市，位于秦岭南部，生态和文化与巴蜀相近，在古代为川陕之间并不固定，元代为加强对四川地区的控制，设兴元路于汉中，为隶属于陕西之始。地处汉水中游的安康，居巴蜀文化、荆楚文化、秦陇文化和

中原文化的接壤处,与川鄂渝经济、人文交往密切。目前,西成高铁已经开通,未来随着西渝高铁、西汉高铁的开通,陕西与长江经济带的联系将更加紧密。河南地处中原,东部和南部与皖鄂相邻,西部与陕西接壤,与安徽语言、文化习俗相近。安徽人口第一大市阜阳市,户籍人口超过1000万人,与河南的周口市、信阳市接壤,语言文化相同,在国务院批复的《中原城市群发展规划》中,阜阳被作为中原城市群的一部分共同发展。河南南阳,河南第二大城市,河南省域次中心城市,与湖北襄阳毗邻于南阳盆地,同为荆楚文化发祥地,在汉朝时,二者同为荆州郡管辖,后因政治和军事原因分属河南和湖北两省。而河南与陕西作为中华民族和华夏文明的共同发祥地,自古联系紧密。

3. 陕西和河南与长江中上游的几个省市的发展水平相似,具有产业承接的基础

根据三次产业结构划分,目前陕西和河南均处于工业化加速时期,与安徽、江西、湖南、湖北、四川等长江中上游省份发展水平相似,工业比重和服务业比重相差不到5个百分点。从产业基础来看,2016年,陕西和河南的制造业工业销售产值占全国比重分别为1.54%和6.98%,较2012年分别增长0.2个和1.5个百分点。尤其是河南,2016年制造业工业销售产值占全国比重位居全国第四位,增长势头良好,增长幅度居全国首位。

4. 陕西和河南能为长江经济带建设提供重要的智力与要素资源

陕西省会西安是我国的科教高地和军工重镇,科教综合实力居全国第三,拥有普通高校63所、军事院校7所、研究生培养单位43家、两院院士62位、科研院所95家。西安国防科技工业基础实力仅次于北京,军工单位44家,聚集了国内航天、兵器1/3以上、航空近1/4的科研单位、专业人才及生产力量,2017年民参军企业达到400家,军民融合产业营业收入突破2000亿元。此外,陕西矿产资源丰富,列入矿产资源储量表的矿产保有资源储量潜在总值为42.6万亿元,居全国第一位,约占全国矿产资源潜在总值的1/3。河南是我国的人口大省,人力资源丰富,2017年,河南省常住人口超过9500万人,仅次于广东省的1.1亿人和山东省的9900万人。河南省耕地资源丰富,其耕地面积达811.1万公顷,位居全国第二,是我国十三大主粮生产基地之一。陕西和河南的加入将为长江经济带提供充足的智力和人力支持。

由此可见,联动长江经济带,无论对于陕西和河南自身的产业转型升级,还是推动长江经济带双向开放和高质量发展来讲,都具有重要意义。结合区域战略及地区分化特征,这里将中国划分为四大区域,其中北方9省(市),包括北京、天津、河北、山东、辽宁、吉林、黑龙江、山西、内蒙古;华南4省(区),包括广东、福建、广西、海南;西北5省(区),包括西藏、甘肃、青海、宁夏、新疆;延伸至两省的区域命名为"泛长江经济带",包括13省(市),其中,结合各省份区位及发展阶段的差

异，区分上海、江苏、浙江为"核心区"，安徽、江西、湖北、湖南、重庆、四川为"承接区"，贵州、云南为"外围区"，陕西、河南为"延伸区"。

二、泛长江经济带有力支撑中国开放与发展

20世纪末以来，中国发挥廉价劳动力资源丰富的优势，吸聚全球加工制造业，东亚区域生产网络也在中国的生产联结过程中不断扩张，并占据全球生产首要地位。其中，泛长江经济带构成了中国工业聚集和开放发展的主力。

（一）中国在东亚区域生产网络中占据生产与贸易的主导地位

近20年世界经济格局变迁的实践表明，中国在支撑东亚区域生产网络发展方面占据主导地位。

1. 中国占据越趋重要的全球制造聚集中心地位

1998年，东亚主要国家和地区占到世界制造业的比重约为23%，到2004年，中国制造业占到世界比重的8.7%，仍低于日本制造业14.3%的比重，东亚11国和地区制造业占到世界的30.2%，2008年，中国制造业占比升至14.6%，已高于日本10.7%的水平，占据东亚11国和地区的首位，美国次贷危机后，中国进一步吸聚全球制造业，到2016年为25.5%，2008—2016年攀升10.89个百分点，同期日本下降2.57%。在中国的带动下，东亚的韩国、印度尼西亚、中国台湾、菲律宾、泰国等制造业占比也有小幅上升，2016年11国和地区制造业总计占到世界比重的42.3%，达到历史最高水平，2016年，中国制造业占到东亚区域生产网络的60%以上，是位居其次的日本19.3%的3倍。中国是东亚乃至全球首要制造聚集中心（见表3-2）。

表3-2　2004—2016年东亚11国和地区制造业占世界比重　　　　%

国家和地区	2004年	2008年	2012年	2016年	2008—2016年增减
中国	8.7	14.6	22.5	25.5	10.89
中国香港	0.1	0.0	0.0	0.0	-0.01
印度尼西亚	1.0	1.3	1.6	1.6	0.25
日本	14.3	10.7	10.2	8.1	-2.57
韩国	2.7	2.6	2.9	3.1	0.55
马来西亚	0.5	0.6	0.6	0.6	0.00
菲律宾	0.3	0.4	0.4	0.5	0.10
新加坡	0.4	0.4	0.5	0.5	0.07
泰国	0.7	0.9	0.9	0.9	0.04
越南	0.1	0.2	0.2	0.2	0.06
中国台湾	1.4	1.1	1.2	1.3	0.20
东亚11国和地区	30.2	32.7	41.0	42.3	9.57

数据来源：根据UNCTAD数据计算

2. 中国构成东亚贸易发展的主力

从20世纪90年代末以来东亚地区进出口贸易的发展来看，中国占据世界的比重大幅攀升，1998—2008年由占世界总出口的3.3%、世界总进口的2.5%，分别升至8.9%和6.9%；到2017年出口比重又上升3.9%至12.8%，进口比重上升3.4个百分点到占世界总进口的10.3%。区域内第二大贸易体日本在1998—2008年和2008—2017年，出口占世界比重分别下滑2.2%和0.9%，进口比重分别下滑0.3%和0.9%，2017年出口占比仅为3.9%、进口占比为3.7%。在中国的有力支撑下，东亚11国和地区2017年占到世界总出口的32%、世界总进口的28.1%，中国分别占东亚区域出口总额的39.9%、东亚进口总额的36.4%（见表3-3）。

表3-3　1998—2017年东亚11国和地区进出口占世界比重　　　　　　　　%

国家和地区	出口占世界总出口的比重						
	1998年	2003年	2008年	2013年	2017年	1998—2008年变化	2008—2017年变化
中国	3.3	5.8	8.9	11.7	12.8	5.5	3.9
中国香港	3.2	3.0	2.3	2.8	3.1	-0.9	0.8
印度尼西亚	0.9	0.8	0.9	1.0	1.0	0.0	0.1
日本	7.0	6.2	4.8	3.8	3.9	-2.2	-0.9
韩国	2.4	2.6	2.6	3.0	3.2	0.2	0.6
马来西亚	1.3	1.4	1.2	1.2	1.2	-0.1	0.0
菲律宾	0.5	0.5	0.3	0.3	0.4	-0.2	0.1
新加坡	2.0	2.1	2.1	2.2	2.1	0.1	0.0
泰国	1.0	1.1	1.1	1.2	1.3	0.1	0.2
越南	0.2	0.3	0.4	0.7	1.2	0.2	0.8
中国台湾	2.0	2.0	1.6	1.6	1.8	-0.4	0.2
东亚11国和地区	23.9	25.7	26.2	29.3	32.0	2.3	5.8
国家和地区	进口占世界总进口的比重						
	1998年	2003年	2008年	2013年	2017年	1998—2008年变化	2008—2017年变化
中国	2.5	5.3	6.9	10.3	10.3	4.4	3.4
中国香港	3.3	3.0	2.4	3.3	3.3	-0.9	0.9
印度尼西亚	0.6	0.5	0.8	1.0	0.9	0.1	0.1
日本	5.0	4.9	4.6	4.4	3.7	-0.3	-0.9
韩国	1.7	2.3	2.6	2.7	2.7	1.0	0.0
马来西亚	1.0	1.1	0.9	1.1	1.1	-0.1	0.1
菲律宾	0.6	0.5	0.4	0.3	0.5	-0.2	0.2
新加坡	1.8	1.8	1.9	2.0	1.8	0.1	-0.1
泰国	0.8	1.0	1.1	1.3	1.2	0.3	0.2

续表

国家和地区	进口占世界总进口的比重						
	1998年	2003年	2008年	2013年	2017年	1998—2008年变化	2008—2017年变化
越南	0.2	0.3	0.5	0.7	1.2	0.3	0.7
中国台湾	1.9	1.6	1.5	1.5	1.4	-0.4	-0.1
东亚11国和地区	19.3	22.3	23.6	28.6	28.1	4.3	4.5

数据来源：根据UNCTAD数据计算

3. 中国跻身东亚地区发展重心

1998年，日本的GDP总量占到世界的12.83%，中国仅为3.29%；两国分别占东亚11国和地区总量的63.3%和16.2%。随着经济的快速增长，中国2010年正式超越日本，占据东亚区域的首要地位。2017年，中国GDP总量占到世界的14.94%，从东亚11国和地区的总量来看为54.7%，东亚地区整体占到世界比重的27.3%，比2008年高7.17%。中国经济有力地引领了东亚的崛起与发展（见表3-4）。

表3-4　1998—2017年东亚11国和地区GDP占世界比重

国家和地区	1998年	2003年	2008年	2013年	2017年	1998—2008年变化	2008—2017年变化
中国	3.29	4.28	7.23	12.51	14.94	3.95	7.70
中国香港	0.54	0.41	0.34	0.36	0.42	-0.19	0.08
印度尼西亚	0.36	0.64	0.85	1.18	1.26	0.50	0.41
日本	12.83	11.40	7.92	6.69	6.04	-4.91	-1.88
韩国	1.19	1.74	1.57	1.69	1.91	0.38	0.34
马来西亚	0.23	0.28	0.36	0.42	0.39	0.13	0.03
菲律宾	0.23	0.22	0.27	0.35	0.39	0.04	0.12
新加坡	0.27	0.25	0.30	0.39	0.39	0.03	0.08
泰国	0.36	0.39	0.46	0.55	0.56	0.10	0.10
越南	0.09	0.10	0.16	0.22	0.28	0.07	0.12
中国台湾	0.89	0.82	0.66	0.66	0.72	-0.24	0.06
东亚11国和地区	20.27	20.53	20.13	25.03	27.30	-0.14	7.17

数据来源：根据UNCTAD数据计算

（二）泛长江经济带兴起构成中国开放与发展主力

从中国及东亚在世界制造聚集、外贸发展、经济增长等方面的表现可知，在20世纪90年代到2008年与2008年之后的两个时期中，中国与东亚地位的实质性攀升主要在2008年之后，如东亚区域的制造业占世界比重上升9.57%、出口比重上升5.8%、进口比重上升4.5%、GDP比重上升7.17%。改革开放后，中国的产业聚集与外向型经济发展主要在东部沿海地区。随着拥挤效应的出现,东部转型升级及各项成本攀升,2008年前后,东部加工制造业加快了向中西部转移,而此时期,泛长江经济带不断强化产业承接与聚集,承担起中国开放和发展的主力。

1. 泛长江经济带强化成为中国制造业聚集区

华北、长三角原是中国工业的主要聚集区,由于东北工业衰落、长三角转型升级、中西部加强产业承接,泛长江经济带从整体上聚集起更大规模的生产制造。通过考察制造业的工业销售产值,以聚集判断制造业产业转移状况,2012年,北方的制造业销售产值比重仍占到全国的31.1%,2016年降至27.5%;西北地区制造业销售产值较低,并继续呈移出态势;华南地区有1.6%的小幅上升,2016年占比为17.7%;泛长江经济带的比重则由2012年的49.9%,上升至2016年的53.4%,较2012年上升了3.5%(见图3-1)。

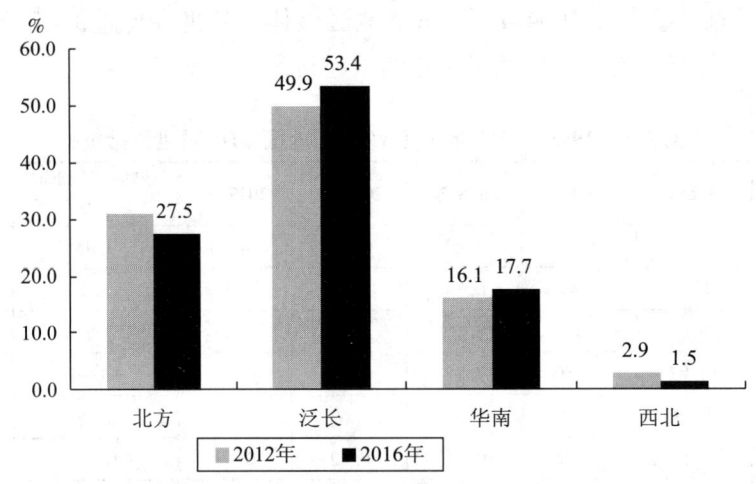

图3-1 2012年与2016年中国主要区域制造业各行业销售产值占全国比重

资料来源:根据《中国工业统计年鉴》(2012年与2017年)计算

根据《国民经济行业分类标准》中制造业所分的31个大类中,2016年,泛长江经济带有28个行业的工业销售产值占比超过45%,有20个行业占比超过50%,有7个行业占比超过60%。其中,占比最高的是烟草制品业,达到75.43%;其次是化学纤维制造业,虽然2016年占全国份额有所下降,但仍高达75.06%;仪器仪表制造业占比较2012年略有上升,为69.94%;酒、饮料和精制茶制造业占比达到63.71%。从制造业占全国的份额变化来看,除化学纤维制造业和有色金属冶炼外,其他制造业行业2016年份额均较2012年有所增加。可以看出,无论是饮料、烟草、纺织、服装服饰、造纸、化学原料、有色金属冶炼的等传统制造业,还是化学纤维、交通运输设备、专用设备、电气机械、电子设备、仪器仪表等高端制造业,泛长江经济带都占据着半壁江山,个别行业甚至占据主导地位(见图3-2)。

从工业总值占全国的比重来看,1998年,泛长江经济带占比为48.4%,北方占比为32.8%,华南占比为16.4%,西北占比为2.3%。1998—2008年,北方在2000年达到33.9%的历史高位后,较长时期各区域的工业分布保持相对稳定、比重变化不大。2008年后,北方的工业产值开始下降,特别是2014年后呈现加速下滑态势,到2017年占全国比重仅为26.9%。而华南在2013年降至16.1%的低位后有所攀升,2017年占比为18%。泛长江经济带的工业总值则不断上升,占比持续上升至2017年的52.8%,从而成为引领中国工业发展的主力(见图3-3)。

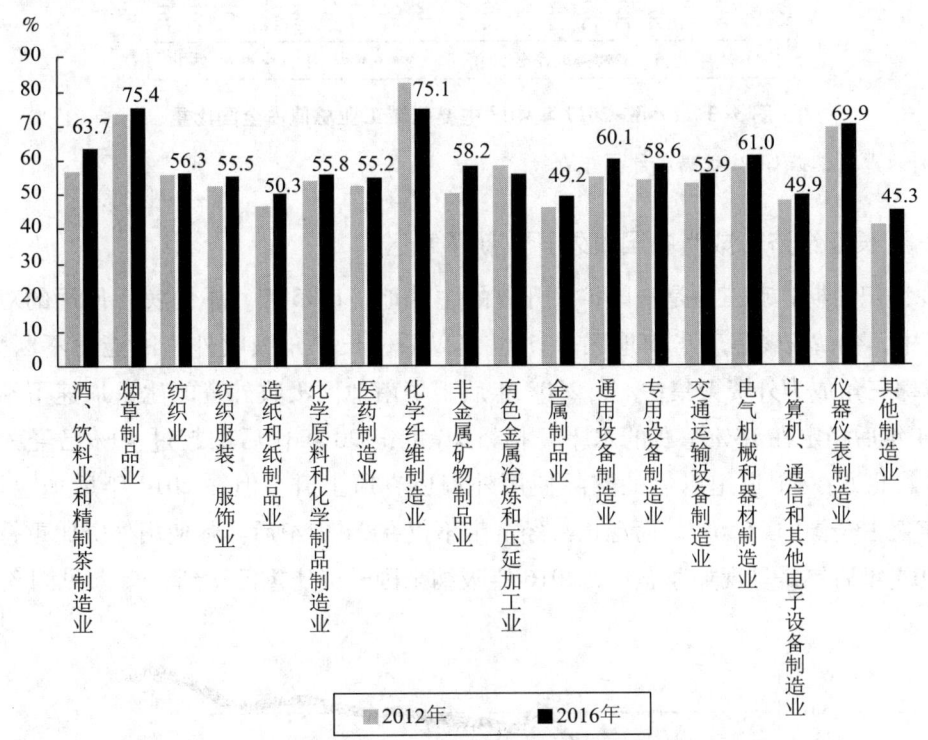

图3-2 2012年与2016年泛长江经济带制造业各行业销售产值占全国比重

注:交通运输设备制造业为《国民经济行业分类》中的汽车制造业与铁路、船舶、航空航天和其他运输设备制造业之和。

资料来源:根据《中国工业统计年鉴》(2012年与2017年)计算

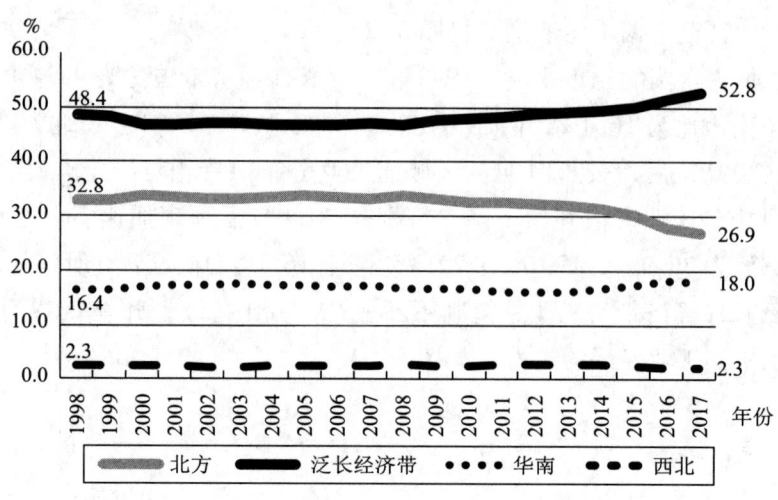

图 3-3　1998—2017 年中国主要区域工业总值占全国比重

资料来源：根据 CEIC 数据库计算并绘制

2. 泛长江经济带成为中国对外开放新承载区

20 世纪后期，珠三角是中国扩大开放的主阵地，1995 年，中国实际使用的对外直接投资中，43.2%聚集于华南地区。21 世纪以后，长三角吸收外资的能力不断攀升，并超越珠三角成为外资聚集中心。2008 年后，华南地区吸收外资的比重加速下滑，直到 2014 年后稳定在 14%左右的水平，相较 20 世纪 90 年代后期超过 40%已经大幅萎缩。虽然北方在 21 世纪以后的实际使用外资也有所上升，但在 2014 年后加速下降，2016 年仅占全国的 26.6%。而泛长江经济带不仅在 21 世纪后实际使用外资比重持续上升，2014 年后更是呈现加速态势，2016 年吸纳全国外资比重已达到 59%（见图 3-4）。

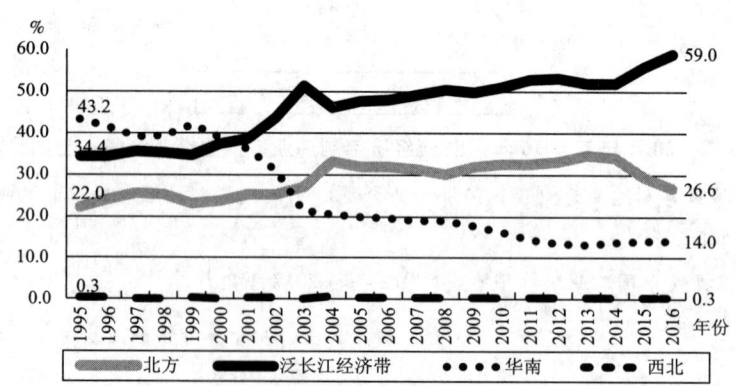

图 3-4　1995—2016 年中国主要区域实际使用外国直接投资占全国比重

资料来源：根据 CEIC 数据库计算并绘制

从进出口贸易发展来看，20 世纪 90 年代到 21 世纪初，华南一直占据首要地位，占中国进出口比重超过40%。随着全面开放格局的形成,泛长江经济带的贸易比重开始上升并于2004年出口比重、2003年进口比重超过华南地区。在2008年全球需求疲软的形势下,华南、北方地区达到出口占比均不断下降,而泛长江经济带在2014年开始持续攀升,2018年占到全国出口比重的49.7%,进口比重也回升到43.5%。泛长江经济带构成2008年以来中国开放发展的主导力量(见图3-5)。

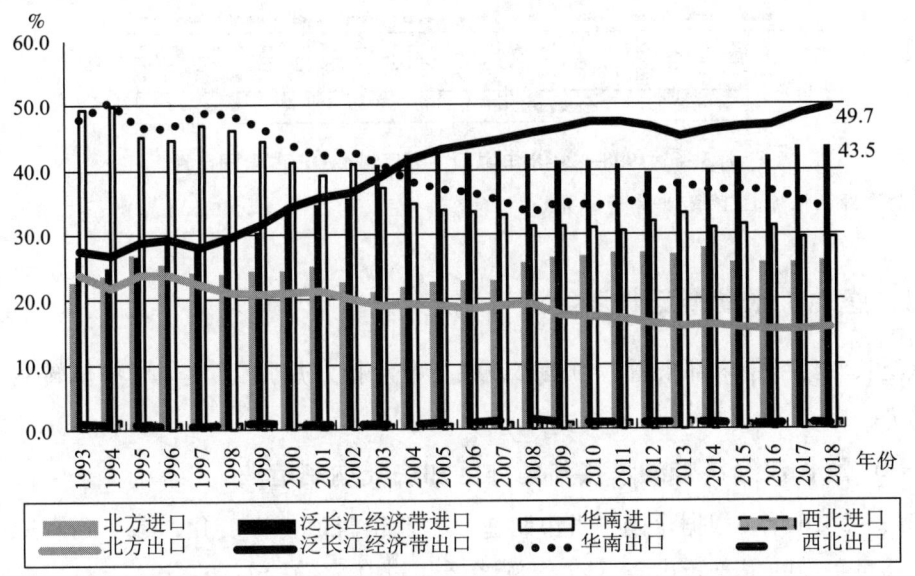

图3-5　1993—2018年中国主要区域进出口占全国比重

数据来源:根据CEIC数据库计算并绘制

最后,泛长江经济带为中国经济增长提供新动力。泛长江经济带覆盖区域广泛,在中国经济总量中一直位居首位。1998年,泛长江经济带GDP占到全国的48.5%,北方区域占到31.5%,华南地区为16.9%,西北地区仅占3.1%。在中国入世前后,中国的经济增长重心向北方和华南地区偏移,2008年北方GDP比重达到32.7%的历史高位;1999—2007年,华南地区GDP占比也始终保持在17%以上。2008年后,北方经济比重开始下滑,2014年后下降幅度增大,2018年GDP占到全国的27.6%;华南地区有小幅上升,从2013年的16.1%上升至2018年的17.3%;而泛长江经济带则在2014年后增幅显著,2013年占全国比重为48.8%,2018年升至52%,5年间提高了3.2个百分点,构成中国在全球经济疲软形势下保持增长的重要驱动力(见图3-6)。

可见,正是泛长江经济带生产聚集及整体规模效应的提升,带来了中国新的开放与发展动力,由此支撑中国自身及引领东亚进一步扩大区域生产网络的协同与联动,并奠定了东亚各国和地区在全球经济中的重要地位。

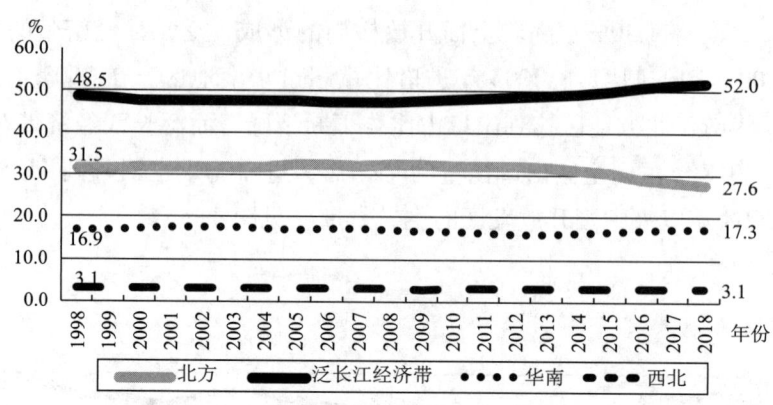

图 3-6　1998—2018 年中国主要区域 GDP 占全国比重

资料来源：根据 CEIC 数据库计算并绘制

三、腹地扩张助推泛长江经济带崛起

从泛长江经济带内部来看，中西部地区产业承接的加强，提供了整体转型发展的强劲动力。

（一）泛长江经济带的承接与延伸区加快吸纳制造业

2012—2016 年，根据全国各省市制造业工业销售值份额变化，参与到制造业区域产业转移过程中的主要转出省区（份额降低超过 0.2%）包括辽宁、上海、浙江、山西、黑龙江等，主要转入省区（份额上升超过 0.1%）包括河南、河北、广东、安徽、重庆、江西、湖北、福建、广西、湖南、四川、贵州、山东等，泛长江经济带的承接与延伸区表现突出。2012 年，长三角核心区的制造业销售产值占全国的 24.8%，2016 年降至 23.1%，承接区则由 17% 提升至 20.2%，延伸区由 6.8% 升至 8.5%，形成新的工业聚集区（见图 3-7）。

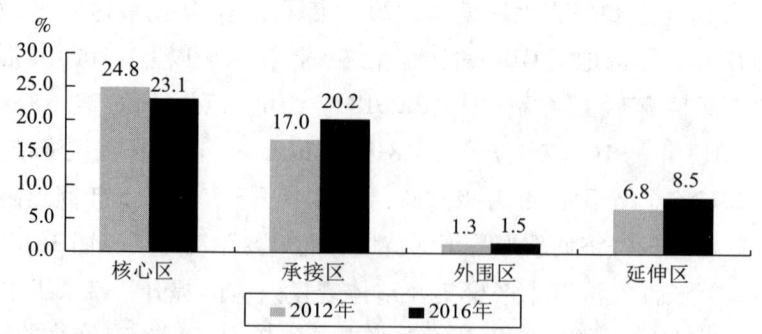

图 3-7　2012—2016 年泛长江经济带主要区域制造业销售值占全国比重

资料来源：根据《中国工业统计年鉴》（2012 年与 2017 年）计算

（二）泛长江经济带承载区成为首要的工业聚集区

制造业流入促使承接区整体工业规模不断扩张，并取代核心区、成为首要的工业聚集区。1998年，泛长江经济带的长三角核心区工业总值占全国比重为22.5%，在区内处于引领地位。21世纪以后，长三角的工业比重不断下滑，2013年跌至18.4%，泛长江经济带的建设又为其提供支撑，随后提升至2017年的20.5%。而中西部承接区的工业比重持续攀升，2004年为13.7%，2017年已追平核心区，达到20.5%。河南、陕西延伸区的工业比重也有小幅提升，2017年占到全国比重的9%，为20世纪90年代末以来的最高水平。从加上制造业的第二产业比重来看，泛长江经济带的承载区所占比重已经于2011年开始超过核心区，2018年占全国比重为21.1%，长三角核心区则为19.8%（见图3-8）。

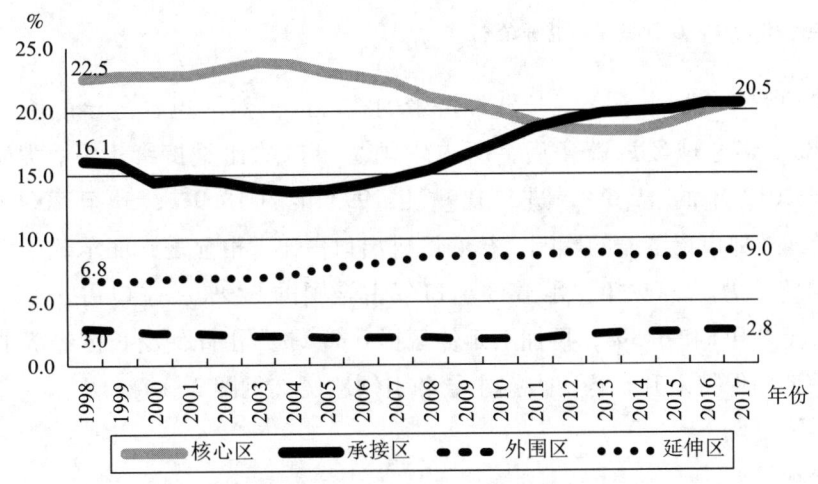

图3-8　1998—2017年泛长江经济带主要区域工业总值占全国比重

资料来源：根据CEIC数据库计算并绘制

（三）承载区提供外向型经济发展的新动力

在泛长江经济带范围内，苏浙沪核心区一直是外资流入的主要地区，1995年实际使用外资占全国的25.3%，2003年达到历史最高值为39.7%，随后，核心区吸纳外资比重逐渐下降。随着西部大开发和中部崛起战略的推进，泛长江经济带的中西部承载区成为吸引外资的新聚集区，2014年后增速又有所攀升，到2016年已经达到全国占比的23.9%，相比1995年6.6%的水平提升了17.3%，仅次于核心区吸引外资24.6%的比重。延伸区中河南也成为增长主力，1995年吸引外资比重仅为1.3%，2016年提升至全国的6.9%。陕西则由0.9%提升至2%，延伸区合计吸引外资比重为全国的8.9%。而贵州、云南外围区，差异聚集规模有限，使其吸引外资依旧乏力，2016年占到全国的1.7%（见图3-9）。

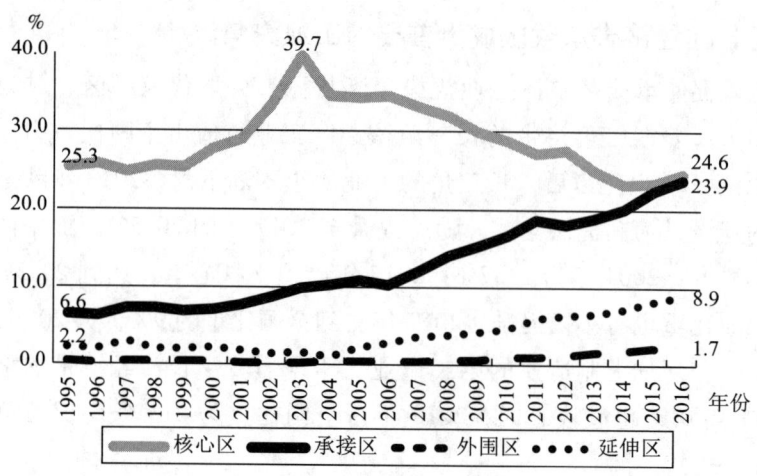

图 3-9　1995—2016 年泛长江经济带主要区域实际使用外国直接投资占全国比重

数据来源：根据 CEIC 数据库计算并绘制

从进出口贸易发展来看，泛长江经济带的核心区仍然承担着主导角色，从中国扩大开放到 2008 年全球经济萧条后，所占中国总出口的比重持续上升，从 1993 年占19.4%升至 2010 年的 41.6%，进口比重由 1993 年的 18.9%，升至 2006 年的高位38.1%。受到外部市场萎缩的影响，核心区进出口占比下滑显著，而承载区成为进出口贸易增长的新动力。2009 年，承载区出口仅占全国的 3.9%、进口占比 4%，到 2018年，分别升至 8.4%和 6.5%，再加上延伸区提升 2.2%，由此使泛长江经济带在全国进出口占比中依旧保持上升态势，占据主导和引领地位（见图 3-10）。

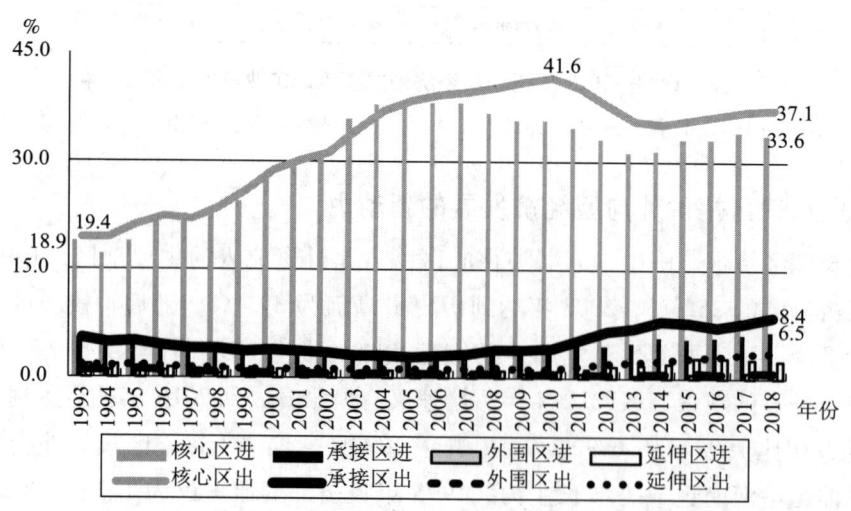

图 3-10　1993—2018 年泛长江经济带主要进出口占全国比重

资料来源：根据 CEIC 数据库计算并绘制

（四）承载区已经跻身泛长江经济带首要经济区域地位

随着开放型经济的发展，长三角作为全国首要的开发开放区，经济总量在不断攀升。1993年，苏浙沪"二省一市"GDP总量占到全国的19.3%，超过承载区19%的水平；2002—2008年，核心区经济总量始终保持在全国20%以上的水平；承载区则从2006年开始，由16.7%的低位逐步攀升；2012年，承载区GDP总量已经超过核心区，2018年承载区占全国比重为20.6%，核心区则为19.8%。在全国经济进入新常态的形势下，承载区相对强劲的增长为泛长江经济带的崛起提供了重要力量（如图3-11所示）。

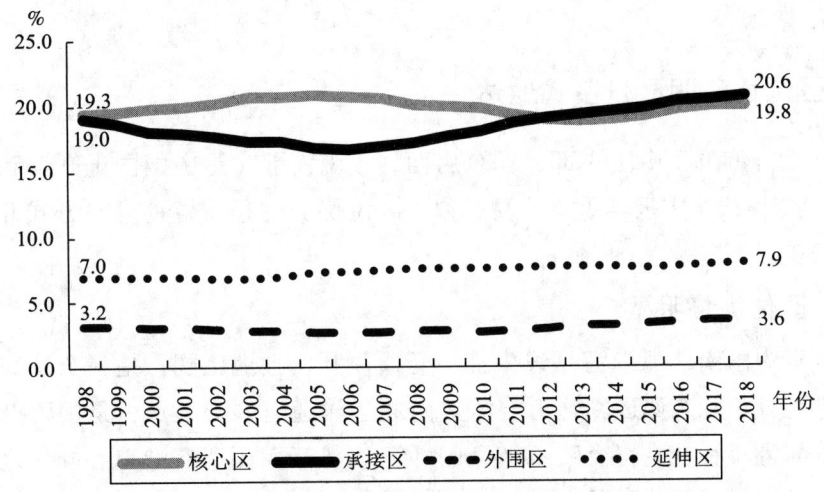

图3-11　1998—2018年泛长江经济带主要区域GDP占企业比重

总体而言，由于泛长江经济带中西部地区加强产业承接，进一步提升了整体制造业、工业和经济活动的聚集规模，为扩大对外开放提供了强劲动力。规模效应的提升助推中国在2008年全球经济萧条的形势下依旧保持稳定增长态势，并引领东亚区域生产网络进一步强化在全球生产和贸易中的主导地位。在新科技革命兴起和地缘格局变迁的时代，继续充分发挥泛长江经济带的作用，具有重大的战略意义。

第二节　泛长江经济带承载新型功能的资源条件

泛长江经济带覆盖我国重要的农业主产区、工业走廊和现代服务聚集区，具有的优越区位优势、便利的交通、庞大的人口规模和人才储备、丰裕的自然资源、广阔的纵深腹地，使泛长江经济带的产业升级具有中国除海岸经济带以外的其他地区所不能比拟的巨大潜力。

一、区位优势明显且多式通达

泛长江经济带位于中国中部，承东启西，接南济北，是中国国土开发和经济布局"T"型空间结构战略中极其重要的发展轴，区位优势明显，各种运输方式并进，便于集疏运网络扩张。

（一）区位优势明显

上海位于中国南北弧形海岸线中部，交通便利，腹地广阔，是一个良好的江海港口。上海港地处长江东西运输通道与海上南北运输通道的交汇点，是中国沿海的主要枢纽港，上海港年吞吐量将突破4000万标准箱，等于美国所有港口吞吐量之和，体量达到目前全球港口年吞吐量的1/10，高居全球海港吞吐量榜首。此外，上海浦东机场和虹桥机场的旅客吞吐量和货邮吞吐量均位居全国前十。江苏位于中国大陆东部沿海中心、长江下游，地跨长江、淮河，京杭大运河从中穿过，境内铁路、公路、航空、水运交通发达，形成纵横交错、四通八达的立体化交通网络。浙江地处中国东南沿海长江三角洲南翼，东临东海，南接福建，西与安徽、江西相连，北与上海、江苏接壤。浙江的宁波港和舟山港是我国最大的枢纽港之一。

安徽境内京广线、京九线、沪汉蓉快速通道、淮河和"八百里皖江"等组成四通八达的联通网络，其省会城市合肥，成为"一带一路"和长江经济带战略双节点城市，是国家规划建设中的全国性综合交通枢纽。江西南昌是中部地区唯一与长江三角洲、珠江三角洲和闽中南三角洲相毗邻的省会城市，京九、浙赣、皖赣三条铁路干线在此交汇，区位优越。河南交通区位优势明显，是全国承东启西、连南贯北的重要交通枢纽，全国"十纵十横"综合运输大通道中有五个通道途经河南。郑州已初步形成全国铁路路网中的"双十字"中心，郑州北站是亚洲最大的列车编组站之一，郑州东站是全国最大的高铁站之一，米字形高速铁路网大格局基本形成。郑州新郑国际机场旅客吞吐量居国内机场第13位，货邮吞吐量稳居全国机场第7位。湖北地处我国经济地理的"心脏"地位，其省会城市武汉有"九省通衢"之称，是中国内陆最大的水陆空交通枢纽、长江中游航运中心，其高铁网辐射大半个中国，是华中地区唯一可直航全球五大洲的城市。湖南省会城市长沙，地处珠江三角洲与中部及北方各省份经济社会联系的必经之地。

重庆，位于长江上游，是西部大开发重要的战略节点、"一带一路"和长江经济带的重要联结点，是中国西南地区融贯东西，汇通南北的综合交通枢纽。四川省会成都，西部地区重要的中心城市，是西南地区重要的综合交通枢纽，成都双流国际机场是中国重要的航空枢纽、世界前50大繁忙机场之一、中国中西部最繁忙枢纽机场。贵州地处中国西南腹地，与重庆、四川、湖南、云南、广西接壤，是西南交通枢纽。云南位于中国西南的边陲，西部与缅甸接壤，南部和老挝、越南毗邻，是中国通往东南亚、南亚的窗口和门户。陕西省会西安是丝绸之路起点城市、"一带一路"核心区、中国西部地区重要的中心城市，西安地处中国陆地版图中心和中国中西部两大经济区域的结合部，是西北通往中原、华北和华东各地市的必经之路。西安咸阳国际机场、铁路、公路是全国六大枢纽之一，国际陆港是全国唯一获得国际国内双代码的内陆港口。

（二）交通四通八达

近年来，泛长江经济带交通运输里程不断增加，路网密度持续提高，交通运输结构布局改善，技术水平明显提升，运输能力大幅增强，初步形成了以长江黄金水道为依托，水路、铁路、公路、民航、管道等多种运输方式协同发展的综合交通网络。

1. 交通网络建设

从交通里程的总量看，截至2017年，泛长江经济带公路总里程达252.36万千米，占全国公路总里程的52.9%；铁路总里程达4.78万千米，占全国铁路总里程的37.6%；内河航道里程为9.29万千米，占全国内河航道里程的73.1%（见图3-12）。

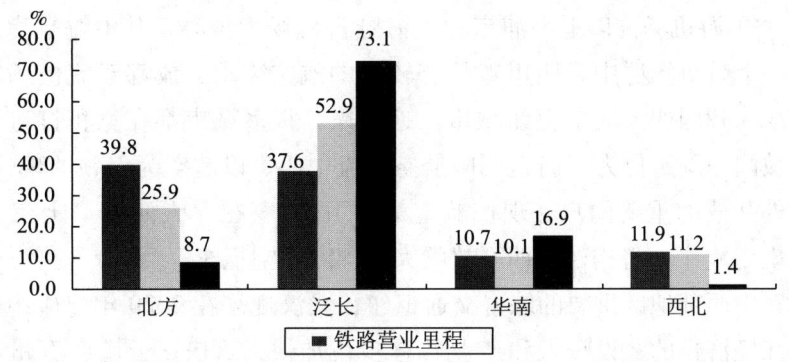

图3-12 2017年中国主要区域交通设施占全国比重

资料来源：根据CEIC数据库计算并绘制

在泛长江经济带内部，2017年承接区公路总里程135.26万千米，占全国公路总里程的19.3%；铁路总里程达2.45万千米，占全国铁路总里程的19.3%；内河航道里程为4.6万千米，占全国内河航道里程的36.5%（见图3-13）。

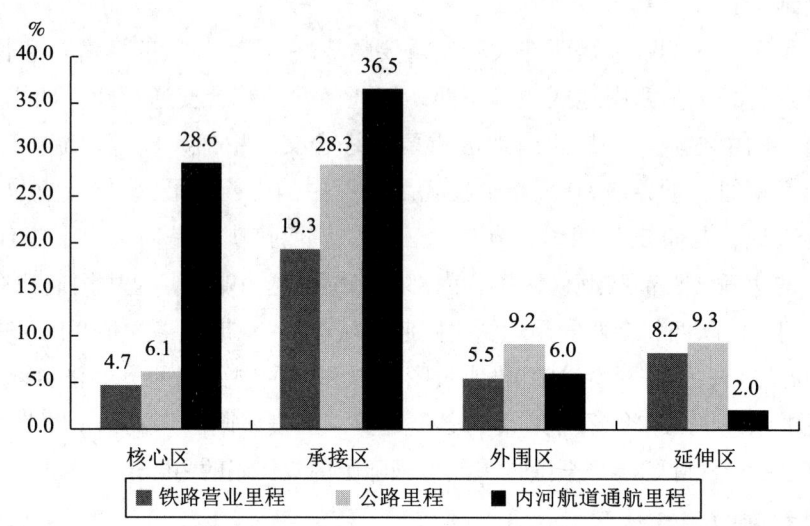

图3-13　2017年泛长江经济带主要区域交通设施占全国比重

资料来源：根据CEIC数据库计算并绘制

长江是货运量位居全球内河第一的黄金水道，长江通道是我国国土空间开发最重要的东西轴线，在区域发展总体格局中具有重要战略地位，与公路与铁路相比，泛长江经济带内河航道具有明显优势。

从航空运输方面来看，航空网络是长江经济带综合交通枢纽和国际通道建设的重要组成部分。从机场地理分布来看，截至2017年底，泛长江经济带共有90个民用机场，占全国民用机场总数的39%，其中下游地区有18个，中游地区有27个，上游地区有45个。① 下游机场群以上海浦东和上海虹桥机场为核心，其中航空货运主要集中在浦东机场。上游机场群中，四川省具有较大的航空需求，成都双流机场饱和现象严重，成都已成为我国四大航空枢纽城市。近年来，很多城市都在竞相打造航空枢纽城市。郑州市被国务院定位为"打造国际航空物流中心、以航空为引领的现代产业基地、内陆地区对外开放的重要门户、现代航空都市"；西安在《大西安"十三五"综合交通运输发展规划》中，将构建向西开放的大型国际航空枢纽、"一带一路"的航空客货运枢纽、国家中西部地区重要的综合交通枢纽；武汉规划在2020年建成中部枢纽；同时，随着长江经济带的建设深入和产业转移步伐加快，重庆、云南、贵州等区位优势

---

① 注：根据地理区位、经济发展水平和产业特征，本书将泛长江经济带分为三大区域：长江下游地区为上海、江苏和浙江，长江中游地区为安徽、江西、河南、湖南、湖北，长江上游地区为重庆、四川、贵州、云南、陕西，下同。

逐渐改善，经济发展保持较高增长态势，航空需求增长强劲；而江西和湖南两省，与公路和水路交通发展相比，航空运输相对滞后（见表3-5）。

表3-5 泛长江经济带机场分布

分地区	机场名称
长江下游地区（18个）	上海/浦东、上海/虹桥、南京/禄口、锡/硕放、常州/奔牛、南通/兴东、徐州/观音、扬州/泰州、盐城/南洋、淮安/涟水、连云港/白塔埠、杭州/萧山、宁波/栎社、温州/龙湾、义乌、舟山/普陀山、台州/路桥、衢州
长江中游地区（27个）	合肥/新桥、黄山/屯溪、阜阳、池州/九华山、安庆、南昌/昌北、赣州/黄金、井冈山、景德镇、罗家、宜春/明月山、上饶/三清山、武汉/天河、宜昌/三峡、襄阳/刘集、十堰/武当山、恩施、徐家坪、神农架、红坪、长沙/黄花、张家界/荷花、衡阳/南岳、常德/桃花源、怀化/芷江、永州/零陵、邵阳/武冈、郑州/新郑、洛阳/北郊、南阳/姜营
长江上游地区（45个）	重庆/江北、万州/五桥、黔江/武陵山、成都/双流、绵阳/南郊、宜宾/菜坝、南充/高坪、西昌/青山、九寨/黄龙、达州/河市、泸州/蓝田、攀枝花/保安营、广元、盘龙、稻城/亚丁、甘孜、康定、阿坝/红原、贵阳/龙洞堡、遵义/新舟、铜仁/凤凰、毕节/飞雄、兴义、凯里/黄平、安顺/黄果树、六盘水/月照、遵义/茅台、黔南州/荔波、黎平、昆明/长水、丽江/三义、西双版纳/嘎洒、德宏/芒市、大理、腾冲/驼峰、保山/云瑞、普洱/思茅、迪庆/香格里拉、临沧、昭通、文山/普者黑、沧源/佤山、澜沧/景迈、宁蒗/泸沽湖、西安/咸阳、榆林/榆阳、汉中/城固、延安/二十里堡、安康机场

数据来源：根据中国民用航空局网站数据整理

2. 交通运输能量

从货物运输情况来看，2016年泛长江经济带共实现货运量和货物周转量分别为220.67亿吨、80917.9亿吨，占全国比重分别为50.40%和43.36%。除豫、陕两省外，泛长江经济带水运突出，2016年水路货运量、货物周转量在全国水运中占比较高，分别占全国的63.42%和45.54%，占长江经济带货运量、货物周转量的22.14%、63.48%。铁路在货运中的作用相对弱化，货运量、货物周转量占全国铁路的比重仅分别为29.20%、35.05%，在泛长江经济带的货运量、货物周转量中占比仅分别为24.41%、10.30%。与全国其他地区相比，公路运输是长江经济带货物运输的主要选择，公路货运量占总货运量的76.31%。

从客运情况看，2016年长江经济带延伸腹地的客运量和旅客周转量均出现下降，全年共实现客运量163.92亿人次，实现旅客周转量12657.8亿人千米。从内部结构看，与货物运输不同，旅客运输中水运作用微乎其微（水路客运量、旅客周转量分别仅为全区域全部运输方式运输量的1.44%、0.26%），而公路客运量、旅客周转量占比分别高达87.82%、46.98%。铁路客运量占比虽然仅为12.28%，但其高运距使其占全部旅客周转量的比重达 52.75%。

与货物运输不同，全国人员流动在泛长江经济带程度更高。2016 年，客运量、旅客周转量占全国比重分别高达 59.63%、40.49%。同时，与货运有所区别，旅客运输占全国比重，不仅水运占比高，而且公路、铁路运输都有很高占比，公路客运量、旅客周转量分别占全国的 64.50%、58.14%，铁路客运量、旅客周转量分别占全国的 49.44%、53.08%。

就航空运输能力来讲，泛长江经济带的航空运输在全国占有优势地位。根据中国民用航空局统计，2017 年泛长江经济带完成航空旅客吞吐量 54952 万人次，占全国的 47.87%，与上年相比占比下降了 0.41 个百分点。从货邮吞吐量来看，2017 年泛长江经济带共完成货邮吞吐量 843.94 万吨，占全国的 52.17%，2017 年全国旅客吞吐量排名前 10 名中，泛长江经济带有 7 个，而在排名前 20 名中，泛长江经济带有 11 个。其中，上海浦东机场的吞吐量超过 6000 万人次，高居全国第二位，而成都双流机场、昆明长水机场、上海虹桥机场、西安咸阳机场旅客吞吐量也均超过 4000 万人次，分列全国第 4、第 6、第 7、第 8 位。在货邮吞吐量方面，除长沙黄花机场位居第 21 位外，其他进入旅客吞吐量前 20 名的这些泛长江经济带的机场也都进入了前 20 名。其中上海浦东机场的货邮吞吐量遥遥领先，2017 年吞吐量超过 380 万吨。其他进入前 10 名的有：成都双流机场（5）、杭州萧山机场（6）、郑州新郑机场（7）、昆明长水机场（8）、长海虹桥机场（9）、南京禄口机场（10）（见图 3-14）。

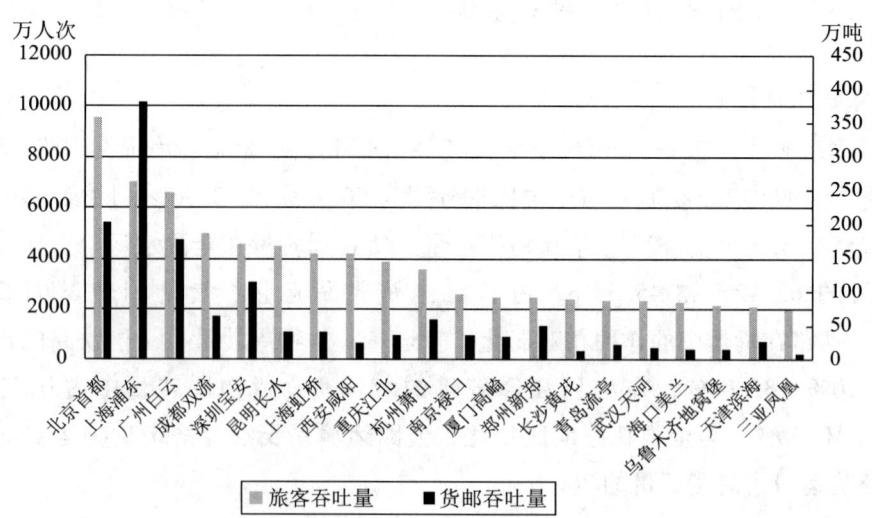

图 3-14　2017 年全国航空旅客吞吐量排名前 20 与对应的货邮吞吐量
资料来源：根据中国民用航空局网站数据整理

总之，无论是从交通运输网络建设情况看，还是从交通运输能量来看，泛长江经济带都占据着我国半壁江山，尤其水路运输和航空运输更是具有明显优势。水路、公路、铁路和航空运输,有着不同的运输规模效应、通达范围、成本特征,多种运输方式的结合,能够构成广泛的集疏运体系,从而为腹地扩张提供支撑。随着泛长江经济带的交通更加完善,市场将更加统一,要素流动将更加顺畅,协同发展的溢出效应、规模效应将更加显著。

二、生态资源丰富提供产业承载基础

泛长江经济带跨越我国南北分界线,覆盖温带、亚热带、热带等多个温度带,地形地貌、土壤水文、自然资源等存在明显的地域差异,资源条件丰富而多样。

(一)耕地资源

2017 年,泛长江经济带 13 个省市耕地总面积约为 5610.3 万公顷,约占全国耕地总面积的 41.6%。其中,河南耕地面积达 811.1 万公顷,位居全国第二(第一为黑龙江);四川位居次席,耕地面积为 672.5 万公顷;其他耕地面积较大的省份有云南、安徽、湖北、江苏、湖南、陕西等;上海由于土地面积较小,且城市化水平较高,所以耕地面积只有 19.1 万公顷。在中国的 13 个粮食主产区中,泛长江经济带拥有 7 个,它们分别是江西、湖南、四川、河南、湖北、江苏、安徽 7 个省份,因此,泛长江经济带是我国名副其实的农业重产区(见图 3-15)。

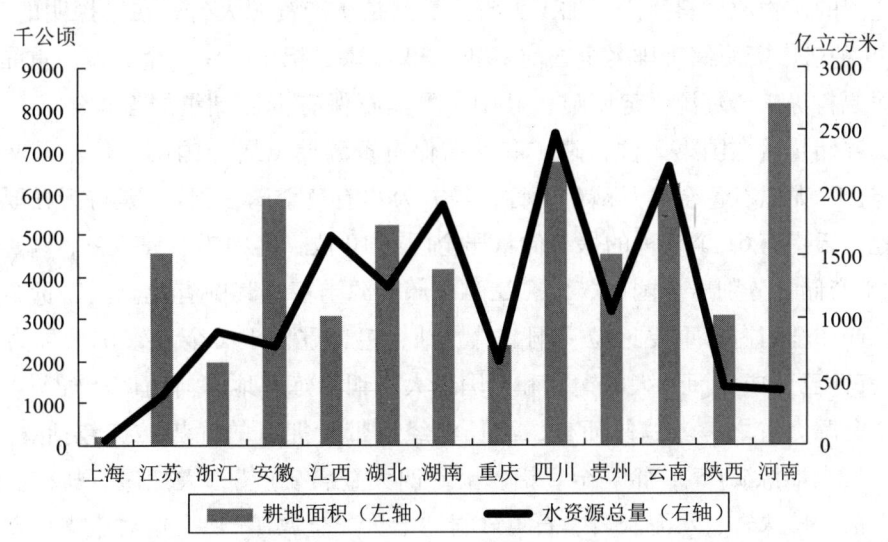

图 3-15　2017 年泛长江经济带耕地与水资源拥有量

资料来源:《中国统计年鉴 2018》,国家统计局网站

(二)地表及地下水资源

泛长江经济带水资源丰富,2017 年区内水资源总量达 14172.9 万立方米,占全国的 50%。水资源拥有量较大的省份有四川、湖南、江西、云南、湖北等,而上海、河

南、陕西三省市的水资源拥有量较少。从人均水资源拥有量来看，泛长江经济带约为1933.5立方米，低于全国的人均水资源量的2061.8立方米，主要是河南、陕西、上海三省水资源相对较少，而人口相对密集，三者总体拉低了区域人均水平。可以说，泛长江经济带约占全国1/4的土地面积，保有全国接近一半的耕地面积和一半的水资源，农业产值超过全国50%，养活超过全国一半的人口，占据着我国农业的半壁江山。

（三）矿产资源

泛长江经济带矿产资源丰富并主要集中长江中上游地区，具有品种多、储量达、品位高、共生矿多、易开采的特点。区内共有各种矿产140多种，储量丰富，其中原生钒铁矿占全国的94.98%，磷矿占89.08%，钒矿占69.38%，硫铁矿占66.96%，天然气占陆地总储量的60.07%，煤炭、锰矿、铜矿、钛矿、钨矿、石油等均在全国占有重要地位。

著名的资源大省有陕西、四川、贵州、云南、江西、河南等地。陕西列入矿产资源储量表的矿产保有资源储量潜在总值为42.6万亿元，居全国第一位，约占全国矿产资源潜在总值的1/3，储量在全国前三位的有钼、汞、铼、金、煤等，此外，石油和天然气在全国占有重要地位。四川有43种矿产的保有资源储量位居全国前5位，煤、铁、锰、钛、钒、铜、铅、锌、轻稀土、磷、水泥用灰岩等重要矿产资源储量丰富，是西部乃至全国的矿物原材料生产和加工大省。贵州是矿产资源大省，在已探明的74种矿产中有49种矿产资源储量排名全国前10位，煤、磷、铝土、锑、金、锰、重晶石、稀土、水泥原料等矿产资源优势明显，其中，重晶石保有资源储量居全国第1位；稀土矿保有资源储量居全国第2位；磷矿和锰矿保有资源储量居全国第3位。云南矿产资源极为丰富，尤以有色金属及磷矿著称，被誉为"有色金属王国"，是得天独厚的矿产资源宝地，云南有61个矿种的保有储量居全国前10位，其中铅、锌、锡、磷、铜、银等25种矿产储量分别居全国前3位。江西矿产资源丰富，其中有色金属、贵金属和稀有金属矿产在全国占有重要地位，铜、钨、铀、钽、重稀土、金和银矿被称为"七朵金花"，江西已建成亚洲最大的铜矿和全国最大的铜冶炼基地。河南矿产资源丰富，是全国矿产资源大省之一。总体而言，泛长江经济带所拥有的优势矿产包括煤、石油、天然气"三大能源矿产"，钼、金、铝、银"四大金属矿产"，天然碱、盐矿、耐火黏土、蓝石棉、珍珠岩、水泥灰岩、石英砂岩"七大非金属矿产"，这对于支撑现代工业体系的发展提供了坚实基础。①

泛长江经济带广阔的耕地、充沛的水资源、丰富的矿产资源为大规模的产业发展提供了优越的发展基础，这为泛长江经济带产业升级提供了重要支撑与保障。

---

① 根据国务院"国情"直通地方网站整理，http：//www.gov.cn/guoqing/2013-04-08/content_5046160.htm.

三、丰裕的人才储备具备支撑科技创新的潜力

泛长江经济带聚集着中国一半以上的人口，且人才资源丰富，三线建设与改革开放为多元化地区奠定可观的科教资源与基础，能够为新科技产业革命孕育提供强大的智力支持。

（一）人口资源丰富，消费潜力巨大

在人口资源方面，2018 年泛长江经济带常住人口约 7.33 亿人，比上年增长 400 万，占全国的 52.5%。近 20 年来，泛长江经济带占全国的比重一直有所下降，主要向华南地区转移，但从人口总数来看，还占据全国一半以上。分地区来看，人口最多的是河南省，2018 年常住人口达到 9600 万人；四川和江苏分列第二位和第三位，人口分别为 8300 万人和 8100 万人；河南、四川和江苏三省的常住人口占整个泛长江经济带总人口的 35.5%。安徽和湖南的常住人口在 6000 万~7000 万人的区段内；浙江和湖北两省在 5000 万~6000 万人的区段内，江西和云南在 4000 万~5000 万人的区段内；陕西、贵州和重庆三省在 3000 万~4000 万人的区段内。人口最少的是上海，常住人口为 2400 万人（见图 3-16）。

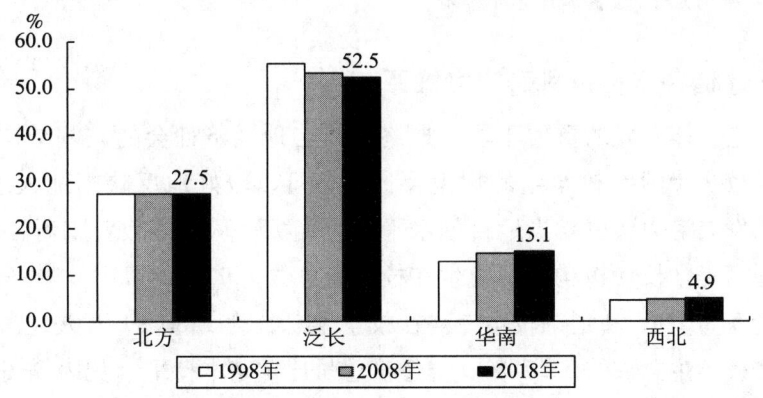

图 3-16　1998—2018 年中国主要区域人口占全国比重

资料来源：根据 CEIC 数据库计算并绘制

大量人口资源不仅提供了充沛的劳动力，而且带来巨大的消费市场。近十年来，泛长江经济带的消费品零售总额占全国比重不断攀升，2009 年占到 47.6%，北方占比为 32.9%，华南占比为 17.1%，西北仅占 2.4%；到 2018 年，泛长江经济带的消费品零售总额达到 19.11 万亿元，占全国消费品零售总额的 50.7%，北方占比下降到 30%，华南降至 16.9%，西北仍然维持在 2.4%。在泛长江经济带内部，长三角核心区的消费品零售总额占全国比重由 2009 年的 19.1% 降至 18.8%，承载区则由 19% 攀升至 21.2%。承载区在吸纳产业转移过程中，累积起不断扩大的内部市场，对于自驱经济增

长起到一定作用。目前，在中美贸易摩擦严峻性持续的情况下，如何提高我国消费潜力是应对未来经济下行的关键。泛长江经济带的消费规模的持续扩大，对我国未来的消费规模扩大和消费升级至关重要（见图3-17）。

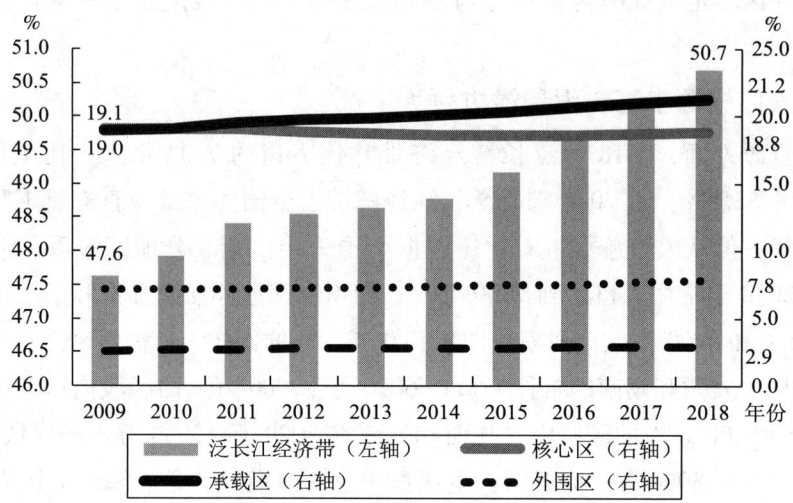

图3-17　2009—2018年泛长江经济带消费品零售总额及各区域占全国比重

资料来源：根据CEIC数据库计算并绘制

（二）人才储备丰裕，科研实力雄厚

教育是促进个体发展的重要手段，最终影响当地经济社会的人才结构和质量。研究生和普通高校本专科在校学生的规模及比重，可以较好地反映当地人才素质状况，预示着经济的发展潜力，也与当地科创水平息息相关。从高等教育来看，2017年泛长江经济带普通高等学校（机构）研究生在校学生总数为136.26万人，占全国研究生在校学生总数的51.62%，普通高校本专科在校学生总数为1480.91万人，占全国普通高校本科专科在校学生总数的53.78%，与经济总量比重基本持平（见表3-6）。

表3-6　2017年泛长江经济带各省市常住人口及研究生和本专科在校人数

地区	常住人口（万人）	研究生		本专科	
		在校生数（万人）	占常住人口比重（%）	在校生数（万人）	占常住人口比重（%）
上海	2418	19.70	8.14	51.49	21.28
江苏	8029	22.02	2.75	176.79	22.10
浙江	5657	8.91	1.59	100.23	17.93
安徽	6255	6.59	1.06	114.74	18.52

续表

地区	常住人口（万人）	研究生		本专科	
		在校生数（万人）	占常住人口比重（%）	在校生数（万人）	占常住人口比重（%）
江西	4622	4.04	0.88	104.83	22.83
河南	9559	5.37	0.56	200.47	21.03
湖北	5902	18.54	3.15	140.09	23.80
湖南	6860	9.91	1.45	127.32	18.66
重庆	3075	7.35	2.41	74.69	24.50
四川	8302	12.44	1.51	149.97	18.15
贵州	3580	2.21	0.62	62.77	17.66
云南	4801	4.50	0.94	70.59	14.79
陕西	3835	14.68	3.85	106.94	28.05
泛长江经济带	72896	136.26	1.88	1480.91	20.43
全国	139008	263.96	1.91	2753.59	19.91

数据来源：常住人口根据2017年各省国民经济和社会发展统计公报整理，本专科在校生人数以及研究生在校生人数根据教育部网站数据整理

从地区视角看，研究生在校生人数最多的是江苏省，在校生人数达到22.2万人；其次是上海，在校生人数也接近20万人；另外，湖北、陕西和四川三省也位居泛长江经济前三，研究生在校生人数分别为18.54万、14.68万、12.44万人。上述五省市是我国重要的教育和科研基地，研究生在校生人数远高于其他省市。本专科在校人数最多的是河南，人数达200.47万；位居前五名的还有江苏、四川、湖北及湖南，人数分别为176.79万、149.97万、140.09万、127.32万。

从教育强度来看，2017年泛长江经济带研究生在校生人数占常住人口比值为1.88‰，略低于全国1.91‰的平均水平。分省市来看，上海市研究生在校生占常住人口比值远远领先于其他省市，2017年这一比值达到8.14‰，远高于全国平均水平，这与上海是我国的经济、金融、贸易和科创中心的地位相当；其次是陕西，这一比值也达到3.85‰，远高于全国平均水平，这与陕西是我国的科教高地和军工重镇，拥有8所双一流高校和众多科研机构密切相关；此外，高于全国水平的省份还有江苏、湖北、重庆，其他省均低于全国水平。从本专科在校生占常住人口比值来看，泛长江经济带为20.43‰，略高于全国19.91‰的平均水平。从各省市来看，比值最高的是陕西，达28.05‰，重庆、湖北、江西、江苏、上海、河南等省市比重也均超过20‰。

从科技创新角度来讲，泛长江经济带科研实力雄厚，占据我国半壁江山。泛长江经济带集中了全国超过一半以上的高等院校和科技人员。从地区分布来看，普通高校在各地分布相对均衡，但科研人员分布差异明显，其中江苏、浙江、上海、四川等省

市科研人数较多,而江西、云南和贵州三省明显较少,这也反映了地区科研分布不均的现状。从科技投入和创新成果来看,泛长江经济带表现仍然不俗,R&D 投入和国内发明专利授权量占全国比重分别为 50.66% 和 51.03%,但是技术市场成交额占全国比重只有 37.76%。原因是北京市的部属高校(北京市部属高校占全国的 1/3)和科研机构较多,使得北京的技术市场成交额占全国的比重达到 34.55%,相对来说泛长江经济带这一比重较低。事实上,湖北、陕西、上海、江苏的这一比重分别位居全国第 2、第 3、第 4、第 6 名。总体来看,江苏、上海、浙江、湖北、陕西、四川等省市科研机构和科研人数较多,科研实力较强,因此转化为创新成果也位居前列(见表 3-7)。

表 3-7　2016 年泛长江经济带各省市科研实力　　　　　　　　　　　%

地区	普通高校数量占全国比重	科研人数占全国比重	R&D 投入占全国比重	国内发明专利申请授权量占全国比重	技术市场成交额占全国比重
上海	2.43	5.49	6.69	6.65	6.85
江苏	6.35	11.90	12.93	13.55	5.57
浙江	4.07	7.11	7.21	8.80	1.74
安徽	4.52	3.35	3.03	5.06	1.91
江西	3.80	1.32	1.32	0.63	0.69
河南	5.09	3.76	3.15	2.25	0.51
湖北	4.90	3.71	3.83	2.82	7.92
湖南	4.71	3.25	2.99	2.31	0.93
重庆	2.47	1.83	1.93	1.67	1.29
四川	4.14	4.19	3.58	3.43	2.62
贵州	2.66	0.70	0.47	0.67	0.18
云南	2.93	1.24	0.85	0.70	0.51
陕西	3.53	3.16	2.68	2.48	7.04
泛长江经济带	51.62	51.01	50.66	51.03	37.76

数据来源:根据教育部网站、《中国科技统计年鉴 2017》数据整理

四、泛长江经济带形成多层次的产业腹地

在多种运输方式联结有力提高集疏运效率时,泛长江经济带虽然地域广阔,但却形成联动腹地。不同的发展阶段、多层次的要素与产业构成,为大规模差异化生产流程聚集创造了有利条件。

(一)泛长江经济带主要区域处于不同工业化阶段

从近 20 年的三次产业结构变迁来看,长三角核心区基本完成工业化过程,开始加快转入后工业化阶段,第二产业比重在 21 世纪前 10 年超过 50%,此后不断下降,

2018年仅为41%，第三产业占比达到55.5%。承接区和延伸区在2008年后加快工业化进程，第一产业占比迅速下降，1998年均超过20%，降至2018年的均低于10%；第二产业占比则逐步上升，直到超过50%；随后亦有所下降，2018年，承接区第二产业占比也已降至42%，第三产业占比升至49%；延伸区第二产业占比为47.2%，第三产业占比为44.4%。外围区经济基础薄弱、距离市场较远，在过往20年时间中，未表现出显著的工业化进展，第一产业比重仍然相对较高，2018年占GDP的14.3%；第二产业比重亦从未超过45%，2010年达到GDP占比42.5%的高位后随即下降，2018年仅为38.9%；第三产业相对来说比重提升至46.9%。从核心区的后工业化发展，到承接区和延伸区的加快工业化，以及外围区的第一产业比重仍然较高，泛长江经济带形成发展阶段梯度差异的整体构成，这有利于分布要素禀赋要求差异化、多元化的生产流程（见表3-8）。

表3-8　1998—2018年泛长江经济带各区域三次产业构成　　　　　　　%

区域	产业	1998年	2003年	2008年	2013年	2018年
核心区	第一产业	10.8	6.8	5.0	4.7	3.4
	第二产业	51.6	52.3	52.1	46.5	41.0
	第三产业	37.7	40.9	42.9	48.2	55.5
承载区	第一产业	25.5	18.6	15.7	12.0	9.0
	第二产业	39.3	40.0	46.8	50.0	42.0
	第三产业	35.2	41.4	37.5	37.5	49.0
延伸区	第一产业	23.2	15.9	13.5	11.5	8.4
	第二产业	44.1	47.9	55.7	55.2	47.2
	第三产业	32.6	36.2	30.8	32.8	44.4
外围区	第一产业	25.0	19.9	16.9	14.7	14.3
	第二产业	42.8	40.9	41.3	41.0	38.9
	第三产业	32.2	37.5	41.8	43.3	46.9

数据来源：根据CEIC数据库计算

（二）泛长江经济带已表现出区域内产业的梯度转移

从近20年泛长江经济带三次产业的区域分布来看，第一产业虽然主要分布在承载区，但表现出由核心区和承载区向外围区转移的态势。1998年，泛长江经济带第一产业的8.6%分布在外围区，到2018年，该地区分布比重已显著提升至13.7%；核心区第一产业比重由1998年的22.3%降至2018年的18.3%。从第二产业分布来看，主要由核心区向承载区和延伸区转移。1998年，核心区分布了泛长江经济带45.6%的第二产业，2018年降至37.1%；承载区分布的第二产业比重由34.1%升至2018年的

39.5%，成为区域内第二产业最主要的分布区。延伸区第二产业占比也由1998年的14%小幅提升至2018年的17%。在工业聚集的支撑下，承接区的第三产业占比也有显著提升，虽然核心区占据了区域内41.8%的第三产业，承载区所占比重也已由2008年的34.7%，提升至2018年的38.4%。延伸区和外围区所分布的第三产业仍然相对较少，且比重没有显著提升（见表3-9）。

表3-9 1998—2018年泛长江经济带三次产业的区域分布　　　　　　　　%

产业	区域	1998年	2003年	2008年	2013年	2018年
第一产业	核心区	22.3	22.5	19.2	19.4	18.3
	承载区	51.8	51.2	51.9	51.0	49.9
	外围区	8.6	9.1	9.1	10.2	13.7
	延伸区	17.3	17.2	19.8	19.5	18.0
第二产业	核心区	45.6	48.9	43.7	36.6	37.1
	承载区	34.1	31.2	33.7	40.4	39.5
	外围区	6.3	5.3	4.8	5.4	6.3
	延伸区	14.0	14.7	17.8	17.6	17.0
第三产业	核心区	42.2	44.2	46.3	45.0	41.8
	承载区	38.7	37.3	34.7	35.8	38.4
	外围区	6.0	5.6	6.3	6.7	6.4
	延伸区	13.1	12.8	12.7	12.4	13.4

数据来源：根据CEIC数据库计算

（三）工业发展呈现差异化分工的特征

从各地区制造业占全国的份额来看，核心区在很多产业中拥有泛长江经济带50%以上的份额，尤其在高技术制造业领域占有主导地位，如化学纤维、专用设备、通用设备、交通运输设备、电气机械、计算机、通信电子、仪器仪表制造业等行业，其中化学纤维制造业占泛长江经济带份额的67%。从区位熵来看，江苏的制造业最为发达，除个别传统行业外，在很多领域的专业化程度都比较高，尤其是高端制造业领域。上海目前已处于后工业化时代，工业占比已经不到20%，服务业已成为发展的主角，但仍在交通运输、计算机、通信电子设备等领域具有较高的专业化程度。浙江虽然近几年产业向外转移力度大，但在多个传统和高端制造业领域还具有比较优势。

长江中游的承载区制造业发展迅速，但制造业多集中在农副食品加工业、饮料业、烟草业、有色金属等与原材料产地相关的行业。虽然近年来，承载区在通用设备、交通运输设备、电气机械等行业发展迅速，但与核心区所占比重相比仍有较大差距。从区位熵来看，承载区各省市发展相对均衡，在传统产业和高端制造业均有一定比较优势。四川和和重庆近几年制造业发展迅速,在很多行业都具有较高的专业化程度。延伸区的陕西是我国军工重镇和能源大省,因此在铁路、船舶、航空航天和其他运输设备、非金属冶炼和压延、石油、炼焦和核燃料加工业等领域专门化程度很高。

  外围区发展制造业发展相对滞后,突出的表现在烟草制品业在全国占有较大比重,这跟云南和贵州两省的酒、饮料和精制茶、烟草制品业占有较大比重相关,其他行业则发展滞后。近年来,贵州发展大数据和云计算发展较快,已经形成大数据产业集群(见表3-10)。

表3-10　2016年泛长江经济带各地区制造业销售产值占全国份额　　　　%

产业	泛长江经济带	核心区	承接区	外围区	延伸区
制造业	53.39	23.15	20.17	1.54	8.52
农副食品加工业	47.95	9.38	25.73	1.62	11.21
食品制造业	48.86	9.62	21.70	1.74	15.80
酒、饮料和精制茶制造业	63.71	9.04	35.75	7.00	11.91
烟草制品业	75.43	22.18	25.35	21.12	6.77
纺织业	56.30	32.74	15.99	0.13	7.44
纺织服装、服饰业	55.49	30.81	18.15	0.35	6.18
皮革、毛皮、羽毛及其制品和制鞋业	44.30	17.66	15.43	0.47	10.74
木材加工和木、竹、藤、棕、草制品业	48.54	20.76	19.29	1.70	6.79
家具制造业	50.12	19.08	21.64	0.58	8.82
造纸和纸制品业	50.27	21.56	19.08	1.23	8.39
印刷和纪录媒介复制业	54.92	18.42	26.85	1.44	8.22
石油、炼焦和核燃料加工业	30.41	13.21	9.46	0.78	6.97
化学原料和化学制品制造业	55.82	29.23	18.37	1.85	6.36
医药制造业	55.25	20.44	22.17	2.43	10.20
化学纤维制造业	75.06	66.51	6.76	0.20	1.59
橡胶和塑料制品业	47.77	20.57	18.03	1.16	8.01
非金属矿物制品业	58.16	11.94	25.81	2.84	17.57
黑色金属冶炼和压延加工业	44.78	20.19	15.03	2.04	7.52
有色金属冶炼和压延加工业	56.09	13.83	25.09	3.58	13.58
金属制品业	49.23	24.43	17.40	0.88	6.52
通用设备制造业	60.09	32.62	18.82	0.37	8.28
专用设备制造业	58.63	24.35	21.38	0.60	12.31
交通运输设备制造业	55.88	23.80	25.16	0.72	6.19
汽车制造业	54.52	22.45	26.09	0.60	5.37
铁路、船舶、航空航天和其他运输设备制造业	61.28	29.17	21.50	1.18	9.43

续表

产业	泛长江经济带	核心区	承接区	外围区	延伸区%
电气机械和器材制造业	60.98	34.70	19.63	0.53	6.13
计算机、通信和其他电子设备制造业	49.95	27.54	17.03	0.60	4.78
仪器仪表制造业	69.94	51.27	11.41	0.69	6.57

数据来源：根据《中国工业统计年鉴2017》数据整理

区位熵，是反映某一产业部门的专业化相对程度的重要指标，体现出具体行业存在的相似或差异。通过产值计算的区位熵又称产值集中指数，计算公式如下：

$$LQ_{ij} = \frac{q_{ij}/q_j}{q_i/q}$$

式中，q_{ij} 和 q_j 分别表示 j 区域 i 产业工业销售产值和工业销售总产值，q_i 表示全国 i 产业工业销售产值，q 是全国制造业工业销售总产值。LQ_{ij} 值越大，该产业在全国的专业化程度就越高。当 $LQ_{ij}>1$，表明 i 产业在 j 区域的专业化程度高于全国平均水平，属于其专门化部门。一般当区位熵值在 1~2，认为专业化程度较高；区位熵值在 2 以上，则认为该产业专业化程度很高。由于区位熵只能反映产业生产专业化的相对程度，因此会出现区位熵大于 1，而产值规模却很小的现象。因此，需要同时满足区位熵大于 1，产值比重达 3% 以上，才能比较客观地展现该区域产业整体真实的专业化程度。①

表3-11　2016年泛长江经济带各省区制造业专业化情况

产业	上海	江苏	浙江	安徽	江西	河南	湖北	湖南	重庆	四川	贵州	云南	陕西
农副食品加工业		★		★		☆	☆			☆			
食品制造业			★		★		☆			★			
酒、饮料和精制茶制造业			☆		☆		★			★	★		★
烟草制品业	★		☆				☆	★		★	★		
纺织业		☆	★			☆							
纺织服装、服饰业		☆	☆		★		☆						
皮革、毛皮、羽毛及其制品和制鞋业			☆		☆								
木材加工和木、竹、藤、棕、草制品业		☆		☆			☆						
家具制造业	☆	☆	☆	☆	☆					☆			
造纸和纸制品业			☆		☆								
印刷和纪录媒介复制业			☆	☆	☆	☆				☆			
文教、工美、体育和娱乐用品制造业			☆		☆								

---

① 王林梅. 长江经济带产业转型升级 [J]. 西部发展评论，2015（0）：210-221.

续表

产业	上海	江苏	浙江	安徽	江西	河南	湖北	湖南	重庆	四川	贵州	云南	陕西
石油、炼焦和核燃料加工业	☆												★
化学原料和化学制品制造业		☆	☆				☆	☆					
医药制造业					☆	☆	☆			☆			
化学纤维制造业		★	★										
橡胶和塑料制品业			☆	☆									
非金属矿物制品业			☆	☆	★	☆			☆				
黑色金属冶炼和压延加工业		☆							☆				
有色金属冶炼和压延加工业				☆	★	☆		☆					★
金属制品业		☆	☆										
通用设备制造业	☆	☆	☆				☆	☆		☆			
专用设备制造业			☆										
汽车制造业	★			☆			☆		★				
铁路、船舶、航空航天和其他运输设备制造业	☆	☆	☆						☆	★			★
电气机械和器材制造业		☆	☆	☆									
计算机、通信和其他电子设备制造业	☆	☆							☆	☆			
仪器仪表制造业				☆	☆								

注:"☆"表示地方专业化程度比较高的部门,"★"表示地方专业化程度很高的部门。

数据来源:根据《中国工业统计年鉴2017》数据整理

(四)服务业演进也呈现显著的区域分化特征

从地区视角来看,核心区、承载区等的城镇服务业就业分布并不一致。其中核心区的生产性服务业占比达到29.50%,远高于全国21.92%的平均水平。外围区的生产性服务业占比最低,但除核心区外,泛长江经济带其他区域的生产性服务业比重均低于全国平均水平。从各地区消费性服务业所占份额来看,承接区的比重高达61.7%,公共服务业差异较大,长三角地区公共服务业明显低于其他地区,也低于全国平均水平,而外围和延伸区均高于全国平均水平。上海是我国的经济中心,而江苏和浙江均已步入工业化后期,服务业发展迅速,因此生产性服务业较为发达。而承载区除重庆处于工业化后期外,其他地区仍处于工业化加速阶段,生产性服务业发展相对较弱,公共服务业占有相对较高比重。

表 3-12　2016 年泛长江经济带各区域城镇服务业内部行业就业人数占比　　%

行业	全国	核心区	承接区	外围区	延伸区
交通运输、仓储及邮电通信业	5.68	5.94	5.04	4.77	5.10
信息传输、计算机服务和软件业	1.58	1.75	1.09	1.05	1.27
金融业	2.88	2.89	2.45	2.37	2.75
租赁和商务服务业	9.97	17.39	8.29	5.34	5.06
科学研究、技术服务和地质勘查业	1.82	1.53	1.40	2.13	1.96
生产性服务业合计	21.92	29.50	18.27	15.66	16.13
批发和零售业	41.54	43.39	44.07	32.52	39.11
住宿和餐饮业	8.41	7.09	9.22	9.22	10.03
房地产业	1.87	1.65	1.50	2.45	1.89
居民服务和其他服务业	5.98	5.67	6.40	5.06	6.85
文化、体育和娱乐业	0.65	0.50	0.56	0.72	0.70
消费性服务业合计	58.44	58.30	61.74	49.97	58.58
水利、环境和公共设施管理业	1.17	0.84	1.05	1.55	1.24
教育业	7.48	4.72	7.64	13.95	9.96
卫生、社会保障和社会福利业	3.75	2.71	4.01	5.72	4.64
公共管理和社会组织	7.24	3.92	7.28	13.15	9.46
公共服务业合计	19.64	12.19	19.99	34.37	25.29

数据来源：根据国家统计局数据库数据整理

总体而言，泛长江经济带具有地域近、规模大、多元化的产业分布，特别是工业的大规模聚集，核心区的先进服务业和制造业引领，这为泛长江经济带引领中国的新科技产业革命提供了重要的产业群落基础和条件，使其有可能承载起"一带一路"建设制造重心区的新型功能。

第三节　全面开放新格局下战略重心区的建设选择

在新科技产业革命兴起、世界地缘格局深刻变迁的背景下,将泛长江经济带强力打造为先进制造及服务群落聚集的战略重心区,对于开创"陆海内外联动、东西双向互济"全面开放新格局及高质量建设"一带一路"来讲至关重要。加强内外联通、创新公共治理、促进分工深化,是打造泛长江经济带战略重心区的必由之路。

一、建设泛长江经济带战略重心区的必要性

基于广阔的腹地纵深,泛长江经济带已经初步显示出承接产业转移、扩大对外开放的规模经济效应,并在2008年全球经济下行背景下,支撑中国引领东亚区域生产网络深化发展,奠定更高的世界经济地位。面对新时代科技、生产、治理、地缘关系等各领域的深切变革,继续提升泛长江经济带的战略重心区功能尤为关键。

首先,模块网络化生产方式和新科技革命兴起,将驱动更大规模、更深程度的生产流程分解与联结,只有足够大规模的区域生产网络,才能承载新科技产业革命的爆发。20世纪末以来,模块网络化生产方式率先在东亚转变为现实,中国庞大的廉价劳动力资源,通过加工制造将众多生产流程打开,开启内部分工深化的过程,东亚也因产品内分工而形成规模庞大的区域生产网络,整体巨大的规模经济效应,吸聚更多的生产制造流程进入东亚。特别是2008年美国次贷危机、欧债危机爆发后,东亚区域生产网络的生产聚集效应更加凸显,即使在全球市场萎缩的形势下,还以更高效率吸聚全球生产制造流程,并深化区域内分工。生产流程的碎片化,使更大规模聚集分散消费、更高效率联结生产环节及联结分散生产与分散消费的需求大幅攀升,这就为数字化、网络化、智能化技术的创新奠定关键的产业基础,而新科技的突破又将催生新兴产业,以及提供技术条件进一步促使生产流程分解。由此,在模块网络化生产方式与数字智能科技革命的互动循环作用下,生产制造系统将在更大规模、高深程度走向分解与联结。尽管数字智能技术正不断取代手工简单劳动,甚至复杂度较高的脑力劳动,但是,庞大的生产流程分解及其复杂变化,更需要灵活机动的人力来实现其敏捷联结。在发达国家和地区人口规模整体有限且出现下滑的趋势下,只有足够大规模的劳动人口,才有可能支撑高科技革命爆发背景下的生产制造系统重构与扩张。东亚是全球能提供有效劳动的人口高度聚集的地区,区域生产网络率先在东亚兴起,也表征劳动人口因素的重要性。从当前来看,世界人口的主要聚集区是在亚洲和非洲,而质素更高

的大规模劳动人口更是以东亚为多,特别以中国为主。因此,中国及东亚的区域生产网络规模扩张将是新科技革命兴起的必然要求,作为全国人口规模最大、生产聚集程度最高、腹地最广的泛长江经济带,有必要承载起这一使命,以提供中国、东亚生产网络再度繁荣的核心动力与支撑平台。

其次,新科技产业革命的爆发难以自发实现,需要大量的定制化公共治理创新,以培育新型要素资源,生产制造网络发展所需服务的可定制、可供给甚为重要。此轮新科技产业革命以生产流程的全面专业深化为显著特征,大规模、全流程、系统性的创新成为内在要求。碎片化的生产环节对具有公共性的服务、平台或协调治理等产生强劲需求。此外,更为重要的是,创新的源泉来自人的心智开发,也就是说,新科技产业革命爆发不仅仅依赖于人口数量,还依赖于人口质量,这对人力资源的大规模深度开发提出极高的要求,而人口的人力资源开发需要通过教育、医疗、住房、卫生、环境等大量的公共服务供给,并且需要通过定制化来满足差异个体和经营主体的不同需求。由此,新科技产业革命对定制化公共服务供给、公共治理创新提出很高要求,只有通过公共服务供给创新、公共治理创新,才能从供给端提供有效动力,促进新科技产业革命转变为现实。面向未来,公共治理是否具有创新能力和服务能力成为考验各国执政水平和政府竞争力的重要指标,而在积极发挥政府功能、建立有为高效政府方面,各国仍然分歧巨大。在中国特色社会主义建设方略的指引下,中国正积极展开国家治理现代化的探索与创新,在主权范围内为中国实践公共治理创新提供了关键的条件和舞台,特别在地缘关系复杂形势下,跨越国界的公共治理创新与协作相对困难。因此,泛长江经济带作为中国主权范围内规模效应最为显著的生产聚集群落,有必要充分利用公共治理创新来积极推动新科技产业革命爆发,以赢得参与全球竞争的先机。

最后,只有生产的发展,才使开放具有意义,也使重构世界经贸联系的开放成为现实。生产与消费是联结在一起不可分割的系统,只有扩大市场规模,才可能引致生产扩张及流程重构;但也只有生产发展,才能产生切实要素与商品流动,使开放与大规模市场联结转变为现实。当前,在新科技革命兴起的背景下,全球生产制造系统将在更高科技水平基础上实现重构与再造,其具有的规模效应、分工深化的程度,都将进一步提升,这就对更高水平的全球化产生需求,也为其创造实现机制。中国"一带一路"高质量建设的推进,正是适应全球生产力发展需求、而勾勒出来的更大规模、更高水平的全球化蓝图,而全面开放新格局的构建,更需要强大的生产系统及其要素、产品流动为其提供物质内容与动力支撑。由此,泛长江经济带的建设与生产制造核心网络的打造,是为中国扩大开放、驱使世界经贸联系重构提供基础和动力源。

二、全面开放新格局下战略重心区的使命与功能

2017年10月,习近平总书记在党的十九大报告中指出,推动形成全面开放新格

局,即以"一带一路"建设为重点,坚持引进来和走出去并重,遵循共商共建共享原则,加强创新能力开放合作,形成陆海内外联动、东西双向互济的开放格局。① 泛长江经济带作为新型生产制造群落的聚集区,承载着赋予转型发展与全面开放以可持续活力的艰巨使命。

(一) 战略重心区与"东西双向互济"

在经济水平低下、体量大且复杂的形势下,中国以沿海先行、试点先行、体制外先行的方式启动"增量式"改革,中西部内陆地区发展相对缓慢。2000年后中国步入区域协调发展阶段,先后实施西部大开发、振兴东北老工业基地、中部崛起等战略,取得显著成效,但也存在行政力量主导、投资驱动、效益不佳等现实问题。泛长江经济带以市场机制为纽带,驱动资源的东中西协调配置,为"东西双向互济"提供现代意义与内涵。

1. 泛长江经济带提供经济重心由东向西延伸的平台,为西向发展与开放提供基础

泛长江经济带依托长江水系、铁路、公路、航空等集疏运网络,形成规模庞大、纵深度高的潜在经济腹地。在西部大开发、中部崛起等区域战略推进过程中,中西部基础设施大为改善,工业体系齐全。2008年以来,在全球市场下滑、东部外向型经济受到冲击的形势下,劳动密集型加工制造业加大了转移力度;中西部在软硬件基础设施改进基础上,依托于相对丰富且规模庞大的廉价劳动力资源,成为产业转移的主要承接地;东部地区既依托于内陆的生产制造基础,又转向更高技术水平的制造业和服务业的发展。由此,泛长江经济带形成上中下游地区具有内在产业关联性的生产制造服务群落,并产生更为强大的产业聚集效应。中西部承接区在市场自组织机制作用和规模经济效应基础上推进工业化,其经济效率和竞争力得到提升,从而助推泛长江经济带成为全国越趋首要的产业聚集区。泛长江经济带内部基于市场机制的产业转移,提供了中西部发展的自组织动力,从而使经济重心切实的由东部开始向西部转移,并形成东中西部之间不可分割的产业系统联结关系。中西部经济活动规模的扩大,赋予西向发展以实质意义,并为西向开放奠定了产业基础。

2. 泛长江经济带生产制造的规模化集聚,提供东西向开放的源动力

由于泛长江经济带上中下游、东中西部地区形成大规模的产业聚集群落,不同地区除相互之间产生要素与产品之间的供给需求关系之外,规模化的生产更使其产生从外部市场获得能源、原材料,并向外部市场输出产品的需求。改革开放以来,中国主要在沿海地区聚集外向型经济活动,北美、东亚是最主要的要素来源和服务市场,由此主要形成东向开放的格局。随着泛长江经济带生产制造腹地向上中游、中西部转移,

---

① 决胜全面建成小康社会 夺取新时代中国特色社会主义伟大胜利 [EB/OL]. 新华网,2017-10-18.

且规模不断攀升,由此产生更为强劲的货物与服务内外吞吐需求。面对广阔的全球市场和资源来源地,中西部的要素、产品吞吐需要通过更为便捷的软硬件联通设施对外实现连接,西向开放成为现实选择。正是泛长江经济带的规模化产业聚集,提供了东西双向开放所服务要素与产品流动的物质源泉和动力(见图3-18)。

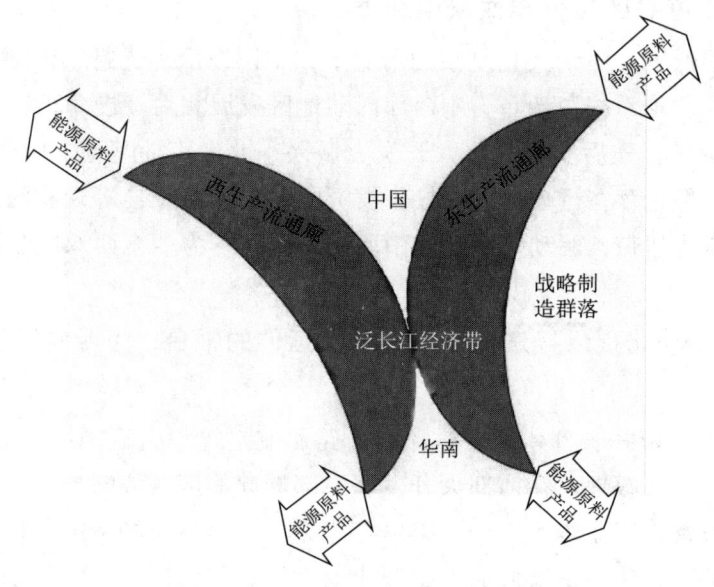

图3-18 战略重心区与"东西双向互济"

3. 泛长江经济带生产制造系统的分工深化,提供中国在开放中崛起、在崛起中开放的核心支撑

泛长江经济带的初步崛起主要取决于沿海加工制造及相关工业的区域间转移,由此所形成大规模的生产聚集为进一步的产业升级奠定重要基础。在数字化、网络化、智能化科技革命兴起的浪潮下,泛长江经济带生产制造所具有的规模,奠定了新科技产业革命孕育的物质基础,提供了切实的需求动力。更为重要的是,在驱动新兴科技发展过程中,泛长江经济带生产制造群落面临着巨大的产业更新与演进升级的机遇,并将基于分工深化驱动起规模效应和范围效应更大的生产制造系统与网络,由此使中国真正地走向新一轮科技产业革命的引领角色。泛长江经济带的生产制造系统扩张、转型与升级离不开广阔的国内外市场,其产生的多元化、大规模的要素、产品、服务吞吐,构成中国新型对外联系的实质内容。泛长江经济带是中国实现在开放中崛起、在崛起中开放战略的核心承载与支撑平台。

(二)战略重心区与"陆海内外联动"

泛长江经济带同内地更多区域,特别是东亚区域生产网络的协同,将强劲驱使"陆海内外联动"。

首先,泛长江经济带构成东亚区域生产网络的核心组成部分。当前,中国已经成为东亚区域生产网络的加工制造中心与联结枢纽,而泛长江经济带承载着中国一半以上的生产制造规模和对外经贸往来。在中国驱动新科技革命兴起,并融入、重构生产制造体系的过程中,泛长江经济带作为规模效应最大的生产制造群落,承载着这一历史使命,并在提升中国生产技术水平过程中,引领东亚区域生产网络基于新科技产业革命进行重构。泛长江经济带是东亚区域生产网络发展及其转型升级的核心力量。

其次,东亚区域生产网络的规模扩张与分工深化,将进一步巩固其世界生产制造系统的主导地位。东亚区域生产网络的规模扩张和分工深化,将创造更广泛的外部规模经济效应,这是任何其他劳动力储备、生产基础、产业关联等达不到相应程度的生产网络所难以比拟的。特别是发达国家趋向后工业社会转型,难以再聚集大规模生产制造,这就为东亚主导世界生产制造体系发展创造更加广阔的空间与机遇。

最后,东亚区域生产网络在对接近中心市场生产网络,提高中心及其他区域市场的服务水平与能力过程中,形成新开放格局下的"陆海内外联动"。在东亚区域生产网络的大规模、大范围、高质量扩张过程中,得以为其他区域生产网络提供分工支撑,进而协同它们共同服务于各中心与区域市场的敏捷需求,世界生产、消费、流通格局面临深刻重构,北美、欧洲、亚洲三大中心市场,以及中小区域市场,各层级生产网络,广泛的能源原材料供应国,在中国以及东亚形成生产聚集与流动枢纽,从而构成"陆海内外联动"的新型开放格局。生产的运转、新兴科技对世界生产制造的重构,特别是中国及东亚发挥生产制造作用的强化,提供了"陆海内外联动"的动因和内容(见图3-19)。

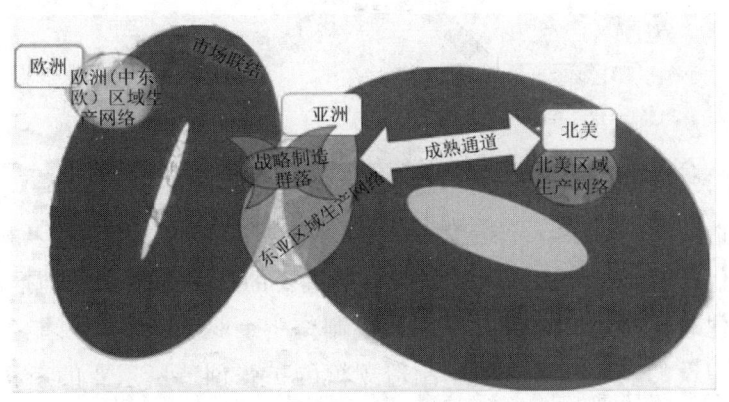

图3-19 战略重心区与"陆海内外联动"

总体而言,泛长江经济带承载起东中西生产制造群落的扩张,及融入新兴科技的使命,所产生要素,产品服务等的区域内流动构成强劲的"东本双向互济";并通过联动东亚区域生产网络,引导其转向规模扩张与技术升级,以提供联通世界的新型动力,从而使"陆海内外联动"成为融入新科技革命的可持续发展机制与过程,"东西双向互济"与

"陆海内外联动"在泛长江经济带战略重心区的作用下共同开辟全面开放新格局。

三、推进泛长江经济带战略重心区建设的举措

在国内外经贸格局基础上，中国所需要推进的新型开放，是与转型发展共生演进的、适应其所需、定制化的、逐步建构与扩展的"陆海内外联动、东西双向互济"全面开放新格局，泛长江经济带建设构成其核心组成部分。

第一，泛长江经济带充分利用上中下游、东中西区域的差异化要素资源与多式联运集疏运网络，延伸生产制造系统，提升规模经济效应，强化集聚，为新科技引入创造环境与条件，并支撑"东西双向互济"。泛长江经济带腹地纵深广阔，经济基础雄厚，人力资源丰富，具备提升生产制造聚集规模的条件，同时，只有生产制造规模扩大及生产流程分解到一定程度，才创造数字、网络、智能等新科技被广泛应用的场景，并使其创造可观的生产效率，催生新科技产业革命。由此，泛长江经济带有必要强化内部集疏运网络的建设，便利要素、资源流动，强化更多生产制造聚集，扩大规模经济效应，为生产流程分解、继而新科技应用创造必要的生产基础。在生产制造向长江经济带上下游、东西双向延伸过程中，"东西双向互济"形成切实经济基础（见图3-20）。

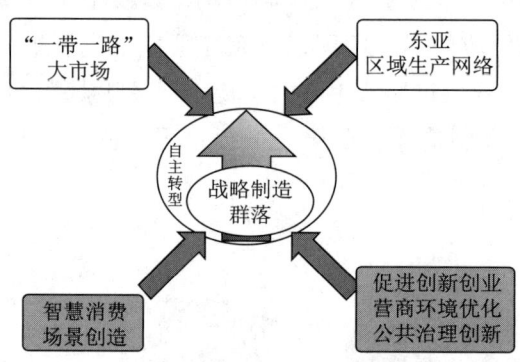

图3-20 战略重心区建设方式

第二，创造数字、网络、智能消费场景，从需求端拉动新型制造及相关产业衍生。战略重心区不仅仅需要扩大生产制造规模，更重要的是承载融入并助推新科技革命兴起的使命。抓住时代机遇，充分发挥市场机制作用，驱动新科技赋能生产制造群落，是战略重心区建设的核心任务。生产制造规模的扩张创造了重要的新科技应用场景，此外，为了扩大需求规模，还有必要创造智能消费场景，包括从生活消费层面促进智能产品使用，从生产消费层面鼓励"互联网+制造""互联网+物流"等的建设与发展，从公共消费层面发展"互联网+医疗"等。特别是智慧城市的建设能够从供给端到需求端创造庞大的新科技需求规模，在基础设施改进优化的前提下，为新兴科技及相关产业发展创造广阔的发展前景。在培育新科技的基础上，其供给成本的下降有利于促进

新科技在生产制造领域的应用,从而尽快提升生产效率,并驱动良性循环。

当前,泛长江经济带主要地区在承接传统产业的同时也已谋划战略性新兴产业的培育与承接,加快培育新动能,如重庆电子信息产业、贵州大数据产业等成为具有代表性的新经济样本,是中西部承接产业转移、实现转型升级的亮点①(见表3-13)。

表3-13 泛长江经济带腹地承接转移和区域规划有机结合

地区	规划发展的重点产业	承接产业转移情况	产业集群
四川	电子信息、装备制造、新材料	联想在成都建立生产基地;Global Foundries(GF)在成都投资超过100亿美元建设中国最大的12寸晶圆厂;中铝在四川成立中铝四川稀土公司,生产重心向四川转移	成都国家创新型城市,德阳国家高端装备产业创新发展示范基地,绵阳科技城,成都、川南、川东北、攀西、川西北五大经济区
重庆	电子信息、汽车	京东方在重庆(8.5带TFT-LCD);富士康在重庆设立生产基地;英国ARM、美国AOS、奥地利AT&S、韩国SK海力士等一批全球一流的集成电路企业落户重庆;北京现代在重庆建厂	"5家笔电品牌商+6家代工企业+860家配套企业"的笔电产业群,"1+10+1000"的汽车产业集群,"5+6+800"的全球最大电脑产业集群
武汉	光电产业、存储产业	21个电子信息专业国家级中心落户武汉光谷;TCL旗下华星光电在武汉投资建的第六代低温多晶硅液晶面板生产线;以华为、联想、富士康为代表的智能撞断企业在湖北建立生产线	湖北光电产业园,武汉东湖高新区万亿级"芯片—显示—智能终端"全产业链,"国家存储基地"的集成电路生产基地
安徽	家电、服装纺织业	海尔、美的、华菱、三洋、长虹、隔离、欧力等家电企业入住安徽;宝钢、马钢、海尔集团在合肥建立了钢材薄板剪裁配送中心;香港联亚集团、浙江太子龙等服装生产企业在安徽建厂投产	合肥家电配套产业集群,安徽利辛工业园,岳西手工家纺产业集群,肥西服装加工制造产业集群
江西	电子信息、光电、新能源汽车	中兴通讯、欧菲科技、兆驰节能、中国电子信息产业集团、深圳兆驰、苏州新纳晶、彩虹集团和中晟光电等在南昌建立研发和制造基地;江铃、恒天百路佳、卡耐新能源、恒动新能源、麦格纳格特拉克、江苏保捷、美国辉门等在赣江新区形成新能源汽车产业链。	南昌光谷、吉安电子城、赣江新区新能源汽车生产基地

---

① 工业和信息化部产业政策司,国家工业信息安全发展研究中心.中国产业转移年度报告2016—2017[M].北京:电子工业出版社:38-39.

续表

地区	规划发展的重点产业	承接产业转移情况	产业集群
湖南	电子信息、装备制造、有色金属精深加工、电子商务、纺织制鞋	富士康、欧姆龙、台达电子、香港达福鑫、中国五矿、正威集团、万达、红星美凯龙、华为、九恒条码、阿里巴巴、唯品会等一批企业落户湘南产业转移示范区。	资兴大数据产业园、桂阳（广东）家居智造产业园、白银精深加工和供应链、沃特玛创新联盟汽车配套产业园、金睿产业园、3D电子玻璃、九恒工业园，江华光电产业园
贵州	大数据产业	移动、联通、电信三大运营商投资150亿元将大数据中心建在贵州；阿里巴巴、华为、IBM、惠普、戴尔、中国电子、中国普天等100余家大数据企业在贵州设立分支机构；富士康第四代产业园、北京中关村贵阳科技园、贵阳京东电商产业园设在黔中地区	建设贵阳·贵安大数据发展集聚区，黔中大数据应用服务基地和贵州惠水百鸟河数字小镇等大数据示范平台，建成"云上贵州"大数据系统平台
陕西	电子信息、装备制造、新能源汽车	三星电子、美国美光、韩国信泰、中国台湾华新丽华及西岳电子等半导体产业集群在西安投资建厂；华为、中兴通讯、TCL、摩比天线、中国普天、大唐移动、爱立信、等众多国内外著名通讯企业落户西安，形成了较为完整的通信产业链河初具规模的产业集群；比亚迪、吉利、沃特玛、法士特等新能源汽车项目企业陆续建成投产	"一基地五园区"输电设备产业群，"两园一区"汽车产业群，西安、宝鸡、渭南工业园区，依托西安高新区的电子工业园
河南	电子信息、装备制造、鞋业	富士康在郑州建设生产基地；正威在郑州航空港建设生产线；浪潮、阿里巴巴、苏宁、韩国跨境电商等互联网企业河创业团队落户河南；友嘉机械在河南设立生产基地；周口市与广东鞋业厂商合作建设中原鞋都	郑州空港区高端产业集群，焦作腾云电子商务产业园，濮阳金山精细化工产业园，民权制冷产业集群

数据来源：根据公开资料整理

第三，创新公共治理及服务，优化营商环境，从供给端培育生产制造新动能。生产制造集聚及新兴生产环节的衍生，最主要的依靠是创新驱动，也就是具有创新能力的专业模块厂商能够实现专业化、参与生产流程分解。为了便于专业化模块厂商的聚集，有必要创新公共治理与公共服务供给，为专业化模块厂商聚集提供便利的营商环境，鼓励创新创业，提高要素、产品双向流通的通达性，特别是加强人力资源池的建设，提供高质量的教育、医疗、卫生、住房、安全、环境等公共服务，培育专业化模块厂商所需要的差异化、定制化人才，提高多元化人才供给规模与质量，为生产制造聚集及创新提供智力支撑。在公共治理与公共服务供给能力与水平提升的基础上，生产制造的规模扩张、技术提升、经营方式优化等，也就为生产制造转型升级创造强有力的新动能。

  第四，强化战略重心区与区域生产网络及市场的联结。承载生产制造转型升级时代使命的战略重心区，作为引领区和动力源，需要强化与东亚及其他区域生产网络、三大中心市场与区域市场之间的联结，才能发挥其支撑国家发展、推进全面开放、高质量建设"一带一路"、重构国际分工格局及经济秩序的功能与作用。在沿海联结通道相对发达的基础上，对于泛长江经济带战略重心区而言，有必要开辟内陆地区外向联结的高效通道。2011 年，"渝新欧"首列开通运行，满载重庆制造的电子产品的班列从重庆铁路西站出发，通过西北穿越中亚、东欧，最后抵达德国杜伊斯堡，标志着内陆国际通道建设的起步。此后，国内诸多省市开通中欧班列，为泛长江经济带通过西北地区联结欧洲生产网络与市场提供了基础设施。2015 年 11 月，中新两国政府签署《关于建设中新（重庆）战略性互联互通示范项目的框架协议》及其补充协议，正式启动以重庆为运营中心的第三个政府间合作项目；2018 年 11 月，《关于中新（重庆）战略性互联互通示范项目"国际陆海贸易新通道"建设合作的谅解备忘录》的签署，将"南向通道"正式更名为"陆海新通道"；截至 2019 年 5 月，重庆、广西、贵州、甘肃、青海、新疆、云南、宁夏、陕西 9 个西部省市加入"陆海新通道"共建合作机制。利用铁路、公路、水运、航空等多种运输方式，由重庆向南经贵州等地，通过广西北部湾等沿海沿边口岸，通达新加坡及东盟主要物流节点的"陆海新通道"，为泛长江经济带通达东盟及更广阔市场间提供联结设施。推进北向中欧班列、南向通道的设施与网络建设，对于多元化联结东亚区域生产网络及广阔市场意义重大。

第四章 拓展差异化功能性支点及高速通道

第一节 建设粤港澳大湾区升级性支点体系

起初,粤港澳合作的"湾区"概念主要由广东在省市层面积极推动;随后,2015年国家三部委联合制定《推动共建丝绸之路经济带和21世纪海上丝绸之路的愿景与行动》,2016年的"十三五"规划,2017年政府工作报告、十九大报告及中央经济工作会议,以及2018年中共中央政治局第三次集体学习强调建设现代化经济体系中,粤港澳大湾区均作为重要内容被纳入国家顶层设计。2019年2月,中共中央、国务院印发了《粤港澳大湾区规划发展纲要》,对大湾区建设的整体布局作出了部署。综观各界对于粤港澳大湾区的观点和思路,存在诸多局限性,需要从新时代中国特色社会主义建设的客观现实与战略需要出发,建构粤港澳升级性支点体系,才能赋予大湾区以崭新而鲜活的时代生命。①

一、粤港澳大湾区研究思维的局限性

港澳,尤其香港特区是具有弹性适应能力的城市经济体,内地改革开放以后,香港特区便从与珠三角展开"前店后厂"的合作开始,不断扩大与内地的经贸往来。② 20世纪90年代末,东亚基于生产流程内部分解形成以产品内分工为主要特征的区域生产网络,回归以后的香港特区更是作为中间产品流出入内地和国际资本进入内地的中转基地,助推内地深刻嵌入并跻身东亚生产网络的加工制造中心,其自身与广东及内地形成不可分割、日益紧密的经济联系;③ 回归后澳门特区则成为依托于内地的亚洲乃至全球性博彩旅游休闲城市。④ 港澳与内地特别是广东越趋一体化,成为当前粤港澳大湾区研究与设计的重要背景。

大湾区建设是在延续以往粤港澳合作探讨基础上,结合国家顶层设计而关注度骤

---

① 马莉莉. 创新大湾区思维:新时代建构粤港澳战略支点体系 [J]. 暨南学刊(哲学社会科学版),2018 (12):9-18.
② 丘杉. 粤港澳大湾区城市群发展路向选择的维度分析 [J]. 广东社会科学,2017 (4):15-20.
③ 马莉莉. 世界城市:全球分工视角的发展与香港的选择 [M]. 北京:商务印书馆,2014.
④ 冯邦彦. 澳门经济适度多元化的路向与政策研究 [J]. 广东社会科学,2010 (4):88-84.

升的研究主题，其文献脉络主要涉及：第一，从国际经济学的一体化理论出发，论证粤港澳合作已经历不同发展阶段，正走向更高程度的"统一市场""自觉合作"式"一体化"，因此有必要从商品自由流动转向推进要素自由流动。① 第二，从区域经济学、城市经济学、新经济地理学、空间经济学等出发，依据城市群发展规律与特点，对粤港澳城市群进行空间测度、结构分析、关联度判断，进而提出"多中心""都市群"、"枢纽—网络"等规划思路，以及强化互联互通与城市群共治等政策建议。② 第三，从新制度经济学出发，依据制度与经济增长之间的关系，指出粤港澳关系已经从市场主导的功能性整合发展到行政主导的制度性整合阶段，由此需要加强合作制度和机制的建构。③ 第四，从产业演进、价值链理论出发，指出粤港澳地区当前已进入创新驱动、先进服务业主导、自主转型升级的发展阶段，由此需要加强要素、特别是人才的便利流动，推动产业协作，促进社会融合，共建优质生活圈等。④ 第五，结合"一国两制"和公共治理理论，研究粤港澳城市间的政府关系、合作机制设计，创建"四方"跨境共管和治理架构等。⑤ 此外，还有学者基于世界主要湾区的比较，提出粤港澳大湾区的优劣势及一体化路径，⑥ 以及更多学者分别从粤港澳各城市的港口分布、产业特征、竞合关系、功能差异等角度，探讨深化合作的必要性，提出发展自贸区、落马洲河套区等合作方案。⑦

总体而言，各类研究普遍认为，建设粤港澳大湾区的基本思路是促进区域经济一体化、实现要素自由流动、提供更多公共服务，以及创新协作组织与机制等。虽然也有学者注意到粤港澳地区两种制度、三个关税区、三个法律体系并存，跨境行政壁垒

---

① 陈广汉. 推进粤港澳经济一体研究 [J]. 珠江经济, 2008 (6): 4-9; 罗小龙, 沈建法. 从"前店后厂"到港深都会: 三十年港深关系之演变 [J]. 经济地理, 2010 (5): 711-715; 杨英. 基于市场路径的粤港澳区域经济一体化研究 [J]. 华南师范大学学报（社会科学版）, 2014 (10): 101-107; 李郇, 郑莎莉, 梁育填. 贸易促进下的粤港澳大湾区一体化发展 [J]. 热带地理, 2017 (11): 792-801.

② 张紧跟. 从多中心竞逐到联动整合——珠江三角洲城市群发展模式转型思考 [J]. 城市问题, 2008 (1): 34-39; 钟韵, 胡晓华. 粤港澳大湾区的构建与制度创新: 理论基础与实施机制 [J]. 经济学家, 2017 (12): 50-57; 汪行东, 鲁志国. 粤港澳大湾区城市群空间结构研究: 从单中心到多中心 [J]. 岭南学刊, 2017 (5): 78-85; 任思儒, 李郇, 陈婷婷. 改革开放以来粤港澳经济关系的回顾与展望 [J]. 国际城市规划, 2017 (3): 21-27.

③ 王圣军, 田军华. 粤港澳区域合作创新机制研究 [J]. 经济与管理, 2012 (8): 83-87.

④ 毛艳华. 珠三角增长模式: 特征、影响与转型 [J]. 广东社会科学, 2009 (5): 10-17; 左连村, 廖喆. 粤港澳联合创新区研究 [J]. 产经评论, 2010 (1): 67-72; 周任重: 论粤港澳大湾区的创新生态系统 [J]. 开放导报, 2017 (6): 53-56; 周运源. 创新发展、深化粤港澳科技合作的再思考 [J]. 华南师范大学学报（社会科学版）, 2017 (5): 5-10; 开发研究院（中国深圳）课题组. 以"双转型"引领粤港澳大湾区发展 [J]. 开放导报, 2017 (8): 7-12; 李立勋. 关于"粤港澳大湾区"的若干思考 [J]. 热带地理, 2017 (11).

⑤ 李建平. 粤港澳大湾区协作治理机制的演进与展望 [J]. 规划师, 2017 (3): 53-59.

⑥ 林贡钦, 徐广林. 国外著名湾区发展经验及对我国的启示 [J]. 深圳大学学报（人文社会科学版）, 2017 (9): 25-31.

⑦ 吴克辉, 周耀华. 新形势下广东经济特区的路径选择 [J]. 广东经济, 2015 (6): 58-63; 陈朝萌. 粤港澳大湾区港口群定位格局实证分析 [J]. 深圳大学学报（人文社会科学版）, 2016 (7): 32-41; 毛艳华, 等. 港澳台与广东省地缘经济关系匹配研究 [J]. 现代管理科学, 2017 (4): 27-29.

难以消弭,多年来港澳对地区合作的参与度有限,香港内部复杂的社会政治生态等严峻的现实挑战,以及指出大湾区建设的出发点应该是国家发展大局、"一带一路"拓展需要以及提供全球治理"试验田"等,但这些观点被重视的程度远低于倡导一体化的研究。

对于粤港澳地区,尤为重要的是,它根本区别于国外旧金山湾、纽约湾、东京湾,以及国内的长三角和环渤海地区,即"一国两制"的实施,使两种制度在粤港澳三地并立,且与国家整体利益紧密相连,这决定了大湾区研究的复杂性,也反映出当前设计思维中存在诸多局限性。

第一,局限于空间范围展开研究。当前,粤港澳大湾区的空间范围尚未明确划定,但"就湾区谈湾区"成为不少研究的思维定式。由于区域内经济联系越趋紧密化,以及城市空间关联度在提高,从空间范围出发,一体化、综合治理成为"毋庸置疑"的思维方向,进而"一国两制"反成为障碍或壁垒的结论受到质疑。第二,依据抽象理论进行推导。国际经济学、区域经济学等经济理论首先基于严格的假设条件,即不考虑制度差异给区域商品与要素流动、空间变迁带来的影响;基于抽象理论的推导,经济一体化升级、城市群联动等成为必然方向,从而与粤港澳之间深刻且不易调整的社会差异产生背离。第三,根据局部利益展开设计。在大湾区,相关城市的产业特点、发展诉求各异,且"两制"存在使三地利益分化显著,由此,从各局部利益出发,或使湾区建设难以形成实质性推进,也不能反映"一国两制"框架下国家的整体意志与需要。第四,根据历史轨迹展开政策设计。改革开放以来,在市场机制作用下,粤港澳开启了深化经贸联系的过程,并取得显著的阶段性进展;然而,随着新时代中国特色社会主义建设的推进,内地发展特征及与外部市场的关系面临深刻重建,这使依据历史轨迹推导发展前景的研究方法存在较大偏差。

由此,跳出空间范围约束、从现实出发选择理论工具、从国家大局出发、结合时代变迁,是确定粤港澳大湾区建设功能与路径的必要方法论。

二、粤港澳差异化分工基础

经过20世纪末以来的快速发展,粤港澳在东亚区域生产网络中扮演不同角色,其差异化分工基础决定了各自的功能定位。

(一)香港特区依旧是服务于内地商品与资金流动的中转港

2008年以后,香港特区加快由服务于内地的贸易中转,向资金中转功能转型,其实质仍然是媒介,外部资金投资内地,并从事零部件等中间产品的双向中转。

1. 香港特区通过中转和离岸贸易服务内地加工制造中心的崛起

2017年,香港特区的转口贸易额为38324.43亿港元,占香港特区本地总出口总额的98.9%，相比2008年上升了2.1个百分点，而香港特区产品出口额下降至434.55亿港元，占比仅为1.1%，为历史最低水平。2008年以来，离岸货品贸易占香港特区公司出口总额的比重一直保持在50%以上。离岸贸易的增长速度大大超过转口贸易，促使香港特区成为东亚地区重要的离岸贸易中心。在香港特区所从事的贸易活动中，内地成为最主要的贸易伙伴，香港特区向内地出口额占总出口额比重由2008年的48.5%上升至2017年的54.3%，而从内地进口额占总进口额的比重基本保持不变，约为46.6%。从两地贸易构成来看，2017年，香港特区出口至内地的中间产品贸易额为2470亿美元，是2008年1387亿美元的近1.8倍，占香港特区至内地三大类产品总出口额的比重由2008年的77.7%跃升至2017年的83.0%。从进口情况来看，香港特区从内地进口中间产品占香港特区从内地进口三大类产品总额的比重由2008年的47.7%跃升至2017年的54.6%，为第一大类进口商品。显然，中间产品贸易成为引领香港特区对内地贸易增长的主要力量。从香港特区中转贸易对于内地的作用来看，2017年，中国内地从东亚进口中间产品的48.7%、消费品进口的30.3%、资本品进口的31.1%来自香港特区，所占比重比2008年均有所下降，但香港特区仍是内地在东亚地区最主要的中间产品、消费品进口货源地。香港特区是内地沟通东亚区域生产网络的主要中转渠道和平台①（如图4-1所示）。

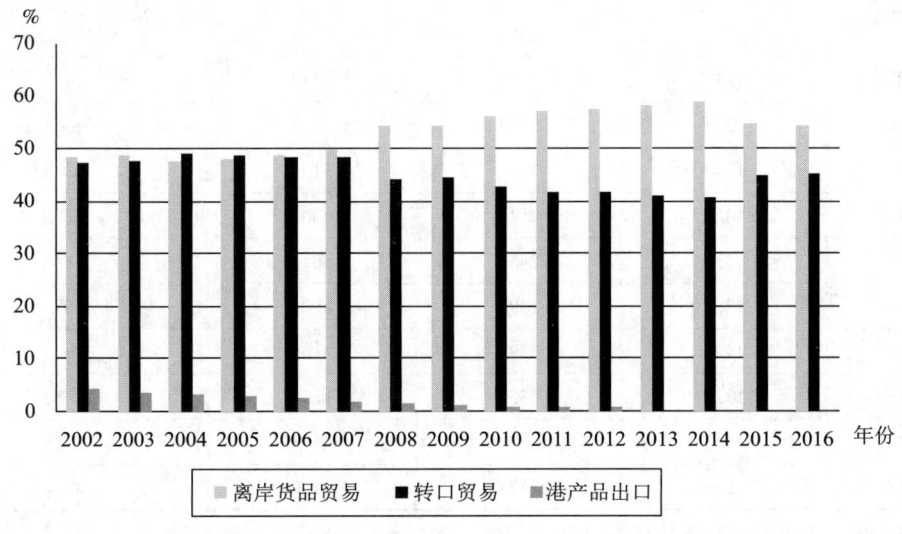

图4-1 离岸货品贸易、转口贸易及港产品出口额占香港公司出口总额的比重

资料来源：根据香港特区政府统计处公布的数据计算

---

① 资料来源：根据UNCOMTRADE数据库和香港特区政府统计处公布数据计算。

2. 香港特区继续巩固国际资本运营基地地位

到2018年底，驻港机构总数达到8754家，总就业达48.5万人，均为历史最高水平，其中，驻港地区总部1530家，地区办事处2425家，当地办事处4799家。从跨国机构在港所从事的业务领域来看，进出口贸易、批发及零售业成为最主要的业务领域，截至2018年共有3950家跨国机构从事该领域业务，占驻港跨国机构总数的45.1%，其次是金融及银行业（1806家）、专业、商用及教育服务业（1262家）。在驻港地区总部和地区办事处中，2012—2018年美国总部平均占驻港地区总部总数的21.6%，地区办事处平均占驻港地区办事处总数的20.1%，占据首位。在驻港当地办事处中，内地公司2018年为1139家，占比为23.7%；位居其次的是日本（728家），占比为15.2%；美国的当地办事处（627家）占比为13.1%。另外，从驻港地区总部和地区办事处所负责的区域市场来看，中国内地是驻港跨国机构的主要目标市场。2018年，负责中国内地市场的地区总部数目在地区总部统计中占比达75.9%，地区办事处数目占地区办事处总数的比重为71.8%，比重远远高于区内其他市场。可见，香港特区已成为跨国公司集聚地，它们主要开展面向内地的业务，助推中国内地深入参与东亚区域生产网络①（见表4-1）。

表4-1 2008—2018年驻港地区总部、地区办事处及当地办事处数量　　单位：家

年份	地区总部	地区办事处	当地办事处	机构总数
2008	1298	2584	2730	6612
2009	1252	2328	2817	6397
2010	1285	2353	2923	6561
2011	1340	2412	3196	6948
2012	1367	2516	3367	7250
2013	1379	2456	3614	7449
2014	1389	2395	3801	7585
2015	1401	2397	4106	7904
2016	1379	2352	4255	7986
2017	1413	2339	4473	8225
2018	1530	2425	4799	8754

数据来源：香港特区政府统计处

3. 资金中转与离岸人民币金融中心

随着跨国机构在香港特区聚集，以及香港特区本地资金推动制造业向内地转移，香港特区成为内地引进外资的重要平台。2014年香港特区对外直接投资流量的66.3%

---

① 资料来源：根据UNCOMTRADE数据库和香港特区政府统计处公布数据计算。

（6379亿港元）投向内地，当年对外直接投资存量的40.5%投向内地。2017年，从对外投资的存量和流量来看，流向内地的资金所占比重均有所下滑，占比分别为38.3%和36.0%。在证卷市场，2000—2018年，中资企业在主板H股年均筹资1351.1亿港元，其中，2015年H股筹资额达3304亿港元，为历史最高水平，占当年香港特区主板筹资总额（10935.51亿港元）的30.21%；而红筹股筹资额则于2014年达到3649亿港元的峰值；2015年以后，中资企业主板H股和红筹股的筹资额均有所下降。2017年，H股总市值达到67589亿港元的峰值，红筹股为57265亿港元，中资股份合计占主板总市值的37.03%；H股成交量为55716亿港元，红筹股成交19160亿港元，中资股份合计占主板总成交量的46.64%，中资企业成为香港证券市场的重要组成部分。

随着人民币国际化进程的推进和内地金融市场的陆续开放，香港特区在人民币贸易结算、人民币债券、人民币流动性管理等方面取得显著进展，并已成为最大的离岸人民币市场。从2018年9月统计的数据来看，香港特区交易所提供的ETF数目是52个，远远高于其他交易所，其以人民币交易的上市证券共134只，在所有交易所中排名第一，其次是伦敦交易所和新交所，总数均达100种以上。在香港特区交易所以外的其他交易所买卖的离岸人民币衍生金融产品绝大多数是人民币货币期货及期权。与证券市场相似，在全球交易所中，香港交易所提供的人民币衍生产品数目最多，总数达到13种。其中，人民币货币期货已成为全球最普及的人民币衍生产品。有着庞大的人民币资金池为其人民币业务提供支撑，香港特区正在成为重要的人民币离岸金融中心，全球七成以上的人民币结算业务都由香港特区来办理（见表4-2）。

表4-2 香港特区及全球其他交易所以人民币交易的上市证券（2018年9月）

单位：亿美元

交易所	股票	ETF	REIT	债务证券	合计
香港交易所	2	52	1	79	134
伦敦证交所	0	2	0	118	120
新交所	1	0	0	109	110
中欧所	0	2	0	1	3
台证所	0	2	0	0	2
日本交易所	0	0	0	1	1

数据来源：2018年11月香港交易所研究报告

在中间产品、资金的中转服务过程中，香港特区加快由贸易中心转向金融中心。从香港特区整体经济结构来看，流通性服务业是第一大部门，增加价值占GDP比重在2005—2017年一直维持在30%左右，2014年被生产性服务部门超越；从就业比重来看，虽然从2005年的40.1%降至2017年的35.3%，但仍为最大的就业部门。此外，生产性服务业是第二大部门,2005年以来,增加价值比重不断攀升,2014年超过流通性服务业,占据首要地位,2017年达到31.8%;就业比重由2005年的25.2%逐年攀升至2017年的29.5%,增速均超过流通性服务业。从服务业整体来看,香港特区主要服务业增加值占GDP的比重由2005年的89.1%升至2012年91.9%的峰值,之后有所回落,2017年达到88.8%;就业比重则由82%升至92.8%;同期制造业不仅在价值增值,而且在吸纳就业方面均进一步下降。2016年,香港特区金融业增加值超越进出口贸易增加值成为占据首要地位的产业,2017年领先优势继续扩大,占到地区生产总值的18.2%;同期进出口贸易继续回落至16.8%(见表4-3)。

表4-3 2005—2017年香港特区主要行业增加值和就业比重

年份	主要行业增加价值占GDP比重及其变化							GDP
	流通性服务	生产性服务	合计	进出口贸易	金融业	合计	制造业	主要服务业*	(十亿港元)
2005	33.7	25.3	59.0	22	13.4	35.4	2.8	89.1	1412
2008	29.1	28.8	58.0	19.7	16.2	36.0	2.0	90.3	1707
2010	31.0	29.7	60.7	19.2	16.0	35.2	1.7	90.9	1776
2012	31.0	30.6	61.6	20.1	15.7	35.8	1.5	91.9	2037
2015	28.3	31	59.3	17.5	17.1	34.6	1.1	89.8	2398
2017	26.4	31.8	58.2	16.8	18.2	35.0	1.0	88.8	2661
2005—2017增减	-7.2	6.5	-0.8	-5.1	4.8	-0.4	-1.8	-0.3	

年份	主要行业就业人数占总就业比重及其变化							总就业
	流通性服务	生产性服务	合计	进出口贸易	金融业	合计	制造业	主要服务业	(万人)
2005	40.1	25.2	65.3	20.0	6.7	26.7	6.1	82.0	235
2008	39.1	26.4	65.5	18.9	7.3	26.2	5.3	91.6	247
2010	39.7	28.0	67.7	19.5	7.7	27.2	4.6	94.5	256
2012	40.1	28.9	69.0	19.7	7.8	27.5	4.0	96.3	267
2015	37.2	29.1	66.3	17.1	7.9	25.0	3.5	94.3	281
2017	35.3	29.5	64.8	15.9	7.9	23.8	3.2	92.8	286
2005—2017增减	-4.8	4.3	-0.5	-4.1	1.2	-2.9	-2.9	10.8	

* :主要服务业包括进出口贸易、批发、零售和运输仓库邮政速递在内的流通性服务业,金融及保险、资讯及通信、地产和商用及专业服务在内的生产性服务业,以及住宿及膳食、个人与社会服务业在内的消费性服务

数据来源:香港政府统计处

(二)澳门特区仍是休闲旅游中心

澳门特区长期被葡萄牙人占领,1999年回归中国,2018年人口达63.2万人,地域

面积为 32.8 平方千米，是偏于华南一隅的小型城市经济体。以博彩业为主导的发展使其成为休闲旅游中心。

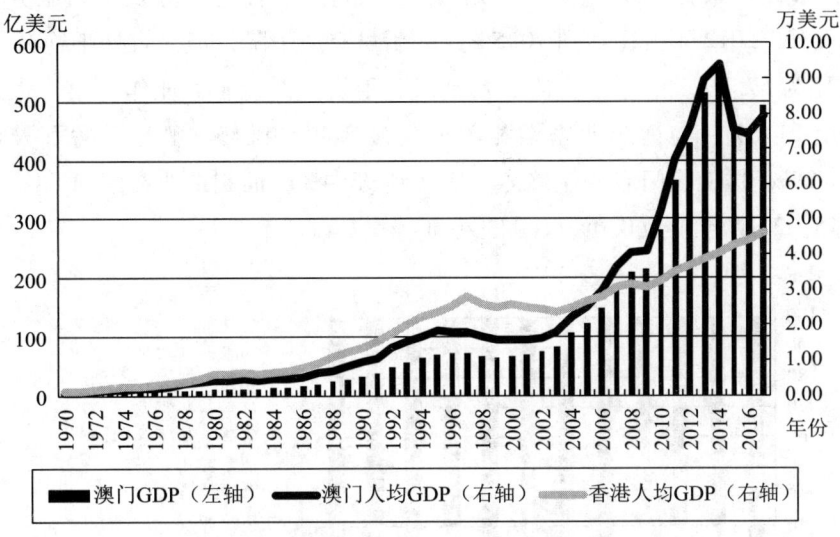

图 4-2　1970—2017 年澳门 GDP 与港澳人均 GDP
资料来源：根据 UNCTAD 数据库计算

1. 澳门特区经济体量相对有限

澳门地域空间有限，资源匮乏，经济体量长期保持在较低水平。直到 2004 年，澳门 GDP 才超过 100 亿美元，同期珠三角东岸的香港为 1691 亿美元。2014 年，澳门 GDP 达到历史最高水平 553 亿美元，之后有所下降，2017 年为 495 亿美元，同期香港为 3416 亿美元，澳门经济总量仅为香港的 14.5%。由于澳门人口规模较小，2017 年为 62.3 万人，不到香港的 1/10，从人均 GDP 来看，澳门增长迅猛，2006 年之前长期低于香港，快速超越后不断拉大与香港的差距。2017 年，香港人均 GDP 为 4.6 万美元，澳门在 2014 年达到峰值 9.4 万美元后，2017 年降至 7.9 万美元，比香港的人均水平高出 3 万美元（见图 4-2）。

2. 以博彩为核心的休闲产业占据主导地位

20 世纪七八十年代，澳门也经历了工业化发展时期，纺织制衣成为制造业主力，玩具、电子和人造丝花等工业也蓬勃发展，1989 年，澳门制造业比重仍然占到 20.6%。到 20 世纪 90 年代，澳门在本地工资上涨、外部竞争加剧等影响下，制造业发展趋于下滑。2002 年澳门开放赌权，博彩业迎来迅猛发展的时代，2006 年即超越拉斯维加斯，跃居世界第一。澳门博彩业收入从 2002 年不足 250 亿澳门元迅速攀升至 2013 年超过

3500亿澳门元的顶峰。① 随着内地反腐力度加强，以及入境政策的收紧，澳门博彩收入趋于下降。2017年，澳门博彩毛收入达到2666.1亿澳门元，相当于GDP的67%。② 从澳门的产业结构来看，包括博彩业在内的公共行政、社会服务及个人服务业占GDP比重不断攀升，2012年占比达到70.5%，之后虽有所下降，但一直处于绝对主导地位，2016年占比为57.7%。金融、保险、不动产、租赁及商业服务业作为第二大产业2016年占比升至21.6%；与博彩业密切相关的批发零售、维修、酒店、餐厅及酒楼业占GDP的11.2%，这使澳门服务业整体占比达到93.4%，而制造业在澳门GDP结构中已经大幅下降，2016年仅为0.6%（见图4-3）。

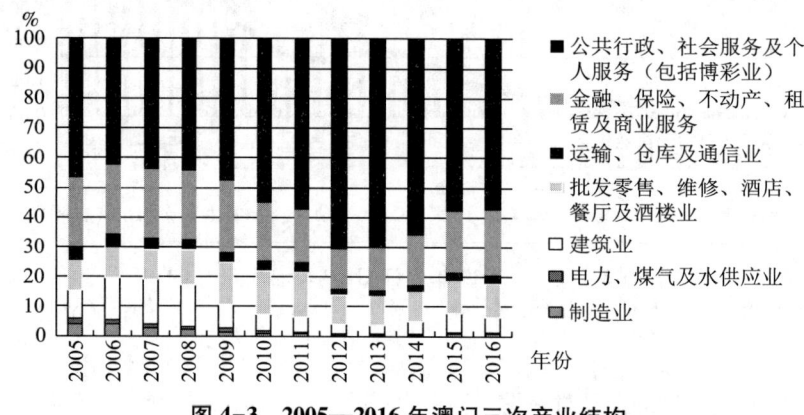

图4-3　2005—2016年澳门三次产业结构

资料来源：根据中国统计年鉴2006—2018年各年数据计算

3. 澳门特区越趋转向旅游消费型城市

在本地资源有限的背景下，澳门利用地理位置优势和外部关系，发展外向型工业，并在20世纪七八十年代逐步实现外贸盈余。1983年，澳门的货物贸易外贸依存度达到132.9%的历史最高峰；1987年，贸易顺差为2.82亿美元，随后不断下降。外向型休闲旅游业的发展，使经济增长越趋依赖于相关服务出口，2017年澳门私人和政府消费总额占到GDP的34.1%，投资仅占18.5%，以旅游服务出口为主的服务出口占到GDP的77.4%，服务进口仅占9.2%，由此提供经济增长的驱动力。2000年以后，本地生产能力的下降，使澳门货物进口大幅高于出口，贸易逆差加速扩大。2014年，澳门货物出口额仅为12.41亿美元，进口额达到112.62亿美元，贸易逆差为100.22亿美元，达到最大值。生产能力匮乏，而主要发展博彩、旅游等消费型产业，使澳门对货物进口的依赖程度较高，虽然外贸依赖度不断下降至2017年的21.9%，但其中出口依赖度仅

---

① 2017年澳门博彩行业发展现状及发展趋势分析［EB/OL］. http://www.chyxx.com/industry/201712/597541.html，2017-12-27.

② 澳门经济概况2017年［EB/OL］. 澳门特别行政区政府经济局，2018-04-08.

为 2.8%，进口依赖度达到 19.1%（见图 4-4）。

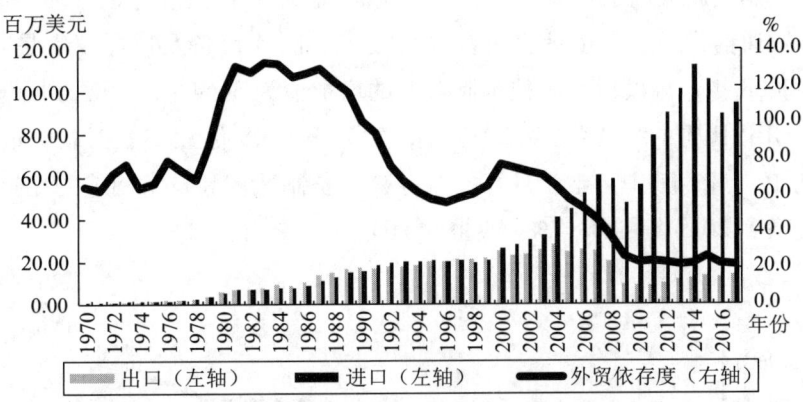

图 4-4　1970—2017 年澳门进出口额及外贸依存度

资料来源：根据 UNCTAD 数据库计算

（三）广东转型升级取得初步进展

随着外向型经济的聚集，广东成为中国工业和贸易重省。2008 年前后，广东加快转型升级步伐，推动创新型经济发展，迄今已取得一定成效。作为高科技产业的主要聚集区，广东依旧辐射华南，承载着引领国家转型升级的重任。

1. 广东产业转型升级已取得初步进展

改革开放初期，广东曾是农业经济比重非常高的省份，1982 年占 GDP 比重曾高达 34.8%。外向型经济发展使其加快工业化进程，特别是在 21 世纪参与东亚区域生产网络使加工制造业不断聚集过程中，第二产业比重在 2006 年达到 51% 的历史高位。2008 年前后，广东通过"腾笼换鸟"等措施驱动转型升级，服务业渐趋占据首要地位，2018 年，第三产业占比达到 54.2%（见图 4-5）。

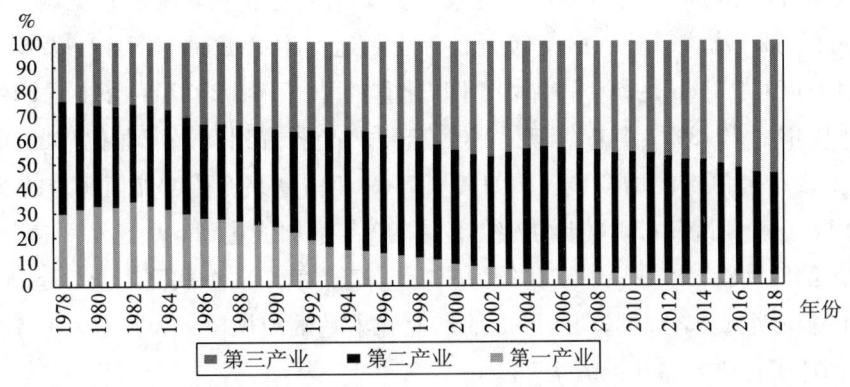

图 4-5　1978—2018 年广东省三次产业构成

资料来源：根据 CEIC 数据计算

经过十多年的探索与累积,广东在自主转型升级方面已有所进展,在促进转型与开放的体制机制创新方面也取得一定突破。从广东省来看,信息化学品、医药、航空航天、电子及通信设备、电子计算机及办公设备、医疗设备及仪器仪表是六大类高技术制造业,2008 年,规模以上高技术制造业的增加值为 3664 亿元,占到工业产值比重的 20.8%、GDP 比重的 9.9%;到 2017 年,攀升至 9508 亿元,占工业比重的 26.9%、GDP 比重的 10.6%;其中,电子计算机及办公设备制造占高技术制造的比重由 2008 年的 66.1% 提高到 2017 年的 83.7%(见图 4-6)。

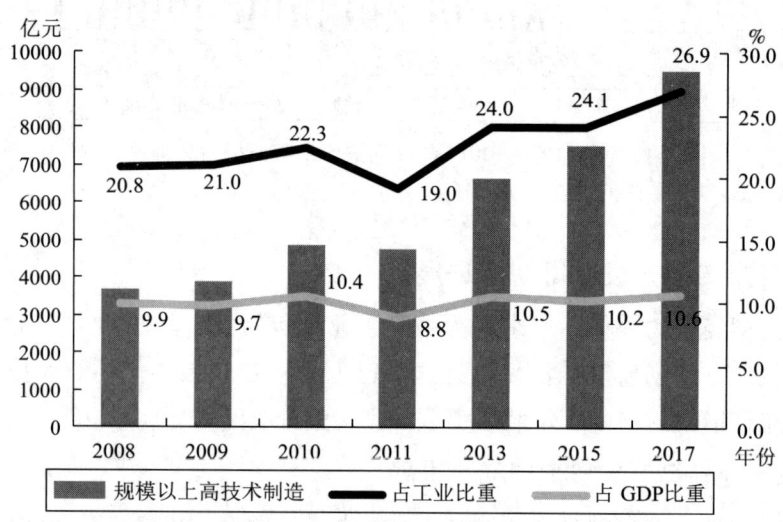

图 4-6 广东省规模以上高技术制造业增加值及其占工业产值与 GDP 的比重
资料来源:《广东省统计年鉴(2010—2018)》

2. 深圳成为全国创新型经济的先行区

21 世纪初,深圳就开始启动"创新型城市"的设计规划,并在城市建设中不断推进。在深圳,新兴产业包括新一代信息技术、文化创意、互联网、新材料、生物、新能源、节能环保、海洋产业、航空航天、智能制造、生命健康等产业,2009 年,这些新兴产业增加值为 8486 亿元,占深圳 GDP 比重的 26.7%;2017 年增加至 22490 亿元,占到 GDP 比重的 40.8%。其中,新一代信息技术产业占到新兴产业比重的 50% 左右;互联网产业、智能制造的增幅显著,前者从 2009 年占新兴产业增加值比重的 5.6% 升至 2017 年的 11.1%,后者在 2016 年纳入统计,2017 年增加值达到 640 亿元,成为仅次于新能源产业的第四大新兴产业,所占比重为 7%。信息、智能、互联网产业等是新一轮科技产业革命的核心组成部分,深圳所形成的产业聚集基础与规模,为其融入并引领新科技产业革命创造了重要条件(见图 4-7)。

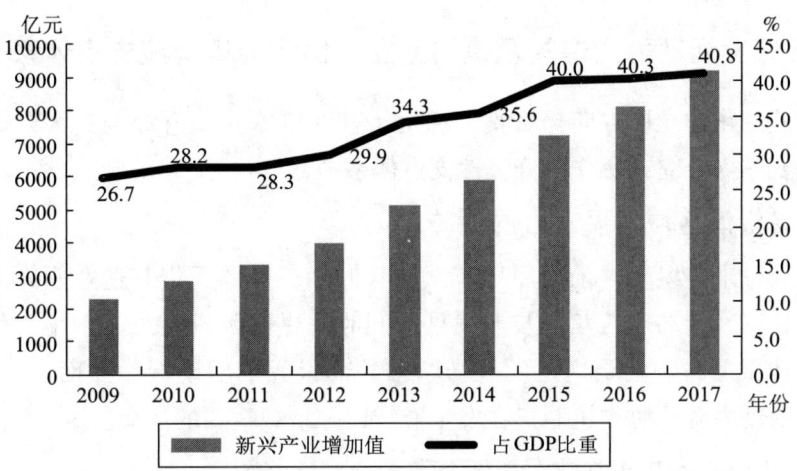

图 4-7 深圳市新兴产业增加值及其 GDP 的比重

资料来源：《深圳市统计年鉴（2010—2018）》

3. 深圳现代服务业转型取得显著成效

在创新型城市建设过程中，深圳除先进制造取得突破以外，还通过"两化融合"形成先进制造与现代服务业的互动互促发展局面。2010 年，深圳工业占到 GDP 比重的 44.2%，到 2017 年，工业仍然保持在 38.8%的水平。与此同时，在流通性服务比重由 2010 年占 GDP 比重的 14.8%，降至 2017 年的 13.6%的过程中，深圳生产性服务业比重快速提升，从 2010 年占 GDP 比重的 29%升至 2017 年的 35.5%。其中，金融服务所占比重基本维持在 13%的水平，而与科技创新密切相关的信息传输、软件和信息技术服务业占比由 2010 年的 4.3%，不断提升至 2017 年的 7.9%；科学研究和技术服务业占比由 2010 年的 1.4%升至 2017 年的 3.1%，从而构成生产性服务业增长的主力。新型生产性服务与先进制造业的融合发展，提供了产业转型升级的内在驱动力，为深圳继续引领产业转型奠定了基础（如表 4-4 所示）。

表 4-4 2017 年深圳主要产业构成　　　　　　　　　　　　　　　　　%

产业	2010 年	2013 年	2017 年
工业	44.2	41.6	38.8
生产性服务	29	31.8	35.5
金融业	13.6	13	13
信息传输、软件和信息技术服务业	4.3	5.4	7.9
科学研究和技术服务业	1.4	2.5	3.1
流通性服务	14.8	15.5	13.6

数据来源：根据《深圳市统计年鉴 2018》数据计算

三、区域发展动力的逆转及建构分立式协作的粤港澳支点体系

粤港澳差异化的发展方向与属性，决定了其在国家转型升级与扩大开放的发展大局中，有必要建立分立式协作的升级性支点体系。

（一）粤港澳区域发展动力的逆转

改革开放以来、粤港"前店后厂"式合作时期，香港凭借制造业领先的优势向内地进行产业转移，带动珠三角起步与发展。同时提供国际资金进入内地、商品内外双向流动的中转服务，香港是内地发展与联结外部世界的驱动源。然而，在当前时代，大湾区发展的动力源与协作机制正在发生逆转，并承载重要的使命。

1. 香港的传统优势正在丧失发展根基

经过多年的产业转移，香港制造业占 GDP 比重已经在 2% 的水平，发展能力匮乏。而香港所擅长的金融与贸易的中转服务，其主要功能在于内地开放程度与能力有限条件下助推内地成为加工制造中心。随着内地软硬件开放能力的提高，其对香港提供中转服务的需求显著下降，特别是在内地寻求转型升级，香港优势服务业所赖以存续的内地加工制造根基将不再稳固，这都使香港传统优势服务的发展面临不可持续的风险。

2. 香港尚未形成服务于内地转型升级的新优势产业，且其形成不取决于香港，而取决于内地

香港是一个具有弹性适应能力的城市经济体，在外部环境发生变化的前提下，香港能抓住机遇、加速转型。历史上香港由开埠以后的中转港，转向内地实现计划经济后驱动工业化，再到内地改革开放后转向服务经济，都表明香港是随环境而变，但并非自驱先行转变的跟随型经济体。当前，内地致力于推动产业转型升级、继而重构与外部世界的经贸联系，即由引进加工制造型投资转向引进高技术型投资，由仅"引进来"转向"走出去"。那么，香港的传统优势在于从发达国家中转引进加工制造型投资，而非中转引进高新技术产业类投资，更不擅长于提供拓展欠发达地区的"走出去"服务。并且，香港并不具备领先于环境而自主产业转型的机制与能力，只有在内地与外部世界关系重构的环境变化过程中，香港才有可能培育出新兴服务与功能。因此，再仅仅依靠香港驱动大湾区发展并不现实。

3. 大湾区发展的新型动力源在珠三角及内地

珠三角及泛长江经济带战略制造核心区域具有规模较大的生产制造体系、市场基础优良、政府行动能力强、驱动公共治理现代化的空间大，特别是新科技产业革命是新兴科技与生产制造、服务、消费、社会生活等领域的颠覆性重组，这就使珠三角及其所依托的内地拥有领先于香港的驱动新兴产业发展继而转型升级的机遇与潜力，并为香港服务功能的重塑创造环境与条件。

4. 以广东为主导的华南仍是中国重要的工业与贸易基地，新兴产业发展决定其肩负着引领国家转型升级与扩大开放的重要任务

作为改革开放的前沿，广东在促进加工制造业发展过程中，引领华南地区成为全国首要的工业和贸易聚集区。1998 年，广东出口额占到全国的 41.6%，进口额占到 39.6%；包括广东、福建、广西、海南在内的华南地区总出口额占到全国的 48.6%，进口额占到 46.1%，将近全国一半份额。从工业比重而言，1998 年广东占到全国的 11%，华南地区占到 16.4%。随着内地、特别是泛长江经济带的产业聚集，广东及华南的贸易地位逐步下滑，但工业聚集仍有小幅上升。2018 年，广东出口占到全国的 28.7%，进口比重占到 23.6%，华南地区出口占比为 33.8%，进口占比为 29.5%，均是近 20 年来的最低水平。从工业发展而言，广东 2017 年占到全国的 11.7%，虽比 21 世纪初有所下降，但在 2008 年后曾跌落到 10.3% 的基础上又有所攀升；华南地区的工业比重占到全国的 18%，也高于 2008 年后 16.1% 的水平。由于珠三角外围大量山区，交通不便，福建、广西、海南经济基础与人口规模都相对薄弱，一定程度上制约了华南地区大规模扩张经济腹地，从而影响工业与经济聚集。但作为毗邻东南亚最近的开放前沿，广东所引领的华南仍然吸聚一定规模的工业与经贸活动，是中国参与东亚区域生产网络的又一重要地区（如图 4-8 所示）。

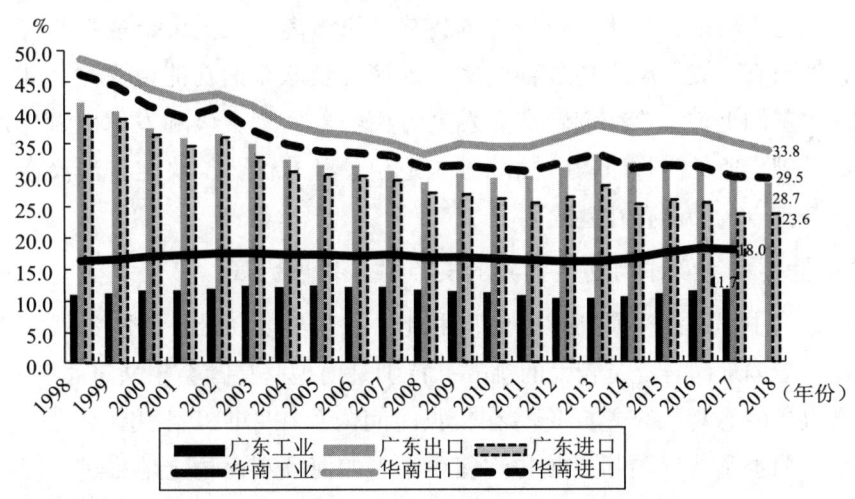

图 4-8　1998—2018 年广东及华南工业和进出口贸易占全国比重

资料来源：根据 CEIC 数据计算

因此，不同于"前店后厂"时期，大湾区发展的动力源将由香港驱动，逆转为由珠三角及内地驱动；在内地重构与外部世界关系过程中，香港产业转型得到有力支撑，并在先进服务业再度聚集香港城市中心时，经历蜕变的香港继续扮演大湾区城市群发展的引领角色。而广东、华南在国家经济体系中的角色和地位，决定其有必要引领泛长江经济带转型升级及对接外部开放市场。

(二) 粤港澳建构差异化支点的必要性

在建设"一带一路"、驱动国家转型升级的发展大局中,粤港澳作为经济基础、法律制度、社会文化、对外联系各异的地区,不仅可能而且有必要成为功能各异的差异化支点,并引领国家转型升级与扩大开放。

1. 粤港澳有必要成为国家发展大局中的支点

在东亚生产网络形成过程中,粤港澳以不同方式参与并奠定自身国际地位。其中,香港是助推内地成为加工制造枢纽的商品双向中转和资金单向中转中心;澳门是依托内地的博彩旅游休闲中心;珠三角是外向型加工制造业聚集地。从粤港澳的优势累积来看,港澳在"一国两制"的制度保障下,具有各自广泛的海外商业网络,保持高度的自治权、自由权利、开放程度、法治体系等,还成为多元文化交融、两种制度合作、不同文明对话的平台;珠三角在实体产业发展、科技创新开发等领域处于全国领先地位。全球经济减速以来,内地经济增长乏力,粤港澳均面对转型升级的现实压力;适应环境变化,抓住外部机遇,实现自身转型与发展,成为三地共同的必要选择。"一带一路"倡议的推进,表明内地与外部世界的关系将出现实质性变革,即转向资金与商品的并行双向流动,以及重构全球治理体系。面对这一形势,香港有可能利用国际金融、贸易、航运、资讯、文化交流中心等优势,扮演离岸人民币金融中心等功能性支点的角色;澳门有可能发展为拓展葡语文化地区经贸联系的功能性支点;珠三角则在自身产业演进基础上,主要在创新产业发展方面需要实现突破和发挥引领作用。三地不同的发展基础、所处演进阶段、国际分工地位、既有优势等决定粤港澳在国家发展大局中所承载支点的功能存在差异。

2. 国家需要粤港澳作为功能各异的支点融入发展大局

近代以来,中国并没有海外殖民史,由此,展开与"一带一路"沿线很多国家的交往与合作,对内地而言都是较大的挑战;特别是内地坚持社会主义道路和发展方向,与资本主义世界的意识形态差异仍将在较长时间内存在并产生作用。此外,"一带一路"的建设,将显著改变国际金融和治理秩序,如何顺利而稳定地推进,对国家而言仍是巨大考验。通过文化、制度、文明交融平台,建立起内地与外部世界的对话、交流和合作机制,是国家战略转型和"一带一路"建设的重大需求。党的十九大的召开,将"一国两制"纳入习近平新时代中国特色社会主义建设的基本方略,指出把维护中央对港澳的全面管治权和保障特别行政区高度自治权有机结合起来,确保"一国两制"方针不会变、不动摇,确保"一国两制"实践不变形、不走样,这表明"一国两制"将一如既往地坚持并得到完善,而港澳的制度、文化优势仍将得以维护和保持,因此,国家切实需要港澳作为内地及周边城市均不可比拟的功能性支点,保持相对独立性与特殊性，发挥积极作用，服务于国家发展大局。而广东作为内地深化改革扩大开放的前沿，承载的战略使命重在先进制造和生产性服务的创新与演进，与"一国两制"下港澳的使命与功能存在显著差异。

3. 将粤港澳建设成功能各异的支点，更符合该区实情，有利于国家发展大局

"一国两制"不仅是解决历史遗留问题的制度创新，而且实践表明，在内地与外部世界对接过程中，有助于求同存异、取长补短、合作共赢，显示出制度的强大生命力；面对国家在新时代的发展大局，有必要更为坚定地贯彻实施"一国两制"并继续发挥其积极作用。由此，保障港澳实行资本主义制度，与确保广东实行社会主义制度，是"一国两制"的内在要求，也就是说，粤港澳之间有必要保持相对独立而非融合性的一体化。由于粤港澳三地处于社会经济演化的不同阶段，其经济发展与社会运行逻辑、制度文化与民众观念等都存在很大差别，强力推进粤港澳一体化，一方面因要素、资源的自由流动而可能冲击三地间制度差异，由此使"一国两制"制度优势丧失；另一方面港澳在民主制度运作过程中，受国内外复杂形势的影响，地区合作带来的利益调整问题容易被政治化炒作，从而不利于社会稳定，并可能影响国家安全大局。因此，粤港澳差异化的分工协作，应以国家大局为出发点，科学定位并谨慎推进。

（三）建构分立式协作的粤港澳升级性支点体系

粤港澳各自所依托的分工体系范围、主导产业所处的演进阶段，及其所能承载的战略功能均有显著差异；然而，在国家向现代化经济体系转型和"一带一路"建设大局下，粤港澳所面对的共同利益关切和挑战，使其有必要共建分立式协作的升级性支点体系。

1. 粤港澳共同肩负建设"一带一路"的使命

促进产业转型升级和建设"一带一路"是国家发展大局中浑然一体的组成部分，其中"一带一路"建设更是担负着开辟大市场、创造转型条件的重任。2013年以来，国家从健全顶层组织和推进机制、加强战略对接与规划引领、促进硬件联通、建设双向开放环境、提供国际金融服务供给、深化产能合作、提供跨国公共服务，以及发挥国际正式与非正式平台作用等方面展开建设，取得一定成效。但东亚合作基础良好、交通相对便利，中亚、西亚、中东、北非等地经济基础薄弱、社会形势复杂，中东欧相对发达、合作意愿攀升，以及中国已签及待签的自由贸易协定主要分布在海路沿线等，这使"一带一路"建设将呈现地区分化、不平衡的推进特点，主要是海上丝绸之路建设进展相对显著，尤其是东亚区域产业链合作深化与重构更易形成早期收获。作为地处东亚地理中心的粤港澳三地，需要共同以内地为依托，核心拓展东亚区域，同时面向"一带一路"沿线地区提供服务。东亚特别是东南亚是香港传统商贸网络的分布区，澳门则擅长拓展葡语文化区，"一带一路"沿线的非英语、伊斯兰教等文化区域

对于粤港澳均相对陌生，由此，虽然三地在"一带一路"沿线所拓展业务和功能存在差别，但共同面对拓展东亚及外部市场、顺利"走出去"、培育支点功能的现实挑战，加强合作确有必要（见图4-9所示）。

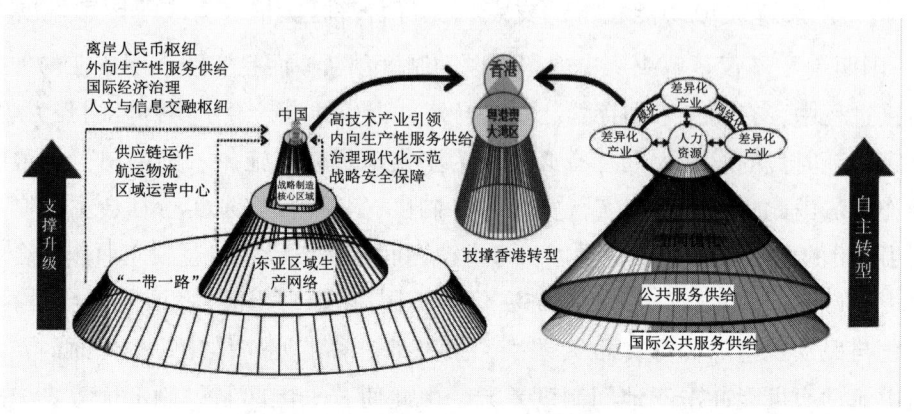

图 4-9　粤港澳支点体系的系统建构

2. 粤港澳在参与共建"一带一路"时需要互相借力、提供支撑

依据"一带一路"建设不同层面的战略需求，结合粤港澳各自的发展基础，香港有能力承载离岸人民币枢纽、双向生产性服务供给、国际经济治理、人文与信息交融枢纽、区域运营中心等支点功能，澳门则擅长拓展葡语文化区商贸联系及发展休闲旅游产业链，珠三角在引领高技术产业、发展区域供应链及航运物流、树立治理现代化典范等方面能发挥支点作用。由于产业生态的内在关联性，三地差异化的支点功能并非各自独立，而是相互需求、互为支撑的关系，珠三角高新技术的发展、实体经济的海外拓展等，需要港澳外向的金融及生产性服务供给；港澳作为国际经济治理平台及多元文化交融中心，为珠三角支点的运作将提供内向生产性服务和国际公共服务。粤港澳三地仍然是东亚及"一带一路"产业链条中紧密关联、互为支撑、不可分割的重要组成部分。

3. 粤港澳地域相邻、联系深化，这使公共事务不断增多，大湾区内部的公共治理更需分立式协作

粤港澳紧密相连，主要由边境管理决定三地物理隔离。随着粤港澳经贸联系的增多，商品、要素流动越趋频繁，三地同城化的需求攀升。然而，从"一国两制"的特殊性及战略必要性出发，粤港澳相对于内外诸多湾区的优势，并不在于城市群化、一体化，而恰恰在于多元制度并立；保持这一优势，比通过同城化消弭这些制度差异更为重要。由于经济联系紧密化切实存在，三地共同面对的公共事务相应增多，因此需要加强协作，如推进交通基建、促进通关便利化、提供面向三地的公共服务等；相应的，有必要依据公共事务的内容、属性、特征及需要等，建构定制化的多方协作的治理机制；而对于尚未成为共同关注的事务与领域，尊重各方的自主性、独立性仍是事关国家大局的重要选择。粤港澳合作机制的创建与实践，也将为"一带一路"沿线发展跨境合作、全球治理作出积极而有益的探索。

由此，综合考察粤港澳功能各异的支点，它们并非完全相互独立，而是由于紧密关联与合作需要，形成分立式协作的支点体系，并在"一带一路"建设中独树一帜，国内外任何城市群所无法取代。

四、粤港澳升级性支点体系的多层次建构方式及其属性

粤港澳升级性支点体系的建构绝不能仅仅局限于大湾区本身，而需要基于产业生态与分工体系的发展逻辑，结合"一带一路"建设大局及其走势，从内外多个层次展开建构，才有可能使空间层面的粤港澳大湾区具有可持续发展的潜力与活力。

（一）粤港澳升级性支点体系的多层级建构方式

粤港澳升级性支点体系肩负着引领国家转型升级与扩大开放的战略使命，其自身依托于市场机制作用，实现自驱转型发展，是必要的现实路径。

1. 通过智慧湾区建设促进广东国际科创中心崛起

智慧城市建设驱动新兴科技发展具有若干优势：一是创造智能生产与服务的应用场景。智能城市的建设首先需要通信网络、建筑、交通等大量硬件基础设施与智能相结合，由此赋予城市建设以全新的内容。城市化是驱动工业化的强大力量，智能城市化为相关产业的智能化提供源动力。二是创造智能消费的应用场景。人口消费与智能的结合将重塑消费需求，从而在需求端对智能产品产生拉动力。三是城市软硬件设施的效率提升，为智能、数字产业的兴起与服务延伸奠定物质基础。总之，智慧湾区建设创造规模化的智能生产需求、智能服务需求与智能消费需求，为智能科技兴起提供必要的供求生态，并为社会生活的智慧化提供物质技术基础，这将为广东国家科创中心建设提供有效的驱动力。

2. 联结泛长江经济带战略制造核心区域

新科技革命兴起过程中，将基于信息、智能等技术重构制造、服务、消费乃至社会整个系统，生产的总体规模效应将更趋庞大。泛长江经济带工业体系完备，具有产业大规模聚集，继而孕生新科技产业革命的基础与条件，是国家转型升级的核心区域。党的十八大以来，内地通过先行先试寻找深化改革和扩大开放的可行路径，并从智慧城市等消费场景创造、促进创新创业、营商环境便利化、公共治理现代化等角度构建融入新科技革命的社会经济生态，这为国家战略制造核心区域的培育创造了重要环境与条件。与此同时，"一带一路"大市场、东亚区域生产网络的外部支撑也至关重要。珠三角腹地支撑乏力，泛珠三角地区经济基础薄弱。由此，将粤港澳的经济腹地延伸

至泛长江经济带战略制造核心区域，有利于发挥其紧密联结东亚区域生产网络、"一带一路"大市场的优势，将之服务于内地的生产体系重构，助推泛长江经济带战略制造群落的发展。更为重要的是，粤港澳强化与战略重心区的联结互动，将为自身转型升级构筑强劲的腹地支撑（如图4-10所示）。

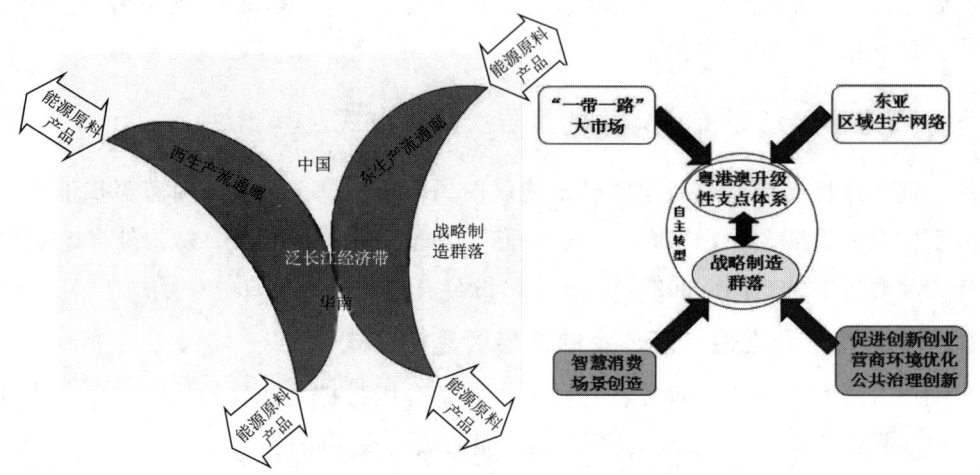

图4-10　粤港澳与战略重心区的联结互动

3. 拓展以东亚生产网络为核心的"一带一路"大市场

20世纪末以来，东亚在模块分解、网络联结的生产方式基础上，形成规模庞大的产品内分工，并产生可观的整体规模经济效应。东亚软硬件联通程度高、分工联系紧密、要素禀赋具有多层次差异性、人口规模庞大，这些有利的因素使之具有结合新科技产业革命进行生产网络重构的巨大潜力与广阔空间。粤港澳进一步加强与东亚生产网络的联结，有利于发挥外部规模经济效应，获得自身有利的转型升级环境。此外，粤港澳还有必要抓住"一带一路"建设机遇，扩大、联结更为广泛的大市场，为自身及内地转型升级创造必不可少的消费需求。

4. 通过城市群互联互通、以人力资源池累积为目标的社会性服务创新来构建宜居宜业宜游的优质生态圈，并参与"一带一路"国际治理体系创新，由此助推目标产业在大湾区聚集

当前时代，随着专业化生产环节越趋需要对快速变化的市场需求作出敏捷响应，其一方面对基础设施供给、园区服务、制度保障等公共服务产生更高需求，另一方面倾向于不自主供给而从外部购买的方式获得满足，也就是差异化、快速变化的公共服务需求在加速攀升，由此决定公共服务供给需要转向模块分解、网络联结的生产方式，以提高对市场需求的敏捷响应程度与供给效率。大湾区为了促使高新技术的专业化生产环节或流程的聚集，就有必要将产业链条延长至公共服务供给领域，推进公共治理

的现代化，以提高地区竞争力。主要的公共服务包括三个层面，第一层是软硬件互联互通，特别是珠三角城市群内部先行高度联通，以便利于要素流动、生产与服务聚集；与港澳之间的联通取决于与其达成共识的程度。第二层是优质生态圈建设，其核心要义在于围绕人力资源池统筹培育并大幅提高社会性服务供给水平与效率，包括教育、医疗、住房、生态、环境等领域。不能实现人的发展、心智的开发，大湾区优质生活圈的建设将会流于形式，且无法提供最为根本的创新源泉。除了人才引进，更重要的是人力资源池的培育、高质素人力资源池的形成，才是大湾区自主转型升级和可持续发展所能依赖的绝对竞争优势所在。第三层是参与多层次的国际治理体系，提供连通更广泛国际市场的软硬件设施、更加开放便利的国际经贸环境等国际公共服务，以便于国际范围内目标要素、产品、企业在大湾区的聚集。

5. 促进区域内分工与协作

作为大湾区建设的目标与远期成果，粤港澳等城市中心有必要实现差异化的专业产业聚集，并从湾区整体层面形成生产、服务集群与网络，各城市之间"不为合作而合作"，而是有机分工与联动协作，最终提高区域整体的综合竞争力，奠定大湾区在国家及国际分工体系中的坚实竞争地位，并高效服务于国家发展大局。

6. 大湾区公共事务的跨境合作协调

由于粤港澳三地交流互动越趋频繁，无论是"一带一路"沿线对外市场拓展，还是大湾区共享空间的优化，都将衍生出日益增多的公共事务和公共利益，由此，同样依据公共性属性，涉及两地或三地范围内的事务，由两地或三地政府建立协作机构及机制来应对；因"一带一路"拓展牵涉国家利益，在外部市场拓展过程中，粤港澳有必要同中央层面的部门或机构加强合作，建立协作机制。在这个过程中，不宜将内地意志强加于港澳，从而影响到港澳作为独特制度空间的战略意义；而需要贯彻求同存异、平等互利原则，寻求跨境合作的可行模式，建构各方可接受的协作机构或机制，由此来推动公共事务的处理或公共服务的供给。由于粤港澳保持相对独立性的需求切实存在，三地可在河套、前海、横琴、南沙等合作试验区，探索多种共建、共享、共赢的发展空间与机制，由点带面，逐步扩大合作规模、深化合作内容、提升合作深度。总之，粤港澳的跨境合作模式创新，也将为"一带一路"沿线建构全球治理体系作出有益探索。

（二）粤港澳升级性支点体系的建构属性

党的十九大报告指出，"要支持香港、澳门融入国家发展大局，以粤港澳大湾区建设、粤港澳合作、泛珠三角区域合作等为重点，全面推进内地同香港、澳门互利合作"。① 虽然粤港澳大湾区建设与粤港澳合作、泛珠三角区域合作等并列为重点内容，但它们并非相互割裂，而是国家大局中相互关联、互相支撑的共同组成部分；它们也无法分离开来建设，而需要统筹协调，加强顶层设计，协同推进。

通过对新时代中国特色社会主义建设大局的研判，结合生产方式变革的时代特征，大湾区建设需要破除有限空间思维、纯理论推导思维、局部利益思维和历史推断思维；而要结合国家转向现代化经济体系和"一带一路"建设的战略需要，发挥"一国两制"的新时代意义，以分立式协作的模式建构粤港澳支点体系，并从功能定位、内外分工支撑体系、公共治理创新等多层次展开建构，实现粤港澳大湾区有形城市群与无形战略功能的并进发展，切实助推"一带一路"建设、服务于国家发展大局。

当前阶段粤港澳大湾区建设的特点，并非简单的一体化、城市群化、高级别协作机构化，更重要的属性在于以下几点。

1. 差异化分立比一体化融合更为重要

粤港澳大湾区既区别于国内外代表性湾区，也区别于其他历史阶段的粤港澳关系，在新时代国家致力于实现战略转型的当前阶段，"一国两制"有可能使内地通过港澳这个多元制度与文化交融平台，实现与外部世界的便利对接，正如改革开放初期，香港扮演了国际资本进入内地的通道角色一样。如果粤港澳通过一体化而相互融合，多元化的制度优势将或多或少有所消弭，这对于国家在新时代的战略布局是不小的影响。

2. 粤港澳各自创新公共治理，比强化共同治理更为重要

当前内地关注较多的是如何体现"一国"意志，通过引入中央机构等建立合作机制，增大对港澳的影响力，来推进大湾区建设。然而从港澳层面来看，粤港澳合作呼吁多年，很多流于表面，港澳民众的关注度与参与度更低，并受复杂政治因素影响而难以大幅推进实质性合作，这在一定程度上也表明强行推进共同治理并不是当前阶段的最优选择。反而，面对新型支点功能的培育需求、面对产业转型升级需求，粤港澳都迫切需要创新各自的内部公共治理，提高定制化人力资源培育的效率，开发人口潜能；而不是通过空间协调，来转移人口老龄化、住房短缺、医疗供给不足等公共问题。

3. 对外公共治理协作比对内公共治理协作更为重要

当前大湾区建设思维尤其强调湾区内部的公共治理协作，如交通基建的协调、创新产业合作、公共服务协调供给等。然而，这牵涉粤港澳三地间诸多利益的调整，容易在港澳内部引起反弹，从而影响合作进展；但是在共同服务国家发展大局、建设功能各异的支点过程中，粤港澳事实上有诸多海外拓展的共同利益，既更为重要又共识较多，不易引起内部反对，由此，加强对外拓展的公共事务领域的协作治理，对于粤

---

① 决胜全面建成小康社会　夺取新时代中国特色社会主义伟大胜利［EB/OL］. 中国政府网，2017-10-18.

港澳来说,更有意义,也更易取得实质性进展。

4. 公共事务协作治理实践比建立协作治理机制更为重要

虽然,随着粤港澳经贸联系的密切化,三地已经建立起以行政协议为顶层设计,以合作联席会议、专责小组为基础的协作治理机制,不少学者主张进一步完善与强化协作治理机制,以此为抓手,推进粤港澳大湾区建设和三地间深化合作。然而,与谨慎推进粤港澳一体化同理,粤港澳大湾区的价值并非融合,而在于制度多元化并存。因为粤港澳经贸联系密切化带来公共事务的增多,为协作治理奠定了物质基础。由此,大湾区有必要以保持三方制度特性为原则、以创新跨境合作为宗旨,围绕具体公共事务推进实质性的协作治理实践,从中总结探索更为务实的合作机构与机制,而不是程序相反。

5. 创建弹性合作机制比建设固态合作机构更为重要

不少学者主张构建粤港澳大湾区的多方协作机构,来统筹推进湾区合作事项。这对于有准备、有组织、有序推进合作研究与政策制定来讲,确有必要。然而,政策研究需要与政策执行有所区分。常设协作机构的设立原理与授权属性需严格遵循宪法与《基本法》规定,保障港澳的基本权利。除此之外,更为务实与重要的是,由于公共事务协作应对的需要,各方合作更易取得进展,且具体公共事务存在差异,所需协作机制也有必要采取定制化原则。因此,当前阶段粤港澳更应建构具有弹性的合作机制,以提升协作治理效率与效果。

总体来说,就像 40 年前,珠三角成为打开国内市场的"试管"与"先锋"一样,在当前时代,大湾区有必要成为中国走向全球市场的"新试管""新先锋"。为实现这一目标,有必要赋予"一国两制"新的时代意义,即通过大湾区内部的分工、联动、协作,发挥两种制度、三个独立关税区、两大法系、多元文化并存且协同发展的优势,服务于国家战略性转型及多层面国际交往需要;而非"为合作而合作"、通过"融合""一体化"消弭差异,使大湾区泯然等同于一般意义上的城市群,这会加大内部制度、文化矛盾冲突的风险,特别地会丧失服务于国家发展大局的重要功能。

第二节　打造陕西为支撑泛长江经济带的发展性支点

"一带一路"倡议提出伊始，陕西便积极行动，从确立定位，到开通"长安号"班列，再到发布年度行动计划，陕西的参与建设取得显著进展，但也存在不足之处。面对高质量建设"一带一路"的战略使命，陕西有必要融入并支撑泛长江经济带的产业集聚与转型升级，在协同联结内外市场的过程中，奠定自身发展性支点的地位。

一、陕西参与"一带一路"建设的实效

2015—2019年陕西省共出台了5个年度行动计划，主要围绕"打造内陆改革开放新高地"、发展"交通商贸物流中心、国际产能合作中心、科技教育中心、国际文化旅游中心和丝绸之路金融中心"以及优化环境等推进工作，2018年起又与发展"枢纽经济、门户经济、流动经济"紧密结合，构成陕西参与"一带一路"建设的主要内容。5年多的积极行动对于陕西扩大开放与经济发展来说，具有一定实效；但同时与中西部代表性省市比较起来，还存在一定差距。

（一）取得进展

陕西聚焦"三个经济"和"五大中心"，推进互联互通、国际交流、产能合作等，对于吸引国内外资金，促进地区经济发展，起到了有力的推动作用。

1. 通达性交通提高"长安号"实现井喷式增长

综合交通运输体系建设是陕西"三个经济"和"交通商贸物流中心"发展的重心所在。陕西是西部交通枢纽，2017年铁路营运里程4972千米，占全国的3.9%；公路里程17.4万千米，占全国的3.7%，比2001年的2.7%上升1个百分点。为了提高西向通达能力，陕西着力推进"长安号"开通运行。自"长安号"开行以来，随着各项基础设施的建设与完善，开行规模不断扩大。2013—2014年开行46列；2015年开行95列，超过上一年的2倍；2016年开行151列，同比增长59%，其中首开回程3列；2017年开行194列，运送货物总重约23.2万吨，年度开行总量排名全国班列第17位。2018年，西安国际港务区以全年开行千列为目标，多管齐下寻求突破，全年开行量达到1235列，运送货物71.9万吨，货值达205亿元，比上年分别增长537%、210%和648%。从占全国比重来看，2017年"长安号"开行列数仅占全国的5.3%，2018年达到19.6%。"长安号"的货物品类主要有工业原材料、机械设备、建材、工业零配件、

食品、轻工产品等六大类共计 200 多个品种。出口货物品类主要涵盖：机械设备、工业原材料、五金工具、建材、家用电器、家具、工艺品、服装鞋帽、日用品、电子产品、汽车整车和零配件及水果等品类。而进口的商品种类也日益丰富。如今，进口货物品类主要包括整车汽车及零配件、机电设备木材、棉纱、绿豆、小麦、食用油、蜂蜜、绿豆、妇婴用品、化妆品、生活日用品等（见图 4-11）。

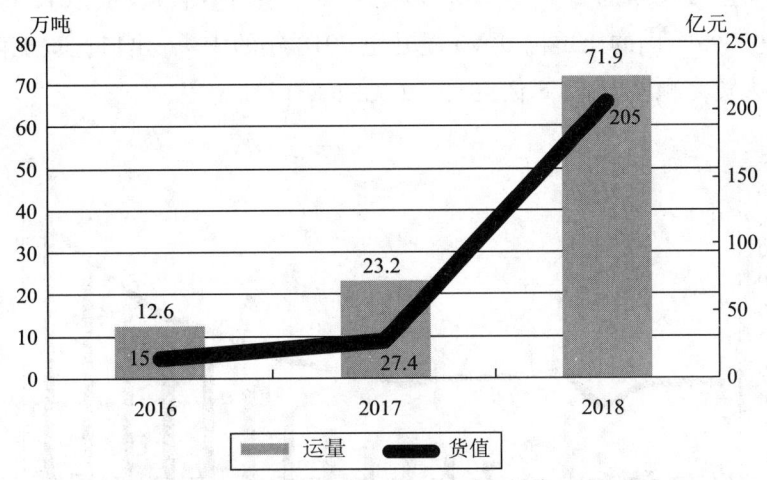

图 4-11　2016—2018 年"长安号"运量与货值

资料来源：根据西安国际港务区公开资料整理

2. 国际旅游中心建设取得显著成效

作为拥有丰富历史文化资源的省份，陕西将之作为"一带一路"建设的突破点。在丰富旅游项目、办好大型会展、打造特色品牌等各项工作全力推进过程中，陕西在国内外入境游人次和收入方面，都取得迅猛增长。2017 年，陕西入境旅游人数 383.7 万人次，国际旅游收入 211 亿元，比 2013 年的 104 亿元增长了 1 倍；国内游客达 5 亿人次，占到全国的近 10%，国内旅游收入 4603 亿元，为历史最高水平；旅游总收入相当于 GDP 比重在 2017 年达 22%，而 2000 年仅为 8.3%，2010 年为 9.7%（见图 4-12）。

3. 在投资驱动过程中，陕西经济增长与开放水平得到提升

20 世纪末，陕西经济总量和开放程度在全国属于较低水平之列。1998 年，GDP 占到全国的 1.8%，工业比重为 1.5%，进口比重为 0.7%，出口比重仅为 0.6%。"西部大开发"的实施，使陕西加大了投资力度，推动产业聚集和经济总量的提升。2008 年以后，陕西继续加大投资驱动力度，"三个经济""五大中心"的政策布局对于吸引投资起到积极作用。21 世纪以来，陕西吸引外资占全国的比重由 2000 年的 0.7% 提升至 2008 年的 1%，2012 年增至 1.3%；投资吸引力增强与营商环境的优化，促进了外资流入。2016年，陕西实际利用外资额占到全国的2%，为历史最高水平。从经济增长动力来看，投资成为首要驱动力。2008年，陕西资本形成占比为62.9%，其中固定资产投资占比为60.2%；到2012年，两者分别达到68.6%和67.1%的高水平，随后有所下降，到2017年仍然分别为65.8%和64.6%。最终消费拉动经济增长的比重则由2008年的47.4%降至2017年的44.2%。在投资驱动和扩大开放过程中，陕西工业聚集占全国的比重攀升至2017年的2.9%，GDP占比为2.7%；进出口也从2012年的历史低点快速提升，进口占全国的比重由0.4%提升至2018年的1%，出口比重也由0.4%升至1.2%，并扩大贸易顺差至85.8亿美元①（见图4-13）。

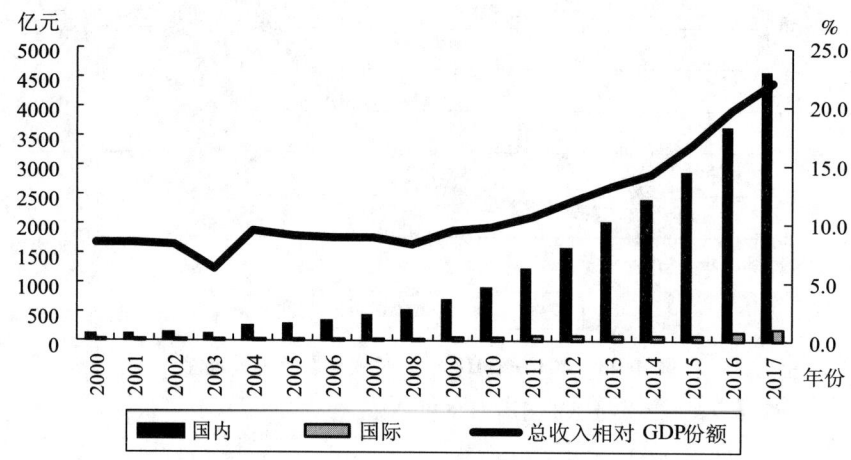

图4-12　2000—2017年陕西旅游国内外收入及相当于GDP的份额

资料来源：根据《陕西统计年鉴》（2006—2018）数据计算

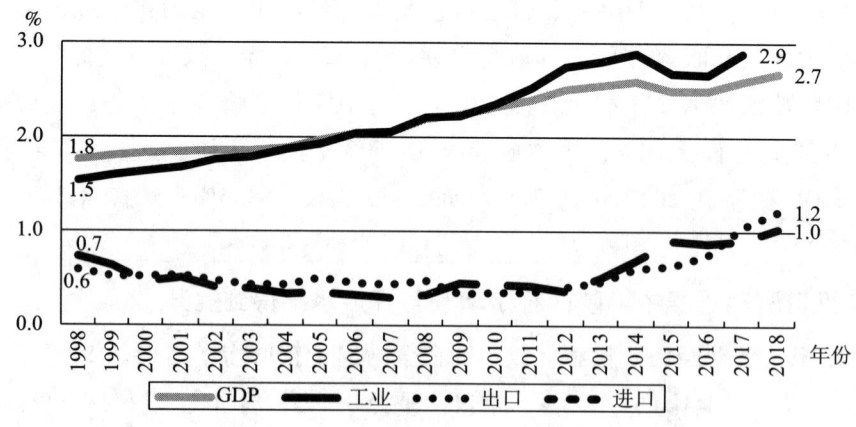

图4-13　1998—2018年陕西主要经济指标占全国比重

资料来源：根据《陕西统计年鉴（2006—2018）》数据计算

---

① 资料来源：根据CEIC数据计算。

（二）仍有差距

陕西推动"一带一路"建设以来，在工业聚集和经济增长方面都取得了显著的进展，同为中西部主要省份，1998—2017 年，陕西工业占全国的比重提升 1.4%，同期重庆提升 0.4%、四川提升 0.5%、河南提升 0.9%；1998—2018 年，陕西 GDP 占全国比重提升 1.1 个百分点，同期重庆提升 0.3%、四川提升 0.2%、河南提升 0.1%，陕西是增幅最为显著的省份。但是，就"一带一路"建设着重推进的开放程度和制造业聚集程度而言，陕西与中西部同类省市仍然存在一定差距。

1998 年，陕西出口占全国比重为 0.6%，重庆为 0.3%、四川 0.7%、河南 0.7%，到 2018 年，陕西提升至 1.2%，重庆则升至 1.8%、四川 1.9%、河南 2.3%；从进口占全国比重而言，1998 年陕西为 0.7%，重庆为 0.2%、四川为 0.9%、河南为 0.5%，到 2018 年，陕西增至 1%，重庆为 1%、四川为 2.1%、河南为 1.4%；从制造业聚集来看，以制造业工业销售产值占全国比重来衡量，2012—2016 年，陕西由 1.3% 升至 1.5%，同期重庆由 1.5% 升至 2.1%，四川由 3.2% 升至 3.5%，河南由 5.4% 升至 7%。可见，在这几项标志开放进展与制造业集聚程度的指标方面，陕西都是涨幅最小的，同时与其他中西部主要省市在全国地位中进一步拉大差距（见表 4-5）。

表 4-5　1998—2018 年中西部四省市进出口及制造业工业销售产值占全国比重　　　　%

	年份	重庆	四川	河南	陕西
出口	1998	0.3	0.7	0.7	0.6
	2008	0.4	0.7	0.9	0.5
	2018	1.8	1.9	2.3	1.2
	1998—2018 变化	1.6	1.3	1.6	0.6
进口	1998	0.2	0.9	0.5	0.7
	2008	0.3	0.8	0.7	0.3
	2018	1.0	2.1	1.4	1.0
	1998—2018 变化	0.8	1.3	0.8	0.3
制造业工业销售产值	2012	1.5	3.2	5.4	1.3
	2016	2.1	3.5	7.0	1.5
	2012—2016 变化	0.6	0.3	1.5	0.2

数据来源：根据 CEIC 数据计算

二、陕西融入并支撑泛长江经济带的必要性

作为西北地区发展水平相对最高的省份，陕西生产制造基础仍然较为薄弱，这对于其自身分工深化、产业升级相对不利。在文化资源与教育科研资源较为丰富的基础上，

陕西需要与广阔的腹地紧密联结,才能获得发展支撑,并发挥服务国家大局的积极作用。

(一) 陕西需要扩张腹地以获得自身发展的支撑

陕西在有力的政策推动下获得中西部省市中相对较快的发展速度,但实体产业及其进出口能力仍然增长乏力,究其根源在于产业基础薄弱。作为西北部体量较为有限的省份,陕西需要依托东南向腹地拓展,即融入泛长江经济带,以获得自身发展的支撑。

1. 陕西生产制造基础薄弱,对于支撑分工深化、产业升级来讲相对乏力

西部大开发以来,陕西大幅推进工业化进程,第一产业比重由1998年的18.3%下降至2018年的7.4%;工业比重由1998年的34.3%攀升至2012年的47.4%达到峰值,随后下降,2017年占GDP的39.7%;2018年第二产业仍然占比49.7%,为最大的产业部门,第三产业占比为42.8%。但是,从陕西工业构成来看,能源化工产业占据主要地位,2017年占整个工业的37.9%;与初级产品生产相关的其他工业包括有色冶金工业,占工业比重的11.1%;非金属矿物制品业,占比5.8%;技术含量相对较高的装备制造业比重为15.1%,总体规模相对有限。在新科技产业革命爆发的时代,现代服务业与生产制造的全面融合与再造,是孕育新兴科技与扩大生产能力的必经过程;生产制造基础,对于孕育新兴服务业与高新技术而言,是必要母体。陕西在生产制造基础薄弱的形势下,除了自身强化规模扩张,还有必要与生产制造群落相对接,以获得分工支撑(见图4-14)。

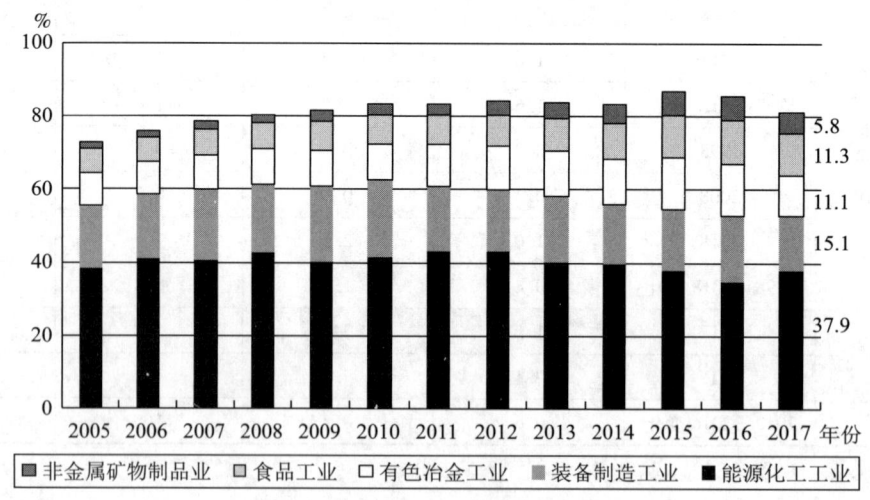

图4-14 2005—2017年陕西工业主要构成

资料来源:根据《陕西统计年鉴(2006—2018)》数据计算

2. 陕西难以从西北向腹地获得有力支撑

甘肃、宁夏、青海、新疆是陕西的西北向省份，其中甘肃与陕西共建关中—天水经济区，2018 年 1 月，国务院正式批准《关中平原城市群发展规划》，除了既往的关天经济圈，山西部分城市也被纳入。就整个西北地区而言，除了人口占全国的比重接近 5% 之外，其他比重都相对较低。从 GDP 总量而言，西北地区 2010—2018 年占全国的比重基本维持在 3.1% 左右的水平；工业比重在 21 世纪初为 2.7%，2015—2017 年一直维持在 2.3%；消费品零售额在 2010—2018 年仅占全国的 2.4%；进口比重在 1.2% 左右波动，出口比重则从 2010 年的 1% 降至 2018 年的 0.9%；代表研发水平的专利授权数有小幅上升，但也仅是从 2010 年占全国的 0.8% 升至 2017 年的 1.4%。从山西的发展来看，2018 年 GDP 总量约占全国的 1.8%；工业比重由 2008 年的 2.6% 下降至 2017 年的 1.9%；2018 年出口比重仅为 0.7%，进口比重为 0.4%。由此，对于陕西而言，西北向腹地的整体经济体量较小，且分布的地域面积广阔，难以形成有力的腹地支撑，来提供陕西作为中心省份实现产业升级的分工基础（见图 4-15）。

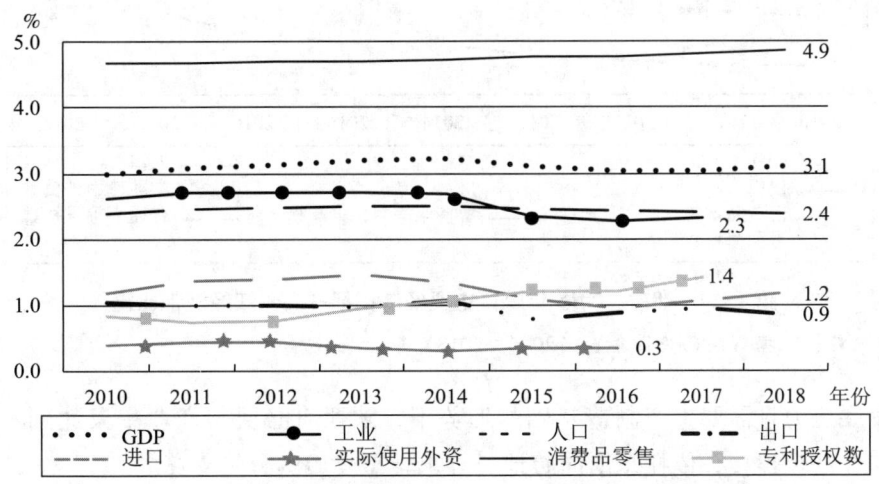

图 4-15 2010—2018 年西北地区主要经济指标占全国的比重

说明：西北地区包括甘肃、青海、宁夏、新疆、西藏。

资料来源：根据 CEIC 数据库计算

3. 陕西仍有发挥作用的优势

陕西是三线建设重镇，曾经聚集起较大规模的教育、科研、重工军工基础，在新科技产业革命兴起、泛长江经济带生产制造升级的形势下，陕西具有一定的比较优势。2018 年，陕西人口 3900 万，位居泛长江经济带的第 10 位，仅多于上海、重庆和贵州，占到整个地区的 5.3%。从进出口、实际使用外资、消费品零售等指标来看，陕西占整个泛长江经济带的比重较低，能够有所贡献的程度有限，但从部分经济指标的表现来看，仍然相对突出。一是陕西普通高等学校数占到泛长江经济带总体的 6% 以上，2017 年为 6.8%，在 13 省市中位居第 9 位，比重庆多近 30 所高等学校；二是陕西每年普通本专科毕业生数量占优，2017 年占到泛长江经济带所有省市的 7.7%，位居第 7 位；三是陕西的工业比重 2017 年占到 5.5%，超过了人口占比；四是陕西近年来专利授权数增长显著，2016 年为 4.8 万项，位居泛长江经济带第 7 位，占比为 5.3%，2017 年有所下滑。在教育、科研、工业基础等资源方面，陕西仍具有在泛长江经济带发展的比较优势（见图 4-16）。

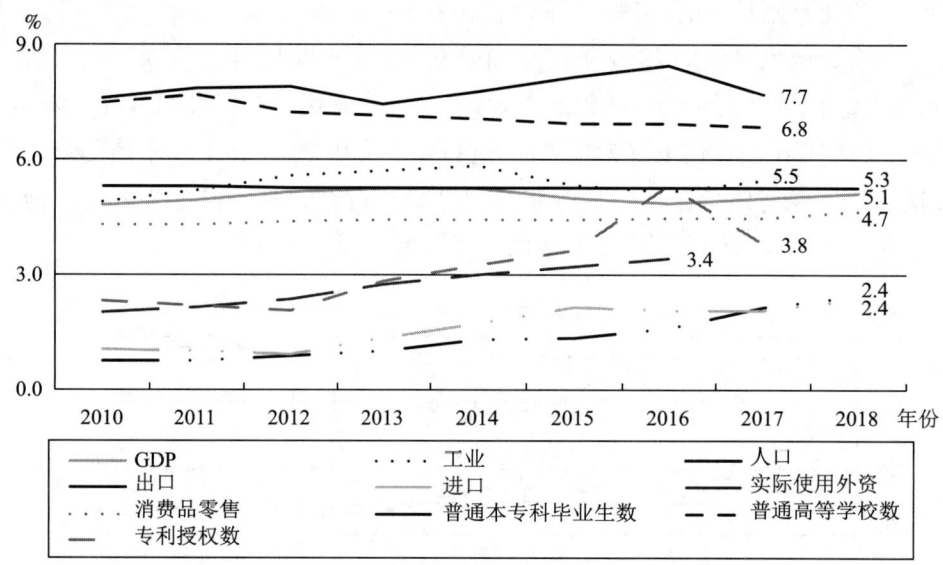

图 4-16　2010—2018 年陕西主要经济指标占泛长江经济带比重

资料来源：根据《陕西统计年鉴（2006—2018）》数据计算

在发展乏力且需要生产制造基础的形势下，陕西有必要与产业集聚达到一定规模的泛长江经济带连接，依托东南向腹地，寻求转型发展的分工支撑。

（二）国家发展大局的需要

陕西支撑泛长江经济带崛起，也是国家发展大局的需要。

1. 陕西能够提供一定的工业支撑

在中国参与东亚及全球分工达到当前水平的阶段，需要进一步促进泛长江经济带生产制造集聚效应的扩大，特别是通过公共治理创新，提供创新创业、分工深化、产业升级的动力。陕西的生产制造基础并不雄厚，但在能源化工、航空航天、汽车等工业领域仍具有一定优势。发挥陕西装备制造业对于泛长江经济带生产制造集聚的规模扩张作用，以及能源化工产业的初级产品供给作用，有助于泛长江经济带的发展壮大。

2. 陕西能够提供教育科研支撑

教育、科研资源的累积耗时漫长，且不易转移。陕西在三线建设时期累积起显著的教育科研优势，对于新科技革命兴起而言，是宝贵的财富。泛长江经济带处于承接加工制造初期，对于专业人才培养、科学创新、技术研发等具有强劲需求，陕西在对接战略重心区的生产制造体系过程中，定制式发展科创产业、教育培训产业，对于支撑泛长江经济带崛起能够发挥重要的推动作用。

3. 陕西是西向对外联结的重要支点

泛长江经济带提供了国家"陆海内外联动、东西双向互济"全面开放新格局的聚集基础与开放动力，其中西向开放通道的开辟与畅通，是战略重心区发展及扩大开放的重要组成部分。陕西地处西向开放通道的中心位置，"长安号"陆路通道、临空经济示范区打造的空中通道，为联结欧亚市场提供了越来越多元、便捷的软硬件设施与服务，有助于提高泛长江经济带西向通道的通达性。

可见，泛长江经济带的做大做强，是国家转型升级、扩大东西双向开放的战略核心，陕西所具有的地理位置、资源储备等，能够为泛长江经济带崛起提供重要助力。

三、陕西建构发展性支点的路向选择

作为资源条件相对有限的西部省份，陕西需要融入国家及全球分工格局，在差异化分工及支撑战略重心区转型升级过程中，建构自身"一带一路"发展性支点的角色与地位。

（一）功能建构

陕西经济发展水平较低，还不足以引领国家转型升级；但相对于西北省份而言，仍处于优势地位，肩负着引领西北地区发展的使命，且构成新型开放格局中的重要组成部分，陕西有必要建设服务国家大局的发展性支点。面对"一带一路"建设、西向开放、泛长江经济带崛起的历史机遇，陕西需顺应形势、精准定位，在参与区域生产网络的过程中循序建构经济功能，奠定自身发展壮大的基础。

1. 人文交流与国际治理平台

陕西历史文化资源丰富，在建设国际文化旅游中心过程中，已经取得显著成效。但是，旅游属于消费型服务，其产业深化及辐射拉动力相对有限，对劳动力的技术含量要求不高，虽然具有容易吸纳就业的特点，但也不利于从业者技能的提升；且耗费社会资源较多，大规模的人员流动及其外来性消费，带来物价上涨，本地生活成本上升。所以，陕西需要集约利用历史文化资源，使其在发挥自身优势过程中，创造更大的社会功能与作用。在"一带一路"建设和西向开放过程中，中国需要大幅度推动国际交往和协调治理，促进跨国跨文化交往与达成共识，特别是建构服务于"一带一路"

建设的国际治理机制，大势所趋且迫在眉睫。陕西是古丝绸之路的起点，重要的多元文化交融中心，所拥有的丰富历史文化为国际交流与交往提供了基础、平台和条件。充分发挥文化资源优势，延伸文化旅游的功能与价值，建构主权范围内的人文交流、交往与国际治理平台，是陕西悠久历史焕发时代活力的必要选择。2017年，陕西入境游384万人次，占全国1.4亿总人次的2.8%；国际旅游收入27亿美元，占全国1234亿美元的2.2%，占陕西旅游总收入的比重从2001年的15.5%下降至2017年的4.4%。陕西接待国际游客的进展与其自身所拥有国际文化旅游资源的优势并不匹配，大幅推进国际人文交往，特别是从景点游，进一步拓展延伸到商务游，再推进国际商务交往与治理协作，是陕西需要建构的新型功能。

2. 西向进口分拨中心与集散枢纽

中欧班列的开通，使东中西部物流节点省份和城市竞相启动营运，2016年，《中欧班列建设发展规划（2016—2020年）》印发，规划部署设立43个枢纽节点，建设发展43条运行线，其中，成都、重庆、西安、郑州、武汉等成为重要节点。2018年，中欧班列开行6300列，位居首位的是中欧班列（成都），共开行1587列，是国内开行数量最多、运行频次最高、辐射区域最广、运输时效最优的中欧班列；位居其次的是中欧班列（重庆），开行1442列；中欧班列（西安）——"长安号"位居第三，2018年开行1235列；后续的是中欧班列（郑州）开行752列，中欧班列（武汉）开行423列。从中欧班列的方向构成来看，2018年西向去程开行了3610列，返程开行2690列。由于中国的生产制造中心主要聚集在长江经济带中下游、华南地区，且出口能力强劲；欧洲地区以区域内贸易为主，向东亚出口有限。因此，货流从中国东南部向西北运行成为主要特征。由于成都、武汉、河南等更为接近中国生产制造聚集区，具有地理区位的优势，西安在中东部货品向欧洲流动的诸多物流节点中，并不具有绝对竞争优势；也难以像中欧班列（重庆）一样，本地货源提供强劲的吞吐支撑。因此，陕西在西向出口通道及流动枢纽建设中，缺乏显著的竞争力。然而，陕西是西北部地区中最首要、最稳定、营商环境相对最好的社会经济中心，且向东辐射东北、华北、华中、华南，由此，对于欧洲向东亚的货品流动，西安具有分拨、中转、集散的显著区位优势，做强、做大这一功能是西安成为西向通道物流与经济"枢纽"的可行切入点。2018年，"长安号"在中欧班列中重载率、货运量和实际开行量均位居全国第一，很重要的原因在于，中欧方向去程开行227列，回程开行413列，回程货多于去程货，这大幅提高了班列的开行效率。① 减少与中西部出口通道及物流枢纽的竞争，发挥区位优势，做强西向进口通道与集散枢纽的功能，有利于陕西通过差异化定位，更高效地服务于泛长江经济带的产业集聚与扩大开放，以及自身的高质量发展。

---

① 中欧班列2018年开行发运数据及分析总结［EB/OL］.乐宝物流，2019.6.6.

3. 硬科技研发与制造中心

西安在陕西的经济总量、外资外贸、科教资源方面都占据绝对优势地位，三线建设时期的布局调整，使西安科研院所与高校资源富集，军工企业传统基础雄厚。20世纪90年代后，西安抓住开发区建设机遇，首批参与发展高新技术产业开发区，从而推动高新技术产业不断兴起。目前，西安高新区形成了以半导体、智能终端、软件和信息服务、生物医药产业链4个千亿级产业集群为支撑的新一代信息技术产业链；在高端装备制造领域，已形成汽车制造、能源装备、特种装备的研发与制造产业链。在生产制造总量相对有限的形势下，西安所聚集的全国航空、航天、兵器工业1/3以上的科研单位、专业人才及制造力量，为其融入泛长江经济带、发展硬科技之都提供了肥沃土壤。西安的硬科技，涵盖人工智能、航空航天、生物技术、光电芯片、信息技术、新材料、新能源、智能制造等八大代表性产业集群。2017年8月，《中共西安市委关于落实"五新"战略任务加快补齐"十大短板"的决定》正式通过，强调打造硬科技"八路军"，塑造西安为硬科技之都。目前，世界500强企业有100多家落户西安，法国安盛、美国伊顿、普利司通、力成半导体等项目先后投产；IBM、三星、华为、中兴等硬科技企业落户建厂。这些都为西安发展硬科技研发与制造中心奠定了坚实的基础。然而，在产业链深度分工的当前时代，硬科技的衍生并非独立进行，更重要的是依赖于上下游产业体系的配合并与其共生演进。因此，依托泛长江经济带庞大的生产制造群落，以及东亚区域生产网络，陕西西安的硬科技之都才可能找到可持续发展的制造基础与分工支撑；并且，西安硬科技产业发展，也能为泛长江经济带的产业升级提供动力。

4. 内外人才教育与培训基地

陕西独特的优势使其在国内外专业人才的培养方面具有较大潜力。其一，"一带一路"所经国家众多，空间辽阔，地理、民族、历史、文化、宗教、政治差异极大，国情民意较为复杂，这些宏观环境的复杂性决定了其所需人才的特殊性。依托于多元的历史文化资源和教育条件，陕西有必要肩负起国际化人才的培养任务，包括留学生的来华教育，生产、技术及管理人员的来华培训。其二，在硬科技之都打造过程中，陕西也面临着高科技人才的培养使命。其三，泛长江经济带的崛起，对于熟练劳动力、复合型技术人才产生巨大需求，作为教育培训资源较为丰富的省份，陕西有必要发挥优势，为泛长江经济带生产制造群落的聚集及技术升级，提供定制化人才的培养及训练服务，以实现共赢。在人才培养基地的建设过程中，结合数字、网络及智能技术，陕西能够为硬科技发展创造有效的"教育应用"场景，从而为新兴科技产业发展提供助力。

（二）主要举措

陕西发展性支点功能的建构需要在利用既有优势、对接及融入泛长江经济带分工网络的过程中循序推进，泛长江经济带生产网络的规模扩张、分工深化与内外市场联结等为陕西发展性支点建构提供土壤，陕西在服务并支撑泛长江经济带发展过程中奠定差异化分工地位，进而辐射、引领周边及西北腹地发展与转型。为了推动这一互动机制启动运行，陕西除了加大自身建设之外，还有必要强化定制式联结，以便利要素商品的流动与高效配置。

1. 定制化提高通达程度，主要是西北向联通中亚欧洲，东南向联通泛长江经济带，以及发展空运与陆运，提高人流、信息流的流通便利性

陕西新型功能的建构将集中地体现为大规模多向的人流与信息流，以及货流自西向输入、向东分拨。由此，空港、信息港、陆港及其联通网络是陕西通达性建设的主要内容。在空港建设方面，网络辐射范围的广泛性、高效便捷、强化接驳是关注要点。在信息港建设方面，需要着力于现代化基础设施的配备、高速通道的保障、数字监管能力的提升等。在陆港建设方面，有必要通过"进出联动"来建构新型功能，即进出口双向货量互动提升过程中，形成具有竞争力的优势。"长安号"的战略定位需要短期与长期综合考虑，就短期而言，主要依靠出口货流建构欧亚物流通道功能，同时从货源挖掘、分拨集散、消费市场拓展等角度培育进口货流，实现"以出促进"；就长期而言，随着进口集散枢纽功能的成型，稳定的进口货流和重载率得到保障，有利于降低"长安号"的整体运输成本，从而为吸引出口货流创造条件，实现"以进固出"。

2. 寻求差异化分工，聚焦主导产业，完善全产业链，融入区域生产网络，提高异质产品和服务的供给效率与竞争力

陕西工业部类齐全，但规模有限，这对于资源并不丰富的西部省份而言，不利于形成各个产业的规模经济效应以及进一步分工深化。陕西有必要以硬科技为核心，收窄工业发展范围，寻求在区域生产制造群落中的差异性分工地位，聚焦主导产业，形成重点突破。由于创新型产业对外部分工生态的依赖性强，政策推动起效慢，短期内不易形成成果，但长期可产生替代性小的核心竞争力。因此，对于新兴产业的培育，需要规避短期行为，而应从战略角度出发，充分利用市场机制，健全延伸至公共服务的全产业链功能，为微观主体提供从市场通达到要素供给便利等全方位的生态环境，以培育并激发市场活力，最终形成异质产品和服务的可持续竞争力，提高对战略重心区的供给能力与效率。

3. 强化开发区、行政区的分工协作与统筹协调，提高培育与发展目标产业所需定制化公共服务体系的供给效率

西安是陕西装备制造业和服务业的核心聚集区，其发展功能主要由各个国际级、省级开发区承担，行政区以负责公共服务供给为主。由于开发区聚集，且整体资源有限，开发区之间的竞争虽有利于提升激励效应，但一定程度的投资分散也带来产业集聚效应下降的隐患。另外开发区与行政区协作不力，使社会生态的内部整合效应难以

发挥。由此，陕西有必要以形成整体集聚效应为目标，强化开发区之间的分工与协作，以及在全产业链的层面联结开发区与行政区，使之功能对接，既有分工，更互相协同，最终提升定制化公共服务体系的供给效率，服务于目标产业的发展。

4. 在地区治理中推广自贸区贸易便利化、投资便利化、营商便利化等经验，重构公共治理与行政管理体系，提高整体经营环境的公共治理效率与水平

陕西是西北地区唯一一个设立自贸试验区的省份，运行两年多以来，通过学习东部、自主创新，陕西自贸区建设取得显著进展。为促进新型功能的建构，陕西有必要将自贸区建设所取得的促进贸易便利化、投资便利化、营商便利化等经验加以推广，特别是融入地方公共治理创新领域，从整体经营环境角度提高公共服务供给和公共治理的质量与效率。特别是创新与重构行政管理体系，使之符合产业竞争力提升、营商环境优化的需要，释放市场活力，加强有效规管，政府行为与市场主体协作，共同提高市场竞争力。

总体来说，陕西新型功能的建构，不在于孤立地推动目标产业发展，而需要在融入泛长江经济带及区域生产网络的过程中，通过互动联结，来形成自身的差异化分工，进而在异质产业规模扩张和分工深化过程中，奠定自身发展性支点的功能和地位。

第五章　创建"多式联运港区城"支点及高速通道

第一节　创新"多式联运港区城"支点建设模式

世界经济发展过程中，最主要的城市中心绝大多数均为海港城市，这并非历史偶然，而是社会生产流通体系运作的客观表现。近代以来，欠发达国家和地区基于这一市场规律，通过治理创新促进产业与人口集聚，兴起引领区域经济发展的中心城市，取得显著进展。面向未来，把握全球分工深化的历史机遇，创新"多式联运港区城"支点建设模式，依托其联结为"枢纽—干线—网络"高速通道体系，是高质量建设"一带一路"的必要选择。

一、海港城市的历史演进及其启示

交通是联结生产地与消费市场必不可少的工具与手段。自船舶技术有所突破，水运、继而海运因显著的规模运输效应，而成为全球货物流动的首要方式；流通便利加速产业聚集、继而演进升级，海港城市不仅在历史发展中，而且在当前时代，都成为支撑全球经济兴起与繁荣的联通枢纽和引领中心。

（一）海港城市的历史演进

纵观世界经济变迁史，海港城市兴起后，其始终扮演着重要角色，从早期的商贸中心，到工业城市，再到国际金融中心，引领着地区及全球经济发展。

1. 基于水运出现港口城市雏形

人类早期的经济活动和社会生活基本由陆地主宰，即处于陆权时代。伴随着借水承载货物的运输技术有所突破，逐步兴起基于水运流通和贸易的港口城市雏形。公元前14、15世纪的腓尼基，就凭借卓越的航海技术探寻从非洲西海岸到塞浦路斯、西班牙甚至不列颠群岛的广阔世界，通过与强大邻邦进行货物贸易丰富城市生活。在东方，始于公元前200年、繁荣于公元7~10世纪的陆上丝绸之路使中国长安成为颇具"世界性"的大都市；但随着形成于秦汉的海上丝绸之路兴起，陆上丝绸之路及其中心城市趋于衰落，中国泉州则成为宋元时期与亚历山大里亚齐名的"世界第一大港"。在西方，威尼斯最早从小部分流亡者开始，因他们在渔猎、贸易和航海方面练就的技能，威尼斯逐渐控制欧洲与阿拉伯世界的贸易往来，自身开始聚集的玻璃制品、丝绸纺织品、图书、军需品和珠宝加工等亦为东西方贸易提供支撑，威尼斯成为中世纪繁荣的国际贸易中心。不难发现，在人类社会跨区域交往早期，一些交通便利、拥有较先进运输技术和工具的港口城市在贸易和商业的集聚过程中兴起；但受地理位置和运输条件限制，所聚集的规模还相对有限，并因贸易规模较小、经济腹地转移，以及商人迁徙使商业港口城市往往不具有可持续发展的基础和能力。

2. 海权时代到来与海港城市初兴

"海权"概念是由美国著名的海军战略家马汉创立的。随着航海技术的不断累积与突破，葡萄牙和西班牙开启人类的地理大发现，海运船舶以强大的承载和远行能力而正式宣告海权时代的到来。地理大发现所引起的"商业革命"，使得欧洲与亚、非、美等洲之间的经贸联系日益紧密，世界市场开始形成并逐渐扩大，种类繁多的商品在更大的范围内广泛流通，贸易中心开始由地中海转移到大西洋沿岸。商贸活动的繁荣和集聚给工业发展提供了驱动力，人口的增长及收入的增加则不断地为市场带来庞大的需求量。在这种环境下，欧洲各国的城市化进程不断加快，尤其是在各沿海地区陆续涌现出一大批港口城市。这些早期的港口城市大部分都以商业贸易为主，个别港口还存在着一些与城市生活有关的手工业。17世纪初，荷兰通过创办规模巨大的股份公司——荷兰东印度公司（1602）和西印度公司（1621）大力发展商业和殖民贸易，阿姆斯特丹的转口贸易居欧洲之冠，是欧洲最大的仓储中心和世界商品的集散地；随着荷兰大力发展航运业、造船业、金融业等，阿姆斯特丹成为世界上第一个真正意义上的国际贸易、航运和金融中心。① 对于公元1000—1500年这个时期来说，新航线的开辟意味着新贸易区的出现，在海运贸易的引领下，东西方建立起一定程度的国际经济联系。国际商贸流通活动的集聚使国际贸易、航运、金融型港口城市逐步兴起，并促使工商业有所发展；但在工业革命前，国与国之间的分工主要基于自然资源禀赋，即各自既有资源基础上的初级产品间的交换，分工的有限性尚无力提供城市持续发展的基础和支撑。

3. 工业化支撑海港城市奠定世界经济中心地位

就在远洋运输打开世界市场时，生产得以更高程度地聚集，庞大的要素需求与商品吞吐，提供了以港兴城的强大支撑。第一次工业革命爆发，英国成为引领国，曼彻斯特、伯明翰等成为纺织制造及冶炼中心，伦敦凭借优越的港口条件和殖民体系运作成为贸易、航运、金融、制造业集聚中心。第二次以钢铁、铁路为代表的重工业技术革命率先在德国兴起，内河航运的发展使法兰克福也具有相当于贸易中心的功能，继

---

① 余秀荣. 国际金融中心历史变迁与功能演进研究［M］. 北京：中国金融出版社，2011. 47-50.

而成为金融、制造业中心。19世纪中叶，美国在铁路大建设过程中，抓住重工业兴起的机遇，五大湖制造带迅猛兴起。伊利运河、圣劳伦斯航道的开通将五大湖制造带与哈德逊河、纽约联结起来，形成巨大的国际、内陆航运系统。在重工业集聚过程中，金融、贸易、航运、生产性服务、制造业等集聚纽约，使纽约成为新兴港口城市与国际经济中心。二战后的日本，在东部制造带集聚汽车、电子、重化工等产业过程中，东京成为生产制造、金融服务与贸易航运中心。随着以日本为首引领雁形分工格局在东亚地区展开，中国香港、中国台湾、韩国、新加坡等地，在促使产业集聚过程中推动工业化进程，崛起为新兴港口城市。

4. 海港城市演进升级，继续成为全球经济引领中心

由于水运特别是海运的规模效应，进入海权时代，在流通与生产的聚集作用下，海港城市往往率先成为区域经济中心。工业化兴起后，生产的扩张为分工深化奠定基础，海港城市因产业聚集、继而演进升级，不断成为生产性服务、社会性服务等先进产业的聚集地，并进一步引领区域及全球经济发展。英国拉夫堡大学全球化与世界城市研究中心（GaWC）基于弗里德曼、沙森和卡斯特等的研究，采用175大全球领先的服务公司和525个城市的交叉资料进行因素分析/主成分分析，考察各城市对外连接程度，而后区分为Alpha、Beta及Gamma三级世界城市。[①] 对比2000—2016年的领先世界城市，除了米兰、北京并无水港外，Alpha+以上的城市均为水港特别是海港城市；其中，伦敦、纽约是工业化兴起后一直处于引领地位的全球城市；新加坡、中国香港、东京是二战后兴起的世界城市；迪拜和上海则是21世纪以来快速崛起的新兴世界城市。它们在引领区域及全球经济发展过程中，都扮演着核心角色（见表5-1）。

表5-1 2000—2016年GaWC的Alpha+及以上城市　　　　　　%

年份	2000	2004	2008	2010	2012	2016
A++	伦敦（1）	伦敦（1）	伦敦（1）	伦敦（1）	伦敦（1）	伦敦（1）
	纽约（2）	纽约（2）	纽约（2）	纽约（2）	纽约（2）	纽约（2）
A+	香港（3）	香港（3）	香港（3）	香港（3）	香港（3）	新加坡（3）
	巴黎（4）	巴黎（4）	巴黎（4）	巴黎（4）	巴黎（4）	香港（4）
	东京（5）	东京（5）	新加坡（5）	新加坡（5）	新加坡（5）	巴黎（5）
	新加坡（6）	新加坡（6）	东京（6）	东京（6）	上海（6）	北京（6）
			悉尼（7）	上海（7）	东京（7）	东京（7）
			米兰（8）	芝加哥（8）	北京（8）	迪拜（8）
			上海（9）	迪拜（9）	悉尼（9）	上海（9）
			北京（10）	悉尼（10）	迪拜（10）	

数据来源：拉夫堡大学GaWC. http://www.lboro.ac.uk/gawc/world2000t.html.

---

① P. J. Taylor. Specification of the World City Network [J]. Geographical Analysis, 2001, 33 (2): 181-194.

（二）海港城市发展的启示

海港是一种特殊的空间区位。德国学者高兹于 1934 年发表《海港区位论》，创立了以海港和腹地之间关系为基础的海港区位理论。① 胡佛认为港口、铁路枢纽作为转运点，是发展工业的理想区位。② 塔弗、古尔德等从交通联系的视角对港口与腹地间的空间演化进行了研究，指出随着交通的发展，腹地货流趋于集中。③ 霍伊尔、平德尔以港口经济发展、城市地域扩张及经济发展之间的相互影响为主要研究内容，对港口工业化做了专门论述。④ 国内的惠凯从市场供给和需求两个角度指出腹地资源向港口集聚，发展临港产业集群是港口发展的趋势。⑤

在港城关系方面，塔夫—莫里尔—顾尔德模型开创了现代港城发展动力模型研究的先河。该模型认为，导致港口区位空间格局发生变化的因素，首先是交通网络扩张，从而提高腹地交通便利程度；其次是"龙头港"的产生和港口序列的形成过程。由于交通的扩张和龙头港的带动，港口腹地的经济也随着港口沿线的发展而发展。港口所在城市因港口腹地扩充而加快建设。此后英国地理学家伯德提出的"港口通用模型"，即 Anyport 模型，指出在港口发展的不同阶段，该研究堪称关于港口与城市空间关系的最早探讨。⑥ 此外，藤田研究了影响港口城市发展的因素及其规模等问题。⑦

需要看到，海港和城市，作为要素及产品输出入通道和产业及人口聚集的空间载体，其联动关系及其演化，最终取决于再生产循环的变迁与发展。

陆权时期，海洋是天堑，海港并无太多发展的条件与空间。随着船舶制造技术的突破，特别是远洋运输方式的兴起，海港作为大规模运输的吞吐平台，为集聚与分工机制发挥作用提供可能性，也使海港与城市得以联动发展。

第一，海港是要素和商品吞吐的通道和平台。要素的输入和产品的输出，是再生产得以持续的前提条件。在海权时代，海港及海洋运输方式，具备强大的货物吞吐以及联结广泛的国际市场的能力，这为生产聚集创造了重要条件（见图 5-1）。

---

① 刘继生等. 区位论 [M]. 南京：江苏教育出版社，1994.
② 经济地理学导论 [M]. 上海：华东师范大学出版社，1992.
③ Taaffe E J, Morrill R L., Gould P R.. Transport expansion in underdeveloped countries [J]. Geographical Review, 1963 (53)：502-529.
④ Hoyle B S. and Pinder D A. (eds.). City port industrialization and regional development: Spatial analysis and planning strategies [M]. Oxford: Pergamon Press 1981: 23-339.
⑤ 惠凯. 产业集群形成中的"临港优势" [J]. 大连理工大学学报（社会科学版），2004 (3).
⑥ 王海平，刘秉镰. 港口与城市经济发展 [M]. 北京：中国经济出版社，2002.
⑦ 刘秉镰. 港城关系机理分析 [J]. 港口经济，2002 (3).

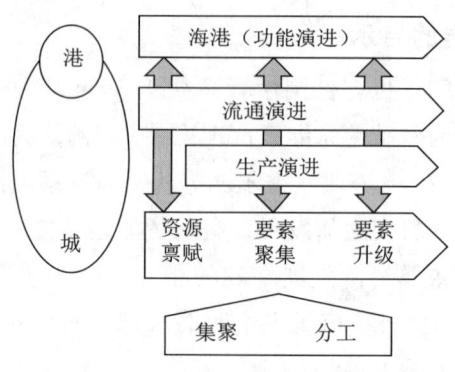

图 5-1 港城联动发展机制

第二，初始阶段海港的兴起主要依赖于资源禀赋。在没有生产聚集的初期，供和求两方面的动力，来自港口腹地的自然资源禀赋。一方面是独特资源储备使港口的功能主要是货物输出港；另一方面源自需求能力，使港口扮演货物输入港的功能。

第三，由于港口具有货物输出入从而联结广阔市场的功能，从而驱使集聚机制发挥作用，生产开始聚集，带动相应的要素、劳动者、社会人口聚集，并表现为城市空间形态，港城联动关系形成。由于生产具有较强的可持续发展能力，港城的互动支撑力加强。

第四，生产的发展特别是规模的扩大，使分工趋于深化，由此衍生出新的产业，特别是要素投入的升级、人力资源的累积，促使产业由制造业向服务业演进，生产结构的变化导致要素和产品流动发生实质性变化，港口所承载的货物吞吐功能相对弱化，航运服务功能等有所发展。

由此可知，港城联动关系的驱动机制在于集聚与分工的互动发展，流通能力的强大，为生产聚集创造条件；而生产集聚规模越大，能够给予海港更大的吞吐支撑；最终当分工深化、产业转型时，港口城市的功能相应演进。

二、融入治理的"港区城"模式兴起

海港具有规模化的吞吐与市场联结能力，从而为产业聚集、城市兴起创造条件。在世界经济演进过程中，港产城联动关系的形成耗时漫长，且具有不确定性。近代以来，以新加坡为代表的城市型经济体，开始通过治理创新，促进港产城联动，以实现既定经济目标。

（一）新加坡促进"港区城"联动的探索与实践

新加坡位于马来半岛南端，马六甲海峡的东入口。英殖民时期，新加坡是东南亚重要的中转港。随着印度尼西亚、马来西亚获得独立，英国人撤军，新加坡的中转港和被殖民地工业遭受重创；缺乏城市建设，经济社会活动主要集中在仅占全国面积

第五章 创建"多式联运港区城"支点及高速通道

1.2%的约8平方千米的市中心区，人口密集、交通拥挤，发展空间受到极大限制。独立初期，产业发展、就业、住房等问题成为困扰新加坡政府的严峻挑战。

20世纪60年代之前，新加坡西南部的滨海地带为荒芜之地，大部分地貌是丘陵和沼泽，拆迁量较少，土地稍加平整就可以发展工业；又靠近天然良港裕廊港，取水较为方便。因此，新加坡政府在西南端开发建设裕廊港，依托港口、结合城市配套建立现代化大型工业区——裕廊工业园，通过促进港产城关系联动，来实现城市经济发展。

1965年，裕廊港在裕廊工业区南岸启动建设，以满足园区内厂商的原料和货物进出需求。此后裕廊港不断扩建，成为亚洲最大的散装货运港。起初，由于工业园产业规模尚小，主要建设的是散货码头，发展大宗散货物流。后期随着产业的壮大，逐步增加集装箱码头建设，裕廊港已发展成为新加坡唯一可以装卸散货、项目工程件杂货、集装箱货和常规杂货的多用途港口，拥有新加坡规模最大的码头仓库。此外，新加坡政府还于1969年在裕廊港区内设立自由贸易区，专门支持裕廊港发展转口贸易。21世纪，裕廊化工岛建设完成，相应开发服务于石化工业的散液泊位，服务于岛上石化工厂的工业原料供给；同时还建设服务于海事工业的离岸海事中心。

裕廊工业园的兴建，是将原来分散、杂乱、小规模的工业企业集中到统一规划建设的工业园区中；借此改善工业的空间组织与布局，优化企业之间的产协作流程，促进企业之间共享基础设施，并加强园区的生态环境保护。打造现代规模化的园区，一方面有利于向海外招商引资；另一方面也为本土的工业企业搬迁提供承接载体。目前，裕廊集团已开发土地面积达6000公顷，入驻约7000家本土和跨国公司，工业产值占全国2/3以上。园区的主导产业从最初的出口加工制造等逐步向通信技术、生命科学等高附加值产业领域延伸，形成了完整的产业链，使临港经济渐趋成熟。

在工业园区附近，主要规划建设住宅区和各种生活设施（组屋、邻里中心等），和园区内的港口、产业同步发展。园区开发的新城镇兴建了学校、科学馆、商场、体育馆、银行、娱乐设施等生活配套设施，为园区内港区和产业提供金融、生活、通信等服务，使裕廊工业园成为产城综合体，大大促进了劳动力的集聚。

由此，港区、自由贸易区、工业区、生活区依次相邻，使得裕廊综合工业区既是工业生产基地和生活居住区，又是转口贸易的活动场所，港口、物流、工业和商贸互动发展。

20世纪80年代至今，随着裕廊工业区产业升级的不断深化，裕廊工业区的港区城联动关系逐渐复杂化。在产业和港口的互动方面，一方面，劳动密集型产业逐渐被淘汰，传统的临港工业朝资本技术密集型方向发展，对港口吞吐量的支撑作用有限；另一方面，承载新兴的高附加值产业的科学园、商务园等园区主要依靠知识、技术要素来驱动发展，对于港口的依赖很弱。在这种背景下，裕廊港开始拓展其他方面的业务，如加大转口贸易比例、改善服务质量吸引货源、提供高附加值港口服务等等。同时，新建的科学园、商务园等园区的特点是采用功能混合型园区发展模型，集商业、办公、居住等于一体，提供企业合作和创新机会，并创造了一种与社会紧密联系的透明化的社区精神园区，为集聚高层次人才提供针对性的生活和商务配套服务。由此，园区发展为集科技工业、居住、办公、商业于一体的配套完整的综合工业区。

在新加坡的实践中，港口作为吞吐的平台、园区作为提供产业集聚服务的载体、城市作为要素与人口聚集的空间，在政府的主导作用下，通过顶层设计、组织建构、充分发挥市场机制作用，来促使产业与人口聚集、城市发展，由此创新"港区城"城市开发与建设模式。

（二）发展"港区城"模式的必要性

新加坡的创新实践加速了城市经济发展过程，也使治理助推"港城"联动的"港区城"模式成为重要的经验借鉴。随着流通技术发展、分工越趋深化，"港区城"模式是推动城市兴起的重要选择。

1. 集聚具有累积强化的自组织特征

集聚是空间经济学的核心概念，在将运输成本理解为"冰山成本"——运输过程中损耗的基础上，中心外围模型，中心集聚取决于三个要素：运输成本、收益递增和可自由流动要素比重，运输成本越小、收益递增越大、可自由流动要素比重越大，一旦达到突变点，产业就越趋向于中心集聚，克鲁格曼认为集聚的力量主要来自前后向关联。[①] 在此基本模型基础上，该理论认为，城市人口增加到一定程度将向周围扩散，导致新城市出现，并在城市间向心力和离心力的作用下，因行业规模、经济程度和运输成本各异而形成城市层级结构。城市结构的未来趋势取决于"市场潜力"参数，一旦中心形成，就会通过自我强化不断扩大规模，并打破起初的区位优势和原有集聚的自我维持优势，开始新的空间自组织。在国际范围内，要素禀赋对国际分工虽有一定作用，但集聚会产生新的分工基础。由于国界存在，中心外围模型的产业关联效应受到影响，但在关联效应、贸易成本等因素的作用下，同样会产生不同范围和程度的专业化过程，即特定产业向若干国家集聚，形成国际分工。建立在集聚基础上的空间经济理论，将收益递增效应、产业发展与分工深化、空间布局及其变迁等构建于统一的分析框架，为系统地研究区域、城市等空间聚集问题提供重要工具与方法。运输成本、收益递增效应、生产可流动性及突变点，成为影响集聚自组织机制是否累积强化的重要条件。

2. 提供集聚所需条件为治理融入港城联动创造契机

随着交通、运输、通信等技术的发展，要素、商品和人员的流动性大幅提升，这

---

① 藤田昌久，克鲁格曼等. 空间经济学：城市、区域与国际贸易 [M]. 梁琦等译. 北京：中国人民大学出版社，2005.

为满足集聚所需要的条件及达到突变点创造了有利环境。特别是针对流通、生产提供针对性的公共服务及改进治理方式，从而创造集聚形成的环境和条件，这就使港——流通枢纽，与城——产业与人口聚集空间，之间的有效联动成为可能。流通枢纽联结起更广泛的市场，腹地的拓展提升生产聚集的网络，并产生更大规模的吞吐需求；生产与消费的循环互动，使产业、人口集中，城市兴起；与此同时，城市及腹地自身也产生强大的消费能力，对外部供给形成需求；流通枢纽在此过程中得以强化，并随着产业集聚产生的分工演进而逐步变迁。以园区为载体提供公共服务或治理功能，使"港城"关系转化为"港区城"模式，并能够大幅提高"港城"联动的效率（见图5-2）。

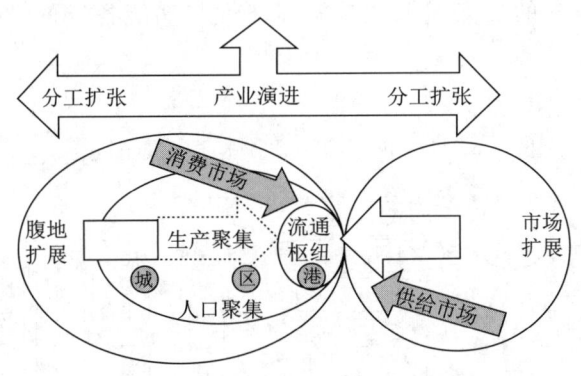

图 5-2 "港区城"的发展机制

3. 模块网络化生产方式兴起，使"港区城"联动成为必要选择

模块网络化生产方式兴起，使生产流程不断深化分解，其一，产生生产流程之间、生产与消费之间的联结需求大幅度攀升，否则难以完成完整的再生产循环，这对高效流通提出很高的要求；其二，生产环节的模块化分解，使模块厂商对定制化公共服务产生大量需求，这需要公共服务也通过模块分解、网络联结的方式组织供给，也就是说，产业链需要从私人品生产，继续向公共品供给领域延伸，并紧密联结形成全产业链，多元化的组织协同参与公共服务供给或提供治理服务。特别是随着创新继而人心智开发的重要性上升，服务于人力资本培育的教育、医疗、卫生、住房、环境等各类公共服务的需求相应大幅度攀升，这使城市作为人力资源池培育的主要空间载体，肩负着越趋重要的职责。由此，作为流通枢纽的"港口"、作为提供不同层次公共性公共品的"园区"和"城市"，联结为完整的再生产循环，是新兴生产方式下的必要选择。

三、创新"多式联运港区城"支点建设模式及通道建构

"一带一路"的具体推进方法与路径关系到全局的得失成败，提高建设效率、尽早取得收获是重要原则与目标。基于"集聚系统论"，只有从生产、流通、消费各环节入手，促使规模效应形成，才能产生集聚的自组织机制并累积强化。由于"一带一路"

沿线地区发展条件有限,从"流通"建设出发,并不一定能够驱动起集聚机制、促进地方发展,进而影响"流通"建设的成效、加大机会成本。因此,有必要基于"生产、流通、消费相统一"理念,从打造既有与潜在集聚支点出发,定制高效"流通"体系,以推进"一带一路"的高质量建设。

(一) 建设"多式联运港区城"支点

除肩负保障地缘安全使命的安全性战略支点之外,带动地区工业化、城市化的发展性支点,和引领产业与地区转型的升级性支点,都需要驱动"生产、流通、消费"再循环的累积强化发展,主要是主导异质产业、所辖分工网络范围、角色与功能等存在差异。"一带一路"的支点建构就是发展属性与功能各异的"港区城"联动机制(见图5-3)。

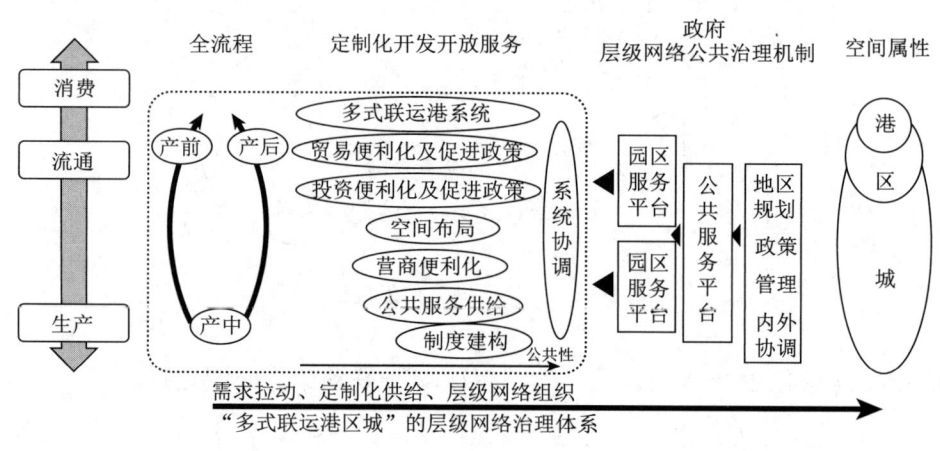

图5-3 "一带一路"的"多式联运港区城"支点建构

1. 交通运输方式的变革决定基于不同地理特征可以发展各异的"多式联运港区城"支点

海洋运输曾是历史上规模效应最为显著的流通方式,因此,海港支点是"港区城"支点的首要形式。随着小批量、多批次运输需求的攀升,以及高速公路、高速铁路、航空等运输方式的现代化,多种运输方式所能达到的规模效应不断提升,由此为多元"港区城"支点建设提供可能。然而,陆地联通远比海洋联通复杂,为提高运输效率与流通的规模效应,发展多式联运是必要选择。因此,基于不同的地理特征,"一带一路"就需要建构各异的"多式联运港区城"支点。

2. 以园区为载体,加速吸引先进技术、资金和管理经验,促进主导产业链条的分工深化

随着主导产业规模扩张、流程分解,将引致生产性服务、流通性服务的衍生,并构成生产流程的分支模块,反过来支撑实体产业的技术升级;生产制造、生产性服务、流通性服务协同发展，共同构成产业发展平台。为支撑本地产业聚集与发展，有必要提供贸易、投资便利化条件，这就需要开放程度更高的产业园区、开发区等，提供定制化的公共服务，以吸引服务于产业链体系分工深化的先进技术和资金等。通过产业园区，一方面可以发挥集聚效应，另一方面便于集中提供公共治理领域的创新服务，以及规避外资流入带来的负面影响。

3. 在城市空间中，发展个人及社会性服务，培育人力资源池，建构社会发展平台，支撑产业发展平台的运行

产业发展平台的运行对高质素人力资源的需求不断攀升，而人力资源的培育有赖于个人服务及社会性服务的供给，特别是教育、医疗、住房等社会性服务，对于提高家庭生活质量、继而个人发育与成长至关重要。此外，人口与产业聚集的物理空间供给、即园区与城市规划建设等，亦是产业发展平台高效运作的必要支撑。反过来，产业发展平台的技术升级和高效生产，可以为社会发展平台的分工深化提供生产与服务支持。

4. 基于城市层面的全生态系统协调

所谓全生态，就是产业集聚、生产性服务衍生、流通性服务发展、社会性服务兴起、产品产出、要素输入、内外经济联系形成，这并不是相互独立、彼此割裂的，而是内在联结、供求对接、具有自组织性、人口与产业有机融合的完整系统，它们依据空间专业化原则在港口、园区、城市层面有机布局，这也是社会制度建构其上可以良性循环的经济基础，构成社会经济系统可持续发展的基本生态。由此，促成产业体系的全生态联结与协调，促使港区城内在联动，是自主转型机制在港口城市得以建构的必要条件。

5. 依据集聚规模化要求协调全流程开发开放服务

生产涉及产前、产中、产后全部流程，其中，产前、产后环节要求要素、商品流动便利，产中环节要求要素供应、上下游对接、经营便利等得到保障；并且，全流程只有紧密连接，才能促使生产循环往复并形成集聚。由此，为了便利全流程运作及其连接，其一需要提供开放服务，包括多式联运港系统为硬件联通设施，贸易与投资便利化及促进政策是软件联通设施，服务于要素和商品的自由流动；其二，需要提供开发服务，包括空间的布局合理、内部交通便利、营商环境便利化、拥有法律制度保障等优良的市场环境与设施，服务于生产经营的聚集；教育、医疗、卫生等公共服务供给为人力资源开发、要素供给提供支撑，继而促进集聚；其三，强化系统协调，以确保公共服务彼此协调，共同保障生产经营的全流程顺畅运转。即为了促使集聚规模化，有必要提供全流程定制化开发开放服务。

6. 创新层级网络公共治理体系以提高定制化公共服务的供给效率

全流程开发开放服务涉及领域与主体众多、任务复杂，为了提高供给效率，有必

要根据公共服务的公共性差异确定供给机构与方式，对于涉及有限主体的公共服务，如促使特定产业的生产集聚，设立园区服务平台；对于涉及地区整体的要素培育，如教育、医疗等公共服务供给，设立地区性服务平台；对于涉及全局与系统的规划、管理等，需要由顶层机构展开协调。并且，在满足异质公共服务需求过程中，有必要依据模块网络化原理，通过公共服务供给流程模块分解、网络联结的方式进行组织创新。由此，服务于支点建设，有必要创建层级网络式公共治理体系，以提高定制化公共服务供给效率。

对于达不到规模化集聚水平的地区，"多式联运港区城"建设模式同样具有借鉴意义，即通过促进"港区城"联动推动地方发展，成为"一带一路"的参与节点，对于投资者而言具有投资价值，但在"一带一路"全局中难以承载枢纽性支点的角色与功能。

（二）基于"多式联运港区城"支点建构高速通道体系

"多式联运港区城"支点的建构既需要具备规模化流通条件，自身集聚的同时将提供大规模的要素与商品吞吐，并且，支点的生产集聚辐射影响周边腹地的要素和商品流动，由此，"一带一路"硬件联通设施有必要基于"多式联运港港区城"支点建构"枢纽—干线—网络"式的高速通道体系。

首先，以"多式联运港区城"支点为枢纽，建构支点间的干线运输设施，将为"一带一路"提供高速通道。"枢纽—干线"为彼此提供规模化运输支撑，一是有利于提高运输设施的利用率，二是减少散点建设的高昂成本及潜在风险，三是加快市场通达性建设，由此尽快形成具有商业价值的"一带一路"高速通道。

其次，以"多式联运港区城"支点为枢纽，建设辐射周边的支线网络，提高集疏运能力，有利于扩张腹地范围，为支点的集散货提供源泉与支撑，并促进支点的集聚机制形成与发挥作用。

最后，"多式联运港区城"支点与干线运输架构的高速通道建设既需要顶层设计，但又不能完全局限于事前规划，"多式联运港区城"支点建设是否取得成效，决定了能否成为流通枢纽，继而决定所连接交通设施能否成为干线。因此，"枢纽—干线"高速通道又是动态调整的建构过程，支点形成既可能开辟干线通道；支点建设不力又能使干线设施失去经济功能，并降低其利用率。

第二节　郑州空港城市的建设实践

郑州凭借其航空枢纽的位置打造全国重要的航空港经济集聚区和中原经济区的核心增长极，是中国"一带一路"建设的国内重要支点。郑州航空港现已设立八大园区，重点发展八大产业集群，提升城市发展能力。郑州空港城市建设明确空港与产业关系、产业集聚与城市发展关系，形成了航空港、产业园区和空港城市的协同发展效应。未来的郑州将加快综合交通枢纽建设、临空产业聚集与开放经济模式创新，以增强中原经济区的发展核心力和丝绸之路经济带的城市产业价值链。

一、郑州建设空港城市的背景与历程

（一）郑州建设空港城市的背景与动因

郑州航空港区全称为郑州航空港经济综合实验区，是国内首个集航空、高铁、城际铁路、地铁、高速公路于一体的国家级航空港经济综合实验区。2013年3月7日，国务院批复《郑州航空港经济综合实验区发展规划（2013—2025年）》成立了该区，以期凭借其航空枢纽的位置吸引航空运输业、高端制造业和现代服务业集聚发展，打造全国重要的航空港经济集聚区和中原经济区的核心增长极。

1. 全球化的发展

随着信息技术的进步，跨国公司的蓬勃发展以及各国市场经济体制的改革，使得设计、生产、组装、消费与维修可以在不同国家进行。加上大数据的发展以及顾客需求的变化，企业越来越追求用最快的速度生产出顾客需要的产品，这就加速了航空运输的发展，特别是多式联运的发展，国际航空枢纽正朝提供批发、配送、仓储、出口加工等全方位增值服务的方向发展。

2. 航空经济成为区域经济发展新动力

纵观世界经济的发展历程，以交通运输为核心的技术革新和相关基础设施产业的发展始终是推动经济社会进步的重要因素。世界经济正在迎来继海运、河运、铁路、公路之后的"第五冲击波"，临空经济在全球范围内方兴未艾，并逐渐成为内陆经济转型发展和提升国际竞争优势的重要手段。[①] 当前，国内越来越多的内陆城市，尤其是

---

① 何枭吟."一带一路"建设中内陆节点城市临空经济发展建议[J]. 经济纵横, 2015 (09): 13-16.

"一带一路"节点城市,以机场为核心发展临空产业或依托机场打造空港城市,郑州就是其中之一。临空经济作为新的经济形态,其特点是依靠机场便捷发达的交通网络体系,发展与临空紧密结合的关联性产业,如航空物流、航空制造产业等。因产业链延伸广、产业附加值高、产业聚集效应明显,是地方促进产业转型升级的优先选择。在海运、河运、铁路、公路时代,郑州等内陆城市不具备沿边沿海的地理优势和对外开放优势,如何依托机场发展临空经济或建设空港城市来促进产业结构优化,带动区域经济发展成为内陆城市发展临空经济面临的首要问题。

3. 现实需求

随着世界经济一体化的迅猛发展和发达国家新一轮产业梯度的转移,河南传统交通运输方式优势不断弱化,航空运输以其速度优势在经济社会发展中发挥着越来越重要的作用。但由于历史原因,民航一直是妨碍河南省构建综合交通运输体系的一大短板。为促进区域经济更好地发展,河南要尽快补足短板,充分发挥民航在构建交通运输体系中的龙头作用。

4. 自身优势

交通区位优势突出。郑州航空港在地理位置上处于我国内陆腹地,便于接入主要航路航线、连接东西南北航线。且郑州地处国家"两横三纵"城市化战略格局中陆桥通道和京哈京广通道的交汇处,是中国重要的公路、铁路、航空、通信兼具的综合交通枢纽,在连接东西、贯通南北中发挥着重要作用。拥有亚洲最大的列车编组站和中国最大的零担货物转运站。与其他地方相比,便于开展联程联运,有利于辐射京津冀、长三角、珠三角、成渝等主要经济区,具有发展航空运输的独特优势。

产业基础和发展形势良好。郑州机场货邮吞吐量增速居全国重要机场前列,依托机场的航运网络,在已有产业的基础上,通过打造产业集聚平台、引进外资等一系列措施,郑州航空港区吸引了许多与临空紧密结合的关联性产业,高端制造业以及现代服务业快速发展,呈现出航空枢纽建设和航空关联产业互动发展的良好局面。

5. 政策支持

国务院、省委省政府高度重视郑州航空经济的发展,为空港城市的建设提供了有力的政策支持。

2007年,河南省委、省政府在全国率先提出"民航优先发展战略",在时任副省长张大卫的主导下,制定了《郑州国际航空枢纽暨港区建设规划纲要》,提出将郑州新郑国际机场建设成全国大型枢纽机场和国际货运枢纽的远景规划目标。2008年,鉴于郑州新郑国际机场优越的区位优势和良好发展势头,国家民航局在《关于加强国家公共航空运输体系建设的若干意见》中把郑州新郑国际机场定为全国八大区域性枢纽之一。2009年,时任河南省省长郭庚茂视察郑州新郑国际机场,指出沿海发展靠海港、内陆发展靠空港,要实现内陆地区的又好又快发展,必须充分发挥民航运输业在全省综合交通运输体系中的龙头作用,依托航空运输通道将全球性资源、产业和人才进行集聚,形成具有高附加值的产业平台,从而支撑和推动郑汴一体化与中原城市群经济社会的建设及发展。同年,在常务副省长李克的主导下,中国城市规划设计研究院深圳分院重新调整了规划方案,确定了"一核两区一环"的空间布局结构。2010年6月,经过多轮谈判,河南省与富士康科技集团达成合作协议。富士康科技集团承诺利用郑州新郑综合保税区布局生产基地,并在省内其他地区配套相关项目。经过积极努力,2010年10月4日,位于航空港区的郑州新郑综合保税区获国务院批准设立,成为全国第13个、中部地区唯一的综合保税区,为河南省外向型经济的发展提供了重要战略平台。2013年3月7日,《郑州航空港经济综合实验区发展规划(2013—2025年)》获批,实验区建设正式启动。

(二)郑州推进空港城市建设的历程

2007年10月,为加快郑州国际航空枢纽建设,河南省委、省政府批准设立郑州航空港区。2010年10月24日,经国务院批准正式设立郑州新郑综合保税区。2012年11月17日,国务院批准《中原经济区规划》,提出以郑州航空港为主体,以综合保税区和关联产业园区为载体,以综合交通枢纽为依托,以发展航空货运为突破口,建设郑州航空港经济综合实验区。2013年3月7日,国务院批准《郑州航空港经济综合实验区发展规划(2013—2025年)》,标志着全国首个航空港经济发展先行区正式起航。

郑州航空港区获批后,河南省委、省政府确定了"市管为主、省级扶助"和"两级三层"的管理体制,并为郑州航空港区设立了专门的领导小组,除此之外,还建立了港区建设领导小组"周协调、月督查"的监督制度。在《郑州航空港京津综合试验区发展规划(2013—2015年)》的总规划领导下,河南采取国际招标的方法吸引国内外专家为郑州航空港区的发展制定了专业而详细的规划,2014年上半年,郑州航空港概念性总体规划经河南省委审议通过并印发实施。河南省出台《关于支持郑州航空港经济综合实验区发展的若干政策》和《关于郑州航空港经济综合实验区与省直部门建立直通车制度的实施意见》,在工业、信息业、商业和房地产业等多项产业中开设"绿色通道",为航空港区内各类事项的办理开辟了方便高效的渠道。

郑州航空港区充分发挥政策优势,形成开放体制并坚持以招商引资带动全局。2013年,郑州航空港首次引入飞机制造企业,并逐步研发生产。2015年,中国民生投资股份有限公司与郑州航空港实验区在郑州签署战略合作框架协议,主要投资新能源、航空物流等领域,助力郑州航空港实验区发展。2016年,阿里云中部创业创新基地项目在郑州航空港区开工。2018年,郑州航空港实验区27个重点项目集中开工,总投资达146.9亿元。

郑州在推进空港城市的建设历程中,对基础设施的建设与生态环境的保护都进行了详细规划，以形成更适宜的人居生活环境为目标，在美食、居住、购物、旅游、出行、娱乐、教育和医疗等方面均有稳步发展。2016年，纯电动公交在港区试运营。2017年，1号线二期工程两条地铁线于1月12日11：56同时开通。在教育资源上，2003年，郑州航空港经济综合实验区实验小学正式成立，占地2万平方米，建筑面积5200平方米。2010年，郑州一中国际航空港实验学校正式成立。2012年，航空港区第一所公办幼儿园绿苑幼儿园建立，周边环境良好，交通便利，隶属于郑州航空港经济综合实验区社会事业局。至此，郑州航空港区的教育资源覆盖了从幼儿到初高中的全部范围，教育事业取得进一步发展。在环境保护与智能生活方面，2015年，郑州航空港实验区产业集聚地配套工程项目——"智能生活小镇"正式开建，"智能生活小镇"项目是一个功能复合、绿色环保、集研发与生活于一体的综合性项目。2016年，双鹤湖中央公园项目开工建设，公园将向世界多角度、多方面地展示实验区绿色、低碳的环保理念。

郑州从政治体制建设、产业发展和社会基础设施建设等多个方面大力推进空港城市的建设，使得航空港区距离成为国际航空物流中心、以航空经济为引领的现代产业基地、内陆地区对外开放重要门户、现代航空都市、中原经济区核心增长极的目标更近一步。

二、郑州航空港的建设进展

（一）郑州航空港的概念特点与战略定位

航空港是指由民用航空机场和有关服务设施构成的整体，是保证飞机安全起降的基地和空运旅客、货物的集散地。徐淑红（2016）指出，根据《民用机场管理条例》中规定的航空港的公共基础设施定位：具有准公用产品、自然垄断性、收费性、正外部性和基础产业等属性，这些属性与航空港的自身属性共同构成了航空港的双重属性，即公益性与收益性。航空港一般可以分为飞行区、航站区和延伸区。飞行区具有明显的公益性特点，因为飞机起降服务的收入总是小于维护费用、初始投资的折旧等成本；航站区与延伸区显然具有很强的营利性，由于航站区特殊的地理位置（机场周边较为空旷）和航站楼内稳定的客流来源（机场乘客），延伸区具有稳定的客货来源，因此两区都具有较高的收益。

郑州航空港作为中国首个上升为国家战略的航空港经济发展先行区，明确其战略定位对航空港的建设具有重要意义，在一定程度上战略地位即为航空港的发展方向。根据《郑州航空港经济综合实验区发展规划》可知，郑州航空港的战略定位包括以下5个方面：

第一，国际航空物流中心。建设郑州国际航空货运机场，进一步发展连接世界重要枢纽机场和主要经济体的航空物流通道，完善陆空衔接的现代综合运输体系，提升货运中转和集疏能力，逐步发展成为全国重要的国际航空物流中心。

第二，以航空经济为引领的现代产业基地。发挥航空运输的综合带动作用，强化创新驱动，吸引高端要素集聚，大力发展航空设备制造维修、航空物流等重点产业，培育壮大与航空关联的高端制造业和现代服务业，促进产业集群发展，形成全球生产和消费供应链重要节点。

第三，内陆地区对外开放重要门户。提升航空港开放门户功能，推进综合保税区、保税物流中心发展和陆空口岸建设，完善国际化营商环境，提升参与国际产业分工层次，构建开放型经济体系，建设富有活力的开放新高地。

第四，现代航空都市。树立生态文明理念，坚持集约、智能、绿色、低碳发展，优化实验区空间布局，以航兴区、以区促航、产城融合，建设具有较高品位和国际化程度的城市综合服务区，形成空港、产业、居住、生态功能区共同支撑的航空都市。

第五，中原经济区核心增长极。强化产业集聚和综合服务功能，增强综合实力，延伸面向周边区域的产业和服务链，推动与郑州中心城区、郑汴新区联动发展，建设成为中原经济区最具发展活力和增长潜力的区域。

（二）新郑国际机场的建设

郑州新郑国际机场简称"新郑机场"，位于河南省郑州市新郑市，为4F级民用机场，是中国八大区域性枢纽机场之一、国际航空货运枢纽机场、国内大型航空枢纽机场、区域性枢纽机场和中南机场群成员。新郑机场目前共有T1、T2两座航站楼，其中T1航站楼总建筑面积为12.8万平方米，设计容量1580万人次，机位数量55个，T1航站楼早在1997年便投入使用。T2航站楼则是在航空港区设立以后于2015年正式投入使用，总建筑面积达48.6万平方米，设计容量为2900万人次，机位数量为83个。新郑机场拥有2条跑道，分别为第一跑道和第二跑道，等级均为4F级，其中第一跑道的长度为3400米，宽度60米，第二跑道的长度为3600米，宽度为60米。

郑州航空港是郑州交通运输发展的主力军，而其近年来能够带动郑州客货运输量大幅度增长的重要原因在于新郑机场的建设改造。2012年12月，郑州新郑国际机场二期工程正式开工建设。新郑机场二期扩建工程项目总投资为154.18亿元，占地面积10563.3亩，是河南省政府重点工程。飞行区设计等级为4F，可保障空中客车A380等四发远程宽体超大客机全重（560吨）起降。郑州新郑国际机场二期扩建空管工程塔台小区土建及配套工程是二期扩建项目中的重点项目。该工程是为新郑国际机场提供空中交通管制、航行情报、导航、气象信息等服务的场所，主要包括航管自动化处理系统、内化系统、数字式航站自动情报服务系统（D-ATIS）、场面监测雷达及多点定位系统、管制运行支持系统等五大系统，是机场飞行区的指挥中心。除此之外，还有配套的供油工程和其他相关生产生活设施和公用设施。并且在扩建机场的同时，航空港引入了高铁、城际铁路、地铁和高速公路等多种交通运输方式，开建"综合交通换乘中心"。2015年12月，郑州新郑国际机场二期工程建成投入使用。至此新郑机场的客货运输能力得到大幅度提升，客货运输量屡创新高。

近5年来，新郑机场的吞吐量处于持续上升状态，其中旅客吞吐量增长率在10%以上，平均增长率保持在15%以上的水平。新郑机场在全国机场的排名也逐年提高，值得一提的是，2017年新郑机场的客货规模首次实现中部机场"双第一"。2017年新郑机场货邮量首次突破了50万吨，共有21家货运航空公司入驻，机场开通货运航线34条，通航城市37个，行业位次上升为第7位（见表5-2）。

表5-2 2013—2017年新郑机场吞吐量及排名

年份	旅客吞吐量（万人次）	同比增长（%）	货邮吞吐量（万吨）	同比增长（%）	起降架次（万架次）	同比增长（%）	全国机场吞吐量排名
2013	1314.00	12.6	25.57	69.1	12.78	17.0	18名
2014	1580.54	20.3	30.04	44.9	14.77	15.5	17名
2015	1729.74	19.4	40.33	8.9	14.45	4.6	17名
2016	2076.32	20.0	45.67	13.2	17.81	15.3	15名
2017	2429.91	17.0	50.27	10.1	19.57	9.9	13名

数据来源：中国民用航空局2013—2017年民航行业发展统计公报

在对机场硬件设施的建设改造之外，新郑机场在管理制度建设方面也做出了一定的改进。为促进通关便利化，新郑机场联合联检单位实施"24小时"预约通关机制；与郑州海关签署战略合作备忘录，创新开展出口货物"提前申报、运抵验放"监管模式；对活体动物和大宗单一商品货物实行"机坪理货、机坪验放"通关模式；深化与检验检疫部门合作，对空运进口的生鲜、冷链等货物实行"提前申报、货到验放"快速查验措施。

（三）航空港交通运输与多式联运体系的建设

交通运输条件与相关基础设施是建设航空港的重中之重，也是航空港取得发展的前提条件。郑州航空港以建设集航空、高铁、地铁、城铁、公路等多种运输方式于一体的"多式联运"立体综合交通枢纽为目标，大力推进航空港交通基础设施建设。

在铁路建设方面，已经形成"三客三货"枢纽，"三客"即郑州站、郑州高铁东站和郑州高铁南站；"三货"包括郑州北编组站、郑州铁路集装箱中心站和郑州南站货邮分拣中心。2017年底，位于航空港区的河南"米"字形高铁重要枢纽站——郑州南站正式开工，根据规划，"米"字形高铁中的郑万、郑阜高铁河南段铺轨工作将于今年完工，并且将加快推进新郑机场至郑州南站城际铁路的建设工作。除了打通国内交通运输网络，郑欧国际铁路货运班列是航空港的另一个重要配套项目，郑欧班列的开通也使得郑州成为丝绸之路经济带上的重要节点。在城际铁路建设中，河南省政府以航空港为中心,推行"1+8"规划建设,即通过8条城际铁路,将中原城市群"1+8"个城市联结起来,构建以航空港为中心的城际铁路交通网络。

在航空交通领域,郑州航空港共开通全货航运线34条,其中国际航线29条,位居中国内陆地区第一名;客运航线共开通187条,其中国际航线26条。目前航空港共吸引43家航空公司入驻,其中包括26家客运航空公司和17家货运航空公司;并且开通了45个城市之间的客车航班。2019年,河南省启动郑州机场三期工程前期工作,新郑机场将开辟更多的航线,加密航班,完善通航点布局。

航空港对公路建设的总体规划可分为四部分:(1)构建实验区"两纵四横"井字形高速公路网格局;(2)构建实验区"三环+放射"快速路网格局;(3)完善实验区对外交通联系,构建"四纵六横"快速路网体系;(4)完善实验区内部路网体系,包括域内道路建设和桥隧工程建设两部分内容。"三环"体系是航空港道路建设的重点项目,其中一环包括燕都大道、滨河西路、金陵大道和豫港路;二环包括双湖大道、豫州大道、渤海大道和华夏大道;三环包含郑民高速辅道、青州大道、南海大道和G107辅道。航空港区内现已建成道路110多条,通车里程325千米,在建道路里程约200千米,按照目前航空港的规划,2018年底区内道路通车里程将达到500千米。

(四)口岸平台建设

郑州航空港的口岸体系功能不断完善,通关便利水平不断提升,辐射带动作用不断增强。航空港目前拥有航空一类口岸,铁路一类、二类口岸,公路二类口岸共4类综合性口岸。航空港还拥有众多特种商品进口指定口岸,包括肉类、活体、水产品、鲜切花、鲜果、汽车等投用口岸,食品、药品、医疗器械、粮食等在建口岸,以及植物、种子等在报口岸。此外,药品口岸——河南省口岸食品药品医疗器械检验检测中心项目也在建设中。航空港为口岸的建设发展提供了五大支撑,河南电子口岸中心实现了端口对外的无纸化办公;跨境电商信息平台处理物件的能力达到100万包;口岸作业区的设立助力了区港联动效应;13国邮包直封权和新郑机场落地签大大提高了口岸工作的效率,促进了贸易便利化的发展。

三、郑州空港园区建设及产业聚集

依据《郑州航空港经济综合实验区发展规划(2013—2025年)》,郑州航空港经济综合实验区三大主导产业为航空物流、高端制造业和现代服务业。现已设立八大园区,重点发展八大产业集群。

(一)八大园区

智能终端(手机)产业园规划面积约20平方千米,包含企业总部、手机研发、手机生产、配套产业、生活服务等功能区,重点引进智能终端产业品牌商、制造商、运营商、物流商，着力打造从手机研发、产品设计、软件开发、整机制造、配件生产到销售、物流、售后服务于一体的智能终端全产业链。目前已签约入区智能终端整机及配套企业116家，已有中兴、天宇等15家企业正式投产。

航空制造维修产业园重点发展飞机总装与维修、飞机零部件、航空电子设备、公务机FBO等产业，积极推进与中航工业、加拿大庞巴迪宇航公司、以色列IAI公司等国内外航空工业龙头企业的战略合作。已有穆尼飞机制造、中汇华翼智能航空产业园等项目落户园区。

生物医药产业园大力发展生物医药、生物农业、生物贸易、生物制造及生物创新服务等产业，2015年，初步形成以生物医药、生物农业为主，研发与生产并重，基础设施配套基本完善的生物产业集群。已有百桥生物、中泽生物、海恩药业、优特生物、中科干细胞、越人医药等项目落户实验区生物医药产业园。

商贸会展产业园依托航空港和综合保税区，重点发展高端商贸会展产业，形成品牌会展与产品交易中心等集聚发展。已有绿地会展城、丹尼斯、裕鸿商务公园、锦荣悦汇城、中瑞大宗商品供应链产业园、中国（郑州）国际商品交易中心、欧洲制造之窗等项目落户园区。

精密机械产业园建设包括数控机床、新材料、智能机器人、3D打印、节能照明、精密机械等产品及上下游配套生产企业高度集聚等产业园。已有友嘉精密机械产业园、蓝宝石器件产业园、名匠智能机器人生产基地等项目落户园区。

电子商务产业园依托机场完善航线网络与综合保税区的保税功能，发挥郑州跨境E贸易试点城市优势，围绕"大物流"构建国际物流分拨配送系统，以发展B2B、B2C、O2O业务为重点，引进国内外电商、物流商、金融服务机构等向物流园集聚。已建有中部国际电商产业园、跨境电商及国际贸易产业园，另有唯品会、苏宁、航投臻品、顺丰电商园、菜鸟、杭州聚多云电商园等项目落户园区。

电子信息产业园积极参与全球电子产品供应链大整合过程，重点发展智能终端、新型显示、计算机及网络设备、云计算、物联网、高端软件等新一代信息技术产业，打造国际电子信息产业基地。已有正威科技城、朝虹电子、台湾软件产业园等项目落户园区。

航空物流产业园重点发展特色产品物流、航空快递物流、国际中转物流、航空物流配套服务。有中外运中部区域空港物流网络枢纽项目、顺丰电商产业园项目、菜鸟"智能骨干网"项目、DHL中西区物流分拨中心、中国邮政速递物流航空邮件处理中心、TCL华中电子商务配送中心、普洛斯空港物流园项目、传化物流项目、邦仁中原国际医院物流创业园项目、中富国际中国（郑州）国际商品交易中心项目、永之兴航空冷链物流园项目、贰仟家企业总部汽车物流园项目、聚多云电子商务产业园项目、大河文化物流园项目、三弦集团食品食材冷链物流港、省航投郑卢双枢纽航空物流基地等20多个项目入驻航空物流产业园区。①

以智能终端、精密机械、生物医药、电子商务、航空物流、航空制造维修、电子信息、现代服务"八大产业集群"发展为重点，航空港实验区加快实施"产业带动战略"，产业集群带动经济发展效应凸显。

（二）配套服务

为了促进郑州航空港经济综合实验区的优先、快速、持久发展，郑州航空区通过若干政策在其背后形成了较好的支撑体系，主要表现在体制机制创新、完善基础设施、提高通关效率、提升国际化营商环境、打造国际化的金融体系等5个方面。

第一，坚定不移推进体制机制创新，增强发展内生动力。2013年4月，中共河南省委召开第45次常委会议，研究决定建立郑州航空港经济综合实验区"两级三层"的管理体制。按照小政府、大社会和精简、统一、高效的原则，优化完善产业集聚区的管理职能配置，建设条块结合、精干高效、充满活力的新型管理体系。

第二，完善基础设施。郑州航空港按照"建设大枢纽、发展大物流、培育大产业、塑造大都市"的发展思路，共编制了26项专项计划，加快实施郑州新郑国际机场二期、菜鸟智能骨干网、航空物流园、综合保税区三期等183个项目，主要包括基础设施建设项目和工业服务业项目。短短几年间，郑州机场二期工程进展顺利，飞行区场道、T2航站楼和综合交通换乘中心开工建设，与城际铁路、地铁交叉施工方案制定完成；"米"字形快速铁路网规划建设取得重大突破；实验区外围高速公路网和内部路网建设加快推进，基础设施和公共服务设施相继开工建设。

第三，提高通关效率。郑州新郑综合保税区海关为了提高通关效率，优化通关模式，完善通关保障，最大限度地服务好区内企业，无论寒暑，无论节假日，都坚持24小时预约通关和"门到门"服务措施，从河南申建郑州新郑综合保税区开始，郑州海关就全力支持配合，从海关总署启动审批流程并经国家10部委会签，到获得国务院正式批复仅用了100天，创下"河南速度"，成为"小区推动大省"的典范。

第四，提升国际化营商环境。2018年，郑州市出台《关于深化"放管服"改革推进政务服务"最多跑一次"打造国际化营商环境的实施方案》，力争用1年左右时间，推动政务服务水平达到全国一流、中部领先，形成与国家中心城市建设相适应的国际化营商环境。8月，郑州市建设国际化法治化便利化营商环境动员大会召开，会议要求，作为省会城市，郑州要聚焦重点，把握关键，全力推进"最多跑一次"改革落实到位见成效，全面提升营商环境，努力为全省改革提供经验参考。

第五，打造国际化的金融体系。重点推进外汇结算体制改革，争取开展支付机构跨境电子商务外汇支付业务试点和人民币资本项目可兑换试点。

---

① 资料来源：郑州航空港经济综合实验区网站http://www.zzhkgq.gov.cn/

（三）产业集聚

航空港实验区紧紧围绕"八大产业集群"，实施"龙头带动、配套跟进"，全力推进招商工作，成功引进富士康、苹果、UPS、绿地、正威等世界500强企业30多家，以及友嘉和华中冷链港、瀚港进口商品博览中心、瑞弘源、美泰宝、菜鸟等近百家业界知名企业。

1. 龙头带动

大型企业的入驻能带来显著的连锁经济效应。航空港区通过引进富士康及其配套企业，拉长了河南的产业链。富士康落户郑州，推动河南省对外贸易的大幅增长，同时河南GDP总量、就业人数相应增长，标志着河南的招商引资和对外开放进入一个新的阶段，这对河南的产业结构调整有重大促进作用。最为关键的是，富士康落户后所形成产业"雁阵效应"，富士康就像一只"领头雁"，吸引了相关配套企业，借助龙头的带动作用，一些实力雄厚的世界知名企业纷纷登陆河南，在其周边集聚起庞大的"雁阵"，快速壮大产业集群。①

2. 配套跟进

引进富士康之后，郑州航空港又通过一系列措施完善其产业链条。大力引进富士康手机产业配套企业在航空港产业集聚区进驻；引进富士康年产30万台60寸超大屏幕彩色电视机生产线和年产1000万支新手机生产线；完成创维、酷派、天宇等13家整机生产企业签约，并积极引进其他手机制造厂商；推动苹果公司在郑州设立营销中心和全球物流分拨中心、离岸结算中心。② 目前，集聚区智能终端手机产业园建起了集手机研发、整机制造、配件生产、软件开发与产品设计、手机销售于一体的全产业链模式。另外，还借助三大电信运营商的销售渠道，合作生产河南本省的自主品牌高端定制手机。③

四、郑州空港城市的兴起及互动效应

（一）理论基础

航空港作为特殊"港口"，具有和海港相似的属性。它是产品与人员流通的平台，是各要素流通的物质条件。随着产品及人员流动量的不断增加，航空港生产规模不断扩大，与航空港相关的直接产业与间接产业随之形成发展。

1. 航空港与产业的关系

航空港能够发展产业需要具备两种要素，一是具备规模化的流通体系，二是需要

---

① 任方旭. 基于外源型产业集聚模式下郑州航空港的发展实践研究［J］. 决策咨询, 2015（1）.
② 徐建勋, 何可. 推进航空港体制机制改革先行突破［N］. 河南日报, 2015-5-24.
③ 高瞻, 尹荣荣. 解析青春文学及青春文学出版现状［J］. 河北经贸大学学报（综合版）, 2008（2）.

庞大的交通运输网络。在流通体系中,"三流"的发展过程即为市场产生与企业的发展过程。"三流"是指商流、物流与信息流。其中商流是指从生产到消费运动中一系列价值形态变化和所有权转移的过程,是物流与信息流的起点;物流是指商品使用价值实体移动的过程;信息流反映商流和物流历史和现实的运动情况。"三流"的融合发展过程也是各生产要素的交流融合过程,也加速了资金、人员、信息等在区域间的流动;再加上流通对于生产的重要作用,即流通是社会再生产的重要组成部分,两者是产业的形成与集聚的规模化前提。经济全球化的一个重要条件是交通运输、物流的全球化,航空港作为新兴的现代化物流集散中心,拥有航空运输的优势,即较高的运送速度,物品破损率低、安全性好,能够满足鲜活产品、季节性产品的运送需求,航空港发达高效的交通运输设施及网络是港内产业形成发展的物质基础。

产业集聚包含同一产业在某个地域内的高度集中和不同产业的集聚,是产业资本要素在空间范围内不断聚集的过程。从生产角度来看,促进规模化集聚需要全流程的开发开放服务,只有紧密连接生产的产前、产中、产后三个流程,才能促使生产的循环进行与集聚。为促使全流程的连接更加紧密,则必须要为其提供开发开放服务。航空港对于产业集聚的主要作用在于提供开放服务,港内具有的航空运输交通系统的硬件设施与贸易便利化措施的软件设施都是促使港内产业对外联通的基础与保障,是加快对外开放和要素流通的必要手段。从产业集聚本身的角度来看,航空港产业集聚的主要原因包括:一是产业对公共资源的需求,航空港能够为企业提供完善的基础设施、便利的交通资源和优惠的产业相关政策,使得企业趋向于集中在航空港,以达到降低各项成本、获取最大利润的目的;二是不同产业尤其是生产链上的上下游企业对于地理位置的要求较高,产业间的联系与合作是发展的必然选择与趋势,因此航空港为产业提供了一个加强不同产业内经济联系的平台,其本质上也有助于降低产业间的协作成本,能够提高产业发展的效率。

2. 产业集聚与城市的关系

产业集聚的作用可以通过收益递增机制来解释,即随着生产要素的投入不断增加,产出增多,生产者的收益呈规模递增趋势。产业集聚与城市化的关系紧密且相互影响。产业集聚是一种产业的组织方式,目前世界上大部分国家都认同以加速产业集聚促进城市化进程的发展模式。产业集聚通过吸引资本、人口等城市化相关要素的流动与聚集,推动产业进行结构升级和经济增长方式的转变,为城市化的发展奠定了经济基础,而城市化在发展中又反作用于产业集聚,为产业集聚的进一步发展提供了稳定的外部环境。

产业集聚在推进城市化发展的过程中的具体作用可分为三点。一是对人口的吸引作用,农村人口向城镇转移和人口规模的扩大是城市化的重要指标,产业集聚使得企业数量和规模不断扩大,并随之产生了大量的就业机会,因此对于劳动力人口尤其是农村劳动力人口有着巨大的吸引力,加快了农村劳动力从第一产业向第二、第三产业转移的步伐。二是产业集聚为城市化发展提供规模化的经济支持,由于产业集群内部企业的良性竞争与合作,加上外部经济的效应,大幅度地提高了企业的经济实力和产业的竞争力,城市化发展的基础在于经济的发展,而城市化发展又为产业吸引更多的资本、技术和人力等生产要素,二者因此形成了良好的互动机制。三是产业集聚为城市化扩大了空间范围,如作为城镇新区的工业园区、保税港区等。

(二)"港区城"之间的互动效应

郑州空港城市的兴起与发展过程,本质上是航空港、产业园区与空港城市之间通过互动效应彼此促进发展的过程。

《郑州航空港经济综合实验区发展规划(2013—2025年)》指出,郑州航空港经济综合实验区应做到以航兴区、以区促航、产城融合,建设具有较高品位和国际化程度的城市综合服务区,形成空港、产业、居住、生态功能区共同支撑的航空都市。

首先,空港为产业集聚提供空间与平台,还有助于企业节约相关成本;而产业链的形成也可以带动航空港的发展。郑州航空港具有较强的临空优势,首先吸引的产业是航空物流业,航空港为航空物流业的发展提供了包括分拨转运、仓储配送、交易展示、加工、信息服务等配套服务。随着航空港区位优势的不断扩大,航空港节约生产要素流通成本和航空运输的优势日益凸显,以航空设备制造及维修、电子信息、生物医药为代表的高端制造业和以专业会展、电子商务、航空金融为重点的现代服务业在航空港内开始形成规模效应。完整的产业链会对航空港的发展产生间接促进作用,港内产业的完善发展满足了旅客需求的多样性,大量旅客被吸引有利于航空港提高自身的业务服务能力。

其次,航空港与空港城市之间本身存在着一定矛盾,即航空运输的噪声、环境污染等问题与城市居民生活质量之间的矛盾。航空港与空港城市的发展是相互影响的,其重要体现在于产业与就业的互相促进关系,产业发展引发的就业需求增多,从而吸引人员的聚集,城市又为"人"的生存提供保障,"人"对于城市与产业的发展都具有重要的意义,二者之间的互动效应也体现于此,因此从这一角度来说,空港与城市之间的互动效应所产生的正向收益将远远大于其矛盾带来的负面效益。空港城市为航空港的各项业务的顺利开展提供了完善的配套服务;而航空港的临空经济属性赋予了城市特色鲜明的功能属性,即《规划》中所提到的"航空都市"概念。

最后,产业园区对于空港城市的兴起具有重要作用。产业园区在一定程度上是城市经济的核心增长极,是城市赖以生存发展的基础。由于产业集聚的阶段不同,集聚水平不同导致在不同阶段的产业结构组成具有差异性,产业园区推动产业集聚发展本质上也是产业结构升级的过程,这一过程直接推动了城市的功能转型。产业园区内的产业需要相关配套的公共服务体系,城市的发展特征之一便是提供完善的公共服务,包含服务的基础设施与政策支持。郑州空港城市能够提供产业运作所需要的厂房、办公场所等，城市内配套的超市、酒店、商场等满足了产业园区内工作人员的生活需求。

"港区城"三者在不同阶段的互动效应中所处的地位是不同，其发挥的作用也具有差异。在最初的发展阶段中，三个子系统的相互影响力较弱，且主要以航空港子系统的发展为整个协同系统的核心带动作用，系统内各个子系统的发展仍然较为独立；在发展中期，"港区城"的互动效应逐渐增强，相互影响力也具有一定程度的提升，子系统对于整体系统的带动方式转变为两两之间的互动效应；在"港区城"发展的成熟阶段，互动效应更加明显且完全发挥作用，在对于协同系统的推动发展上真正做到了"三管齐下"，其内在的驱动机制也达到成熟阶段，航空港、产业园区与空港城市之间的协调关系得以稳固与发展。

即使理论上航空港、产业园区与空港城市的三位一体发展存在自组织性，实际上三者之间也会出现功能重叠、资源占用等问题，因此还需要积极的人为干预，政府的规划管理、政策实施等都应该考虑到三者之间的矛盾。对于郑州航空港经济实验区而言，外部矫正是必要的，只有完全处理好航空港、产业园区和城市之间的协同关系，才能真正达到"以港促产、以产兴城、港以城兴、产城融合"的目标。

五、郑州空港城市支点建构及助推"一带一路"建设的作用

2015年3月，国家发改委、外交部、商务部联合发布《推动共建丝绸之路经济带和21世纪海上丝绸之路的愿景与行动》，其中提到重点建设两类节点城市。一类是"21世纪海上丝绸之路"建设的排头兵和主力军，包括上海、天津、宁波—舟山、广州、深圳、湛江、汕头、青岛、烟台、大连、福州、厦门、泉州、海口、三亚等沿海城市；另一类是内陆开放型经济高地，包括西安、兰州、西宁、重庆、成都、郑州、武汉、长沙、南昌、合肥等中西部内陆地区城市。当前，在我国"一带一路"建设的背景下，节点城市因其所具备的交通、要素集聚等优势而拥有了发展临空经济的基础和空间。[1] 郑州是"一带一路"建设中的重要内陆节点城市，几年来，郑州机场从一个区域性机场转变成为一个辐射全球的立体综合交通枢纽，产业集聚明显，郑州深度融入"一带一路"大发展，正大跨步走向世界。

（一）支点功能的建构

1. 加快综合交通枢纽建设

第一，加快铁路建设，尽快建成"米"字形高速铁路网络。河南省"米"字形高速铁路网是国务院批复《中原经济区规划》和《郑州航空港经济综合实验区发展规划》中明确的重大工程，其中"一竖"是京广高铁，"一横"是徐兰高铁，"一撇"是

---

[1] 何枭吟."一带一路"建设中内陆节点城市临空经济发展建议[J].经济纵横，2015（09）：13-16.

郑万高铁,"一捺"是郑合高铁,两"点"是郑太、郑济高铁。根据河南省人民政府官方网站发布的信息,郑州至济南的郑济高铁河南段于 2016 年 11 月先期开工建设,预计 2020 年建成通车。郑州至太原的郑太高铁于 2016 年 6 月正式开工,预计 2020 年建成通车。密切连接中原经济区与长三角经济区的便捷通道——郑合铁路,于 2015 年 12 月 24 日开工建设,预计 2019 年建成通车。连接我国西南地区与中部地区的郑万铁路也已于 2015 年 11 月开工建设,预计 2019 年通车运营。"米"字形高速铁路网络的建成,将进一步提高郑州在"一带一路"建设中的重要地位。

第二,加快建设以机场为中心的公路交通网。一方面增加市内居民到达航空港区的便利度,另一方面,要尽快扩充新郑机场周边的公路交通网,加强港区与全省的联系。

2. 促进临空偏好型产业的发展与集聚

政府应努力创造一个公平、公正、竞争、开放的市场环境,做好公共服务,吸引更多企业入驻产业园区,尤其是精密机械产业和航空设备制造及维修产业的引进。利用"一带一路"带来的合作机会,寻找与沿线国家的契合点,加强产业合作,实现共赢,推动区域内产业集群的发展。

3. 构建开放型经济模式

郑州临空经济区的发展需要构建开放型经济模式,加强与其他经济体的合作。一方面,在国内构建开放型模式,加强与长江中游、成渝、关中—天水等地区的沟通合作,推动与长三角、珠三角、京津冀等经济区的联动发展,实现资源高效配置,市场有机布局,达到合作共赢的目的;另一方面,利用建设物流港的契机,在郑州班列货运种类持续扩大,境外合作伙伴不断增多的良好势头下,依托地理位置、交通和地区间的综合影响力,协同丝绸之路经济带的其他地区打通亚欧大陆的经贸往来,进而串联起西边的欧洲国家和东边的太平洋周边国家,参与到全球的资源配置中。[1] 充分利用国内、国外两个市场、两种资源,发挥郑州中心城市的作用,努力使郑州发展成为国际化大都市。

(二)支点功能助推"一带一路"建设

1. 增强郑州在中原经济区中的核心力

以郑州在"一带一路"建设中的发展定位为导向,构建以郑州为中心的覆盖中原城市群和中原经济区的统一市场,发挥市场在资源配置中的决定性作用,促进全要素在区域内的流动,实现郑州对中原城市群和中原经济区的"强核牵引"。引导促进郑州

---

[1] 李中建,吕梦敏. 误区与路径:"一带一路"视角下的郑州临空经济区[J]. 郑州航空工业管理学院学报,2016-2-34.

同中原城市群和中原经济区间的资源配置和要素流动，引导促进中原城市群和中原经济区内发达地区和落后地区间的资源配置和要素流动。

2. 构建丝绸之路经济带城市产业价值链

中心城市是联通丝绸之路经济带产业合作的关键节点，郑州即为一个节点中心城市。以节点中心城市和城市群为载体，构建丝绸之路经济带城市产业价值链，是提升丝绸之路经济带国内段中心城市产业合作水平、推动中国区域产业结构实现梯次升级的必由之路。在丝绸之路经济带城市产业价值链中，各城市群应依据自身发展阶段和比较优势来选择产业增值环节，城市群通过产业集聚实现专业化生产，城市群之间则通过产业分工实现梯次产业转移和互补发展，这有助于丝绸之路经济带国内段的产业结构协同发展升级。节点中心城市、城市群之间通过进一步加强产业分工合作，可以由点到线、以线带面，把单个城市"增长极"联通为城市"发展轴"，使丝绸之路经济带国内段从空间上连为一体，逐步实现丝绸之路经济带的大合作、大发展、大繁荣，推进丝绸之路经济带区域经济一体化。

第三节 重庆多式联运港口城市的建设实践

重庆是深处内陆的山城，管辖着长江干线1/4的航线，西部地区中交通资源条件相对较优的形势，使其充分利用水港、陆港，配套园区建设，来促进产业集聚、城市兴起。近年来，重庆多式联运港口城市建设已取得显著进展。

一、重庆多式联运港的建设

重庆拥有较为发达的铁路、公路、水运、航空等形式的运输系统，是我国西部地区唯一具备水陆空交通条件的综合交通枢纽，这为重庆发展多式联运港口城市提供了技术上的可行性。

（一）铁路网

重庆地处内陆，现代化的铁路网络体系成为重庆扩张腹地的重要方式。

根据《重庆中长期铁路网规划》，到2030年，重庆路网总规模达到5805千米，实现对外大通道复线率100%，电气化率100%；构建起连通欧亚、通达全国、畅通周边的铁路战略通道。以重庆枢纽为中心的铁路网络体系，以"米"字形高速铁路通道为骨架，"两环十干线多联线"普速铁路为支撑；枢纽体系包括"三主（重庆北站、重庆西站、重庆东站）两辅（重庆站、沙坪坝站）"铁路客运枢纽，以及"2+4+9"铁路物流中心，其中，"2"个全国性铁路物流中心包括团结村集装箱中心站和小岚垭铁路物流中心，"4"个区域性铁路物流中心包括白市驿、南彭、木耳、和龙盛，"9"个地区性铁路物流中心包括磨心坡、北碚、黄磏、唐家沱、鱼嘴、德感、双福、大路、澄江铁路物流中心。

2011年，中欧班列（重庆）开通运行，截至2019年3月底，已累计开行3552班次，占全国中欧班列的25%，总货值1340亿元，位居所有中欧班列前列；开行杜伊斯堡、布达佩斯、米兰、曼海姆等班列，运营线路达到20条，境外集结点和分拨点涵盖亚欧11个国家30多个城市，成为国际铁路邮件运输的首例。2017年9月25日，"渝黔桂新"南向铁海联运通道常态化运行班列正式开行，开辟了重庆连接东南亚和欧洲的国际铁海联运大通道。截至2019年3月底，"渝黔桂新"铁海联运班列、重庆—东盟跨境公路班车、重庆—河内铁铁联运班列累计分别开行854班次、846班次及67班次，总货值 60 亿元，通达 71 个国家的 166 个港口。①

（二）港口群

2016 年起，重庆市依托铁路、高速公路网，按照"港口、物流、产业"三结合的港口布局原则，打造"1+3+9"港口群，"1"指龙头示范港——果园枢纽港，"3"指江津珞璜、涪陵龙头、万州新田 3 个铁公水联运枢纽港，"9"指主城寸滩、永川朱沱、渝北洛碛、长寿胡家坪、丰都水天坪、忠县新生、奉节夔门、合川渭沱、武隆白马等 9 个专业化重点港口。依托多式联运综合交通运输体系，重庆通过以果园港为中心节点的港口群，向东沿着长江黄金水道联结长江经济带各港口城市群，再经太平洋面向亚太地区；果园港进港铁路专用线与主干线渝怀铁路相连，经团结村站，向西可直通中欧班列（重庆），面向国内西北及中亚、欧洲地区；向南直通西部陆海新通道，面向国内南方沿海及东盟、南亚地区。

其中，果园港位于重庆市两江新区核心区域，是我国最大的内河水、铁、公联运枢纽港，采用的也是通常海港才有的直立式码头，占地共 4 平方千米，分为港前作业区和后港物流园区。港区于 2008 年开工建设，2013 年底集装箱码头投入运行。果园港港口岸线 2800 米，规划建设 5000 吨级泊位 16 个，其中多用途泊位 10 个，散货泊位 3 个，商品汽车滚装泊位 3 个，设计年通过能力可达 3000 万吨，其中集装箱 200 万标箱，散杂货 600 万吨，商品滚装车 100 万辆，铁水联运规划设计年通过能力 650 万吨。果园港进港铁路专用线全线投入使用，东环线铁路建设提速，果园港第三代现代化内河港口、国家级铁公水空多式联运综合交通枢纽已具雏形。

依托长江黄金水道，重庆形成江海联运网络。2018 年，港口货物吞吐量 2.04 亿吨，外贸集装箱达到 48.8 万标箱。

（三）空港

重庆江北国际机场 1990 年正式建成通航，2017 年完成四期扩建工程，启用第三条跑道，成为中国中西部首个拥有 3 座航站楼、3 条跑道同时运行的机场。截至 2018 年 12 月，共开通国内外航线 329 条，通航城市 203 个。2018 年，重庆江北国际机场完成飞机起降 30 万架次，旅客吞吐量 4159.5 万人次，货邮吞吐量 38.2 万吨，成为西部重要的枢纽机场。

（四）多式联运的连接

为了提高综合运输能力，重庆不断完善机场、港口、铁路三大区域性交通枢纽功能，多式联运体系也不断健全。

在《重庆市推进运输结构调整三年行动实施方案（2018—2020 年）》中，主要通

---

① 重庆打造内陆国际物流枢纽 [EB/OL]. 上游新闻，2019.4.25.

过三方面提高多式联运效率。首先,强化物流分拨枢纽及基地建设。规划建成两江多式联运物流分拨基地、沙坪坝铁路综合物流分拨基地、渝北航空物流分拨基地和南彭公路物流分拨基地,打造"1+3"重庆国际多式联运枢纽体系。此外,枢纽港、铁路物流中心等,共同构成枢纽布局,并加大枢纽转换能力。其次,充分发挥集装箱运输效能,拓展多式联运工程。集装箱的利用,大幅提高各种交通运输方式的对接效率,重庆着力打造集装箱铁水联运品牌线路。"渝黔桂新""陆海新通道"国际铁路联运网络中,集装箱铁海联运也逐步推进常态化运行。最后,实施多式联运示范工程。主要是将渝新欧多式联运、果园港铁水联运、陆海新通道集装箱多式联运作为示范工程加以推广,并融入物联网、互联网等现代信息技术,探索多式联运"一单制",引入标准化、集装化、厢式化运输装备,共同提高多式联运的对接效率。①

多种交通运输方式的枢纽化、网络化及多式联运体系的建设,使重庆整体运输能力与效率大幅提升;特别是运输网络的扩张,联结起更广泛的市场,为促进本地产业集聚创造有利条件。

二、重庆的园区配套及产业聚集

(一)两江新区

"十三五"期间,两江新区在产业和城市功能布局上,重点建设"八城八园",即"八大城市功能组团"和"八大产业集聚平台"②,以推进产业、人口加快集聚、合理布局,着力完善城市基础设施,并形成产业支撑有力、功能更加完善、人口集聚明显的发展格局。

在园区建设方面,"八大城市功能组团"分别指向龙盛产业新城、水土高新城、照母山科技创新城、礼嘉商务旅游城、悦来生态新城、江北嘴金融城、保税港国际新城以及果园港国际物流新城。其中,龙盛产业新城大力发展汽车、通用航空、装备制造、轨道交通等先进制造业,积极培育国际大宗商品贸易、现代物流、研发设计、现代金融、总部经济等现代服务业;加强市政基础设施建设,完善高端商贸、旅游休闲等城市功能及教育、医疗等公共服务配套;水土高新城着力提升创新研发功能,大力发展显示面板、集成电路、云计算及物联网、生物医药及医疗器械、机器人及智能装备等战略性新兴制造业;照母山科技创新城大力推进金州商圈、金山商圈、科技创业孵化园、互联网产业园、软件产业园等项目建设;礼嘉商务旅游城推进生态总部与商务楼宇、新型购物中心、华侨城欢乐谷等大型项目建设,完善交通、教育、医疗等城市功能配套;悦来生态新城依托重庆国际博览中心、海绵城市、生态城、智慧城建设,重

---

① 重庆市推进运输结构调整三年行动实施方案(2018—2020年)[EB/OL]. 重庆市政府网,2019.4.16.
② 重庆两江新区官网:"两江新区'八城八园'发展布局"[EB/OL]. http://ljt.liangjiang.gov.cn/service/detail/1249?classifyId=10043

点发展会议展览、文化旅游、国际交往、高端居住等城市功能；江北嘴金融城建设全国性保险资产交易所、西部能源（油气）交易中心等金融要素市场，布局加工贸易结算、跨境人民币结算等金融结算中心；保税港国际新城逐渐形成了水、空两港区域配套体系，水港功能区引进上海绿地集团打造110万平方米绿地保税中心项目，现已完成投资42.3亿元，建成写字楼6栋共计27.3万平方米，空港功能区引进以美国三五集团、中农国信等企业为主的中美投资联合体，打造中国摩（重庆）项目；果园港国际物流新城实现了物流组团，依托"铁、公、水"多式联运综合物流枢纽功能，发展口岸物流、多式联运物流、临港先进制造业、国际贸易、供应链金融，建设港口物流仓储和加工中心、铁路货运到发中心、港铁贸易中心、交易市场服务中心。

在产业集聚方面，"八大产业集聚平台"分别为保税加工贸易产业园、智能制造产业园、国际汽车产业园、电子信息产业园、通用航空产业园、生物医药产业园、互联网产业园、服务贸易产业园8个园区。

保税加工贸易产业园加快推进笔记本电脑生产基地与智能终端加工建设，推动加工贸易向"研发链+产业链+物流链"延伸。目前，保税港区积极承接沿海加工贸易产业梯度转移，打造智能终端加工基地，引进华硕、宏碁等品牌商，旭硕、纬创、仁宝等代工企业及配套企业，构建了"品牌+代工+配套"的产业体系。2016年11月，引入了重庆翊宝智慧电子装置有限公司，将港区智慧装置制造扩展至智能手机。2017年，苹果、索尼、卡特彼勒等企业也强势进驻保税港区，初步形成品牌集聚效应。

智能制造产业园加快智能制造产业布局，新能源智能产业园重点发展新能源智能制造研发、制造、销售、展示、体验园区；金泰智能园重点打造集3D打印、车联网、可穿戴设备、机器人、无人机等智能装备及产品全产业链的智慧园区；良景智能园重点布局汽车电子、生物医药、医疗器械、检验检测、仪器仪表等产业。园区已入驻睿博光电、通标检测、睿霆机器人、三祥电控等企业，高端制造业、智能产业集群发展势态良好。

汽车产业园采取"整机+零部件"垂直整合模式，聚集了长安、长安福特、上汽通用五菱、现代等知名品牌商，引进了发动机、变速器、制动系统、转向系统、钢板、轮胎等一大批关键零部件配套企业，一批关重零部件实现本地化生产，本地配套率达七成以上，产业集聚效应显著。

电子信息产业园坚持集群化发展，围绕产业链、打造产业集群，已初步形成五大电子信息产业框架，笔电集群、光电显示、LED新光源等电子产业强势聚集，抱团发展。生物医药产业园重点发展中药、化学药、原料药、生物技术药和医疗器械五大产业集群。现有超生医疗国家工程（技术）研究中心，创伤烧伤复合伤国家重点实验室，家蚕基因组学国家重点实验室等相关工程（技术）中心5个、重点实验室27个、企业技术中心12个、国家新药临床试验基地5个，初步形成了以科研机构为中心、企业研发为辅助的产学研合作体系，聚集了华邦制药、海扶科技、西南合成、大新药业、药友制药、博腾科技等一大批生物医药企业的总部研发中心和产业化基地，生物医药各类机构超过50家，培育了华邦制药、莱美药业等上市公司5家，拟入驻的大中型生物医药企业超过20家，产业集聚效应初步显现。

互联网产业园依托互联网龙头企业带动，按照"创业咖啡+创业孵化营+专业孵化器+企业加速器"的集群孵化加速模式，重点发展互联网金融、移动游戏、移动互联网、文化创意、移动新媒体等领域。互联网产业一期已入驻创新型、创业型企业300多家，其中包括腾讯、春秋航空、猪八戒、易宠科技、微标科技、隆讯科技、海云数据、人民网、中科云丛、易极付、千丁互联、盼达用车等知名、龙头企业50多家。

服务贸易产业园依托自贸框架，计划建立9个集群其中包括新兴金融产业集群、国际物流产业集群、贸易中心（内贸+外贸）集群、生产性服务业集群、文化贸易集群、国际会展集群、服务外包集群、专业服务业集群和生活型服务业集群。

（二）珞璜工业园

珞璜片区总体规划面积约50平方千米，其中园区规划面积约33平方千米，分为A、B区。凭借毗邻主城的区位优势，在承接主城产业转移中占到先机，同时借助"水公铁"多式联运交通条件及江津综合保税区对外开放平台，已形成装备制造、新型材料、现代物流三大主导产业，先后入驻海亮集团、香港敏华、德国杜拉维特、香港玖龙纸业、韩国现代EP、伟星新材、宝湾物流、中国物流等企业770余家。在装备制造业方面，园区已引进重庆水轮机厂、万虎机电、重庆建工工业、威马动力等知名企业；新型材料业方面，园区已聚集海亮集团、德国杜拉维特、玖龙纸业、香港敏华、厦门盛方、伟星新材、重通成飞、韩国现代EP等企业；现代物流业方面，园区已聚集宝湾物流、中国物流集团、中国工艺集团等10余家知名企业。[①]

（三）万州经济技术开发区

万州经济技术开发区经过多年开发建设，已形成"一区四园"的空间总体布局格局。天子园以机械制造、电子信息和纺织服装产业为主，规划控制面积3.9平方千米；盐气化工园以盐气化工产业为主，规划控制面积8.6平方千米；龙腾园以通信设备制造、纺织服装产业为主，规划控制面积2.3平方千米；五桥园以新材料新能源和食品药品产业为主，规划控制面积9.8平方千米，其中芦家坝组团面积8.96平方千米、联合坝组团面积0.84平方千米。

产业集聚方面，园区以项目带动产业发展，完善产业配套，培育产业集群，初步形成了新能源新材料、盐气化工、机械电子、纺织服装、食品药品五大产业。盐气化

---

① 重庆市江津区珞璜工业园官网："珞璜工业园简介"[EB/OL] http：//www.jiangjin.gov.cn/bm/jjq_lhgyy/content-972a82b661bae8d90161c68c172c055d.html.

工产业以重庆宜化130万吨真空制盐、100万吨联碱为龙头,发展"两碱一氯",形成氯碱化工产业集群;以华歌生化20万吨双甘膦为龙头,发展双甘膦、草甘膦、氯代吡啶系列等医药中间体,形成天然气化工产业产业集群。机械电子产业以长安跨越10万辆商用车项目为龙头,发展商用车、农用车、汽摩配件,完善产业配套,延伸产业链条,形成汽车制造产业集群;以中船重工为龙头,发展船舶工业,加快船舶工业园建设。以合智思创、密胜科技消费电子电气项目为龙头,发展笔记本电脑、手机、LED平面电视、IT产品、消费电子,信息港设备等,形成电子信息产业集群;以雷士照明、三雄极光为龙头,形成照明灯具产业集群。纺织服装产业以三峡纺织25万锭紧密纺、特星集团鞋服制造基地为龙头,发展紧密纺、运动服、运动鞋、高档服装面料、高档衬衫等,形成纺织服装产业集群。食品药品产业以飞马生物科技10万吨调味品、重啤万州10万吨啤酒、国中医药项目为龙头,发展酒类、调味品、生物制药、现代中药等,形成食品药品产业集群。

(四) 涪陵工业园区

涪陵工业园区形成了"一区四园"的产业发展格局。一区即现代服务产业区,集总部经济、研发设计、产品检测、技术服务等于一体;四园即装备制造产业园(汽车)、医药食品园、电子信息园、材料产业园,分别有华晨鑫源汽车、东本专用车、太极集团、华兰生物、烟厂、涪陵榨菜、华通电脑、正威国际、攀华薄板及汽车板等龙头企业引领带头,产业之间呈互为链条、互为补充的态势,集群规模发展效应凸现。①

产业集聚方面,装备制造产业园现有企业34户,拥有华晨鑫源、东本工业、超力高科、美国江森自控、韩国KB、韩国杜奥尔等骨干企业;食品医药园拥有涪陵烟厂、太极集团、葵花医药、博雅干细胞、华兰生物、三海兰陵、榨菜集团等骨干企业;电子信息园拥有华通电脑、正威国际、伍尔特电子、特发信息、品鉴科技、仓兴达等骨干企业;材料产业园拥有万达薄板、剑涛铝业、闽发金属、越盛轧辊等骨干企业。

三、重庆多式联运港口城市的兴起及互动效应

港区城互动包括产港联动、产城联动以及港城联动三部分②。深水良港有着助力临港产业发展的先天优势,临港产业又吸引着更多有关产业在港口城市集聚形成集群效应,促进产业园区的发展,产业园区中各相关产业的聚集加速了城市经济增长与城市功能实现,反过来,城市经济的向好和功能的提升又推动着产业与港口的发展,三者相互促进、相互协调,在互动效应中逐渐形成合力。重庆经济发展的重要方式,就是

---

① 搜狐网:"重庆龙头港开港! 长江乌江航运实现无缝对接" [EB/OL]. http://www.sohu.com/a/141309140_349051, 2017.5.17.

② 王珍珍,黄茂兴."产业—港口—城市"联动发展的理论演进脉络与协调机制 [J]. 管理学刊, 2013, 26 (04): 43-48.

在以港联结市场、以园区促进产业集聚、以城市延伸功能的过程中，加速循环累积效应的产生与强化。

（一）果园港—两江新区—重庆

果园港的"一港两区"中，一港即果园港，两区即前方码头作业区，后方港铁装卸、物流加工、仓储、综合配套区，为两江新区的各城市组团和产业集聚平台提供物流运输上的优势，进一步促进两江新区的产业集群化发展，这也成为两江新区为果园港的建设发展提供了动力基础。

两江新区作为重庆市下辖的副省级新区，承载着在国家战略层面"成为统筹城乡综合配套改革试验的先行区，内陆重要的先进制造业和现代服务业基地，长江上游地区的金融中心和创新中心，内陆地区对外开放的重要门户，科学发展的示范窗口"的功能与使命，其八大城市功能组团与八大产业聚集平台各司其职，保障功能的实现与使命的达成。

果园港对于重庆，有着增强其在长江上游地区的辐射力、影响力的作用，并加快了重庆成为长江上游航运中心的步伐。同时，果园港B型保税物流中心的获批，不仅能依托果园港区域的产业体系，打造符合现代物流发展需求的内陆物流港，而且将进一步完善重庆对外开放的渠道，促进重庆构建铁、水、公立体对外网络，加速重庆打造内陆开放高地。

（二）涪陵龙头港—涪陵新区—重庆

涪陵龙头港成为继果园港后，重庆又一个"铁公水"联运枢纽港。作为交通运输部规划的重点港口、重庆融入"一带一路"和长江经济带的国家战略重点工程、重庆"1+3"枢纽型港口之一①，其依托长江黄金水道和纵横交错的高速公路、铁路等，可便捷实现铁路公路水路无缝衔接、多式联运，为涪陵新区与龙头港临港物流园提供强大的物流支持，帮助涪陵本地的化工化纤、装备制造、汽车等产业实现低成本、高效率的物流运输。而涪陵新区和临港物流园在钢材、水泥、金属、油料、整车、烟酒、煤炭等方面的货运量已超过2200万吨，也为龙头港提供了基本货源保证。

涪陵新区以"产城融合高地、绿色宜居新区"的发展理念为引导，规划了"一区四园"的产业布局，发展"汽车、医药食品、电子信息、材料"四大支柱产业，加快产业及城市配套建设，努力实现"以产促城、产城联动"的目标。②

重庆依托长江黄金水道布局的四大"铁公水"联运枢纽港中，龙头港位于中游位置，龙头港的开港意味着重庆"1+3"枢纽型港口体系又完成了重要一环。该港不但是

---

① 重庆市政府网："重庆龙头港正式开港"［EB/OL］. http://www.cq.gov.cn/publicinfo/web/views/Show! detail.action? sid=4205024, 2017-05-17.
② 涪陵新区官网. 以产促城、产城联动——涪陵新区全力推进"城市建设年"［EB/OL］. http://zt.cqxhw.net/2014/node_92881.htm.

所在区域的物流枢纽,还承担着乌江沿线近9万平方千米区域的物资联运功能,重庆市的南川、武隆等区县,也可借龙头港东通江海,西连"渝新欧",更好地融入"一带一路"和长江经济带战略,有利于强化成渝经济区交通联系,增强与长江沿线及周边地区合作的广度和深度,加快重庆建设西南地区综合交通枢纽和长江上游航运中心,促进长江沿线基础设施互联互通、产业发展互惠共赢。

(三) 万州港、新田港—万州经济技术开发区—重庆

万州毗邻长江,拥有天然黄金水道,建有深水良港万州港。随着国家"一带一路"倡议以及长江经济带发展战略的提出,万州港的枢纽作用进一步凸显。① 2重庆打造长江上游航运中心的规划中,万州新田港系重庆四大枢纽港之一,九大铁公水联运枢纽港口之一,也是三峡库区心腹地带最大的集装箱集散中心。建成后的新田港具备铁路、公路、水运联运条件,增强三峡库区在西部地区的集聚和辐射效应,并成为川东北、鄂西、陕南等西部地区通江达海的重要集并港。这对库区经济社会发展,以及万州加速构建长江上游区域性综合交通枢纽都起着十分重要的作用。② 3万州经济技术开发区按照"一区三园"的空间布局,重点发展盐气化工、新材料新能源、纺织服装、机械电子、食品药品等五大特色产业,万州港与万州新田港以共近7000万吨为其园区内产业集聚提供动力与物流支撑。

万州经济技术开发区围绕建设1000亿级园区、打造三峡库区特色工业基地的思路,工业园区大力引进和实施产业项目,至2020年,园区规划控制面积100平方公里,基本形成3000亿级产出能力,加快重庆经济增长。

万州港与新田港推动了重庆市打造长江上游航运中心的历程,且对于重庆发展物流枢纽、完成其"十三五"时期的服务业方面发展规划有着至关重要的作用,港城联动促进重庆发展。

(四) 珞璜长江枢纽港—珞璜工业园—重庆

珞璜长江枢纽港是重庆规划建设的5个千万吨港口之一。开港后,它与重庆绕城高速和在建的珞璜铁路综合物流枢纽形成"铁公水"综合物流枢纽,从而把"渝新欧"国际铁路与长江黄金水道无缝对接,串联起丝绸之路经济带和长江经济带。它为珞璜工业园区提供着优越的多式联运交通配套优势,区位条件优越,吸引着工业园区内的产业集聚,使其在承接主城产业转移中占到先机。

珞璜工业园有着"充分发挥大枢纽、大口岸优势,加快发展开放型经济,集聚发展战略性新兴产业,构建大工业、大物流发展格局"的使命任务,其装备制造业、现

---

① 2人民日报:"铁水联运助力'一带一路'和长江经济带建设"[EB/OL] https://baijiahao.baidu.com/s?id=1600777103139127212&wfr=spider&for=pc

② 3三峡都市报:"万州新田港今年底正式开港运营了!"[EB/OL] http://cq.qq.com/a/20170706/017618.htm, 2017.7.6

代物流业和新型材料业的发展紧紧围绕着重庆市"6+1"优势产业的规划布局。未来珞璜工业园还将在促进传统产业智能改造的基础上，推动创新创业，努力打造集大数据、人工智能、物联网、工业互联网等多产业共同发展的智慧园区，以集群化、智能化为方向，进一步落实重庆市"十三五"规划中"新型工业化"的发展重点。

珞璜长江枢纽港作为重庆市港口群的重要组成部分，与果园港、涪陵龙头港等港口共同发挥长江航运的优势。江津综合保税区的建立发展了国际中转、配送、采购、转口贸易和出口加工等业务，极大地推动着重庆市外向型经济的发展。

重庆向西北通过"渝新欧"国际铁路联运，打通欧亚大通道，成为丝绸之路经济带的关键节点；向东通过长江黄金水道贯通长江经济带，成为丝绸之路经济带经济带与长江经济带联结枢纽；向西南通过南向通道直达中印孟缅经济走廊，连接21世纪海上丝绸之路。因此，重庆在国家"一带一路"和全面开放新格局中，具有"牵动三方、联动东西、带动南北"的独特区位优势和枢纽地位。[①] 重庆多式联运港口城市的建设，通过联通欧亚的多式联运港及其网络形成大规模的货物吞吐，通过园区促进产业聚集，通过城市建设支撑劳动力及人口发展，从而形成日趋规模化的内外吞吐，奠定"陆海内外联动、东西双向互济"的重要支点。

---

① 崔如波，张月芳. 重庆建设成"新丝绸之路"经济带的战略支点[J]. 重庆行政（公共论坛），2015（04）：32-35.

第四节　支点城市与中欧班列的联动发展

2011年3月，首列"渝新欧"由重庆开往德国杜伊斯堡；随后，武汉、成都、郑州、西安等中西部城市相继开通运行西向班列，从而开辟联结欧亚的新型陆路通道。2016年6月，中国铁路总公司（以下简称中铁总公司）正式启用"中欧班列"品牌；到2018年10月底全国开行数量超过11000多列，其发展规模呈井喷式增长。目前，中欧班列已成为我国"一带一路"建设的标志性成果，被喻为"一带一路"上的"钢铁驼队"。在支点城市的产业集聚及货流支撑下，中欧班列真正打通了中欧贸易的陆路大通道，开辟出21世纪的"新丝绸之路"。

一、中西部支点城市开通中欧班列及其运行

中欧班列（China Railway Express，CR Express）是由中铁总公司组织，按固定车次、线路、班期和全程运行时刻开行，运行于中国与欧洲以及"一带一路"沿线国家间的集装箱国际铁路联运班列，是深化我国与沿线国家经贸合作的重要载体和推进"一带一路"建设的重要抓手。中西部支点城市在寻求西向开放通道的探索实践过程中，不断推进中欧班列的开通与网络化运行。

（一）中欧班列（重庆）

2011年3月19日，我国首列中欧班列由重庆团结村出发，开行16天后抵达德国的杜伊斯堡，从此开启了我国首个内陆城市对中欧贸易通过国际铁路运输的物流时代。2013年3月18日，重庆迎来首趟回程班列，这标志着突破了过去2年间去回程比例严重不平衡的困境。随后，重庆的进口汽车班列和跨境电商回程专列都为重庆的常态化开行奠定了基础。

重庆是我国最早开行中欧班列，也是发展最好、最稳定的城市，这主要得益于政府相关部门的大力支持和制度创新的改革举措。2016年11月，海关总署在重庆成功测试的"关铁通"（海关—铁路运营商推动中欧班列安全和快速通关伙伴合作）计划、重庆自贸区推出的"铁路提单及铁路运输信用证模式"为"渝新欧"的发展开拓了更广阔的前景。

其中，"关铁通"计划使得进口国海关不需要对集装箱货物实施侵入式查验，便可直接读取集装箱的安全智能锁查验图像和数据。而重庆创新实施的"铁路提单国际信用证"结算，赋予了铁路运单和海运提单同等的物权凭证作用，从而大大减轻了企业

的资金周转压力。

目前,重庆的集结点和分拨点由最初的德国杜伊斯堡,增加到俄罗斯、白俄罗斯、哈萨克斯坦、意大利、荷兰、比利时、匈牙利、波兰、立陶宛、伊朗、越南、新加坡、柬埔寨等10多个国家的30多个城市;重庆东通大海、西通欧洲、南至东南亚、北至俄罗斯的国际物流通道体系已基本形成。未来,重庆还将积极打通乌兹别克斯坦中亚支线、伊朗西亚支线、巴基斯坦和印度南亚支线以及土耳其等支线,重庆正借助中欧班列打造一个国际性的贸易中心。

从重庆班列的去程货源来看,主要有:IT产品、机械设备、食品、保健品、母婴用品、日用品、汽车零部件、机械产品及工业用品等商品;回程货源则以汽车整车及零部件、食品等为主。其中,出口货源有六成均来自其他省份,覆盖长江以南,最远已拓展到东北地区。

(二) 中欧班列 (成都)

2013年4月26日,首列中欧班列(成都)从青白江铁路集装箱中心站出发,彻底改变了成都发展外向型经济必须依赖沿海港口的历史。2013—2017年,成都分别开行31列、45列、103列、460列、858列。截至2018年10月末,2018年共计开行1252列。在开行频次上,成都由最初的每周1列,到现在平均每天往返3列。其中,2018年全年累计共发送货物36万吨,占历年累计货运量一半左右,是我国开行数量最多、最稳定且效率最高的中欧班列之一。

成都为加快"四向拓展、全域开放"的新要求,不断完善中亚及中欧间的国际网络体系。目前,成都已连接罗兹、纽伦堡、蒂尔堡、杜伊斯堡、不来梅、米兰、维也纳、布达佩斯、马拉、布拉格、伊斯坦布尔、莫斯科、明斯克、根特、阿拉木图及塔什干等境外21个城市,覆盖16个国家。"蓉欧快铁"基本构建起向北至俄罗斯,向西至欧洲腹地和中亚各国,向东依托"蓉欧+"通道和长江水道辐射日韩及中国港澳台及美洲地区,向南至东盟的"四向"国际物流通道,逐步形成通达全球、陆海内外联动的国际化内陆枢纽。而国内方面,成都已开通至上海、深圳、广州、深圳及南宁等14个城市的"五定班列"。未来,成都还将不断扩大中欧班列开行版图,最终形成以成都为基础的泛亚物流体系,进一步强化其在国际国内铁路枢纽的核心地位。

从中欧班列(成都)的双向货流来看,去程货源主要有液晶显示屏、电视机主板、发动机、发电机配件、加湿器、塑料玩具、鞋子、LED灯具、睡袋、电脑配件、日用百货、电器等产品;回程货源主要有进口整车、汽车配件、太阳能设备原材料、墙纸、润滑油、畜牧工程设备、钢丝绳及香槟等产品。

(三) 欧班列 (西安)

2013年11月28日,首列中亚班列(西安—阿拉木图)从西安港务区发车,经过

6天时间，到达哈萨克斯坦的阿拉木图，这让不沿边、不靠海的内陆省份陕西与"一带一路"国家紧密相连。在"长安号"运行3年后，2016年8月18日，首列中欧班列（西安—华沙）的开通使"长安号"目的地首次从中亚地区延伸到欧洲腹地。经过5年的发展，"长安号"已成为全国中欧班列开行线路中最密集的国际货运班列之一，尤其是2018年，其年度实际开行总量、重载率、货运量均居全国第一。

目前，"长安号"已直达德国汉堡、杜伊斯堡，波兰华沙、马拉舍维奇，芬兰科沃拉，匈牙利布达佩斯，哈萨克斯坦阿拉木图等11个国家、14个站点，通过站点的分拨扩散，实现五大区域（西欧、北欧、中东欧、独联体、中亚五国）的基本覆盖；通过组织开行西安至青岛、大朗、宁波、厦门等地的国内集装箱班列，实现国际、国内双向联通，打通国际物流大通道（见表5-3）。

表5-3 "长安号"中欧、中亚班列（西安）及国内集装箱班列开行路线

序号	中欧班列		
	开行线路	发行频次	时效（天）
1	西安—汉堡、杜伊斯堡、慕尼黑	6列/周	16天
2	西安—科沃拉、赫尔辛基	1列/周	13天
3	西安—布达佩斯	1列/周	13天
4	西安—马拉舍维奇	1列/周	12天
5	西安—莫斯科	2列/周	13天
6	西安—华沙	1列/周	13天
7	汉堡—西安	2列/月	15天
8	西安—里加		
9	西安—米兰	1列/周	16~18天
10	西安—根特		

序号	中亚班列		
	开行线路	发行频次	时效（天）
1	西安—阿拉山口（境）	1列/日	2天
2	西安—霍尔果斯（境）	1列/日	2天
3	西安—阿拉木图	2列/周	6天
4	西安—塔什干	2列/周	8天
5	西安—伊朗/阿富汗	1列/周	16~18天
6	塔什干—西安		15~18天

序号	国内集装箱班列		
	开行线路	发行频次	时效（天）
1	西安—青岛	每周1班	2天
2	宁波—西安	每周1班	2天
3	厦门—西安	每周1班	2天
4	大连—西安	每周3班	2天

注：标明发行频次为常态化运行班次。
资料来源：根据公开资料整理。

"长安号"的货物品类主要有工业原材料、机械设备、建材、工业零配件、食品、轻工产品等6大类共计200多个品种。而2018年6月13日装载着进口沃尔沃汽车的"长安号"抵达西安港,彻底填补了陕西省整车进口的空白。其中"长安号"的本省货源占30%,其他的货源都需要从其他省份输入(见表5-4)。

表5-4 2018年"长安号"进出口货物类别及地区分布

地域	进口货物 TOP5	出口货物 TOP5
中亚	绿豆 27.27%、小麦 72.73%	电机、电气设备其零件 4.16%、石料石膏、水泥石棉、云母及类似制品 4.96%、贱金属其制品 8.89%、机器机械器具其零件 12.59%、塑料及其制品 69.4%
中欧	进口货物 TOP5 汽车润滑油 5.21%、木材 6.25%、汽车配件 10.42%、粗加工车轴 36.35%、粗加工车轮 41.77%	出口货物 TOP5 塑料及其制品 & 橡胶及其制品 2.93%、工业制品 & 钢制品 6.85%、灯具建材配件等 17.42%、纺织原料 & 纺织制品 25.83%

数据来源:根据国际港务区公开资料整理。

(四)中欧班列(武汉)

2012年10月24日,武汉开出第一列中欧班列列车。2014年,"汉新欧"开始常态化运行。2014—2017年,"汉新欧"分别开行21列、164列、233列和372列。截至2018年8月末,全年共开行440列。武汉以累计共开行1230列的成绩,在全国排名第4,占比超过10%。

目前,武汉分别从满洲里、二连浩特、阿拉山口3个口岸出境,又对应发展7条出口线路,直达德国、法国、英国、波兰、捷克、俄罗斯、白俄罗斯7个国家。此外,武汉主要以德国和俄罗斯为重要支点,在新亚欧大陆桥、中蒙俄、中亚五国及西亚等国际经济走廊上陆续开通了16条线路,辐射28个国家的60多个城市,是辐射欧洲城市最广的国际铁路货运通道和我国国内节点城市中开行线路最多的城市。

"汉新欧"的集货范围来自湖北本地、珠三角和长三角等地区。其中,武汉依靠其发达的铁路和水运优势,60%以上的货源来自武汉本土,如东风汽车、富士康电子产品、冠捷显示器、武汉特种钢材、长飞集团光缆等,基本化解了班列去回程不均衡化的矛盾。而其他的40%货源主要来自珠三角和长三角等地区。其中,去程货源主要包括笔记本电脑、发电机、汽车零部件、轴承仪表、电子元器件、日用品、食品(武汉芝麻油、广东红茶、白酒)等。而回程的货源主要有德国啤酒、法国红酒、奶酪、俄罗斯食用油、牛奶、木材、汽车零部件、钢板材、模具等品类。

(五)中欧班列(郑州)

首趟中欧班列(郑州)于2013年7月18日运行,这标志着郑州连接欧洲的国际铁路物流通道由此打通。自此之后,"郑新欧"便开启了每周"一去一回"到2017年的"四去四回"增加至"八去八回"。2013—2017年分别开行13列、87列、156列、251列、501列。截至2018年8月末,全年开行440列(见表5-5)。

表5-5 中欧班列(郑州)的开行数量

年份/时间	开行列数	总货值（亿美元）	总货重（万吨）
2013年7月18日	13班	0.5	0.89
2014年	87班（78班去程+9班回程）	4.3	3.61
2015年	156班（97班去程+59班回程）	7.14	6.35
2016年	251班（137班去程+114班回程）	12.94	13.00
2017年	501班（266班去程+235班回程）	27.38	26.16
2018年（8月30日）	440班（236班去程+204班回程）	21.22	21.20
自2013年7月18日—2018年8月30日	累计:1448班（827班去程+621班回程）	73.48	71.21

数据来源:郑州国际陆港(郑欧国际货运班列开行简报),2018年

目前,郑州的综合运营能力(开行班次、往返均衡货值、满载率)在中欧班列中均名列前茅。境外以德国汉堡为核心,以巴黎、米兰、布拉格、杜伊斯堡、华沙、马拉舍维奇、布达佩斯、列日、布列斯特、明斯克、莫斯科、圣彼得堡、塔什干、阿拉木图等地为二级集疏中心,集疏网络遍布24个国家126个城市,境外合作伙伴达到780多家。境内以郑州为中心,货物集疏网络覆盖长三角、珠三角、环渤海和东北地区,服务企业300余家,合作伙伴1700余家。其中,集疏半径超过1500千米,辐射2000千米的地域,并向东与沿海港口对接,通过空铁、海铁联运过境中转辐射日韩、港台等亚太国家和地区。

郑州是我国最早实现中欧班列双向对开的城市之一,河南省内货源占20%,省外货源占80%,运往中欧及中亚国家的货物已超过1300余种,集货范围来自河南、山东、浙江、福建等中东部省市。其中,出口货源主要包括笔记本电脑、玩具、服装鞋帽、工艺装饰、陶瓷、机械配件、电动平衡车、高档衣帽、纺织品、汽车配件、电子产品、工程机械、医疗器械、文体用品、工艺品、飞机制造材料、烟酒小食品、特色食品、机械配件、电子产品、服装等品类。其中,占比最高的是服装类和机械类,分别为20%、30%。进口货源主要有IT产品、汽车整车及配件、高端机电、特种材料、食品、服装、化妆品、高端机电设备、精细化工材料、卫浴厨具、电缆、粮油乳品、酒水饮料等。其中,占比最高的是机械类和食品类,分别为35%、22%。

二、中欧班列的陆路通道建构

城市支点的产业发展与集散货,使中欧班列在货流的支撑下成为不断发展壮大的

欧亚大通道。目前，中欧班列有西、中、东3条通道：西通道由中西部经阿拉山口（霍尔果斯），中通道由华北地区经（二连浩特）出境，东通道由东南部沿海地区经满洲里（绥芬河）出境。

（一）中欧班列开行线路

2011年3月首列中欧班列（重庆—杜伊斯堡）成功开行以来，在武汉、成都、郑州、西安、苏州等城市节点的支撑下，目前全国已有52个城市陆续开通中欧（中亚）班列近65条运行线路，覆盖了我国大部分省份。据了解，目前开行的52个城市中，重庆、成都、西安、郑州、武汉、苏州、义乌、合肥、沈阳、赤峰、大连、营口、哈尔滨、长沙、广州、东莞、天津、南京、大庆等19个城市已进入稳定运营。

从全国范围来看，中欧班列的开行情况主要可分为四大板块。第一，西部地区：重庆、成都、西安；第二，中部地区：郑州、武汉、长沙、合肥；第三，东北地区：赤峰、沈阳、大连、哈尔滨、营口、大庆；第四，东部地区：苏州、义乌、厦门、南京、天津、广州、东莞。其中，中西部支点城市成为中欧班列最主要的支撑载体，中欧班列的日趋通达也为身处内陆腹地的中西部地区提供了重要发展机会（见表5-6）。

表5-6　各地区主要班列固定开行周期

中西部地区				
国际班列	开行数量	口岸站	境外国	运行时间
重庆—杜伊斯堡	1~3列/周	阿拉山口、霍尔果斯、二连浩特	德国	约15天
重庆—切尔科斯克	2列/周	满洲里	俄罗斯	约10天
成都—罗兹、纽伦堡、蒂尔堡	1~3列/周 1列/日	阿拉山口、霍尔果斯	波兰、德国 荷兰	约15天
成都—莫斯科	4列/月	二连浩特	俄罗斯	约12天
西安—汉堡、杜伊斯堡	1列/周	阿拉山口	德国	约18天
西安—科沃拉、慕尼黑	1列/周	霍尔果斯	芬兰	约15天
西安—布达佩斯	2列/周	阿拉山口	匈牙利	约15天
郑州—汉堡、慕尼黑 杜伊斯堡、莫斯科	2列/周	阿拉山口、霍尔果斯、二连浩特	德国、俄罗斯	约15天
武汉—汉堡 莫斯科、明斯克	2列/周	满洲里	德国、俄罗斯、白俄罗斯	约12天
武汉—帕尔杜比 采罗兹、杜伊斯堡	1~2列/周	阿拉山口	捷克、波兰 德国	约14天
长沙—汉堡	3列/周	阿拉山口、二连浩特	德国	约15天
合肥—汉堡	2列/周	阿拉山口	德国	约15天

续表

		东部地区			
	国际班列	开行数量	口岸站	境外国	运行时间
	义乌—马德里、杜伊斯堡	1列/周	阿拉山口	西班牙、德国	约18天
	义乌(南京)—明斯克、莫斯科	1列/周	满洲里、二连浩特	白俄罗斯、俄罗斯	约12天
	义乌—伊斯坦布尔	1列/周	霍尔果斯	土耳其	约18天
	义乌—里加	1列/周	满洲里	拉脱维亚	约16天
	义乌—伦敦	1列/周	阿拉山口	英国	约18天
	义乌—布拉格	无资料	阿拉山口	捷克	约16天
	苏州—华沙	3列/周	满洲里	波兰	约15天
	连云港—伊斯坦布尔	1列/周	阿拉山口	土耳其	约18天
	连云港—杜伊斯堡	无资料	无资料	德国	约18天
	厦门—汉堡、布达佩斯	1列/周	阿拉山口	德国、匈牙利	约16天
	厦门—莫斯科	1列/周	二连浩特	俄罗斯	约13天
	厦门、漳州—莫斯科/华沙/明斯克/杜伊斯堡	2列/周	满洲里	俄罗斯、波兰、德国、白俄罗斯	约16天
	广州、东莞、深圳—莫斯科、杜伊斯堡	0.5列/日	满洲里	俄罗斯、德国	约12天
	临沂、济南—莫斯科、明斯克	1列/周	满洲里	俄罗斯、白俄罗斯	约10天
	南通—马扎里沙里夫	1列/周	霍尔果斯	阿富汗	
	青岛—安员	1列/周	凭祥	越南	
	天津—莫斯科	2列/周	二连浩特、满洲里	俄罗斯	约11天
		东北地区			
	国际班列	开行数量	口岸站	境外国	运行时间
	营口—汉堡	3列/周	满洲里	德国	约13天
	营口、大连—莫斯科	0.5列/日	满洲里	俄罗斯	约13天
	沈阳—汉堡	1列/周	二连浩特	德国	约12天
	沈阳—莫斯科	1列/日	满洲里	俄罗斯	约13天
	哈尔滨、大庆—莫斯科；华沙/汉堡/泽布鲁日	3列/周	满洲里	俄罗斯、波兰、德国	约15天
	长春—施瓦茨海德	2列/周	满洲里	德国	约13天
	赤峰—车里雅宾斯克萨列普塔/克列希哈	1列/周	满洲里	俄罗斯	约10天
	乌兰察布—莫斯科	1列/周	二连浩特	俄罗斯	约5天

数据来源：根据公开资料整理，自2018年7月实施

(二) 中欧班列开行数量

随着"一带一路"建设的深入推进，我国与沿线国家及欧洲的经贸往来发展迅速，中欧班列的开行数量大幅增加、范围也不断扩大，运输服务网络更是覆盖亚欧大陆的主要区域。2011—2016 年，中欧班列分别开行 17 列、42 列、80 列、308 列、815 列和 1703 列。2017 年，全年开行 3673 列，同比增长 116%，超过前 6 年开行数量的总和，返程班列比例也稳步提升，提前实现《中欧班列建设发展规划（2016—2020 年）》确定的目标。2018 年继续保持快速增长势头，全年开行 6300 列，累积接近 13000 列，运行线路 65 条，国内开行城市 52 个，已达 15 个欧洲国家的 44 个城市和 11 个亚洲国家，运送货物 92 万多标准集装箱（见图 5-4）。

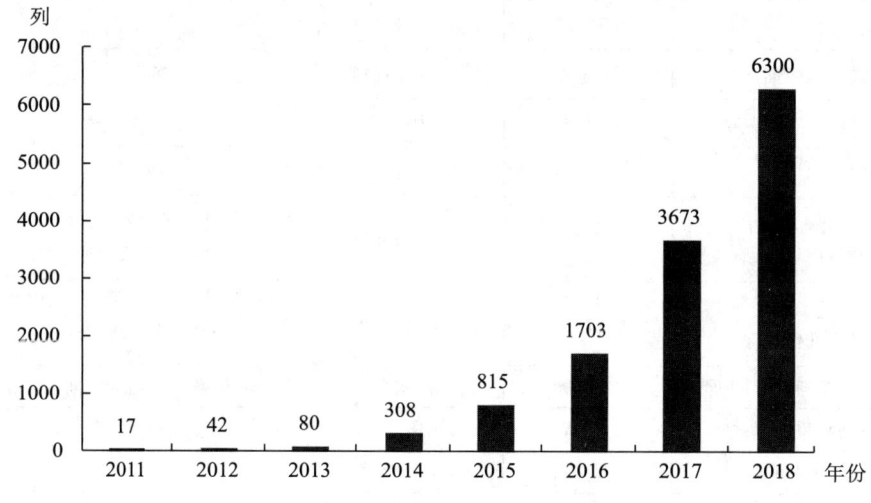

图 5-4　2011—2018 年中欧班列开行数量

资料来源：根据商务部网站资料整理

(三) 主要货类构成及其分布

中欧班列自 2011 年开通以来，货物品类日益丰富。目前，中欧班列运输的货物品类去程货源由开行之初以 IT 产品为主拓展到食品酒类、衣服鞋帽、日用小商品、母婴用品、文体用品、家具建材、工艺品、电器设备、汽车配件、工程机械、医疗器械、五金工具和电子产品、石材、日用化工品、现代花岗石制品、木制品和金属制品等品类。而回程货源方面，已覆盖欧洲多国的汽车整车及零配件、机械设备、矿物燃料、航空器、木材、日用品、化妆品、酒类及粮食食品等。中欧班列的开行，不仅有力促进了中欧之间的经贸往来，而且极大地丰富了沿线各国人民的消费生活。

此外，根据《"一带一路"大数据报告（2017）》的统计报告，德国、荷兰、俄罗斯、法国、西班牙为我国向中欧班列的主要出口国；而德国、俄罗斯、法国、伊朗、荷兰及中亚五国是我国的主要进口国。

三、中欧班列运行对中西部支点城市的经济影响

2011 年中欧班列（重庆）开行后，在引发国际物流运输方式变革的同时，也为我国区域经济发展提供了全新的思路。改革开放以来，东南沿海省份得益于港口的自然条件，长期处于经济发展的前沿，而中西部地区则一直处于发展的末端。中西部内陆地区对外贸易与东部沿海城市相比机会较少，中欧班列的开行，让中西部内陆地区逐渐成为我国对外开放前沿阵地。随着这五个中西部支点城市班列开行规模的不断扩大，对我国中西部内陆地区的经济发展起到重要作用。

首先，从总体上来看，其一，根据《"一带一路"贸易合作大数据报告 2018》显示，我国西部地区（重庆、成都和西安）与"一带一路"沿线国家进出口总额增速最快，以中欧班列为代表的铁路运输起到了极其关键的作用。其二，《中欧班列建设发展规划（2016—2020 年）》将中西部的五个城市定位为内陆主要货源地和主要铁路枢纽节点城市。随着中欧班列的不断发展和扩大，未来将会进一步巩固这五个中西部城市的物流枢纽地位。其三，中欧班列使我国中西部五个地区与欧洲各国间的距离大大缩短，节约了大量的时间和成本，对带动我国中西部地区的经济增长、包括与"一带一路"沿线国家的贸易往来大有裨益。其四，中欧班列使中西部这五个支点城市逐渐成为我国最大的内陆型国际中转枢纽港和商贸物流集散地，带动了当地外贸的发展和产业的快速集聚。现如今，中西部五个支点城市的综合物流枢纽地位日益凸显，对当地经济发展的贡献也在与日俱增。

其次，从各城市的发展来看，其一，在"渝新欧"的带动下，重庆 IT 产业从最初的代工生产到惠普、富士康和长安福特、华为、中兴、力帆及丹马士物流等一系列企业落户重庆，重庆的产业集聚得以迅速发展。其二，随着"蓉欧快铁"的快速发展，TCL、戴尔、惠普等企业在成都的产业量都明显得到了提升，同时也吸引了像 TCL 出口加工产业园、振石复合材料产业园、深圳怡亚通、广州宝供、韩国希杰和德国欧盛腾环保制造产业园等一批产业化项目落户成都。其三，"长安号"的开行促进了陕西的对外贸易外向度，有效地带动了陕西对中亚地区贸易的快速增长。在引进中国台湾冠捷科技落户咸阳的同时也让陕西本地企业爱菊集团在哈萨克斯坦建设农产品加工园。其四，"汉新欧"使冠捷、英利、中国台湾奇宏、世界奶粉巨头澳优公司、法国迪卡侬集团等众多企业纷纷落户武汉。而"汉新欧"的班列开行不仅促进了武汉本地企业的发展，也带动了宜昌、襄阳、十堰等地的发展。其五，"郑新欧"的开行，对提升河南的整体竞争力，构建内陆对外开放新高地和综合交通枢纽地位都起到了关键性作用；同时也吸引了更多的物流、资金流、信息流等要素向郑州聚集，促进了郑州外向型经济的发展。

再次，随着班列的常态化运营，重庆、成都和西安这三个西部支点城市先后获批

一系列国家口岸。一是重庆获批并建成了国家铁路一类口岸、进口整车口岸、3个国家一类开放口岸。二是成都国际铁路港建成了国家对外开放口岸、国家多式联运海关监管中心、汽车整车进口口岸、进境肉类指定口岸和保税物流中心（B型）。三是西安国际港务区获批并建成了进境肉类制定口岸、进境粮食指定口岸和汽车整车进口等口岸。

最后，未来这五个中西部内陆城市需重点发挥"一带一路"节点城市的枢纽经济平台功能。一是要在原有产业发展的基础上，抓住自身产品优势与区位优势，聚力周边的产业和产能，发挥枢纽经济的功能。二是为周边区域关联产业提供平台，集聚各类市场，在推动中欧班列开行均衡化的同时达到以运带贸、以贸促运的效果。

四、支点城市中欧班列运行存在的问题及改进措施

由于中欧班列发展时间相对较短，目前，这五个支点城市在运行过程中还存在一些问题。未来统一运作机制、统一全局调度、完善口岸功能、逐步市场化运营、统一国际铁路联运提单等成为必要选择。

（一）存在的问题

随着中西部五个支点城市中欧班列开行量的攀升，一些问题也逐渐暴露。

1. 国内外口岸拥堵及换装效率低

近几年，这五个城市的班列开通线路和开行数量都超出预期，由于市场各参与方的准备不充分，直接导致基础设施跟不上班列的发展速度。一是中西部五个城市均从阿拉山口、满洲里及二连浩特三个口岸出境，但随着班列的不断增加，这三个口岸都不同程度存在拥堵和满负荷运行的现象。二是中欧班列途经的多个关键欧洲铁路节点，像白俄罗斯的布列斯特、波兰的马拉舍维奇等城市，拥堵和班列晚点的现象非常严重，这都严重影响了班列的时效性。三是我国与沿线个别国家所使用的国际标准轻轨不统一，中途需要多次换装，这直接导致了运输成本的增加。

2. 进出口货源不平衡

2018年，我国中欧班列整体的回程占去程已由2017年的53%上升为67%。目前，这五个中西部城市的去回程货源也有很大的改善，但依然存在去回程货物比例不平衡和各城市间货源争抢的现象。

3. 市场化程度不高及线路重复

目前，国内开通中欧班列的城市中，除义乌是全民营机制运营外，中西部五个城市一定程度上都是由当地政府支持运作的，市场化程度相对较低。另外开行线路布局不太合理，使五个城市之间存在开通线路重复和无序竞争等现象。

4. 铁路运单的制约性

目前，我国中欧班列的国际铁路运单还未实现真正意义上的标准化和国际化，这

让依托中欧班列开展国际贸易业务的企业遇到诸多不畅。主要存在两方面的问题：一是铁路运单无法作为物权凭证使用抵押融资（国际保理、银行保函），银行也无法为企业开具信用证等运输资金、贸易融资及结算便利等一系列问题。二是国际铁路运单标准不统一，通常是按照路程分段开具的问题。

5. 通关政策不统一

目前，为提高贸易便利化程度，这五个城市的海关部门均实施了诸多政策。例如，海关总署在重庆推进的"关铁通"项目和西安海关推出的"舱单归并"模式，存在政策不统一的现象。

（二）改进措施

作为承载中欧班列运行的主要支点城市，通过差异化分工、优化服务，来提高西向通道的整体通达能力，成为各方需要积极推进的重要工作。

1. 完善国内外口岸设施，提升运营效率

首先，在口岸拥堵方面：一是政府方面应加大对阿拉山口、霍尔果斯等口岸建设和运行支持力度，保证口岸的正常建设和运营。二是需要多开通几个欧洲站点来满足日益快速发展的中欧班列。其次，关于沿线国家换装效率低的问题：相关部门可规划建设跨国的洲际高速铁路网，统一标准轨道，统一设备设施，鼓励企业"走出去"，共同参与中欧班列沿线国家的基础设施建设。

2. 拓展往返货源渠道

在中西部五个支点城市中，西安的欧洲返程货超过去程货，这和西安积极拓展欧洲进口网络，联动线上线下平台增加进口货源有密切关系；郑州也是最早实现往返平衡的城市之一，这主要得益于郑州在沿线国家设立海外仓和集疏中心。而武汉、重庆也相继在相关国家建设了自己的海外仓和办事处，一定程度上解决了去回程货源的平衡问题。今后还需从两方面来加大货源比例：一是鼓励国内企业在沿线设立办事机构并积极开发沿线国家市场，强化货源支撑，增加回程货物。二是积极扩大从中欧班列沿线国家的进口，以国际产能合作为契机，推动我国在沿线国家建设工业园区等项目，扩大进口并提高境外物流经营能力。

3. 市场化运营及避免线路重复

目前，中西部这五个城市是我国中欧班列开通最早且发展最好的城市群。为解决各地市场化运行程度和避免线路重复的问题，需要从以下几方面展开：

第一，实现差异化定位，减少内部竞争。中西部各支点城市所辖腹地不同、地理位置各有优势，结合自身腹地、产业集群、区位特征，走差异化竞争道路是必要选择。

第二，进一步减少政府补贴和增加市场化运营程度，这是中欧班列未来的发展趋势。今后，应充分发挥市场作用并建立完善的运价形成和遵循市场规则。政府可逐步

减少和完全取消补贴，建立灵活的定价计制，同时掌握对外价格谈判的主导权，以此达到降低成本和提高盈利水平的效果。

第三，强化顶层协调，通过国家和各省市政府间的沟通协作，实现资源优势互补，营造健康市场环境，共同扩大中欧班列的货物集散能力和通道功能。

4. 统一国际铁路联运提单

2017年，成都成功开立首份多式联运"一单制"，大大减轻了企业的资金压力，同时也构建了陆上国际贸易规则的关键一步。今后，应从国家顶层协调《国际货约》和《国际货协》相关国家，解决国际铁路运单的物权效力和进一步完善重庆的"国际铁路运单"模式，进而在中西部五个城市推广。

5. 通关政策统一化

为统一通关便利制度，今后应由海关总署统一在成都、西安、郑州和武汉推动"关铁通"项目和推行"舱单归并"和AEO制度，真正实现我国中西部内陆城市与中欧班列沿线国家海关间的"三互"，进一步优化中欧班列的通关速度。

第六章　推进国际产能合作园区建设

第一节　国际产能合作园区的拓展空间

我国国际产能合作园区的建设可以划分为两个阶段：20世纪90年代至2005年是以"企业自发+企业自用平台"为特征的海外园区建设的探索期；2006年至今则是以"政府引导+公共平台"为特征的海外园区建设的快速发展期。特别是"一带一路"倡议提出之后，我国海外产业园区开始了新一轮的高速拓展。2006年商务部发布《境外中国经济贸易合作区的基本要求和申办程序》，提出要建立50个国家级境外经贸合作区的目标，自此拉开了我国园区海外建设高速发展的序幕。相比此前的海外园区，境外经贸合作区的建设标准更高，包括完备的基础设施建设投资、明确的主导产业布局、健全的公共服务供给、辐射和集聚东道国相关产业等要求。截至2018年上半年，我国企业已经在46个国家建设起初具规模的境外经贸合作区、工业园区等各类境外合作区113个，其中商务部已经通过确认考核的境外经贸合作区20个，累计投资达348.7亿美元，入区企业4542家，为东道国创造了28.6亿美元的税收收入和28.7万个就业岗位。目前，"一带一路"沿线成为国际产能合作园区规划建设的重点区域。在113个境外经贸合作区中，有82家分布在"一带一路"沿线的24个国家和地区，上缴东道国税费达到3亿美元，新增投资25.9亿美元，分别占合作区整体比重的71.4%和87%。①

一、国际产能合作园区的建设原理

国际产能合作园区建设的理论基础分为发展中国家对外直接投资理论和开发区理论两方面。

（一）发展中国家对外直接投资理论

我国国际产能合作园区的建设从本质上说是对外直接投资行为，因此也适用于发展中国家对外直接投资理论。发展中国家的对外直接投资理论主要包括小规模技术理

---

① 资料来源：中国一带一路网。

论、技术地方化理论和技术创新产业升级理论。刘易斯·威尔斯的小规模技术理论用比较优势的原理来解释发展中国家对外直接投资，认为发展中国家跨国公司的相对竞争优势来自低生产成本，主要体现在拥有为小市场服务的劳动密集型生产技术、海外生产民族产品的优势和低价产品的营销策略。拉奥的技术地方化理论修正了小规模技术理论中的技术被动论——发展中国家的产品生产主要是使用"降级技术"生产早已在西方国家成熟的产品的观点，承认发展中国家跨国公司的内在创新活动，即通过对发达国家先进技术的引进、消化和创新，并在当地化应用中形成自身的"垄断优势"。坎特维尔和托兰锡诺的技术创新产业升级理论认为发展中国家对外直接投资能够促进企业的技术创新和技术积累，进而调整和优化产业结构、提高其国际竞争力。发展中国家对外直接投资的产业结构不断升级，从资源和劳动力密集型产业向技术密集型产业转变，地理分布也从周边国家向其他发展中国家和发达国家转变。

（二）开发区相关理论

国际产能合作园区还是国内开发区（特区）模式的海外复制推广，即搭建公共平台促进优势产业集群"走出去"，发挥集聚和规模效应，带动本地区及周边区域的经济发展。开发区相关理论主要包括增长极理论、产业集群理论和现代区位理论。

20世纪50年代，法国经济学家朗索瓦·佩鲁在韦伯工业发展区域发展理论的基础上创立了增长极理论。增长极理论的提出最初是为了解决落后地区的开发问题，后来发展成为具有较强影响力的区域经济理论。① 增长极理论认为经济增长具有传导性，通常是由一个或多个经济"高速增长中心"或"增长极"，向其他地区或部门扩散，从而带动本地区和周边区域的发展。增长极理论的主要内容分为主导产业和龙头企业两部分：主导产业是推动当地区域经济发展的核心产业；龙头企业在一定区域产业部门中占统治地位、起领头作用，通过吸引相关企业集聚促进主导产业的发展，是区域增长极的核心部分和区域经济发展的动力来源。布代维尔和弗里德曼等进一步发展和应用了经济增长极理论。布代维尔将增长极的理论思想从经济空间进一步推广到地理空间，提出了区域经济增长极的理论概念。他认为推进型企业在区域经济发展中会产生"乘数效应"，因此主张在经济落后地区建立大型推进型企业来形成新的增长极，从而推动整个区域经济的快速发展。

20世纪80年代，美国学者迈克尔·波特从竞争优势的角度对产业集群理论进行了系统性的阐述和分析。波特认为产业集群是在某个特定领域相互关联的、在地理位置上相对集中的企业和相关组织的集合，包括政府管理机构、行业协会和关联产业等在内。产业集群能够促进相关企业的集聚，并且通过共享区域公共基础设施、市场环境和外部经济来降低信息交流和交通物流等各项成本，从而增强区域的集聚效应、规模

---

① 刘继平. 增长极理论视角下的开发区建设［J］. 全国流通经济，2008（13）：5-7

效应、外部效应和整体竞争力。

区位理论是企业生产经营活动进行空间区位选择的重要依据，规模经济、外部性、向心力或离心力、区域竞争是现代区位理论的核心观点。与传统的区位理论不同，现代区位理论强调地区主体（包括政府机构在内的有意吸引投资的土地所有人或使用人等）要发挥主观能动性，积极改善投资和营商环境，使本地区成为集聚性投资的首选地点。现代区位理论中，市场环境、市场潜力、消费水平、体制架构、政府政策和历史文化传统等因素也会影响到对投资目标国的评估。

二、国际产能合作园区建设的必要性

（一）我国国际产能合作的重要合作机制和平台

国家在《关于化解产能严重过剩矛盾的指导意见》和《关于推进国际产能和装备制造合作的指导意见》等政策文件中都提出了要积极参与境外产业集聚区、经贸合作区、工业园区、经济特区等合作园区建设，营造基础设施相对完善、法律政策配套的具有集聚和辐射效应的良好区域投资环境的要求，吸引国内外企业入园。借助国际产能合作园区的平台功能，推动国内钢铁、水泥、电解铝、平板玻璃、船舶等过剩产能和纺织、服装、家电、装备制造等优势产业集群"走出去"。这一方面可以拓展对外投资合作的发展空间，在全球范围内进行资源和价值链的整合，有利于国内产业结构的调整和产业的转型升级；另一方面与东道国展开产能合作，统筹国内外两个市场和两种资源，有利于我国优势产业在海外形成规模和集聚效应。

（二）"一带一路"倡议的重要抓手

《推动共建丝绸之路经济带和21世纪海上丝绸之路的愿景与行动》中将境外经贸合作区、跨境经济合作区等各类产业园区的建设作为我国对外投资合作的新模式。"一带一路"的基本建设思路是"点线面"结合，园区建设正有助于打造其中的"点"，用于联通经济走廊的"线"和辐射周边地区的"面"的发展。另外，"一带一路"倡议的实施需要投入大量资金，相对于不加选择的大范围"撒钱"式投资建设，把有限的资金集中投入到重点区域的重点园区更能产生经济效益，也能让"一带一路"的建设落到实处。

（三）促进我国企业"走出去"质量和效益的提升

国际产能合作园区为企业"走出去"搭建了公共平台，促使中国企业、特别是中小企业的对外投资由"单兵作战"向"抱团出海"模式转变。这一方面改变了企业各自为战的局面，集群式投资不仅通过基础设施和配套资源的共享降低了企业海外投资经营成本，还提升了企业对当地政府、社会的整体影响力和话语权；另一方面也提高了企业抵御海外投资中所面临的政局动荡、社会安全和政策变动等风险的能力，即便遇到风险政府也能够对其进行统一管理。

（四）规避贸易壁垒的有效方法

随着全球贸易保护主义的抬头和单边主义的兴起，我国的出口产品频繁遭遇"双反""201调查"和"301调查"等贸易制裁。2017年中国共遭遇21个国家和地区发起的贸易救济调查，涉案金额高达110亿美元，已经连续23年成为全球遭遇反倾销最多的国家和连续12年成为全球遭遇反补贴最多的国家。国际产能合作园区具备规避贸易壁垒和减少贸易摩擦的特殊优势，一些产品从中国出口可能会遭遇欧美的"双反"调查，但从其他国家出口则没有障碍。例如，在柬埔寨建设海外园区的一个重要原因就是它拥有优惠的贸易地位，可以为进入发达国家和其他第三国市场提供便利。作为世界上最不发达的国家之一，柬埔寨自2004年加入WTO以来尚未遭遇发达国家"双反"等贸易壁垒阻碍，并且可以享受欧美等发达国家给予的特殊贸易优惠政策及额外的关税减免优惠。柬埔寨享有美国、欧盟和日本等28个国家和地区的普惠制待遇；对于从柬埔寨进口的纺织服装产品，美国给予宽松的配额和减免征收进口税，欧盟不设限，加拿大给予免征进口关税等优惠。① 另外，柬埔寨还拥有包括韩国、日本、印度、新西兰和澳大利亚在内的东盟"10+6"零关税的大市场。

三、国际产能合作园区建设的可行性

目前我国的园区建设大多位于"一带一路"沿线尚未开发的区域，政策措施、制度安排和基础设施配套相对落后，因此在市场自组织条件下无法完成资本、技术和劳动力等生产要素的聚集，不利于企业生产经营活动的开展。借鉴国内"由点到线、有线到面"的改革开放经验，政府可以通过园区建设来改变这种状况，即在园区这个"点"上改善基础设施条件、给予特殊的优惠政策和制度安排来创造一个具有可投资价值和意义的新的经济环境，从而达到带动本地市场、辐射周边区域发展的目的。

（一）国际产能合作园区的建设符合中方和东道国的根本利益

国际产能园区的建设有效契合了中方和东道国经济和产业发展诉求，双方存在广泛的合作基础。从当前的政治经贸关系上说，中方和"一带一路"沿线国家的贸易量不断增加，产业的互补性也在逐渐增强；从未来的发展战略上说，中方和东道国都能在国际产能合作园区的建设、开发和运营上找到利益契合点。对中国来说，国际产能合作园区是转移过剩产能、推动优势产能"走出去"的重要平台，有利于增强中国企业在海外的抱团协作效应、提高应对风险的能力和形成集聚效应；对东道国来说，以国际产能合作园区作为承接产能转移的平台是促进本国产业升级、实现工业化和经济发展的重要路径。同时，还可以提高政府税收收入、增加就业和辐射带动相关区域发

---

① 资料来源：柬埔寨西哈努克港经济特区官方网站。

展。发展较好的埃及苏伊士经贸合作区和泰中罗勇工业园是中埃、中泰发展战略对接的产物,埃及苏伊士经贸合作区已发展成为中埃双边产业合作和经贸对话的实质性平台,泰中罗勇工业园也已成为中国传统优势产业在泰国的产业集群中心与制造出口基地。

(二) 新加坡海外工业园区的成功经验借鉴

早在 20 世纪 90 年代初,新加坡就开始进行海外工业园区的建设,拥有丰富和成熟的海外园区建设经验。新加坡海外工业园区建设起源于"区域化 2000"计划——以发展外部经济为主,以期为新加坡企业实现对外投资以及在新加坡投资的跨国企业实现产业转移和升级而拓展外部发展空间。[①] 其中,由新加坡政府牵头和东道国合作,在一系列帮助私人企业和个人海外投资的鼓励和管理办法等政策配套条件下,共同按照新加坡本土园区标准建立海外工业园区是"区域化 2000"计划的重要内容。目前,新加坡已经建立了 10 多个海外工业园区,包括中国的苏州工业园、天津生态城,印尼的峇淡印度工业园、民丹工业区和克里曼海洋及工业区,越南的新加坡工业园和印度的班加罗尔国际科技园等。中新苏州工业园于 1994 年经国务院批准设立,是中国和新加坡的政府间合作项目。2017 年实现总产值 2350 亿元,同比增长 7.2%;进出口总额高达 858 亿美元,同比增长 15.5%。同年在全国高新区中排名第 5,全国百强产业园区排名第 3,全国经开区综合考评中排名第 1。[②] 在区域化发展战略的引导下,新加坡海外工业园区的建设成果显著,一方面实现了本国劳动和资本密集型产业的转型升级,为知识密集型产业和总部经济的发展提供了空间;另一方面抓住了亚洲新兴工业化国家发展的投资机遇,在区域合作中获取巨大的经济利益。因此,新加坡海外工业园区建设的成功经验对我国海外园区的发展具有很强的借鉴意义和价值。

(三) 我国对国际产能合作园区的政策扶持

国际产能合作园区的快速发展离不开国家各个层面的政策支持。当前我国对国际产能合作园区的政策支持按照政策类型可以分为三大类:第一类是企业境外投资政策,海外园区建设属于对外投资行为,因此关于支持企业海外投资的政策也适用于我国国际产能合作园区的建设;第二类是海外产业园区建设的宏观政策,明确提出要支持和推动海外工业园区、国际产能合作区、境外经贸合作区和科技园区等的发展;第三类是专门制定的服务于我国国际产能合作园区建设的政策,提供从海外园区布局到监管考核的全流程政策服务。从政策内容上看,我国对国际产能合作园区发展的支持主要包括资金、财税、融资、保险、通关便利措施、改善合作国投资环境措施以及简化项目审批和外汇审查手续等方面。在资金支持上,目前中国对境外经贸合作区的财政补

[①] 关立欣,张惠,洪俊杰. 新加坡海外工业园区建设经验对我国的启示 [J]. 国际贸易,2012(10):40-44
[②] 资料来源:苏州工业园区管理委员官方网站。

贴总额为 20 亿元左右，对每个园区的中方开发商前期投资额（主要用于基础设施建设）的 30% 给予财政补贴，补贴额不超过 2 亿元；在财税支持上，对投资到境外经贸合作区的生产设备、建材、原材料和散件提供退税或免税服务；在融资支持上，包括国家开发银行、中国进出口银行和中非发展基金等在内的金融机构为境外经贸合作区的建设发展提供特别授信、专项基金、优惠贷款和配套金融服务；在保险支持上，对境外经贸合作区的建区和入区企业提供国别风险咨询、投资保险、出口信用保险和担保等一系列保险服务；在通关便利措施上，给予境外经贸合作区货物的出口或进口免检或优先检验检疫的特殊通关便利；在改善合作国投资环境上，与境外经贸合作区的驻在国签署政府间协议或备忘录，[①] 并就土地政策、税收政策、劳工政策、基础设施配套以及贸易便利化措施等加强磋商和协调。除此之外，我国还建立了境外经贸合作区投资促进工作机制，作为促进国际产能合作、对外投资的专业性平台，主要向入园投资企业提供信息咨询（政策咨询、法律服务和产品推介）、运营管理（企业注册、财税事务、海关申报、人力资源、金融和物流服务）、物业管理（租赁服务、厂房建造、生产和生活配套、维修和医疗服务）和突发事件应急等方面的公共服务（见表 6-1）。

表 6-1　我国支持国际产能合作园区建设的政策分类

政策类型	政策文件
企业对外投资政策	《境外投资管理办法》《境外经贸发展专项资金管理办法》《关于加强对外经济合作领域信用体系建设的指导意见》《关于进一步引导和规范境外投资方向指导意见的通知》《规范对外投资合作领域竞争行为的规定》《对外投资合作环境保护指南》《对外投资合作境外安全风险预警和信息通报制度》《境外中资机构和人员管理安全管理规定》《对外投资合作"双随机一公开"监管工作细则（试行）》
海外园区建设的宏观政策	《关于化解产能严重过剩矛盾的指导意见》《关于推进国际产能和装备制造合作的指导意见》《推动共建丝绸之路经济带和 21 世纪海上丝绸之路的愿景与行动》《推进"一带一路"建设科技创新合作专项规划》等
海外园区建设的定制政策	《关于支持境外经贸合作区建设发展有关问题的通知》《境外中国经济贸易合作区的基本要求和申办程序》《境外经贸合作区发展布局指引（2016—2025 年）》《境外经贸合作区服务范本指南》《境外经济贸易合作区考核管理办法》《关于加强境外经济贸易合作区风险防范有关问题的通知》《农业对外合作"两区"建设方案》等

数据来源：根据公开资料整理

---

① 资料来源：商务部网站。

四、国际产能合作园区的建设模式

(一) 国际产能合作园区的建设条件

国际产能合作园区建设面临的最大挑战是项目是否具备商业上的可行性和可持续性。[①] 商业上的可行性表明园区在市场化运营条件下能够实现盈利，可持续性是指园区在规划期内形成稳定和成熟的盈利模式，并且能够带动周边地区的发展。国际产能合作园区的建设条件有共通的前提条件，如中国和东道国良好的政治经贸关系，是国际产能合作园区建设的前提条件；东道国稳定的政治环境和宽松的投资环境，能有效降低交易成本和充分利用国外资源；优越的区位优势，特别是交通要道或港口地带更容易兴起集聚，产生规模效应；广阔的市场容量和地区辐射能力，是园区能够商业化和持续性运营的重要条件。除了这些共通的条件，不同类型的国际产能合作园区的必需条件也有所差异。加工制造型园区多布局在具有充裕和廉价劳动力的地区，如柬埔寨（柬埔寨西哈努克港经济特区）劳动力资源丰富且成本较低，2018年最低工资月标准为仅170美元。资源利用型园区主要布局在自然资源丰富的地区，如赞比亚（赞比亚中国经济贸易合作区）具有丰富的矿产资源，是世界上第四大产铜国和第三大产钴国，制造业和采矿业是其国内的支柱产业；俄罗斯（俄罗斯龙跃林业经贸合作区，中俄托木斯克木材工贸合作区）森林覆盖率超过50%，居世界第一位，林材蓄积量高达807亿立方米。农业开发型园区布要求农业资源比较丰富的地区，如印度尼西亚（聚龙农业产业合作区）是全球最大的棕榈油生产国；商贸流通型园区在地理区位上需具有交通物流上的优势，如匈牙利（中欧商贸物流合作园）地处中东欧中心，自古以来就是商贸交通要道，海陆空运输系统可以辐射整个欧盟地区。特别是匈牙利政府确立了把匈牙利建设成为欧洲物流枢纽的发展规划，合作领域涉及金融、航空、物流、家电、工业制造和旅游等多个领域。技术研发型园区多布局在技术水平相对发达的欧美国家，充分利用欧洲先进的科技水平，采用高科技孵化器模式、以科技技术合作推动产业合作的发展。例如比利时（中国—比利时科技园）拥有良好的创新环境，在生物技术和生命科学领域具备强劲的研发能力和高效率的产业化等突出优势。

(二) 国际产能合作园区的模式设计

境外经贸合作区的建设模式根据投资主体可分为政府高层推动、园区开发公司主导和民营企业主导的3种建设模式。政府高层推动模式是指在中外两国政府的推动下，国有企业（大型央企）依靠国家力量牵头从事海外产业园区的建设。特别是在"一带一路"倡议提出后，政府高层推动模式下的海外园区建设迎来了新的发展机遇。园区

[①] 2017 境外经贸合作区生态调查：阶段性成果已现 亟待拓展可持续融资渠道 [EB/OL]. 21 世纪经济报道，2018-01-22

公司开发模式是国内开发区建设模式的海外输出,即一大批拥有成熟开发区建设运营管理经验的国内园区管理公司参与海外园区的建设。不同于国内开发区"土地开发+财税捆绑"的盈利模式,园区开发公司的海外园区建设除了从事综合性开发,还涉足农业生产、技术合作和专业工业地产开发领域。① 民营企业始终是中国海外园区建设的重要力量,相对于前两类投资主体,民营企业具备更高的灵活性和风险意识,能够适应当前快速变化的国际经济形势。民营企业主导下海外园区建设类型、运作机制多元化,有单个企业推动、多个企业推动或与所在国企业联合推动等方式(见表6-2)。

表6-2 我国海外产业园区的建设模式分类

海外产业园区建设模式	代表性园区	投资主体
政府高层推动模式	赞比亚中国经济贸易合作区	中国有色集团负责园区的开发、建设、运营和管理
园区开发公司主导	中埃苏伊士经贸合作区	以开发区运营商的身份进行园区运营建设:中非泰达投资股份公司(75%),埃中合营公司(20%),苏伊士国际合作公司(5%)
民营企业主导	巴基斯坦海尔—鲁巴经济区	"单个大企业+东道国企业"模式:海尔集团和巴基斯坦RUBA集团联合建设,双方股比为11∶9
	柬埔寨西哈努克港经济特区	"企业抱团+东道国企业"模式:红豆集团为主导,联合中柬4家企业共同成立

数据来源:根据公开资料整理

(三)国际产能合作园区的治理方式

国际产能合作园区的治理方式可以概括为"协同共治",即中国和东道国有关部门成立园区相关工作机制,协调解决园区建设运营中出现的问题。园区的治理模式根据各地区的实际情况不同而有所差异,其中由政府间协调委员会、园区管委会和开发公司共同构成的三级联动模式是海外园区建设过程中探索出来的行之有效的经验。柬埔寨西哈努克港经济特区是三级联动共治模式的首创者:第一级的西港特区副部级协调委员会由商务部和柬埔寨发展理事会共同成立,主要协调解决园区发展中的跨国、跨部门的阶段性问题;第二级的西港特区管理委员会由中柬组建,共同对园区事务进行管理;第三级的西哈努克港经济特区有限公司以中外合资的方式实现了企业抱团与本土的联合开发,有利于构筑优势互补、合作共赢的新格局。此后,这种三级联动共治模式也在中国—白俄罗斯工业园、中埃苏伊士经贸合作区等园区得到了"差异化"的

---

① ②林拓,蔡永记.打造"一带一路"前行航标:新时代中国海外园再出发[M].北京:中国社会科学出版社,2018.2

复制推广。例如，在园区管委会的组织形式上，西港特区和苏伊士经贸合作区都是由中方和东道国共同组建，而中白工业园则是由东道国——白俄罗斯的中央和州政府组建单独负责园区管理实处。在三级联动共治模式中，政府间协调委员会作为协调主体，负责统筹推进园区事务；园区管委会作为管理主体负责政府间协调磋商定下的原则问题的实施落地，包括园区的行政审批、政策制定和招商引资等；开发公司和管委会是平行关系，作为开发主体负责园区土地开发与经营、物业管理和招商引资等。特别需要注意的是，园区管委会不能对开发公司实行过多干预，必须保证园区开发公司在市场机制下独立自主地推进各项工作（见表6-3）。

表6-3 三级联动共治模式的应用

	柬埔寨西哈努克港经济特区	中国—白俄罗斯工业园	埃及苏伊士经贸合作区
第一级	西港特区副部级协调委员会	中白政府间协调委员会	埃及苏伊士经贸合作区政府间协调委员会
第二级	西港特区管理委员会：中柬双方组建	中白工业园管委会：白俄罗斯中央和明斯克州政府相关部门组建	园区管委会：中埃双方各派主任对园区进行管理
第三级	西哈努克港经济特区有限公司：红豆集团等4家民企和柬埔寨国际投资开发集团	中白工业园区开发股份有限公司：合资公司，中方、白方和德方分别占股68%、31.3%和0.7%	埃及泰达投资公司：中非泰达投资股份公司、埃中合营公司和苏伊士国际合作公司占股分别为75%、20%和5%

数据来源：根据公开资料整理

五、我国国际产能合作园区存在的问题及其原因

（一）园区定位模糊、盈利模式单一

2017年中国共建有境外经贸合作区99个，其中加工制造型园区41家、资源利用型园区12家、农业开发型园区23家、商贸物流型园区9家、技术研发型园区3家和综合发展型园区11家。① 商务部通过核准的20个境外经贸合作区中，资源利用型和农业开发型等专业化园区的产业链相对完整，如赞比亚中国经济贸易合作区形成了以有色矿业为主，加工、机械、建材等配套产业为辅的产业集群；中国印度尼西亚综合产业园区青山园区以"铁镍+不锈钢"为主导产业，逐步形成了从不锈钢上游原料镍矿开采、镍铁冶炼、不锈钢冶炼，到下游棒线板材加工、钢管制造、精线加工及码头运输、国际贸易的完整产业链；中国·印度尼西亚聚龙产业园则形成了集油棕种植开发、精

---

① 中国境外经贸合作区高速发展 园区开发企业盈利模式需多元化［EB/OL］．搜狐网，2018-07-14

深加工、收购、仓储物流于一体的棕榈油全产业链。数量最多的加工制造型园区则表现出定位模糊的特征，除老挝万象赛色塔综合开发区和中匈宝思德经贸合作区等之外的大多数园区都被规划成为集制造、商贸和物流服务等于一体的综合性区域，其招商范围几乎涵盖所有产业类别，从纺织服装到电子电器再到机械制造一应俱全，而并不涉及对主导或优势产业进行规划。园区产业定位不清晰一方面提高了与东道国当地资源和商务条件匹配的难度，另一方面也难以形成完整的产业链条，影响规模效应和集聚效应的产生，从而对园区的可持续性发展和经济利益的实现产生不利影响。我国的绝大多数海外园区目前还处于建设中并未实现盈利，是否具备商业上的可实现性还有待考量。实现商业化运营的园区盈利状况也不理想，资金回报率较低，如已经实现商业化运营的埃及苏伊士经贸合作区前三年的盈利率只有 0.52%。目前海外产业园区主要有工业地产和矿产资源开发两种盈利模式，但都是不可持续的。矿产资源开发受到资源有限性的制约；工业地产开发依靠"租赁或购买土地—基础设施建设—建设工业厂房—租赁厂房、出让土地—获得租金"的资金循环存在悖论，企业要想盈利就必须提高租金，而提高租金则反作用于招商引资，从而影响租金的获取（见表6-4）。

表6-4 商务部通过核准的20个境外经贸合作区的园区及产业定位

园区类型	境外经贸合作区	园区涵盖的产业类型
加工制造型园区	柬埔寨西哈努克港经济特区	前期：纺织服装、箱包皮具、五金机械、木材制品；后期：发挥临港优势，重点引入机械、装备、建材等产业
	泰国泰中罗勇工业园	主要为汽配（35%）、机械（23%）、建材（7%）、家电和电子（15%）等产业
	越南龙江工业园	电子、电气类产品、机械、木制品、轻工业、建材、食品、生物制药业、农林产品加工、橡胶、包装、化妆品、纸业、新材料、人造纤维等产业
	巴基斯坦海尔—鲁巴经济区	家电、汽车、纺织、建材和化工等产业
	埃及苏伊士经贸合作区	五大产业布局：石油装备、高低压电气、纺织服装、新型建材和机械制造
	尼日利亚莱基自由贸易区（中尼经贸合作区）	优势产业（产品加工制造和装配）、先导产业（商贸会展物流）、支柱产业（房地产开发）和配套产业（金融、休闲旅游等其他城市服务业）
	俄罗斯乌苏里克经贸合作区	集加工制造、仓储物流、产品加工和生活办公于一体；面向国内：轻工、机电（家电、电子）、木业等产业；面向俄罗斯等独联体国家及欧洲市场：主要生产加工销售国内优势产业的纺织、鞋类、家电、家居、建材、木业等产品
	埃塞俄比亚东方工业园	重点发展适合埃塞及非洲市场需求的纺织、皮革、农产品加工、冶金、建材、机电产业

续表

园区类型	境外经贸合作区	园区涵盖的产业类型
加工制造型园区	老挝万象赛色塔综合开发区	开发区一期（七大产业板块）：仓储物流、清洁能源、农副产品加工、电力装备制造、五金建材、生物医药及服装加工；二期和三期：重点发展商贸和努力建成万象新城
	乌兹别克斯坦"鹏盛"工业园	建筑材料、真皮制品、灯具和五金制品、电机电器、农用机械、轻纺及纺织品等行业
	中匈宝思德经贸合作区	化工、生物化工为主导产业，兼顾物流、轻工及机械产业发展
资源利用型园区	中国·印尼经贸合作区	汽车装配、机械制造、家用电器、精细化工及新材料
	俄罗斯龙跃林业经贸合作区	近期以林木采伐、粗加工、运回国内深加工为主；远期向森林培育、森林采伐、精深加工、林产品展销交易、跨境物流运输、内外互动的跨国林业产业集群发展
	俄罗斯中俄托木斯克木材工贸合作区	森林抚育采伐业、木材深加工业和商贸物流业
	赞比亚中国经济贸易合作区	有色金属工业为主，延伸有色金属加工产业链，适当发展配套产业和服务业，建设具有辐射和示范效应的有色金属工业
	中国印尼综合产业园区青山园区	"镍铁+不锈钢"一体化为主体的镍、铬、铁矿资源综合开发利用
农业开发型园区	吉尔吉斯斯坦亚洲之星农业产业合作区	种植、养殖、屠宰加工、食品深加工等产业
	中俄（滨海边疆区）农业产业合作区	种植、养殖、加工和仓储物流业
	中国·印度尼西亚聚龙农业产业合作区	油棕种植开发、精深加工、收购、仓储物流
商贸物流型园区	匈牙利中欧商贸物流园	金融、航空、物流、家电、工业制造、旅游等行业

数据来源：根据公开资料整理

（二）园区融资困难

现有的海外园区建设中不同程度地存在融资难问题。基于数据的可得性，这里给出的 8 个园区的融资安排中，一半以上的园区都因融资问题而影响到正常的生产经营。园区建设和运营一般经历前期亏损、中期持平和后期盈利三个阶段，其中实现可持续发展的关键是从前期到中期的跨越，而持续而稳定的资金流则决定着的园区可持续发展。境外园区运营前期的土地租赁、基础设施建设和相关配套服务的开发需要企业自主完成，但因为境外园区大多处于未开发区域，前期基础设施建设耗资巨大且投资回报期长。园区的建设资金来源主要来自两个方面：企业自有资金和政府的财政补贴，其余融资方式如商业信贷则因为利率和担保要求高而难以实现，只有极少数园区能获得国际进出口银行、丝路招商银行和东道国金融机构等的资金扶持。巨大的资金需求意味着企业自有资金无法提供持续的资金流，这和单一的融资方式相叠加，进一步加剧了园区融资难问题的严重程度（见表6-5）。

（三）园区建设盲目扩张

为配合"一带一路"倡议的实施，2013年之后我国国际产能合作园区的建设进入高速拓展期。截至2018年上半年，国家统计出来的境外经贸合作区的数量为113个，但实际的海外园区数量已经超过200个。在国家层面之外，大部分省市也都出台相关政策积极引导海外产业园区的建设。辽宁、江苏、湖南、湖北、广东、新疆、上海、浙江和福建等省份相继将国际产能合作园区建设纳入本地区落实"一带一路"倡议的重要行动中：辽宁省初步规划要重点建设位于东盟、中亚及东欧地区的10个境外工业园区；江苏省通过提出要在"一带一路"沿线重点国家建设2~4个省级境外产业集聚区；湖南省拟建立5个以上境外国际产能合作示范基地；而河南省则提出到2020年建设30~50个境外经贸合作区，并且5个以上省级境外经贸合作区达到申报国家确认考核条件。与此同时，江苏、山东、浙江、安徽和湖南等省份也率先开展省级境外经贸合作区的考核认定。

表6-5 海外产业园区的盈利模式和融资安排分析

名称	企业入驻情况	盈利情况	盈利模式	经验问题	融资安排	商业可行性
泰中罗勇工业园	开发近6平方千米,入驻企业101家	进入良性滚动模式,小幅盈利	土地转让、标准厂房出租、物业增值服务(如商店、公寓等)	园区选址合理,强化招商	少量银行融资,融资不困难	可实现
老挝万象赛色塔综合开发区	入驻企业39家,计划投资总额达5亿美元。其中建成投产的14家,正在建设的14家,正在做前期准备的11家	可完成相关经营计划	土地权限转让;企业土地租赁;工厂、物流仓储租赁服务;园区物业管理服务等	以产业研究指导产业布局,突出面向国际的招商定位,打造出口加工"保税区",提供全方位全过程服务支持同时丰富招商引资的手段	主要是通过中国进出口银行、国家开发银行进行项目贷款;当地银行贷款利率高,额度小,担保要求高	可实现
尼日利亚莱基自贸区	注册企业119家,其中55家已签投资协议并投产运营	尚未盈利	土地厂房出让和租赁以及园区经营管理	周围基础设施不配套,港口建设滞后,项目周期长,回报慢	主要依靠资本金。尼日利亚国内资金紧张,利率高,融资困难	没有补贴支持会比较困难
柬埔寨西哈努克港经济特区	引入企业121家,包括104家中资企业,12家三国企业,5家柬埔寨当地企业,创造就业岗位近2万个	已实现收支平衡	租赁土地及标准厂房,并根据企业需求,量身定制厂房	位置优越,配套设施相对完善,优越的投资环境以及践行"八方共赢"理念,受到企业的青睐,与企业实现共赢发展	目前没有困难,进出口银行,工行金边分行都给予资金支持	长期来看能盈利
埃塞俄比亚东方工业园	入驻企业82家,入驻率100%	2015年收入0.5亿元,2016年0.8亿元,2017年1亿元。2015年实现完全盈利,投资回报率超15%	配套电力服务、土地出售、厂房出租、三产服务、物业管理、供水及污水处理等	有效利用驻在国稀缺性资源;因地制宜探索有效发展及盈利模式;国内供给侧改革	驻在国金融不开放,外债水平较高,信用等级差等,国内金融无法支持	如果没有补贴,发展起步会缺少动力,速度会变慢,失去机遇

续表

名称	企业入驻情况	盈利情况	盈利模式	经验问题	融资安排	商业可行性
中国—比利时科技园	已投入运营物业进驻23家企业，入驻率超过80%	已有物业经营情况良好，主体工程尚在建设期，面临较长投资回报期	主要为物业经营、增值服务收入和产业投资回报，通过搭建了商业服务体系，通过增值服务的提供和对优质项目的股权投资，在传统物业经营的基础上开辟了稳定的收入渠道	对中欧企业吸引力强；启动项目前，园区高起点完成顶层设计、产业策划和规划设计工作，为建设和经营提供了明确方向；"空间+服务+投资"的产业运营闭环模式具有广阔的市场前景	一方面利用国内自有资金ODI汇出或采取"内保外贷"方式拓展融资渠道，另一方面展开融资渠道，拟充分利用境外低成本资金	通过合理经营可形成稳定的现金流，但投资回报期长，目前正积极争取政府政策及资金支持
中欧商贸物流园	入驻企业167家，包括中资企业48家，入驻率超87%	目前利润水平一般，有潜力挖掘	商贸平台经营，展示、交易，为入驻企业提供对接服务，促进企业出口	建设初衷是给入驻企业提供方便利服务，没有大盈利点	实施企业属投资性公司，没有经营性业务，一直不能贷款融资，后续建设资金存在较大困难	扶补贴政策支持，在一定程度上促进和加快园区发展
印度尼西亚聚龙农业产业合作区	入驻企业14家，企业投资额超4000万美元，总产值超2000万美元	还未实现盈利	投资农业产业；出售或租土地给入驻企业；为入区企业提供服务	立足主导产业开展经营；放大现有资源；通过与入区企业合作，参股入股经营，形成产业链互补	主要以政策性和商业贷款为主；国内中长期、海外农业项目贷款资金还较少，无法满足企业的需求	如没有政府的支持，该模式也可运行，但是投资及回报周期会更长，成本更大

资料来源：2017境外经贸合作区生态调查：阶段性成果已现 亟待拓展可持续融资渠道[N].21世纪经济报道，2018-01-22.

国际产能合作园区的大规模扩张也带来了园区发展"过热"的问题。2014—2017年中国海外园区数量的增长数量接近前19年海外园区数量之和,且有不断增长的趋势。在层层加码的管理体制下,部分地级市拟建的海外园区数量超过条件某些相当的省份,有的甚至拟超过现有的国家境外经贸合作区的数量规模。某些地方将园区"走出去"指标化,出现了一些盲目鼓励企业创建境外产业园区的苗头。① 海外园区的白热化建设将引起竞争的进一步加剧,不仅要面对来自国内企业建设的海外园区的竞争,还要面对来自其他国家海外园区的竞争。

(四)东道国存在的风险

海外园区的建设是企业对外直接投资行为,因此也会受到东道国政治风险、经济风险、文化和社会风险等的影响。政治风险需要考虑到中方和东道国的政治互信程度、东道国国内政局的稳定性和政策的连续性等。此外,东道国承诺的优惠政策能否落地、提供的便利条件能否兑现也成为企业入驻园区后要面临的风险。世界银行《2018全球营商环境报告》从开办企业、办理施工许可证、获得电力、登记财产、获得信贷、保护中小投资者、纳税、跨境贸易执行合同和办理破产10个方面对全球190个经济体营商环境进行排名,考察在不同国家或区域中经营商业的难易程度。结合境外经贸合作区网站中披露的我国位于38个国家和地区的80个境外经贸合作区,可以发现我国境外经贸合作区所在的南亚和绝大部分非洲国家的排名相对靠后,其中苏丹(170)排名仅次于缅甸(171)。从营商环境的变化来看,38个国家中有22个国家的营商环境排名较上1年有所下降,不排除营商环境有进一步恶化的趋势。因此,境外经贸合作区建设所面临的经济风险可能会增大。文化和社会风险是指由于中国和东道国之间的文化差异和冲突对境外园区的建设和运营产生的不利影响(见表6-6)。

表6-6 境外经贸合作区驻在国营商环境排名及得分变化情况

地区(园区数)	国家(园区数)	排名及变化	得分及变化
东南亚(26)	柬埔寨(5)	135(-4)	54.47(+0.23)
	老挝(3)	141(-2)	53.01(+0.43)
	马来西亚(1)	24(-1)	78.43(0.96)
	泰国(2)	26(+20)	77.44(+5.68)
	文莱(1)	56(+16)	70.60(+5.83)
	印度尼西亚(10)	72(+19)	66.47(+2.25)
	缅甸(1)	171(-1)	44.21(+0.30)
	越南(3)	68(+14)	67.93(+2.85)

---

① 林拓,蔡永记.打造"一带一路"前行航标:新时代中国海外园再出发[M].北京:中国社会科学出版社,2018.2.

续表

地区（园区数）	国家（园区数）	排名及变化	得分及变化
南亚（6）	巴基斯坦（2）	147（-3）	51.65（+0.71）
	印度（3）	100（+30）	60.76（+4.71）
	斯里兰卡（1）	111（-1）	58.86（+0.13）
中亚（7）	乌兹别克斯坦（1）	74（+13）	66.33（+4.46）
	塔吉克斯坦（2）	123（+5）	56.86（+0.93）
	格鲁吉亚（1）	9（+7）	82.04（+2.12）
	哈萨克斯坦（2）	36（-1）	75.44（+1.06）
	吉尔吉斯斯坦（1）	77（-2）	65.70（+0.54）
西亚（2）	阿拉伯联合酋长国（1）	21（+5）	78.73（+1.87）
	阿曼（1）	71（-5）	67.20（+0.08）
非洲（25）	阿尔及利亚（1）	166（-10）	46.71（-0.01）
	埃及（1）	128（-6）	56.22（+0.10）
	埃塞俄比亚（3）	161（-2）	47.77（+2.08）
	吉布提（1）	154（+17）	49.58（+3.99）
	毛里求斯（1）	25（+24）	77.54（+2.09）
	南非（1）	82（-8）	64.89（-0.08）
	尼日利亚（5）	145（+24）	52.03（+3.85）
	莫桑比克（2）	138（-1）	54.00（+0.97）
	苏丹（1）	170（-2）	44.46（+0.17）
	塞拉利昂（1）	160（-12）	48.18（-0.06）
	坦桑尼亚（2）	137（-5）	54.04（+0.11）
	津巴布韦（1）	159（+2）	48.47（+0.80）
	乌干达（2）	122（-7）	56.94（+0.42）
	赞比亚（3）	85（+13）	64.50（+3.93）
俄罗斯（7）	俄罗斯（7）	35（+5）	75.50（+0.81）
欧洲（7）	白俄罗斯（1）	38（-1）	75.06（+0.55）
	比利时（1）	52（-10）	71.69（-0.23）
	法国（1）	31（-2）	76.13（-0.06）
	塞尔维亚（2）	43（+4）	73.13（+0.26）
	匈牙利（2）	48（-7）	72.39（+0.26）

数据来源：《2018全球营商环境报告》和《2017全球营商环境报告》

六、发挥国际产能合作园区作用的政策建议

(一) 国家统筹规划布局

国际产能合作园区的布局必须兼顾国家宏观指导和企业自主选择的有机统一。首先,国家需要加强国际产能园区的战略规划,重点项目务必由高层推动转向整体规划推进,国家资源和政策倾斜必须优先重点投向对中国具有地缘战略意义和资源保障战略意义的海外园区。[①] 当前的国际产能合作园区建设应该优先对接"一带一路"倡议,特别关注其在"一带一路"沿线重点区域的布局,注重打造支点型园区组群,联通六大经济走廊。其次,国家需要对各地方的国际产能合作园区建设规划进行统筹协调和审核,避免在同一国家或区域建设多个类似、主导产业相近的园区而引起的在招商、运营、管理等方面的过度和恶性竞争。最后,企业需要在国家确定的境外投资重点国别和主导产业的指引下,结合自身的比较优势确定园区选址和产业布局,充分利用国家关于支持境外经贸合作区、工业园区和海外产业园区建设等的各种政策。

(二) 国际产能合作园区的治理方式

国际产能合作园区进行产业规划时要进一步明确主导和优势产业,综合考虑东道国的发展诉求、资源条件、要素禀赋和产业基础等现实因素。园区在进行招商引资时要特别注重引进市场前景较好、项目带动性强的龙头企业,同时引进龙头企业发展所必需的生产和生活配套性企业,逐步形成以龙头企业发展为核心的全产业链发展模式。在盈利模式上,在提供土地、厂房开发和租赁等传统服务的基础上,探索更加成熟、稳定和多元化的盈利模式。例如,园区可以由工业用地开发向商业地产开发、产业链建设、配套服务增值等全产业链服务转变,提供从企业入驻到生产运营的全流程服务;在提供企业注册登记、投资咨询和人力资源等免费公共服务的基础上,开发多种类型的有偿服务;在招商引资时注重将园区与高成长、高营利性项目相捆绑,实现资金的良性循环等。

(三) 国际产能合作园区的治理方式

解决国际产能合作园区"融资难"问题的一个重要办法就是创新多元化的融资方式,提供普惠性和定制化相结合的金融机制支持。在普惠性金融上,国家首先应继续加大对国际产能合作园区的财政资金和金融信贷支持,提高国内银行对外放贷的权限。推动人民币跨境结算业务的发展和金融机构与企业同步配套"走出去",拓宽金融机构海外经营范围、提高境外业务处理能力,优先为入区企业提供本地化的金融服务;其次,应该降低企业的融资成本,提高企业融资能力。探讨项目自身、土地出让应收账

[①] 叶尔肯·吾扎提,张薇,刘志高. 我国在"一带一路"沿线海外园区建设模式研究 [J]. 中国科学院院刊,2017 (4): 355-362.

款、股权和矿业开采权等多种质押方式的可行性，积极推动"外保内贷"和"外保外贷"服务的发展；再次，扩容多元化的资金投入，争取国际合作基金（亚投行、丝路国际银行等）、地方对接基金（地方丝路基金等）和民间资本（PPP等）等多种基金支持，引入风险资本和产业资本，逐步建立起政府引导、财政投入、企业投入、金融信贷和风险投资并行的多元化资金保障体系[①]；最后，注重预警和防范海外园区建设中的投资风险和信用风险，提高金融监管和风险防范能力。考虑到东道国的金融市场发展的差异，定制化的金融政策也必不可少。例如，在埃塞俄比亚进行投资时会面临金融不开放、外债水平较高和信用等级差等问题，因此需要国内外银行提供特别授信支持。俄罗斯高达17%的现代农业贷款利率和不稳定的汇率现状则要求提供灵活完善的资产评估和保险服务，着重加强汇率风险的防范，确保资金的保值增值。

---

① 探索一带一路建设与中国海外产业园区发展路径［EB/OL］．中国社会科学网，2017-11-18．

第二节 中白工业园的建设与发展选择

被称为中国目前对外合作层次最高、占地面积最大、政策条件最为优越的中白工业园,自 2012 年启动建设以来,在"一带一路"倡议和中白两国政府的有力推动下,已经取得显著进展。面向未来,创新支点建构模式,中白工业园依旧承载着艰巨的使命。

一、中白工业园建设的背景与条件

白俄罗斯独立后,中国是对其最早承认的国家之一,两国于 1992 年建交。1994 年卢卡申科当选总统,基本确立"了解中国,学习中国,接近中国"的战略理念。随着中国经济的快速增长,特别是丝绸之路经济带共建倡议的提出,两国的合作基础日趋牢固,中白工业园就是在这一过程中兴建并不断发展起来的。

(一)中白工业园建设的背景

白俄罗斯是苏联地区的内陆国家,国土面积 20 多万平方千米,人口不足 1000 万。经过苏联的社会主义建设、工业化和专业化产业布局,白俄罗斯以工业、特别是机械制造业见长,对外部市场依赖度高,尤其是能源高度依赖于俄罗斯。到 1998 年,白俄罗斯工业仍然占据 GDP 的 41.3%,其中制造业占比达 32.5%。良好的发展基础、有限的市场容量使白俄罗斯期望通过外部合作来寻求发展(见图 6-1)。

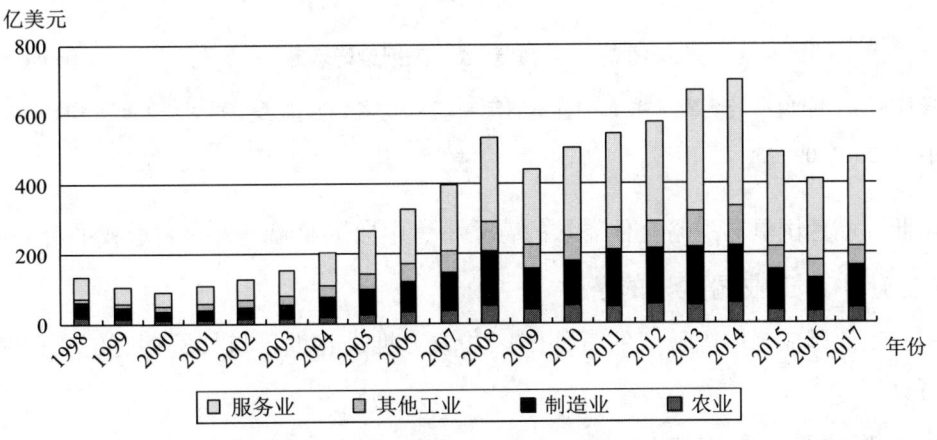

图 6-1 1998—2017 年白俄罗斯三次产业构成

资料来源:根据 UNCTAD 数据计算而得

卢卡申科就任总统以后，致力于推进与中国的合作，不仅向中国学习改革开放和地区发展的经验，也积极推动两国互通有无、加强经贸往来。1995年以来，卢卡申科总统多次到访中国，也接待中国领导人的访问，并不断提升两国合作的战略定位和层级。

2014年乌克兰危机爆发，导致欧美国家和俄罗斯之间展开制裁与反制裁战，石油价格和卢布遭受重创，俄罗斯经济的受挫也使独联体区域发展下滑。白俄罗斯虽然采取措施积极应对，但还是在外部市场萎缩、内部转型与发展动力不足等问题的困扰下，经济显著衰退。在内外形势恶化的背景下，白俄罗斯寻求外部投资的期望更加强烈。

在地缘政治与经济格局复杂化的形势下，2013年，中国提出共建"一带一路"倡议，分别通过陆地和海洋扩大外部市场的合作，特别是促进欧亚之间的联结与互动。白俄罗斯地处欧洲交通的"十字路口"，东接欧亚经济联盟，西联欧盟国家，南经乌克兰直达黑海，北部接近波罗的海，是"新亚欧大陆桥"上重要的交通枢纽以及波罗的海诸国到黑海诸航线的交会点，也是从独联体国家直抵大西洋港口的便捷经济走廊。独特的地理位置使白俄罗斯占据丝绸之路经济带的重要节点位置，"渝新欧""郑新欧""义新欧"等中欧班列的开行在进入中东欧前即途经白俄罗斯首都明斯克（见图6-2）。

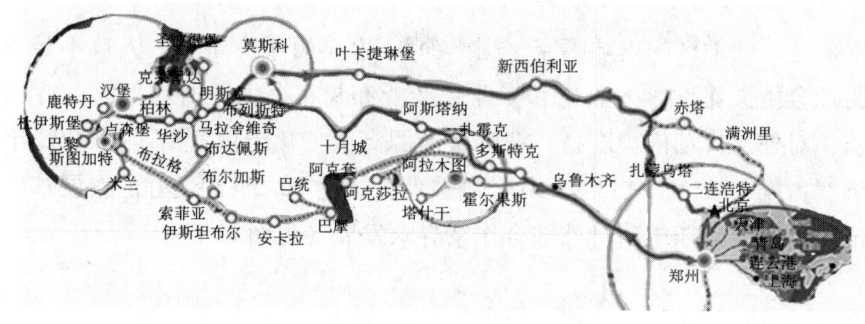

图6-2 "郑新欧"班列运行示意

资料来源：中国—新加坡（东盟）海陆联运新通道建成，比上海中转快20天［EB/OL］.中国航务周刊，2017-09-25.

由此，在两国具有战略合作需求的背景下，中白工业园成为一大承载平台。

（二）中白工业园建设的条件

中白工业园成为中国最大的海外园区并大力推进建设，与其所拥有的资源和优势密不可分。

1. 地理位置优越

中白工业园全称为中国—白俄罗斯工业园，园区坐落在白俄罗斯明斯克州斯莫列维奇区，占地面积112.5平方千米，距离白俄罗斯首都明斯克25千米，毗邻国际机场、柏林—莫斯科的洲际高速公路干线（E30 欧洲高速公路、E28 欧洲高速公路），距中欧铁路集装箱班列干线 30 千米，距波罗的海附近国家立陶宛的考纳斯自贸区约 350 千米、克莱佩达港口约 500 千米，距莫斯科约 700 千米，距柏林约 1000 千米，具有得天独厚的自然地理优势和便利的交通运输条件，有望成为丝绸之路经济带西部的重要转运中心、商品集散地、衔接欧盟和欧亚经济联盟两大市场的产业发展平台。

2. 白俄罗斯具备较高效率的产业基础和优良的劳动力资源

在苏联时期，白俄罗斯的科技发展水平相对较高，虽然人口规模小、产业体系并不完整，但是白俄罗斯的农业生产效率在苏联各加盟共和国中处于领先水平；着力发展机械制造等工业，使白俄罗斯累积起较坚实的工业基础，并形成相应中高技能劳动力群体。白俄罗斯虽然人口规模较小，但是人员素质较高，且价格相对低廉。从 2012 年数据来看，白俄罗斯重型载重卡车的销售额占到世界市场的 30%，矿物肥料占 15%，拖拉机占 10%；每 1000 名白俄罗斯经济实体中的人员里，受过中高等教育的人数为 450 人；且高技术人才多集中于汽车制造业、医疗行业、无线电行业等行业。

3. 两国政府具有合作诚意

2005 年，卢卡申科总统首次访华，两国签署联合声明，宣布中白关系进入全面发展和战略合作的新阶段。2013 年，《中华人民共和国和白俄罗斯共和国关于建立全面战略伙伴关系的联合声明》签署。2014 年初，《中白全面战略伙伴关系发展规划（2014—2018 年）》等双边合作文件签署，两国建立副总理级政府间合作委员会。2015 年，习近平主席到访白俄罗斯，双方签署友好合作条约和深化全面战略伙伴关系的联合声明；9 月，卢卡申科总统应邀出席中国人民抗日战争胜利 70 周年阅兵庆典。2016 年中白签署《关于建立相互信任、合作共赢的全面战略伙伴关系的联合声明》，并发展全天候友谊。一系列重大战略协议与合作文件的签署奠定了两国深度合作的制度框架，白俄罗斯以"总统令"等方式相继出台一系列特殊法律制度，以提供前所未有的优惠和特权条件，从而为中白工业园的建设提供重要保障。①

4. 白俄罗斯政府提供特殊优惠政策

2011 年 6 月，俄罗斯、白俄罗斯和哈萨克斯坦成立关税同盟，2012 年 1 月关税同盟升级为经济统一空间，实现了三个国家间商品、资金和劳动力市场的自由流动。工业园区内企业生产的产品销往俄罗斯、哈萨克斯坦不征收关税。2012 年，卢卡申科签署总统令，以国家最高立法的形式规定了中白工业园入园企业在税收、土地等方面享有的独特优惠政策，承诺为全球各地投资商营造"前所未有"的政策环境——头十年完全免税、第二个十年征半税，税收优惠期达到 50 年，土地可以租用或转为私有，租

---

① 赵会荣. 白俄罗斯与"一带一路"[J]. 欧亚经济，2017（4）：44-55.

期可达99年。金融管制宽松，企业投资资金不强制结汇，投资获利可自由汇出，5年免征红利税，免缴离岸税等。2019年初，根据白俄罗斯共和国第490号"关于海关监管"总统令，中白工业园被批准为白俄罗斯境内首个区域经济特区。这是欧亚经济联盟国家协商的结果，即在联盟内拥有更便利的海关政策等，设区条件十分严格，俄罗斯设置3个，白俄罗斯设置2个，亚美尼亚、哈萨克斯坦和吉尔吉斯斯坦各1个；而白俄罗斯首个区域经济特区就设在中白工业园。

二、中白工业园建设的历程与进展

中白工业园基本以零基础开始兴建，且白俄罗斯位于高纬度，冬季时间长，施工进度大受影响。但是，在参建各方的积极努力下，中白工业园建设进展迅速，并已经吸引40余家企业进驻。

（一）中白工业园建设历程

中白工业园的建设源起于2010年3月，时任中国国家副主席习近平到访白俄罗斯，总统卢卡申科就表达了在白俄罗斯境内共建工业园的愿望。10月，中工国际工程股份有限公司与白俄罗斯经济部签署的《在白俄罗斯共和国境内建立中国—白俄罗斯工业园区的合作协议》；2011年，时任人大常委会委员长吴邦国到访白俄罗斯期间，两国签署《中华人民共和国政府和白俄罗斯共和国政府关于中白工业园的协定》，中白工业园上升为两国政府间高层级的国际产能合作园区。

2012年6月，白俄罗斯颁布第一个总统令，对园区建设提出了比较系统的规划，以及招商引资计划和相关优惠政策。8月，中白工业园区开发股份有限公司正式成立，由中国机械工业集团有限公司、明斯克州执行委员会（政府）、和国机集团控股的中工国际工程股份有限公司共同出资1000万美元设立。

2013年7月，卢卡申科总统访华，两国元首宣布中白两国建立全面战略伙伴关系，提出了扩大相互投资，办好合资企业和推动中白工业园建设。在两国领导人的共同见证下，白俄罗斯共和国经济部、中白工业园开发股份有限公司、广东省人民政府在人民大会堂签署了《合作协议书》，三方将就广东省在中白工业园规划一片用地并组织企业入驻经营开展合作；以及签署《关于建立中白工业园哈尔滨园的合作协议》，提出三方将就哈尔滨市在中白工业园建设哈尔滨子园区开展合作。[①]

2014年园区建设开始动工。2015年5月，习近平主席访问白俄罗斯，两国元首共同为园区标志"大石头"揭牌。为了完善公共服务与物流配套，招商局集团入驻中白工业园，并通过注资参股中白工业园开发股份有限公司。

揭牌后，中白工业园加快了基础设施建设和招商引资的步伐，首期开工3.5平方

---

① 白俄罗斯加入新丝绸之路91平方千米中国最大海外工业园区落户［EB/OL］. 2014-12-24.

千米起步区，包括 11 千米双向四车道公路，给排水、供电、通信等地下管网，"七通一平"及配套基础设施，到 2016 年底已基本建成。

（二）中白工业园建设进展

由于白俄罗斯对中白工业园定位较高，主要发展高端制造与服务业，以带动本国产业转型升级，因此，从园区的主要产业定位来看，是以机械制造、电子信息、精细化工、生物医药、新材料、仓储物流为主。园区内规划有生产和居住区、办公区和商贸娱乐综合体，以及金融和科研中心等，主要是在发展产业的同时，完善生活、科研、医疗、旅游度假等功能，最终建设生态、宜居、兴业、活力、创新五位一体的国际新城。

随着起步区基本建成，中国招商局集团、潍柴集团、中联重科、中信重工、中航工业、华为等中国大型企业开始入驻园区，并陆续开工自建或租用厂房，开始研发生产高科技产品或为园区企业提供各类服务。2018 年 11 月，潍柴马兹公司在园区举行了隆重的试生产仪式。该项目由中工国际承建，于 2018 年 4 月动工，以"中国速度"实现了当年开工、当年竣工、当年投产，克服了中白建设的标准转换困难，仅用 7 个半月时间实现既定目标，成为白俄罗斯第一家能够自主生产发动机的工厂。

2012 年启动园区招商以来，在中白双方的共同努力下，入园企业从 2015 年的 7 家增至目前的 42 家，协议投资总额约 11 亿美元，其中有 23 家企业动工建设，14 家企业投产运营。涉及企业包括中国电信（信息与通信技术）、华为（信息与通信技术）、中兴、吉利汽车、中联中科、中联重科（机械设备）、中信重工（智能机器人）、成都新筑股份（超级电容）、北京住总承建、甘肃聚鑫麦芽生产基地、纳米果胶生产中心、以色列公司（太阳能电池板）、德国迪芬巴赫公司复合材料项目、中新智擎无人驾驶汽车项目、潍柴集团（柴油发动机）等。①

三、中白工业园的发展模式

中白工业园建设的基础较为薄弱，同时又肩负着两国的重大战略期望，创新发展模式，加快推进建设，成为参建各方的共识与选择。

（一）中白工业园的发展机制

中白工业园从中国机械工业集团有限公司在白的机械制造投资项目开始启动，2015 年招商局集团的入驻配套了物流服务板块，并使中白工业园从生产集聚转向"港区城"的系统开发建设模式，也为丝绸之路经济带支点建设奠定了基石。

招商局集团创立于 1872 年，新中国成立前后，由于部分资产流向台湾，部分移交

---

① 中白工业园成为白俄罗斯境内首个区域经济特区［EB/OL］. 国务院国有资产监督管理委员会网站，2019.3.1.

内地各港务局，遗留下很小的规模驻扎在香港，成为在港全资国有企业。改革开放的春风吹起，招商局率先在蛇口设立首个对外开放的工业区，并在"港口建设—开发区服务供给—城区优化社会服务"的建设理念下，将蛇口工业区从山石海滩先后改造为加工制造基地、交通航运中心，以及当前的现代化创意都市。招商局在蛇口经验的基础上，总结出"前港—中区—后城"的地区开发建设模式，并将之推广到国内的漳州开发区，海外的"丝路驿站"。

招商局的入驻也将"前港—中区—后城"运营理念注入中白工业区。所谓"前港"，就是通过公路、铁路、航空线路的联结，建设内陆港口，由此为货物、人员便利流动提供基础设施。招商局还在立陶宛克莱佩达港投资合作项目，以和中白工业园形成陆海双港联动，提升中白工业园的市场联结能力。白俄罗斯属于俄白哈关税同盟、欧亚经济联盟成员国，立陶宛位于欧盟关税区，陆海双港联动有利于联结欧亚经济联盟和欧盟，从而扩大集散规模。所谓"中区"，就是通过提供企业入驻、经营、销售等全流程的开发开放服务，以降低企业经营成本，促使目标产业在园区聚集，提高集聚的规模经济效应。所谓"后城"，是随着人口聚集规模扩大，相应提供教育医疗、商业贸易、休闲娱乐等个人与社会性服务，提高宜居程度，在城市兴起过程中，进一步促进产业集聚与港口吞吐。由于中白工业园紧邻白俄罗斯首都明斯克，中白工业园的产业聚集也将依托于明斯克的城市人口支撑，由此减少新城建设的时间成本。在"前港—中区—后城"逐步提升循环累积效应的过程中，中白工业园有望形成白俄罗斯经济增长的新引擎，并成长为与明斯克协同发展的国际新城（见图6-3）。

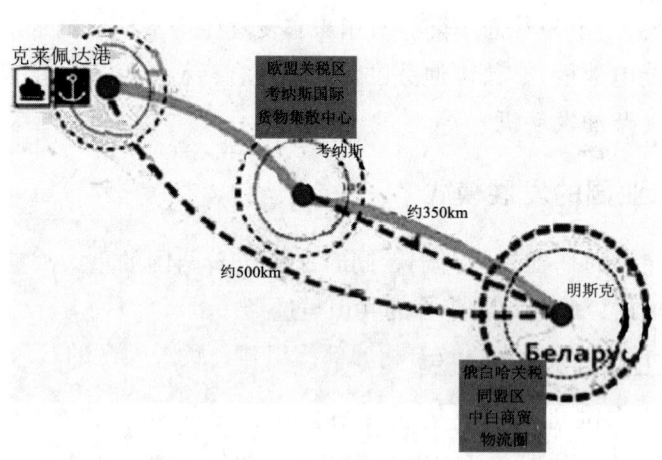

图6-3 中白商贸物流园与克莱佩达港的双港联动

资料来源：中白工业园网站

按照白俄罗斯政府的规划，中白工业园定位为一个高新技术区，主要功能是带动明斯克和整个国家的科技、经贸、社会发展；到2020年，中白工业园将建成为容纳25

万~30万人的小城区,到2030年,将建成可以容纳和带动上百万人的以高科技为主的明斯克的卫星城。①

(二)中白工业园的治理架构

由于两国政府的高度关注,中白工业园在治理架构建设方面,也体现了从两国决策层到企业经营各层面的协调协作功能。

1. 协调主体——中白政府间协调委员会

为了充分发挥政府在园区建设中的协调作用,由两国政府部门组建中白政府间协调委员会统筹推进中白工业园事务。2014年9月,张高丽副总理访问白俄罗斯,双方商定由中国商务部与白俄罗斯经济部共同牵头成立中白工业园协调工作组,共同协商解决园区融资、市场准入、税收、运营管理等问题。同时,根据园区发展不同阶段的任务和要求,扎实完成各时间节点的既定目标(见图6-4)。

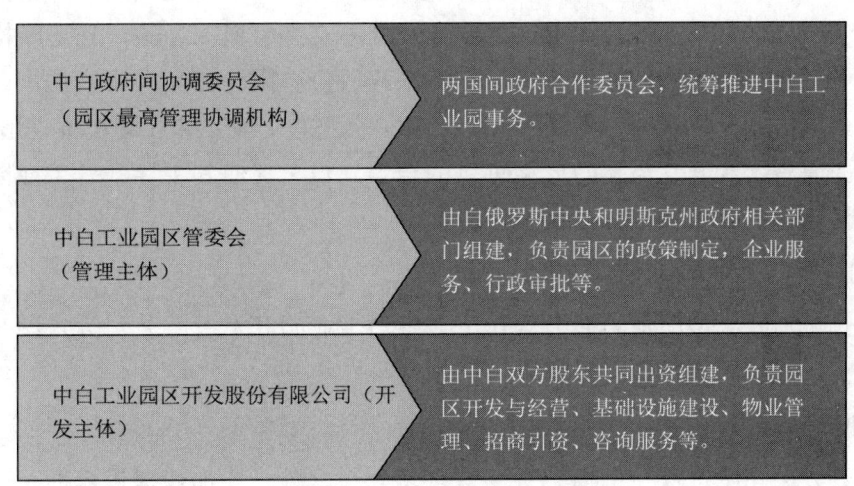

图6-4 中白工业园管理架构

资料来源:中白工业园网站。

2. 管理主体——中白工业园管委会

由白俄罗斯中央和明斯克州政府相关部门组建,负责园区的行政审批、政策制定、招商引资等。白俄罗斯政府授权中白工业园区管委会代表白俄罗斯政府对工业园区进行直接管理。园区管委会的主要目标是为吸引国内外投资创造良好的条件和环境,组织和发展高技术和具有竞争力行业的生产活动,创造额外就业岗位以促进白俄罗斯共和国的社会经济发展。中白工业园区管委会为入驻企业提供一站式高效服务体系,全

---

① 李燕,塔季扬娜·维尔金斯卡娅,卡列达."一带一路"中的中白工业园:建设进展与发展战略[J].西伯利亚研究,2017(8):39-45.

部审批在园区内完成,提供投资洽谈、公司注册、项目准入、土地过户、报建审批、联合验收、进出口审批、优惠政策审批等全过程服务。

3. 开发主体——中白工业园开发股份有限公司

由中白双方股东共同出资组建,负责园区土地开发与经营、物业管理、招商引资等。该公司为合资封闭式公司。股东有中国机械工业集团、招商局集团、中工集团、哈尔滨投资集团、中白工业园"巨石"管委会、杜伊斯堡港口集团。目前,中白工业园开发股份有限公司注册资本总额1.5亿美元,其中,中方占股68%,外方占股32%;中国机械工业集团有限公司占股32%,招商局集团占股20%,中工国际工程股份有限公司占股13.71%,哈尔滨投资集团占股2.29%。公司的主要职能为基础设施建设、提供项目土地、园区发展,为入园企业的运营提供咨询服务。入股企业中,中国机械工业有限公司主营机械装备研发与制造、工程承包、贸易与服务,是中国机械工业规模最大、覆盖面最广、业务链最完善、研发能力最强的大型中央企业集团;招商局集团在港航物流、园区开发、综合金融等领域具有雄厚实力与资深经验,且不断推进"一带一路"沿线的支点及网络拓展。中工国际工程股份有限公司具有丰富的国际工程总承包管理经验,截至目前,已完成数十个大型"交钥匙工程"和成套设备进出口项目。这些兼具丰富资本和开发经验的大型央企的合力建设,促使其主导开发工业园区能有效提高园区运营的效率。

(三) 中白工业园的服务供给

在中白政府及大型国企的通力合作下,中白工业园开发有限公司为入园企业提供多元化服务,以提高便利经营的程度。

1. 硬件基础设施

园区开发公司除进行"七通一平"等环境建设之外,还加快提供厂商、写字楼等办公设施和住宅、商业等生活设施。2017年,12500平方米的综合办公楼落成,负责提供写字楼租赁;首栋8000平方米的标准厂房提供租赁业务。2018年,园区开工建设成套住宅楼,用于改善入园企业员工的居住生活条件。

2. "一站式"服务

为了便利企业入驻,减少行政审批带来的时间耗费及成本,管委会协调政府各相关部门,为企业提供"一站式"服务,所有审批在园区内完成,包括公司注册、项目准入、土地过户、建设许可、联合验收、进出口审批、优惠政策审批等全流程服务。

3. 投资服务

主要由中白工业园区开发股份有限公司向入驻企业提供多元化的商业服务,以便于投资落地、开工运营。服务包括:投资洽谈,出具考察邀请函,协助寻找当地合作伙伴,提供注册、法律、会计、税务、报建、施工、劳务等投资全过程咨询服务等投资全过程咨询服务,以及联系翻译、租车、租房事务等。

4. 金融服务

包括由中国进出口银行和国家开发银行对入园中国企业提供"有市场竞争力"利率的融资支持;由白俄罗斯当地银行向入园企业提供项目融资;以及建立中白产业基金支持入园项目等。①

四、中白工业园建设经验、挑战及发展选择

中白工业园作为中国"一带一路"海外支点建设的探索实践,在短短几年中取得显著进展,既形成了一定经验,也面临着严峻挑战,适应国际分工格局调整趋势,在联结广泛市场的过程中促进园区产业集聚,继而实现支点与整体的协同发展,是中白工业园发展的可行选择。

(一)中白工业园的建设经验

中白工业园几乎从零起点启动建设,在短短五六年时间后已经有40多家来自不同国别的企业入驻,建设进展还是相对较快,其建设经验值得借鉴推广。

1. 抱团出海,以化解投资风险

在中白工业园建设过程中,来自国内的大型国有企业各有特长,相互合作,抱团出海,经营能力、抗风险能力与政策协调能力大幅提升,由此提高了建设效率,投资风险也有所下降。

2. 创新发展模式,以提高建设效率

只有促进产业集聚,才能形成规模化的生产与流通,并使园区开发、港口建设等具有实质意义。白俄罗斯等"一带一路"沿线国家和地区发展水平不高,体制机制并不健全,这增加了地区开发的难度。由此,通过从两国中央政府,到地方政府,再到开发服务等准公共服务的供给,需要构建服务于企业生产、经营、销售全流程的公共服务链条与体系,最终形成合力,提高建设效率。中白工业园侧重于从顶层设计、政策优惠、服务供给等各环节优化调整,随着时间的累积,产生整合效应,有利于发展目标的实现。

3. 夯实合作基础,有助于问题应对

白俄罗斯深处中欧腹地,与中国相距较远,随着"一带一路"共建倡议的提出,加强沿线各国之间的互联互通、紧密合作成为重要的战略需求。而白俄罗斯在长期受内外市场容量狭小的制约后,迫切需要扩大开放,引进外资,促进本国经济增长。由此,在两国对彼此的战略需求攀升、合作基础得以夯实的前提下,中白两国政府都在

---

① 宋哲. 如何打造"一带一路"标志性项目——对中白工业园开发的思考[J]. 理论视野, 59-61.

顶层设计、政策制定等层面不断推进，积极应对问题，为园区的加快建设保驾护航。符合合作双方的根本利益、长远利益是海外园区建设的重要基础。

（二）中白工业园建设中的挑战

不容小觑的是，中白工业园建设不断推进过程中，也暴露出严峻的问题。

1. 市场容量小且周边环境复杂

白俄罗斯虽然属于苏联地区经济总量较大的国家，但是和俄罗斯、中国比较起来，仍是规模较小。1992 年，白俄罗斯 GDP 总量相当于俄罗斯的 3.7%，相当于中国的也是 3.7%；到 2017 年，白俄罗斯相当于俄罗斯 GDP 的 3.5%，仅相当于中国的 0.4%。2014 年乌克兰问题引发欧美对俄制裁之后，俄、白、乌三国经济总量均大幅下滑，乌克兰几乎跌至 1992 年的水平。2017 年，白俄罗斯 GDP 规模仅 544 亿美元。白俄罗斯虽然属于欧亚经济联盟，以及俄白哈关税同盟区，但是苏联国家和地区之间因转型进度的差异、彼此高度依赖导致信任问题等，即使关税壁垒有所下降，内部市场仍然存在不少非关税壁垒，从而影响了贸易、投资便利化程度的提高。由于白俄罗斯并非欧盟国家，产自白俄罗斯的产品进入欧盟仍然受到颇多限制，这一定程度上影响到中白工业园的产业集聚潜力（见图 6-5）。

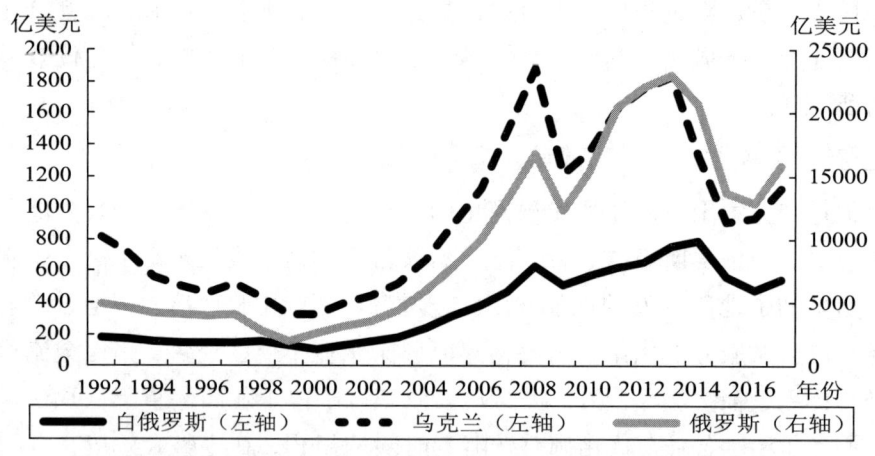

图 6-5　1992—2017 年白俄罗斯、乌克兰、俄罗斯 GDP 变化

资料来源：根据 UNCTAD 数据计算而得

2. 处于经济转型过程之中，营商环境亟待改善

白俄罗斯在独立初期也实行过一段时间的"休克疗法"，卢卡申科就任总统后将之放弃，并转向渐进式市场化改革。由于经济增长相对缓慢，经济体制调整的力度和进度都比较有限。因此，白俄罗斯仍然留存有较高比重的国有企业与计划管理体制的特征。通过设立管委会和园区开发公司，进行职能分工，并且管委会负责协调白俄罗斯

各行政管理部门，由此为园区入驻企业提供"一站式"服务，这已大幅提升园区的行政效率。但是各行政主管部门及社会企业仍然存在的计划特征，对产业生态与经营环境产生了诸多影响，改善营商环境、提高便利化程度仍然是中白工业园的工作重点。

3. 法律、监管、技术标准等各方面的不统一，给经营带来难度

中国与白俄罗斯之间，由于制度、体制、监管等各方面差异，两国合作时存在较大分歧，这给中方企业在白俄罗斯的投资带来较大挑战。以白俄罗斯为基地，拓展欧亚经济联盟国家市场以及欧盟市场，是中白工业园建设的一大目标。然而，白俄罗斯与欧盟在法律制度、监管体系、技术标准、海关及边检标准等方面也不统一，以白俄罗斯为基地，服务于欧盟市场开拓，无疑又会增添新的挑战与成本。

（三）中白工业园的发展选择

面对现实的挑战，中白工业园需要从"一带一路"整体出发，寻求差异化定位，在网络整合中寻找支点的发展契机。

1. 定位节点功能，通过开放网络建设，来提升支点发展空间

白俄罗斯是丝绸之路经济带陆路通道的重要节点，直面中东欧、西欧，具有集散中心的优势与潜力。面对欧盟的生产制造功能逐步外移，波兰、捷克、匈牙利等中东欧国家成为承接方，欧洲与东亚区域生产网络联动加强，无论是亚洲往欧洲的产品输出，还是欧洲往亚洲的产品输入，白俄罗斯仍能发挥分拨与集散功能。因此，在"一带一路"整体开放网络建设中，中白工业园作为白俄罗斯支点的承载平台，仍然具有广阔的发展空间。

2. 聚焦异质产业，提升专业化竞争能力与水平，以奠定国际分工地位

白俄罗斯经济体量较小，人口规模不足1000万，产业体系并不健全，但是制造业基础相对周边国家而言较有优势，且高技能劳动力相对丰富。由此，白俄罗斯需要聚焦差异化产业，通过分工深化的方式，提升专业技术水平与竞争力，由此奠定国际分工地位，有利于带动地方经济发展及转型升级，从而夯实可持续合作基础。

3. 加强与欧盟、欧亚经济联盟等区域组织的深度合作，谋求共赢

面对不同国家、区域的开放标准差异，除了需要企业从经营过程中尽力对标之外，还有必要加强与白俄罗斯、欧亚经济联盟的经贸谈判与深度合作，推进经济特区、自由贸易区等便利化设施的建设，对于面向欧盟等国际市场的商品生产，直接对接欧盟标准，以减少贸易成本。

第三节　爱菊多园联动的建设与发展选择

西安爱菊粮油工业集团是国家级农业产业化龙头企业、国家主食加工业示范企业。随着"长安号"的开通运行，西安爱菊响应国家"一带一路"倡议，走出国门，开展农业领域的产能合作，取得了一定成效。现已形成"北哈州、阿拉山口、西安"三位一体、互为支撑、协同发展的三大物流加工园区，构建起"以哈萨克斯坦为保障基地、以阿拉山口为中转基地、以西安为集散基地"的集种植、加工、仓储、物流、集散、销售于一体的良性循环全产业链，多园区联动以打造中亚海外粮仓，保证我国粮食供应，促进"土地休耕"。

一、爱菊集团创建多园联动模式的背景与动因

爱菊粮油工业集团是陕西著名的粮食企业，响应国家"一带一路"倡议，爱菊把握时代机遇，通过创建多园区联动的模式来推进企业的发展。

（一）爱菊集团创立多园联动模式的背景

爱菊粮油前身系西安市群众面粉厂，始建于1934年。1998年，粮食经营由计划经济转向市场经济，爱菊在陕西省粮食行业首家实行股份制改革、首开粮食企业办连锁店的先例。2008年，经西安市工商局批准，西安市群众面粉厂正式组建为西安爱菊粮油工业集团。

集团先后实施"放心粮油""放心主食品""放心豆制品"三大政府放心工程，在陕西省面粉行业率先取缔增白剂、增筋剂，成为西安乃至陕西省"粮食安全"的一张新名片。爱菊粮油集团现建成各类连锁网点近1000家，并配有专业配送车150多辆，建成目前西北地区最大的专业粮油连锁网络。

对于主打"放心食品"的企业，获得可靠的原料供应、保证源头品质，是爱菊的生命线。集团为了寻求最好的原料，先后在内蒙古的海拉尔、青海、新疆、河南、湖北等省区进行尝试，但这些地方都没有大面积的耕地可供使用；国外也考察过乌克兰、俄罗斯、巴西、加拿大、阿根廷等国，均未找到合适种植地区。2015年，集团董事长前往哈萨克斯坦参加陕西农产品推介会，发现哈萨克斯坦耕地资源十分丰富，农产品品质优良，具有发展规模农业的良好前景。作为西安国际港务区的重要企业，"长安号"的开通运行也为中亚粮油产品引进提供了运输便利，回程货的组织更是多方重要关切。这成为爱菊开拓哈萨克斯坦粮油市场、设立多园区实现内外生产流通互动的重

要背景。

(二) 爱菊集团创立多园联动模式的动因

真正驱动爱菊开拓中亚市场的动因来自市场供求特征以及可观的开发潜力。

1. 地方的粮油需求

作为西安粮油龙头企业，爱菊肩负着本地"放心粮油"的供应责任。然而，西安市是典型的粮食需求区，每年消费70多亿斤粮食，产量仅有30多亿斤，缺口达40亿斤左右。陕西省每年需省外调入小麦200万吨左右，油脂约40万吨。地方粮油的短缺为进口提供了强劲动力。

2. 国家的粮食安全

中国是人口大国，自给自足是基本战略。然而，我国耕地资源有限，对于给养世界20%以上的14亿人口而言，仍然存在不小的缺口。目前，中国粮食自给率约为90%，剩余10%需要进口。其中，每年进口油脂约1500万吨。专家预测，到2020年，我国粮食产量将上升到5.54亿吨，但需求大约7亿吨，仍然存在1.5亿吨的缺口。通过稳定安全的进口来满足国内消费需求，是重大而现实的安全问题。

3. 俄罗斯中亚地区具有较强的粮油供给能力

哈萨克斯坦及俄罗斯新西伯利亚平原现有耕地面积近10亿亩，出口潜力巨大，其中小麦出口约3500万吨，其中哈萨克斯坦约800万吨，俄罗斯约2500万吨；油料出口270万吨，其中哈萨克斯坦约11万吨，俄罗斯约230万吨，可满足近2亿人的口粮，因此，打造海外粮仓有可能弥补我国的粮食缺口。

4. 哈萨克斯坦粮食品质较高

哈萨克斯坦的主要粮食产区位于北部，该地区肥沃的土壤和夏秋季良好的自然条件保障春播粮食的高产量。由于哈萨克斯坦采取原生态、纯绿色有机种植，不施化肥与农药，土壤也能得到较好的休息，亩产一直保持在80千克左右。与国内施加化肥、农药等亩产400千克左右的小麦相比较，既安全有机，又原生态纯天然，能够保持浓郁的麦香，这为提高粮油品质奠定了重要基础。

5. 有利于国内土地休耕

爱菊每进口1吨小麦综合税费1200元，由于国家轮耕、休耕补贴200~800元/亩，如果将这部分关税补贴给农民，爱菊集团每进口1吨小麦不仅可以带动我国2亩土地休耕，还能通过"国内休、国外耕"的模式，保证在农民收入不减、国家投入不增加的情况下，短期带动土地休耕30万~50万亩，长期可达300万~500万亩。①

---

① 资料来源：西安爱菊粮油工业集团内部资料。

6. 中欧班列开通运行提供发展机会

以往俄罗斯油脂主要从海参崴中转大连港或连云港转运而后进入内地、特别是西部，整体需要1个月；中欧班列"长安号"的开行使得运输时间可以缩短到一周到10天的时间，大幅降低了俄罗斯中亚粮油运输的时间成本。

基于一系列有利因素，爱菊集团于2016年5月底，在哈萨克斯坦北哈州建设农产品加工园区。当年12月，园区一期年加工30万吨油脂厂试投产运行，哈国总统纳扎尔巴耶夫亲自见证了油脂厂投产仪式。

二、爱菊集团多园联动的运作方式

爱菊集团主要依据不同地区的资源禀赋，利用产业链分工深化的原理，优化产业布局，先后在沿线国家和地区布局了三大物流加工园区，形成了哈萨克斯坦种植加工—阿数山口物流加工集散—西安国际港务区分销辐射的全产业链，产生整体联动效应，从而使"一带一路"的拓展取得切实意义（见图6-6）。

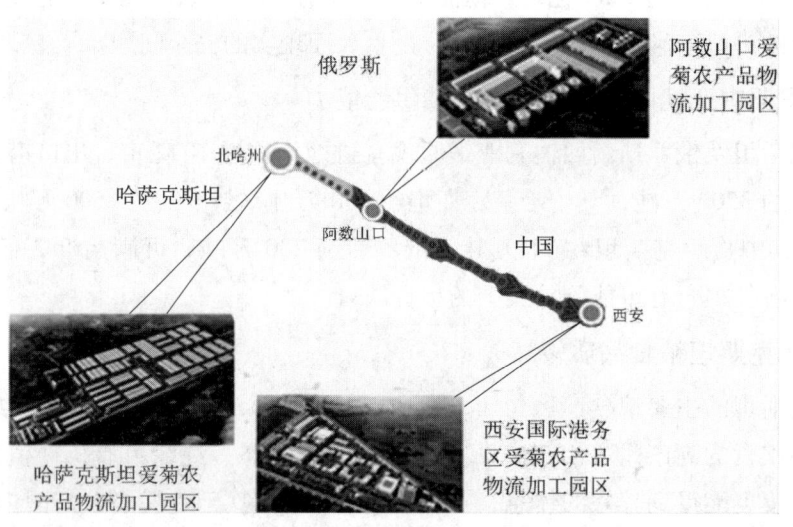

图6-6 爱菊三大物流加工园区分布示意

（一）海外粮仓——北哈州农产品物流加工园区

俄罗斯中亚地区地域广阔、人口稀少，农业资源丰富，可开发潜力大。哈萨克斯坦北部地区拥有肥沃的土壤和夏秋季良好的自然条件，能够保障春播粮食的高产量，粮食生产与出口成为哈萨克斯坦的一项优势；其中，粮食的80%为小麦，并且主要分布在阿克莫林州、科斯塔奈州和北哈萨克斯坦州的北部三州。

由于拥有较好的自然和区位条件，2015年，爱菊集团在北哈萨克斯坦州启动粮油种植与油脂加工项目，设立"哈萨克斯坦爱菊农产品物流加工园区"，主要进行粮油原料种植、粗加工等产业环节。该园区位于中哈贸易的重要物流枢纽节点,"一带一路"中欧货运班列的关键节点,"内"可辐射北哈州及周边数百公里其他州,"外"可连接西西伯利亚平原优质农产品产地,进口俄罗斯、乌兹别克斯坦等周边国家优质小麦、油菜籽等原料。因此,爱菊集团将该园区定位为"境外前沿产地枢纽",占地面积2100亩,目前已建成年加工油料30万吨油脂厂,拥有仓容5万吨粮库和4条铁路专用线;后期还将建设涵盖牛羊肉分割、蜂蜜、蛋奶等为一体农产品加工贸易园区。

为了获得稳定的原料供应,爱菊采取"订单农业"的模式展开与当地的合作,即西北农林科技大学、哈国立大学、当地农场主等共同参与,实施"种子研发、种植、管理、收割、收购、存储"一条龙运营。2017年,爱菊与哈萨克斯坦农业部下属的哈粮集团和当地农场主达成合作意向,成立农业合作社,并在北哈州建立了特爱工厂。哈国负责原粮种植、收割等,爱菊集团提供种子,并以"出口退税价"收购。目前,爱菊已与哈萨克斯坦20多个农场主计150万亩土地签订了"订单农业"合作协议。

北哈州园区的启动运行,为爱菊提供了实施跨国种植和贸易、布局俄罗斯中亚粮仓的"根据地"。作为哈萨克斯坦最大的油脂加工项目,爱菊也扩大了当地影响力。2018年8月,哈萨克斯坦总统纳扎尔巴耶夫视察了北哈州的农产品物流加工园区,称赞项目落地是中哈"光明之路"与"一带一路"倡议的结晶。

(二) 中转节点——阿拉山口综合保税区农产品物流加工园区

作为中国最大的陆路口岸之一,阿拉山口口岸已经成为人流、物流、信息流、资金流的大通道和集散地,是新疆乃至全国对中亚和欧洲陆路开放的重要枢纽和平台。随着中欧返程班列搭载更多的货物入境,不断丰富了阿拉山口口岸的货物种类,也先后获批多个指定口岸资质,其中就有进口粮食指定口岸。

利用阿拉山口地处中哈交界、"境内关外"的特殊性,2017年,爱菊集团在阿拉山口综保区内建设阿拉山口爱菊农产品物流加工园区。这里可直接连接爱菊集团北哈州农产品物流加工园区,"长安号"也使之与西安国际港务区农产品物流加工园区直接相连,爱菊集团将之打造成为"中转节点",占地面积400亩,连接中外,实现粮食快速对接和有效流通,成为"境内中转集散枢纽"。目前,阿拉山口物流加工园区已建成年加工10万吨的面粉厂、仓容5万吨立筒仓。

在阿拉山口的物流加工园,2017年入驻综保区的阿拉山口爱菊秦疆食品有限公司作为食品加工企业,投产面粉加工项目,主要将哈萨克斯坦种植、收购的小麦原料,采用智能化和自动化的生产设备加工成优质面粉,销往全国各地,以满足市场需求。

(三) 集散枢纽——西安国际港务区农产品物流加工园区

西安是西北部地区最发达的城市,粮食供应缺口大,软硬件设施配套齐全,营商环境优良;又直面华北、华东、华南、西南,具有向内地辐射的优越地理位置,具备承载与支撑国际粮食贸易大通道的枢纽条件。

西安国际港务区是全国首个"陆港",拥有唯一的国际与国内双港口代码,"长安号"开行的营运基地。爱菊集团在国际港务区设立加工物流园区,主要作为"境内集散枢纽",此为中心,辐射西北、面向全国。园区占地400亩,可日加工小麦1000吨、大米400吨、油脂3000吨、豆芽200吨、豆制品200吨、主食品200吨,可保证西安市面粉需求量65%、大米和油脂需求量100%、豆芽和豆制品需求量70%,主食品可保证10万人应急供应,拥有近1000家爱菊网点,覆盖陕西省各个城市,配备150多辆专业配送车,拥有西北地区粮食行业规模最大的连锁网络。

爱菊集团在西安的园区主要负责接收来自阿拉山口园区的产品,进行精加工、销售、储备与应急供应。目前基地吞吐量可达50万吨,扩建后可达到100万吨,为西北地区最大的综合性粮油集散地。

(四)多园联动——全产业链供应体系

从爱菊集团所构建的两国多园区构成来看,主要以园区为平台,辐射腹地,分别从粮食产区获得粮油原料和进行粗加工;在物流中转枢纽进行储存、加工、集散;在销售枢纽进行产品供应及集散。各园区功能联动,构成原料供应、加工、贸易、销售等完整的产业链体系;各园区分别向周边或更广阔的腹地延伸,扩大产业链所覆盖的要素原料供应网与市场销售网。园区枢纽、功能网络的建构,有利于实现农产品的规模化经营,由此提升企业竞争力,并通过种植、生产、销售流量打造起"哈国—阿拉山口—西安"粮食大通道,2018年,爱菊通过"长安号"从哈萨克斯坦、乌兹别克斯坦等国进口粮食2.6万吨。

未来3~5年内,爱菊集团将依托三大园区在哈国形成订单农业500万亩,油料初加工50万吨,面粉30万吨,仓储物流设施100万吨,吞吐量100万吨的规模,可带动当地6000人就业,带动国内休耕500万亩,这对于保证我国粮食"质"和"量"安全、国家休耕政策及建设"一带一路"都意义重大。

三、爱菊集团多园联动的挑战与发展选择

爱菊集团的多园区联动、全产业链运作过程中,以建成30万吨的油脂加工厂和10万吨的面粉厂为基础,除了满足国内及地方粮油消费需求,带动了哈萨克斯坦就业的增长、国内土地的休耕,促成"长安号"的首趟回程,支撑国家粮食贸易大通道,成功入选"中哈51个产能合作项目清单",成为国家"一带一路"倡议和哈萨克斯坦"光明大道"计划对接的典型代表。然而,在其运作过程中,也面临严峻挑战,多方合作、扩大规模、提升功能,成为必要选择。

(一)爱菊集团多园联动面对的挑战

在爱菊集团的多园联动运作过程中,除了海外投资面对的多重风险,还有一些现

实挑战不利于企业拓展。

1. 粮食配额分配的差别待遇

中国作为人口大国,面临着现实的粮食安全问题,既有国内供应不足的安全隐患,也有对外部市场形成依赖的风险。由此,粮食配额及口岸管理,是国家保障粮食安全的重要组成部分。目前,中国"一带一路"走出去的粮食企业除国营企业外,拥有粮食配额的企业很少,且拥有的粮食配额数量更少,大多数只有几百吨小麦配额。没有配额的民营粮企在进口粮食过程中,需要上缴关税、增值税等,综合税率超过80%,这大幅增加了企业的运营成本,也使不同资质的企业处在差异化的竞争地位。

2. 进口粮油的稳定安全供应问题

哈萨克斯坦部分种植地小麦存在小麦矮腥黑穗病、小麦印度腥黑穗病,因此,在我国的进口检验检疫管理规则中,要求哈萨克斯坦按照国际植物保护组织的有关标准建立和维护非疫区,并从种植、收获、储存、运输、出口等全流程加强指导和监管,最大程度地降低生物安全风险。粮油品质的安全隐患对于爱菊在中亚的拓展提出了更高要求。此外,哈萨克斯坦产粮业"靠天吃饭"的程度较高,产量不稳定,且粮仓等基础设施、种粮机械设备等严重老化,对稳定的粮油原料供应构成风险。

3. 运输环节成本较高

从中亚进入中国内地距离较远,由于粮油等农产品附加值较低,受运能、通行能力等多方因素的影响,运输成本负担较重。虽然中欧班列开通为粮油的陆路运输提供了重要选择,但是铁路运输成本仍然相对较高。从口岸通行来看,目前阿拉山口是中欧班列最主要的通行口岸。随着国内诸多省市开通运行中欧班列,并且不断提升开行量,造成阿拉山口的拥堵问题日趋严重,货物滞留哈萨克斯坦多斯特克站、中国阿拉山口站的时间拉长。按正常时间推算,从哈萨克斯坦爱菊农产品物流加工园区到阿拉山口爱菊农产品物流加工园区运输时间为5~6天,爱菊集团的多次实际运输时间显示,整体需要12~15天。运输流通环节时间的拉长,大大增加了企业运营成本。

4. 规模效应不足

爱菊集团多园联动的运作经营启动时间不长,主要依靠自筹资金的方式进行投资。为了抢夺时间价值,北哈州油脂加工厂虽然是中国粮食企业在海外建设的规模最大的榨油厂,但从2016年5月动工,到当年12月建成投产,仅用了半年时间,对于迅速形成产能发挥重要作用。通过企业的努力,已形成全产业链的常态运行。然而,不管是种植基地,还是销售市场,爱菊集团目前所形成的规模都还相对有限,难以通过规模效应消化多环节投资与多园区经营的成本。

(二)爱菊集团推进多园联动的可行选择

面对现实环境的严峻挑战,爱菊集团有必要充分发挥多园联动的经济效应,充分利用市场机制,开辟可持续发展道路。

1. 以差异化产品开拓内地市场,提升规模经济效应

没有市场需求支撑,很难向生产端拓展。哈萨克斯坦及俄罗斯西西伯利亚平原等地区具有潜在的农业种植开发空间,但需要强有力的需求拉动,才具有国际拓展的可能性与价值。对于粮油这类重要的物质,涉及国家安全的关键问题,因此并非完全适合市场化机制。由于中亚俄罗斯地区的农产品品质较高,适合开发高端市场,这部分市场的安全隐患也相对较小。因此,一是向国内发达地区市场延伸,提高粮油需求规模;二是侧重于开发中高端市场,随着国内消费水平提升,在增量中寻求市场需求量的攀升。在规模化需求拉动下,再继续向中亚腹地展开种植、生产、加工端的拓展,生产与消费的良性循环,有利于增强多园联动效应,提高各种成本的承受与消化能力。

2. 加强农业技术开发与合作,提高生产效率

哈萨克斯坦粮油种植、加工、仓储、运输等各环节的技术水平相对较低,这使农业产量和产品供应存在检验检疫风险与不稳定性等。目前,爱菊集团已经与西北农林科技大学、哈萨克斯坦的农业技术研发力量展开合作,共同提升粮油供应全产业链各环节的技术水平,以提高整体运作效率。在全产业链提高规模效应的过程中,对于新科技的研发与应用也将产生更大的需求,信息化与农业互相促进,是爱菊走向国际化粮油大型企业的必由之路。

3. 视承担公共利益程度,对民营粮油企业提供一定支持

爱菊集团在海外拓展的过程中,对于保障国家粮食安全、土地休耕、"藏粮于地、藏粮于技、藏粮于外"的粮食安全保障目标的实现来说,都做出了积极贡献,是以企业的创新经营,承担起一定程度的公共职责与利益维护。对于提供公共产品与服务,即使经营主体是民营企业,也需给予相应的价值补偿。由于民营企业在规模扩张过程中面临各种成本压力,可以通过政策优惠、进口补贴等方式给予一定的补偿,以鼓励、支持民营企业参与公共利益的创造与维护。

4. 维护公平竞争环境,保护民营企业的合法权利

由于粮食安全事关重大,必要的配额管理等不可或缺。但是在执行过程中,有必要维护市场准入、事中事后管理等环节的公平竞争性,给予民营企业同样的参与竞争、提高效率的机遇与权利。

第七章 建构国际经济治理体系

第一节 国际经济治理体系的建构方式

"一带一路"建设是一项系统工程,需要微观企业、社会机构、地方政府、主权国家、国际组织等各层面主体参与共建,既需要切实的局部推进,又需要强化整体联结,以实现从微观到宏观再到"一带一路"全局各层面的"生产、流通与消费相统一",并驱使再生产循环持续往复。多层面主体参与共建,相应产生差异化、多元化且应敏捷响应的国际公共服务需求,从而决定定制化国际公共服务供给及其治理体系的建构。

一、需求拉动的定制化供给及治理体系建构方式

"一带一路"的建设进一步深化中国各类主体与其他国家各类主体之间的互动交往,其产生相互间经济关系及其特征,决定了国际经济治理体系的建构方式。

(一)基于交往的国际公共服务需求衍生

"一带一路"的建设既扩大了国际资本、人员进入中国市场的空间,也打开了国内资本、人员走向广阔世界的大门,由此促进多元文化背景下中外个体、机构间的互动与交往。由于人类社会每个个体都在自身所经历情境中形成个体认知、思想和行为习惯等,[1] 在互动情境产生前,每个个体都是各自所处文化环境的产物,其互动交往存在跨文化的约束与影响。随着共处与交往的情境增多,个体在建构可交流的新文化过程中,不断提升交往效率。[2] 对于生产、流通等经济活动而言,在具备交流基础的前提下,私人品因供单独使用且消费排他,其供给与需求对接可通过交易双方自行协调解决;而公共品或供共同使用、或消费不具有排他性,其供求对接难以仅靠交易双方自行协调,由第三方参与对接与协调成为必然,其公共性取决于需求方所涉及的范围与规模。[3] 由此,在"一带一路"建设促进内外交流过程中,随着交往规模的扩大、领域的拓展,国际公共服务需求相应攀升,即在私人品国际供求对接过程中,应对文化

---

[1] [美]葛詹尼加等. 认知神经科学:关于心智的生物学[M]. 北京:中国轻工业出版社,2011.
[2] 马莉莉. 跨学科视角:中国经济发展方式转变研究[M]. 北京:人民出版社,2019.
[3] [美]奥斯特罗姆. 公共事物的治理之道——集体行动制度的演进[M]. 上海:上海三联书店,2000.

差异造成的交流交往障碍,也成为国际公共服务的重要需求来源(见图7-1)。

(二)国际公共服务的定制化供给

"一带一路"建设中内外交往带来国际交往及经贸活动的增多,使国际公共服务的需求攀升;而需求的满足将反向促进交往广化、深化,这是一个循环往复累积强化的过程。由于国际公共服务需求并非统一、同质的,其公共性是跟随需求属性、范围和规模而具有异质性、动态变化的特征,因此,在提供国际公共服务时,应以定制化为原则,依据国际公共服务异质需求产生的时间、属性、阶段等,异质化、动态化地确定供给,从而提高供给效率,以规避供给不足、偏差或过剩等带来的损失。

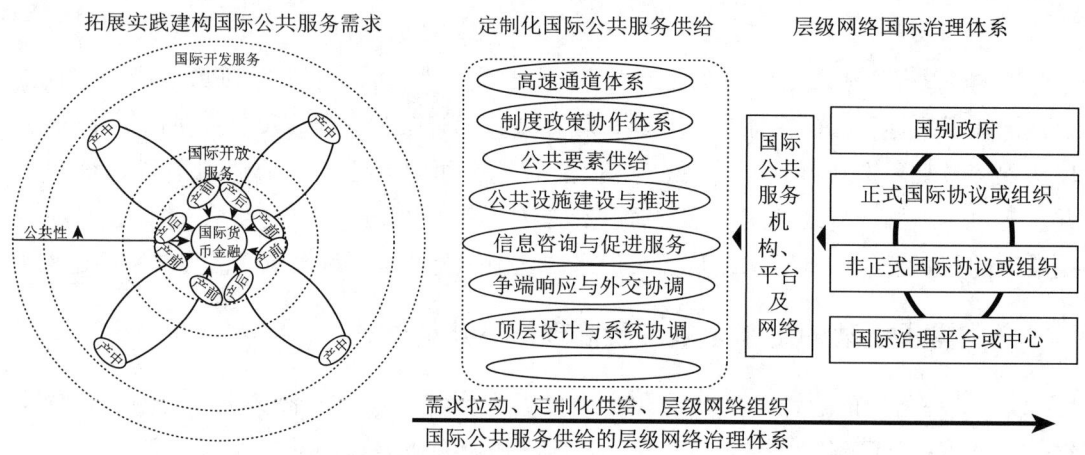

图7-1 定制化国际公共服务供求与层级网络国际治理体系

(三)层级网络的国际治理体系

面对异质化、动态变化的国际公共服务需求,供给方式同样可以应用模块网络化原理,根据所需要服务的国际公共性程度,由不同范围主体共商共建,通过成立正式或非正式国际协议及组织的方式,创新供给机制,促进专业化分工和合作,提高供给效率。在国际公共服务供给过程中,国别政府及国际机构担任重要的协调主体角色,信息发达与沟通便利的地区在国际协调实践攀升过程中,建构为国际治理平台或中心,成为参与国际公共服务供给的独特专业性环节。由于"一带一路"建设覆盖范围广阔,国际公共服务供给机构的专业化、平台化、网络化是其提高服务能力与水平的必要趋势,而国际公共服务的公共性差异以及多元组织参与供给,其运作及相互间联结成的协作体系,即为国际治理体系,且因公共性越高的国际公共服务,越需更多的国家政府参与;公共性越低的服务,越可以有非政府组织甚至私人机构的参与。这些参与国际公共服务供给的多元组织既模块分解又网络联结,由此形成国际治理体系的层级网络特征。

第七章　建构国际经济治理体系

（四）需求拉动的循序建构

"一带一路"建设过程中，参与互动交往的国别、人员的规模、方式、程度不断变化，且随着收益递增效应的提升，内外经贸交往相应扩张与深化，带来国际公共服务需求变动，进而决定国际公共服务供给的对象、内容、规模等。因此，国际经济治理体系的建构并不应由供给端驱动，而是取决于需求端发展，即按照需求的进展与强度，建构多元组织来定制化提供国际公共服务，继而形成层级网络式国际经济治理体系。这一过程首先是需求端拉动的，其次是循序建构，最后是具有弹性变动特征，以适应动态国际交往基础上的国际公共服务需求变迁。

二、高质量推进"一带一路"实践建构国际公共服务需求

高质量推进"一带一路"实践也就是充分发挥市场机制的作用，使不同地区成为具有自组织累积强化能力的产业集聚点，相互间能够共建一体化市场，并依赖于市场潜力的提升驱动自身发展与转型升级。"一带一路"的推进难以一蹴而就，而是由点到线、到面的逐步建构过程，这决定了国际公共服务需求产生的特征（见图7-1）。

（一）国际公共服务需求主要包括国际开放服务和国际开发服务

在高质量建设"一带一路"过程中，各经济体是具有相对独立性的产业及人口聚集系统，其累积强化的发展依赖于产前、产中、产后的全流程通达与便利，继而需要提供促进产中运作的开发服务和促进产前要素流入、产后商品流出的开放服务。在各集聚系统相互联结构成一体化大市场的过程中，为了促进彼此间要素和商品流动，在互动交往的基础上，国际开放服务需求相应产生。各集聚系统虽然具有相对独立性，其开发服务主要取决于本地产中运作的需要，但是，随着国际投资的流动，参与东道国地区开发的需求不断攀升，由此构成国际开发服务需求的来源。

（二）国际开放服务需求的产生依赖于参与经贸往来的经济体数量及交易对象类别

为了促进彼此间的要素与商品交易往来，不同经济体需要从硬件和软件层面促进互联互通。参与的经济体越多，所需要建构的软硬件互联互通设施越多，且因不同经济体之间协调交易对象的差异，而需要定制化地提供国际开放服务。根据能源原材料、资本、人员、商品、服务等经贸往来主要标的的差别，促进联通的国际开放服务内容和属性相应变迁，这也决定了与不同经济体之间、与同一经济体之间的不同时期，需要提供的国际开放服务是不断变化的。

（三）国际开发服务需求的产生依赖于在不同国家和地区参与开发服务供给的程度

开发服务需要满足本地产业集聚与运营的需求，因而原则上是本地化、而非国际

化的。但是，一是当吸引大规模国际投资参与本地经营时，有此需要协调与国际投资者的相互关系；二是外国机构有能力共同参与促进东道国地区开发时，国际开发服务的需求相应产生。随着"一带一路"参与共建的国家和地区增多，中国企业更多"走出去"，走向更多的国家与地区，以及更多参与东道国本地开发服务供给，国际开发服务的需求不断攀升。

（四）作为国际交易的一般等价物，国际货币及其流通成为公共性最高的国际公共服务

不同经济体之间不同要素或商品的交易，所需要的国际开放服务有所差异，各个经济体所需要的国际开发服务，也是定制化、本地化的，这使服务于不同生产流程的国际开发服务和国际开放服务的公共性都相对有限，并随服务范围扩大，公共性不断攀升。由于货币是交易的一般等价物，所有国际商品与服务贸易所依赖的等价物即国际货币，保障其广泛流通构成最为核心的国际公共服务。

（五）成员方参与建设、互动交往的数量增加，国际公共服务需求攀升，国际开放服务需求增长领先于国际开发服务需求

"一带一路"建设将各集聚系统联结进一体化市场，开放市场为产业集聚创造条件，产业发展为开放提供吞吐内容，开放领域的互动交往成为建设起点，且"一带一路"建设成员方共同参与互动交往，决定更广泛的国际开放规则，由此国际开放服务需求率先产生，且随着参与交往方数量的增加而公共性加强。国际开发服务取决于各经济体自身的发展需求，主要基于投资方与东道国之间的互动交往，国际开发服务的定制性更强。随着投资方需要在更多国家提供开发服务，需要融合更多元文化、公共性更高的国际开发服务需求不断攀升。不管是国际开放服务需求，还是国际开发服务需求，其变动都建基于"一带一路"推进实践，动态的跟踪及响应需求变化、成为国际公共服务供给的决策依据与准则。

三、高质量建设"一带一路"的定制化国际公共服务供给

在以"中心市场+区域生产网络+战略制造核心区域+差异化支点+高速通道"为主要方式推进"一带一路"高质量建设过程中，异质性国际公共服务需求相应攀升，由此，需要定制化地提供国际公共服务。

（一）国际公共服务供给的主要类别

国际公共服务供给主要包括国际开放服务和国际开发服务（见图7-1）。

从国际开放服务来看，主要是为了便利于要素、商品、服务等的多市场流通。其类别包括：促进支点之间、节点与支点之间的市场一体化、要素与商品便利流动的硬件互联互通设施，即高速通道体系建设；为此提供便利化环境的软性互联互通设施，

即双边或多边经贸协议及政策体系建构；以及服务于越趋广泛市场范围的资金融通的国际货币体系建设。

从国际开发服务来看，主要是为了促进不同参与方的产业集聚与运作。其类别包括：服务于市场主体跨国运作的国际资本、国际人才等公共要素供给；提供市场环境和条件的软硬件公共基础设施建设；帮助投资决策的信息咨询及促进服务等。

此外，在各集聚系统协同产前、产中、产后全流程开发、开放服务过程中，在"一带一路"建设协调整体的国际开发服务、国际开放服务全流程服务过程中，产生系统整合层面的公共服务类别，包括国际争端的仲裁、应对和外交协调服务，各参与主体互动交往、形成共识的促进服务，以及顶层设计与系统协调服务等。

（二）推进"一带一路"高质量建设的定制化公共服务

高质量建设"一带一路"在于充分利用市场机制，在当前国际分工基础与全球形势背景下，聚焦主要矛盾，循序展开建设。由此，定制化地提供国际公共服务，能够为推进"一带一路"高质量建设提供保障和助力。

1. 以促进东亚区域生产网络发展为重心

东亚区域生产网络是"一带一路"建设、特别是适应并驱动新科技产业革命的主导区域，促进这一区域的软硬件互联互通，从便利化商品贸易到便利化服务贸易、投资流动、货币稳定，中国不仅需要和东亚各主要国家之间，还要促进东亚整体的一体化联结。

2. 依托区域生产网络联结中心市场

东亚已经与北美有较高程度的融合，面对欧洲中心市场，东亚需要加强与其市场联结。西北欧生产制造的相对下降及中东欧与欧盟经贸联系的紧密化，中东欧正承接部分西北欧外迁的制造业，同时又不足以承担起服务于欧洲中心市场的重任。由此，需要依托东亚区域生产网络、中东欧生产网络、西北欧生产网络的深化合作，来促进东亚与欧洲中心市场的联通，形成资源配置优化效应。加强这几大区域生产网络内部及相互之间的软硬件联通和国际开放服务供给尤为重要。

3. 依托差异化支点建构软硬件联通设施

升级性支点、发展性支点和安全性支点分别承载着不同的功能与使命，其分别为资本、商品、服务、能源原材料等重要物资，提供流通源泉、动力与支撑。差异化支点的港区城建设模式，将支点建设为流通枢纽，从而便利于支点之间高效联通以加速构建"一带一路"大市场，也使支点成为辐射周边、引领腹地发展的引擎。服务于支点建构及其联通的国际开放服务，是创造支点发展所依赖外部环境与市场的客观要求。

4. 聚焦差异化支点创新国际开发开放服务

差异化支点建设的关键在于，创新开发开放公共服务，从产前、产中、产后全流程提供支撑，促进产业聚集和对外经贸往来。对于发展基础、公共治理薄弱的相对落后地区，仅仅依靠内部建构创新发展模式存在较大难度，加快港区城模式推广，加强海外园区建设，通过合作促进东道国和地区引入开放型经济新体制，成为现实选择。为了提高海外投资和合作的能力，有必要创新并提供服务于重点地区发展的国际开发开放服务。

5. 扩大国内开放以促进中外文化交往

在推进"一带一路"建设过程中，中国与更多国家和地区的人员展开交往，由于身处不同文化背景，对于交流效率与共识形成，都造成了不少影响或障碍。可交流文化的形成在交往互动过程中逐渐建构，这是一个较为缓慢及具有不确定性的过程，对于"走出去"的中国企业和人员而言，提高沟通效率和加强相互理解，更是难度较大。因此，促进可交流文化的形成，即民心相通，成为促进"一带一路"建设重要的国际公共服务。在"一带一路"广泛国际拓展存在难度的前提下，提高国内开放程度，以国内市场为平台，在创新国内开放型体制建设、地区发展与转型升级实践中，既吸引外部资源参与国内建设，又创造国际合作的互动交往情境，从而建构可交流新文化，成为现实选择与可行路径。在全面开放的格局中，中国除了进一步扩大沿海开放带，形成东生产流通廊之外，还以中西部支点为依托，建构西部陆海通道，形成西生产流通廊，同时，泛长江经济带和华南地区作为战略制造聚集区域，提供要素、商品内外流通的动力与源泉，从而提供治理创新、产业聚集、转型升级、开放合作的重要场景。目前，上海、天津、广东、福建、陕西、浙江、重庆、湖北、四川、辽宁、河南、海南、河北、江苏、山东、黑龙江、云南、广西等自由贸易试验区的建设，承载起提高国内开放程度、驱动地区转型升级的重任，成为全面开放格局的重要支撑，也构成中外人员互动交往及可交流文化建构的主要平台。

四、层级网络国际治理体系的建构

面对大规模、异质性、不断变化的国际公共服务需求，任何一国政府都难以独自供给，因此，可以应用模块网络化原理，在需求拉动原则下，根据所需要服务的国际公共性程度，由不同范围主体共商共建，通过成立正式或非正式国际协议及组织的方式，创新供给机制，促进专业化分工和合作，提高供给效率（见图7-1）。

（一）国别政府担任主体角色，组织提供公共程度高的公共服务

这其中，国际协议的签署与监督执行、国际货币与金融体系的建构、能源与粮食等重要物资的生产、采购、运输保障、国家安全维护、地缘关系协调等构成最主要的国际公共品，需要国家推动并发挥主导作用，保障核心国际公共服务的供给。

（二）正式与非正式国际组织，担任重要的协调机构，参与差异化国际公共服务的供给

不同的正式与非正式组织，以正式或非正式国际协议为基础，发挥各自独特的专业化优势，协同提供多元化、差异化的国际公共服务。由于"一带一路"建设覆盖范围广阔，国际公共服务供给机构的专业化、平台化、网络化是其提高服务能力与水平的必要趋势。

（三）信息发达与沟通便利的地区在国际协调实践攀升过程中，建构为国际交往中心或治理平台，提供国际公共服务供给机构聚集的独特空间载体

国际公共服务供给除服务内容本身之外，还是跨文化信息密集型活动，信息高度聚集、人员便利流动，成为提升国际公共服务供给能力与水平的重要条件。因此，服务于"一带一路"的国际公共服务供给组织与机构的空间聚集，形成中外人员互动交往与治理功能集中的中心与平台，是"一带一路"深化建设的必然结果，促进这一系列公共治理平台构建，也有利于引导国际公共服务聚集，并形成与扩大收益递增效应。

第二节 拓展定制化经贸协议网络

服务于高质量建设"一带一路",中国所推动的经贸协议呈现出定制化、网络化的特征。

一、定制化经贸协议网络的分布

定制化经贸协议是当前中国与东亚和中东欧地区之间加强经贸往来,促进经贸合作,实现共赢发展的重要举措。

20世纪90年代末期以来,WTO谈判不断受阻,谈判各方分歧不断加剧,使得世界范围内的大规模合作进展有限,诸多国家转向区域内的经贸合作。特别是欧盟和美国等把对外政策由多边合作为中心转向以双边合作为中心,带动双边、多边经贸协议的签署与实施。随着"一带一路"共建倡议的提出,中国加快推进自由贸易区协议网络的研究、谈判和建设。

截至2019年8月,中国已签订16个自贸区协定,涉及24个国家和地区①(见图7-2)。

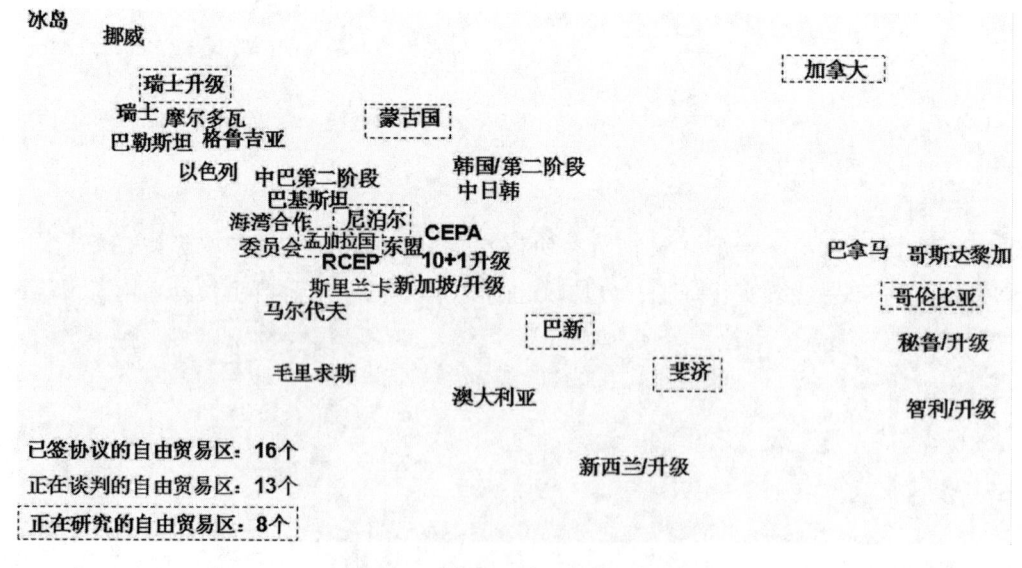

图7-2 中国推进建设的自贸区

---

① 资料来源:中国自由贸易区服务网,http://fta.mofcom.gov.cn/index.shtml。

其中，已签协议的自贸区有中国—格鲁吉亚、中国—韩国、中国—冰岛、中国—秘鲁、中国—新西兰、中国—巴基斯坦、中国—澳大利亚、中国—瑞士、中国—哥斯达黎加、中国—新加坡、中国—智利、中国—马尔代夫、中国—东盟等。

正在谈判的自贸区协定有13个，包括《区域全面经济伙伴关系协定》、中国—海合会、中日韩、中国—斯里兰卡、中国—以色列、中国—挪威、中国—新西兰自贸协定升级谈判等。

正在研究的自贸区有8个，包括中国—哥伦比亚、中国—斐济、中国—尼泊尔、中国—巴布亚新几内亚、中国—加拿大、中国—孟加拉国、中国—蒙古国、中国—瑞士自贸协定升级联合研究等。

从中国所推进发展的自贸区协议来看，其地理分布主要聚集在东亚、西亚、中东、拉美和欧洲地区，主要沿着海路，提供了沿线国家和地区互联互通的软件便利化设施，这也和海洋运输量大、较易形成流动的规模效应密切相关。以东亚为核心建构起来的多层次定制化经贸协议网络，为"一带一路"的高质量建设提供了软件支撑。

二、东亚的经贸协议网络

东亚是日趋重要的全球生产制造聚集区域，中国通过双边、多边协议签署的方式，积极推进区域内的贸易、投资便利化，为该区域提高通达程度、促进产业聚集与转型升级创造有利环境。

（一）从三个"10+1"到中日韩自贸区

三个"10+1"是指中国—东盟自由贸易区（东盟十国+中国，CAFTA），日本—东盟自由贸易区（东盟十国+日本，JAFTA）和韩国—东盟自由贸易区（东盟十国+韩国，KAFTA）。20世纪末开始，中国启动"10+1"谈判加速了东亚地区以东盟为中心的区域合作。

1999年，中国提出加强同东盟的联系，这一提议得到东盟各国的积极回应；2004年11月，中国同东盟签署了《货物贸易协议》，将对除之前已经采取降税措施以外的将近7000余种产品继续实行降税，此协议也标志着中国—东盟自由贸易区（以下简称CAFTA）的建设进入实质执行阶段；2005年12月，韩国与东盟签署《货物自由贸易框架协议》，其中达成"三个同意"，即同意贸易自由化、同意增加双方的货物贸易、同意消除所有的贸易壁垒；2002年11月，日本与东盟签署《全面经济合作伙伴联合宣言》，目标是在10年内实现包括自由贸易在内的经济合作；2003年10月，日本和东盟签署《东盟与日本全面经济伙伴关系框架协议》。

在三个"10+1"推进过程中，1999年《东亚联合声明》的发表确立了在"10+3"机制下东亚共同合作的开始，其主要是论坛性质的治理机制。

2002年，中、日、韩三国领导人峰会提出建设中日韩自由贸易区；2012年，三国经贸部长举行会晤，宣布启动中日韩自贸区谈判。其间，受地区紧张局势影响，一度遭遇挫折；2018年，习近平总书记在中国国际进口博览会开幕式的主旨演讲中明确提出"加快中日韩自由贸易区谈判进程"，中日韩围绕"亚元区"构想，重启并加速推进谈判。当前，中日韩自贸区仍处于谈判进程中，自由贸易区+货币互换协议的并行推进，有助于促进商品与货币在三国之间的自由往来。

（二）区域全面经济伙伴关系协议

区域全面经济伙伴关系（RCEP），由东盟十国发起，邀请中国、日本、韩国、澳大利亚、新西兰、印度共同参加（"10+6"），主要是通过削减关税及非关税壁垒，建立16国统一市场的自由贸易协定。

RCEP谈判于2012年11月开始正式启动，至今已经历时6年。RCEP的谈判目标是在东盟现有的五个"10+1"FTA共16个国家范围内，达成一个现代、全面、高品质、利益互惠的经济协定。其成员国人口占全球的48%，GDP占全球的31%，对外贸易占全球的28%，RCEP经贸协议若建成后有望成为世界上覆盖人口最多、区域最广、成员最多元、发展最具活力的自贸区。

1. RCEP的主要内容

第一，货物贸易方面，在关税细目和贸易价值高比例基础上消除关税，以实现高规格的关税减免，对于最低发展水平的成员国将优先给予产品早期关税削减。第二，服务贸易方面，RCEP将针对成员国之间的服务贸易，全面、高质量、根本地消除限制和歧视政策。第三，投资方面，在区域内建立一个开放、便利和全方位的投资环境，将涵盖促进、保护、便利和自由四个核心问题。第四，经济及技术合作方面，将在RCEP现有成员之间所达成的经济合作安排基础上，对包括电子贸易以及RCEP成员国互相认同的其他领域给予承诺。第五，知识产权方面，通过推广经济一体化，促进知识产权使用、保护和执行方面的合作，从而减少与知识产权相关的贸易投资壁垒。第六，竞争政策方面，将在竞争促进、经济高效、消费福利等方面加强合作，并认识到RCEP成员国在竞争领域内存在的显著差别。第七，争端解决方面，RCEP将囊括一个为协商和解决争端提供的高效、迅速、透明的处理机制。

2. RCEP的特点

第一，以东盟为主导的东亚地区经济一体化机制。东盟积极实行"双轨制"，即在积极推动内部一体化的同时，也主动加强与周边国家的经济合作。东盟已分别与中国、日本、韩国、印度、澳大利亚—新西兰、欧盟等签订了多个FTA协议。东盟通过"10+6"模式，已经初步实现与大国建立自由贸易区的目标，在亚洲尤其是东亚经济一体化进程中的中心和主导地位日益突出。除了东盟—欧盟FTA，5个"10+1"的实施也为RCEP奠定了基础。

第二，计划将来对区域内和区域外成员兼具开放性。东盟指出，未来 RCEP 将会有一项开放加入条款，借以允许东盟 FTA 伙伴或任何其他外来经济伙伴加入。更重要的是，东盟强调有兴趣加入 RCEP 的国家不一定要在最初协商时即选择加入，而是可以选择在东盟准备好后再加入，这显示出东盟尊重不同国家不同国情与需求的特点，与过去 FTA 一般所采取的封闭式条款有所差异（封闭式条款是指 FTA 的开放与规范均只对签署国有效，且不准其他成员参与）。在实际操作中，目前东亚峰会的另外两个新成员——美国与俄罗斯，因尚未与东盟建立自由贸易协议，故尚未在 RCEP 计划之内，按照计划，东盟将在 RCEP 建设到一定程度后，再进一步探讨美俄加入事宜。

第三，在倡导高水平自贸协议目标的同时，注重协定落实的渐进性。RCEP 高水平的自由化程度将高于目前的 5 个 "10+1" FTA，但考虑到 RCEP 成员之间的经济发展水平差距，RCEP 谈判将会充分注意到可行性和各国在落实中的"舒适度"，如在协定中安排取消关税时间表等渐进性措施。

3. RCEP 对各成员国的意义

首先，RCEP 优化内部的贸易投资便利化环境，有助于增强成员方相互间开展贸易与投资的意愿，促进区域内经济贸易活动。RCEP 各成员国除了加强区域性的贸易与投资活动，还设立内部的自由贸易园区，提高自我的对外开放水平，继而促进外向型经济发展。

其次，RCEP 谈判涉及货物贸易、服务贸易、投资、经济与技术合作、知识产权等方面内容，多样化的协议有助于推动各成员国从多方面、多角度提高开放水平。在当今时代，传统的单纯的货物贸易再也无法满足各国经济发展的需要，而 RCEP 则有助于成员国紧跟时代步伐，顺应开放潮流。

再次，RCEP 作为由东盟主导的东亚地区经济一体化机制，有利于成员国更好地应对来自世界范围内的各种挑战。如 RCEP 在一定程度上为成员国应对以美国为首的 TPP 谈判（跨太平洋战略经济伙伴谈判）所造成的冲击提供了支持。以东盟中心的 RCEP 建设，有助于加快全球经济向东亚地区的转移，也有利于促进世界多极化的发展。

最后，RCEP 为成员国之间争端解决和协商提供了高效透明的处理机制。当成员国发生内在的冲突与争端时，处理机制的存在能够在一定程度上保障合作的继续与谈判的进行，在很大程度上保障了成员国之间的团结合作以及凝聚力和向心力。

（三）双边经贸协议

为了应对产业升级背景下服务、投资等领域交流频繁，有必要提高新兴贸易投资领域的便利化程度，配合东亚区域生产网络发展，通过双边协议促进区域内的经贸活动自由化。

1. 中国—韩国自由贸易协定

2015 年 12 月中韩双方共同确认《中华人民共和国与大韩民国政府自由贸易协定》

于2015年12月20日正式生效并第一次降税，2016年1月1日第二次降税，中韩自贸协定（FTA）终于落地生根。

按照中韩自由贸易协定，双方货物贸易自由化比例均超过"税目90%、贸易额85%"，协定范围涵盖货物贸易、服务贸易、投资和规则共17个领域，包含了电子商务、竞争政策、政府采购、环境等"21世纪经贸议题"。同时，双方承诺在协定签署后以负面清单模式继续开展服务贸易谈判，并基于准入前国民待遇和负面清单模式开展投资谈判。

2018年3月，中国与韩国启动扩大双边自贸协定内容的首轮谈判，希望进一步覆盖服务和投资领域，为彼此提供更多的商机。

2. 中国—新加坡自由贸易协定及其升级

2008年10月23日，商务部部长陈德铭与新加坡贸工部部长林勋强代表各自政府在北京人民大会堂签署了《中华人民共和国政府和新加坡共和国政府自由贸易协定》（以下简称《协定》）。同时，双方还签署了《中华人民共和国政府和新加坡共和国政府关于双边劳务合作的谅解备忘录》，根据《协定》，新方承诺在2009年1月1日取消全部自华的进口产品关税，中方承诺在2010年1月1日前对97.1%的自新进口产品实现零关税。双方还在医疗、教育、会计等服务贸易领域做出了高于WTO的承诺。

2015年11月，中新自贸协定升级谈判正式启动。协定升级涉及服务贸易、投资、原产地规则、贸易救济和经济合作等议题，其签署将进一步推动中新经贸关系发展，提升双边经贸合作水平，更好地造福两国企业和人民。

2018年11月，中国与新加坡共同宣布结束双边自由贸易协定升级谈判，双方在履行有关国内程序后签署《中华人民共和国政府和新加坡共和国政府关于升级〈自由贸易协定〉的议定书》。

三、中国与中东欧国家经贸协议

中国—中东欧国家合作（亦称"16+1合作"），是中国与阿尔巴尼亚、波黑、保加利亚、克罗地亚、捷克、爱沙尼亚、匈牙利、拉脱维亚、立陶宛、马其顿、黑山、波兰、罗马尼亚、塞尔维亚、斯洛伐克和斯洛文尼亚16国于2012年共同建立的新型合作平台。在各方的共同努力下，"16+1合作"框架下已建立领导人会晤机制以及政策协调、经贸、文化、教育、农业、交通、旅游、科技、卫生、智库、地方、青年等各领域合作平台。

从"16+1合作"签署经贸协议的内容来看，主要包括以下几个：

（一）双边贸易

首次16+1经贸促进部长级会议以来，中国与多个中东欧国家签署了农副产品输华准入协定，例如，中国与匈牙利签署冷冻牛肉输华检疫和兽医卫生条件议定书；中国与波兰签署牛皮、绵羊皮和山羊皮输华检疫和兽医卫生条件议定书；中国与爱沙尼亚签署输华乳品动物卫生和公共卫生条件议定书，以及中国从爱沙尼亚输入大西洋鲱鱼和黍鲱检验检疫要求议定书等。

（二）相互投资

中国对中东欧地区投资由较为单一扩展至机械、化工、IT、电信、家电、新能源、物流商贸、研发、金融、农业等多个领域，合作形式更加多元。工业园区合作取得新进展，经过培育，匈牙利中欧商贸物流合作园于2015年正式挂牌；匈牙利万华产业园运营良好。

（三）互联互通领域合作

2014年以来，中国企业在中东欧地区承建的多个基础设施项目顺利竣工，包括波兰弗罗茨瓦夫城市防洪项目、贝尔格莱德跨多瑙河大桥项目、塞尔维亚科斯托拉茨电站一期大修部分项目、波黑斯坦纳里火电站项目等。目前，中国企业承建的马其顿两条高速公路、黑山南北高速公路、塞尔维亚科斯托拉茨电站一期脱硫部分和二期等项目进展顺利，中匈关于匈塞铁路匈牙利段开发、建设和融资合作协议已获双方政府批准。中国和中东欧国家企业还在探讨多个能源、交通等基础设施领域项目。中欧班列成为互联互通亮点，2014年以来，"渝新欧""蓉欧"均从波兰罗兹发回首列满载回程班列。中欧班列开行为中国—中东欧国家贸易合作提供了优良平台，有力地促进了"一带一路"贸易畅通。

（四）金融合作

2013年以来，中国对中东欧地区优惠出口买方信贷新增贷款近30亿美元，金融合作平台愈加完善。新建中国—中东欧投资合作基金、丝路基金等多个融资平台，此外，中国与中东欧国家金融公司正在顺利筹建中，将成为中国在中东欧地区第一家商业主导的多边金融公司。

（五）机制建设

中国与中东欧国家经济（贸）联（混）委会机制保证了政府层面就双边经贸合作的及时沟通。2014年9月，中国—中东欧国家投资促进机构联系机制正式建立，为推动相互投资合作搭建了重要平台。

（六）加强电子商务

2018年，中国与中东欧国家将在以往合作的基础上，基于国内法律、法规、政策，遵从国际规则和准则，开展电子商务领域合作，优化电子商务发展环境，共同把握电子商务带来的机遇。鼓励城市间开展电子商务交流合作，具体合作内容包括分享政策规划信息、分享管理经验、加强能力建设、推广最佳实践等，在公平竞争环境下进一步促进特色产品和服务的自由、安全和公平贸易，支持电子商务企业合作。加强公私对话，通过对话，分享各国的电子商务法律法规信息，了解各自电子商务市场的发展情况，找准定位，挖掘潜在机会，促进中国和中东欧国家开放、安全、透明、非歧视和可预测的监管环境。

（七）加强服务贸易合作

在世界经济复苏进程中，服务业和服务贸易正在成为新一轮经济增长的重要引擎。2016年，全球服务出口4.77万亿美元，服务业创造了全球GDP的70%，就业岗位的45%。制造服务化、服务数字化的趋势增强，服务环节在全球价值链中的地位凸显。服务贸易在加速经济发展、提高现有产业劳动生产率、培育新市场和产业新增长点、实现包容性增长和可持续增长中发挥了越来越重要的作用。中国和阿尔巴尼亚、波黑、保加利亚、克罗地亚、捷克、爱沙尼亚、匈牙利、拉脱维亚、立陶宛、马其顿、黑山、波兰、罗马尼亚、塞尔维亚、斯洛伐克、斯洛文尼亚愿意加入本合作倡议，研究在具有共同利益的服务贸易领域开展合作，并尊重国际准则和地区规则。中国愿在下列领域与上述国家开展合作：旅游、运输、电信、计算机和信息、服务外包、健康医疗、建筑。

四、联动中心市场国家的第三方市场合作机制

中心市场主要由相对发达的国家和地区构成，在"一带一路"大市场构建和共同开发领域，有着共同关切与合作基础。

2015年，中、法两国政府正式发表《中法关于第三方市场合作的联合声明》，创新国际合作模式，即中国企业（含金融企业）与有关国家企业共同在第三方市场开展经济合作。这一合作机制的发展意义在于：其一是联结发达国家地区市场，为"一带一路"大市场的创建奠定基础；其二是互利共赢，共同收获大市场开发的资源配置优化收益；其三是共担风险，多国多方的协同拓展，有助于在第三方市场协调与维护相对稳定的开发开放环境，规避双边经贸外交关系变化而造成的冲击；其四是形成合力，发达国家拥有较为丰富的国际拓展经验，广泛的国际合作网络，充分发挥各国优势，有助于形成拓展合力，提高"一带一路"建设效率。

2018年4月，《中华人民共和国国家发展和改革委员会与新加坡共和国贸易及工业部关于开展第三方市场合作的谅解备忘录》签署，双方同意建立第三方市场合作工作机制，重点推动两国在基础设施、石油化工、航运物流、产业园区、电子商务等领域的第三方市场合作。2019年4月，中国和瑞士签署《关于开展第三方市场合作的谅解备忘录》，明确双方将按照企业主体、市场原则，根据国际惯例和准则以及合作受益国的法律、法规在第三方市场开展合作。6月，中国和英国签署《关于开展第三方市场合作的谅解备忘录》，指出双方将积极推动中英两国企业、机构按照企业主体、市场原则

在第三方市场开展务实合作,并重点推动基础设施领域的投融资合作项目。

2019年9月,国家发展改革委发布中英双语版《第三方市场合作指南和案例》,其中阐述了第三方市场合作的内涵、理念和原则,列举了产品服务类、工程合作类、投资合作类、产融结合类、战略合作类等5个类别21个案例,从而勾勒出第三方市场合作机制的顶层设计与操作方式。截至2019年6月,中国已经与法国、日本、意大利、英国等14个国家签署第三方市场合作文件,建立第三方市场合作机制,通过政策对接、规则对接、项目对接等实际行动,共同为企业搭建合作平台、提供公共服务。

此外,中国还与共建"一带一路"的国家和国际组织分别签署双边或多边协议,从而为促进合作构建制度框架。截至2019年3月底,中国政府已与125个国家和29个国际组织签署173份合作文件,共建"一带一路"国家已由亚欧延伸至非洲、拉美、南太平洋等区域。①

---

① 共建"一带一路"倡议:进展、贡献与展望 [N]. 经济日报, 2019-04-22.

第三节 多元组织协同供给国际公共服务

面对异质化的国际公共服务需求，中央、地方、国有企业、私营企业、社会组织等多元组织机构，以不同方式参与共建"一带一路"，除了从事私人品经营，还从事国际公共服务供给。

一、提高国际话语权与促进共识

"一带一路"是中国提出的促进国际合作和全球化发展的崭新倡议，它从"丝绸之路"的历史话语切入，却内含重构国际经济新格局与新秩序的深远意义。为了建构可交流的新文化、推动"一带一路"建设的新合作，提高"一带一路"国际话语权、促进合作共识，成为首当其冲的重要国际公共服务。

（一）中国通过"一带一路"国际合作高峰论坛等大型主场外交活动，树立国际话语权

2017年5月、2019年4月，中国分别举办两届"一带一路"国际合作高峰论坛。第一届以"加强国际合作，共建'一带一路'，实现共赢发展"为主题；第二届的主题为"共建'一带一路'、开创美好未来"。作为"一带一路"框架内层次最高、规模最大的国际性会议，第一届高峰论坛有包括29位外国元首和政府首脑在内的来自130多个国家和70多个国际组织约1500名代表出席；第二届高峰论坛有包括40个国家和国际组织领导人在内的150多个国家和90多个国际组织的近5000名外宾参会。第一届高峰论坛时，习近平主席发表主旨演讲，提出要将"一带一路"建设成为和平、繁荣、开放、创新和文明之路；第二届高峰论坛习近平主席的主旨演讲指出，要推动共建"一带一路"沿着高质量发展方向不断前进。第一届峰会，与会各方顺利通过《"一带一路"国际合作高峰论坛圆桌峰会联合公报》，阐明了时代背景，提出合作目标，强调合作原则，以及提出14条合作举措，最后发出携手推进"一带一路"建设和加强互联互通倡议对接的努力，构建繁荣、和平的人类命运共同体的展望；《第二届"一带一路"国际合作高峰论坛圆桌峰会联合公报》提出构建开放、包容、联动、可持续和以人民为中心的世界经济，坚持共商共建共享，开放、绿色、廉洁、高标准、惠民生、可持续的合作原则，强调发展政策对接、基础设施互联互通、推动可持续发展、务实合作、人文交流等合作重点。在高峰论坛期间或前夕，一系列双边合作文件签署、多边合作平台建立，以及相关重大投资类项目签署。"一带一路"国际合作高峰论坛成为中国阐释"一带一路"内涵、建设方式、推进路径的首要平台,通过经贸协议、合作框架、投资项目等的签署,参与方就共建"一带一路"形成更的共识,"一带一路"国际话语权得以树立。

(二) 通过国际非正式合作机制促进共识

国际非正式合作机制主要由国别政府发起,但并不以达成具有法律约束力的协议为目标,而是以对话、交流、磋商、促进共识为宗旨。中国在各主要区域通过推动或参与多边非正式交流对话机制,扩大"一带一路"建设的共识与影响力。在亚洲区域,亚太经济合作组织(APEC)、亚欧会议、亚洲合作对话、亚洲相互协作与信任措施会议、博鳌亚洲经济论坛、中国—中亚合作论坛等,都曾作为中国发出"一带一路"共建倡议的重要平台。如2017年亚信会议,以"亚信25年:为了亚洲的安全与发展"为主题,就构建具有亚洲特色的区域安全框架、共建"一带一路"及如何服务亚洲安全与发展等问题进行了深入研讨。在中东欧区域,主要在中国—中东欧国家领导人会晤框架下,推动"16+1"磋商与合作。所包括的合作机制有:中国—中东欧发展论坛、中国—中东欧国家文化合作论坛、教育政策对话、投资贸易博览会、政党对话会、市长论坛、地方合作研讨会、农业部长论坛、卫生部长论坛、16+1能源合作论坛和博览会等。在西亚地区,主要包括中国—阿拉伯国家合作论坛、中国—西亚北非"未来发展愿景"对话会、中国—西亚北非中小企业合作论坛、中国—阿拉伯国家妇女论坛等。在南亚地区,主要包括中国南亚合作论坛、中国—南亚博览会、中国—南亚商务论坛、中国—南亚法律论坛、南亚产能合作对话会、中国南亚友好组织论坛等。在非洲地区,主要包括中非合作论坛、中非民间论坛、中非青年领导人论坛、中国—非洲经贸博览会、中非地方政府合作论坛、中非减贫与发展会议等。这些国际非正式合作机制提供了多元化的沟通渠道,聚焦共同关注的焦点问题,展开交流与对话,为建立高层级的人际关系,了解多方立场、应对分歧、引导共识,提供了有效的平台与机制。

(三) 社会组织推动建立的多层次交流与合作机制

为了积极推进"一带一路"建设,增进民心相通,政府部门、金融机构、高校、智库、企业等多元化的社会组织,通过召开博览会、研讨会、论坛等方式,建构起丰富的国际交流与合作机制。其代表性的类别包括:其一是邀请中外组织、机构、政府代表、专家等,围绕特定主题展开研讨,促进交流。如"一带一路"科技创新国际研讨会、"一带一路"生态环保国际高层对话会、中国国际动漫游戏博览会、"一带一路"传媒智库论坛等,如2017年中国北京国际语言文化博览会,64个"一带一路"沿线国家的留学生代表最后共同发出《"一带一路"语言文化交流合作倡议》,在加强语言文化交流方面形成广泛共识。其二是组建常态化运作的智库、机构,定位于"一带一路"相关问题研究,通过组建专家团队、联合攻关课题、召开专题研讨会等方式,形成系统观点，提供咨询建议等。如"一带一路"智库合作联盟理事会，2017年联合全国93家智库和研究机构，共同就推进"一带一路"建设面临的问题和进一步加强民心相通展开讨论，多角度建言献策。

在国家、政府部门、社会机构等多元组织的共同努力下，不同范围、不同主题、不同方式的对话交流机制得以建立，促进了人员交往、文化互动，共建"一带一路"成为新兴情境和文化，由此为加强经贸往来奠定了交往基础。

二、公共要素供给服务

为了促进"一带一路"沿线国家产业发展及经贸往来，在市场机制和设施不够健全的形势下，资金、人才等成为具有一定公共性的要素，保障其有序供给构成重要的国际公共服务。

（一）国际资金融通服务

"一带一路"建设参与国大多处于欠发达状态，彼此经贸关系的扩大和深化需要国际资金融通支持，并对与各国关联性更强的国际货币产生需求。为了推动"一带一路"建设，中国大力推动国际资金融通服务，并有序推进人民币国际化。

1. 组建亚投行、丝路基金等双多边投融资机制，增强开发性资金供给能力

2014年，中国相继推动创建金砖国家新开发银行、亚洲基础设施投资银行、丝路基金等重要的国际金融机构，分别为金砖国家、亚洲区域基础设施建设等提供中长期开发投资资金。截至2018年5月，丝路基金签约项目19个，承诺投资70亿美元，支持项目涉及总金额达到800亿美元，截至2019年7月，亚投行成员数量已达到100个，获得联合国大会永久观察员地位。在近5年的运行过程中，已批准18个成员的46个贷款项目，贷款总额85亿美元，成为多边开发体系新的重要一员。[①] 2017年11月，中国—中东欧银行联合体正式成立，这是中国—中东欧"16+1合作"框架下的多边金融合作平台，国家开发银行提供20亿等值欧元开发性金融合作贷款，成员行还包括中东欧各国的政策性、开发性金融机构或国有商业银行。各成员行按照"自主经营、独立决策、风险自担"的原则，开展项目融资、同业授信、规划咨询、培训交流、高层对话、政策沟通、信息共享等领域合作。

2. 发挥开发性银行、政策性银行、商业银行等金融机构作用，提高资金融通能力

目前，国家开发银行、中国进出口银行、中国出口信用保险作为重要的政策性银行和保险机构，在"一带一路"建设的资金供给方面，都发挥主导作用。此外，截至2018年11月，11家中资银行在27个"一带一路"沿线国家设立了71家一级分支机

---

① 亚投行成员数增至100个［EB/OL］. 新华网，2019-07-14.

构,中资保险机构也已在中国香港、中国澳门、新加坡、印度尼西亚等国家和地区设立营业性机构。如中国银行截至2018年12月末,对"一带一路"沿线国家提供各类授信支持超过1300亿美元,共跟进重大项目600个。[①] 2018年11月,坦桑尼亚银行(中央银行)行长签发了中华大盛银行的经营银行牌照,标志着我国首个由非银行金融机构设立的海外商业银行在"一带一路"沿线国家诞生。[②] 通过提供政策性、开发性和商业性贷款,加上投资基金、证券发行等融资方式,中国金融机构已向"一带一路"沿线国家提供资金超过4400亿美元。[③]

3. 打造双多边投融资服务平台

2018年4月,中国—国际货币基金组织联合能力建设中心正式启动,该中心主要为包括中国在内的"一带一路"沿线国家提供各类培训课程,支持沿线国家的能力建设,促进交流与互鉴。2019年5月,亚洲金融协会"一带一路"金融合作委员会成立,其组建目标在于:一是定期举办"一带一路"金融合作国际论坛;二是推进"一带一路"跨境金融业务合作;三是推动创新"一带一路"投融资模式;四是推进"一带一路"多方共治信用评级合作;五是推动建立"一带一路"投融资信息共享平台。[④] 这些金融服务机构的建立与运行,为国际金融活动提供了多元化的专业服务。

4. 金融市场基础设施建设

2015年10月,由中国人民银行组织开发的独立支付系统——人民币跨境支付系统(CIPS)启动运行,主要目标在于整合人民币跨境支付结算渠道和资源,提高跨境清算效率。截至2019年6月,人民币跨境支付系统已经累计处理支付业务400多万笔,金额超过60余万亿元,直接参与者规模已从上线初期的19家银行增加至31家,间接参与者超过800多家银行,覆盖全球90多个国家和地区。[⑤] 在银联服务方面,截至2019年初,"一带一路"沿线已有106个国家和地区开通银联业务,累计发行超过4300万张银联卡,受理覆盖逾1200万家商户和80万台ATM。[⑥] 在人民币流通基础设施不断建构、融通范围扩大的基础上,2016年,人民币被国际货币基金组织接受加入特别提款权,人民币国际化得以推进。

在加强资金融通及人民币金融服务供给的过程中,人民币作为交易结算工具的应

[①] 投融资体系发展为"一带一路"建设提供强有力支撑[EB/OL]. 央视网, 2019-04-12.
[②] "一带一路"沿线上诞生我国首个非银行金融机构设立的海外商业银行[EB/OL]. 江苏省国资委, 2018-11-23.
[③] 多方合力共建"一带一路"投融资新体系[EB/OL]. 搜狐新闻, 2019-06-28.
[④] 亚金协"一带一路"金融合作委员会成立仪式暨2019年"一带一路"金融合作国际论坛在北京召开[EB/OL]. 中国银行业协会, 2019-05-10.
[⑤] 国际化又加快!一季度,人民币跨境支付系统处理金额大增39.76%[EB/OL]. 南生今世说, 2019-07-06.
[⑥] "一带一路"沿线106个国家和地区已开通银联业务[EB/OL]. 中国新闻网, 2019-04-23.

用范围不断扩大。2018 年，人民币跨境贸易结算额为 5.11 万亿元，是 2012 年结算额的近 2 倍，跨境投资结算额为 2.66 万亿元，接近 2012 年水平的近 10 倍。人民币在参与国际货币体系建构过程中取得一定进展（见表 7-1）。

表 7-1　2012—2018 年人民币跨境结算额

年份	跨境贸易人民币结算	货物贸易	服务贸易及其他经常项目	对外直接投资	外商直接投资
	（万亿元）			（亿元）	
2018	5.11	3.66	1.45	8048	18600
2017	4.36	3.27	1.09	4568.8	11800
2016	5.23	4.12	1.11	10619	13988
2015	7.23	6.39	0.84	7362	15871
2014	6.55	5.05	1.61	1866	8620
2013	4.63	3.02	1.61	856	4481
2012	2.94	2.06	0.877	292	2510

数据来源：《金融统计数据报告》（2012—2018 年各期），中国人民银行网站

（二）国际人才培养

面对巨大的人才缺口，国家部委、企事业单位、高校、社会团体等发挥各自优势，肩负起培育服务于"一带一路"建设的各类人才。

1. 部委机构侧重于培养公共管理人才

由国家发展改革委和国务院侨办指导、陈江和基金会资助、中国华文教育基金会"一带一路"人才培训专项基金主办，清华大学、复旦大学、华侨大学承办的"一带一路"人才培训学位班暨研修班，包括"一带一路"中国法硕士班、"一带一路"公共管理硕士班、"设施联通研修班"等，主要通过培训交流和实地考察，增进对"一带一路"建设的了解，促进交流与合作。商务部国际商务官员研修学院与中国法学学术交流中心合办的"'一带一路'沿线国法律人才研修班"，在 2016 年对来自阿尔巴尼亚、白俄罗斯、波黑、伊朗、约旦、肯尼亚、摩尔多瓦、尼泊尔、汤加、乌克兰、乌兹别克斯坦等 11 个"一带一路"沿线国家的 29 名司处级官员进行了专项培训。

2. 企业集团侧重于培养跨国管理与技能型人才

为了尽快弥补跨国经营存在的人才短缺问题，央企、"走出去"企业等加快将复合型人才培养纳入战略规划。2014 年起，中交集团以"五商中交"战略为引领，开始实施"11711 人才计划"，即以高层次和高技能人才为重点，在 5 年内培养 100 名企业领军人才、1000 名青年骨干、7000 名优秀项目管理人才、1 万名骨干专业技术人才、1 万名高技能人才。

3. 高校发挥专业优势，通过产学融合培养定制化专业型国际人才

自2015年11月起，作为丝绸之路大学联盟发起人和理事长单位，西安交通大学先后在大数据、医学、物联网等领域举办7期专项培训，覆盖来自55个国家和地区的近500名学员。西南交通大学和中南大学联合发起的"'一带一路'铁路国际人才教育联盟"（RTEA），致力于开展铁路国内国际化人才和目标国属地化人才学历教育与专业培训，构建铁路国际人才培养体系，制定铁路教育国际标准，实施铁路专业及人才国际认证。西安外国语大学和西北大学则同时成立中亚学院，主要扩大与中亚各国在教育领域的交流合作，吸引当地学生到陕西学习。

4. 人力资源专业培育机构提供定制化人才培养项目

如2005年成立的北京基业长青管理咨询股份有限公司，是国内第一家面向"一带一路"人才培养的新三板挂牌公司，专注于"走出去"人才职业化培训与咨询，主营业务包括标准化课程、高端定制化解决方案、国内/国际资质认证服务及企业咨询服务等。2018年4月，中国（陕西）自由贸易试验区西安国际港务区"一带一路"电子商务哈萨克斯坦培训班开班暨淘宝大学丝绸之路（西安）培训基地揭牌，该培训班由西安国际港务区管委会与哈萨克斯坦共和国大使馆共同举办，依托淘宝大学的师资力量，通过课堂培训、企业实训等方式，对哈萨克斯坦企业家进行"一带一路"倡议解读、电子商务发展趋势、电子商务实务操作等全面培训。

三、信息服务与纠纷解决

服务于不同地区投资、运营全流程，信息供给与智力支持，以及矛盾协调与处理纠纷，成为随着中外双向拓展程度提高而日趋重要的国际公共服务。

（一）信息咨询服务

"一带一路"内外拓展涉及广泛地区人员、投资的互动往来，信息、咨询供给成为首要的投资服务。政府部门、企事业机构、智库团体等通过不同方式，为"一带一路"拓展主体提供咨询信息服务。

1. 政府部门的公共信息服务平台建设

推进"一带一路"建设工作领导小组办公室是中国建设"一带一路"的主要领导机构，2017年3月，在其指导下，由国家信息中心主办，丝路国信大数据技术有限公司、环球网、百度云、安恒信息等提供运营支持，"中国一带一路网"正式上线，同步支持中、英、俄、法、西、阿六大联合国官方语言访问，可覆盖全球大部分地区用户。"一带一路网"提供政策发布、解读、案例分享、大数据分析、研究报告等多方面资讯，成为国家推进"一带一路"建设的首要资讯与服务平台。商务部作为内外经贸活动的主管部门，随着"互联网+政务"建设的推进，构建网上公共服务平台，协同线上线下管理与服务，向"走出去"公共服务平台为备案设立的5.52万个境外企业机构、

核准设立的492个境外企业机构提供线上咨询服务。香港贸发局通过"一带一路"资讯网站搭建起投资项目、投资人与专业服务供应商之间的公共服务平台，2017年12月，成立"一带一路"委员会，通过五个涵盖不同地域与商业范畴的专责工作小组，全面落实国际、内地、东盟及各界别的具体工作，促进香港各界参与"一带一路"倡议中的商业机遇。管理部门、资讯平台、服务机构等联动，为"一带一路"拓展提供公共资讯与决策服务，成为政府部门提供信息服务的重要方式。

2. 研究机构、高校等企事业机构提供国际资讯服务

在积极响应国家"一带一路"共建倡议的过程中，研究机构、高校等依托既有的专业特长、人才优势，通过成立智库、研究中心等方式，提供专业化的资讯服务。2014年1月，西北大学成立丝绸之路研究院；3月，华侨大学成立海上丝绸之路研究院，成为高校组建"一带一路"专门研究机构的先锋。2015年1月，中央办公厅、国务院办公厅发布《关于加强中国特色新型智库建设的意见》；11月，中央深化改革领导小组第18次会议审议通过了《国家高端智库建设试点工作方案》，确定25家国家高端智库试点单位，由此启动协同专业智库助推国家发展大局的进程。2015年4月，由中共中央对外联络部牵头，联合国务院发展研究中心、中国社会科学院、复旦大学成立"一带一路"智库合作联盟，主要为各研究机构搭建信息共享、资源共享、成果共享的交流平台，提高涉"一带一路"研究水平，同时具有解读政策、咨政建言、推动交流的高端智库智能。2017年8月，中国社科院"一带一路"国际智库正式设立，主要致力于与全球共同参与"一带一路"建设的各国和地区智库及研究机构建立合作关系，通过国际合作研究以服务"一带一路"建设与发展。中国人民大学重阳金融研究院在强化深度研究、提供政策咨询、促进"一带一路"民间外交等方面发挥积极作用。

3. 社会组织的信息咨询服务供给

面对多元化的信息服务需求，由企事业、社会团体发起设立的专业性智库，也成为公共咨询服务的重要参与力量。由北京东宇全球化智库基金会注册的"中国与全球化智库（CCG）"成立于2008年，在国内外有近10个分支机构或海外代表处，主要"以全球视野为中国建言，以中国智慧为全球献策"，在共建"一带一路"的大形势下，CCG通过拓展研究网络、发起"中国企业走出去50人论坛"、发布专题研究报告、举办研讨会、建立合作机制等方式，扩张信息服务网络、提供信息与知识产品，服务于政府与企业机构的决策。2015年成立的"一带一路百人论坛"，主要由政府官员、专家学者、企业家、媒体从业者等各界精英组成，基本定位也是打造"一带一路"的"网络智库"，成为"一带一路"的共享与孵化平台，推动早期成果与标志性项目的落地。

（二）纠纷解决服务

在"一带一路"交往与投资经营过程中，法律服务发挥着重要作用。进行经贸谈

判、制定合作规则、协助投资决策、防范经营风险等等，都有赖于法律服务的供给，其中，纠纷调处、争端解决成为协调国际合作矛盾的重要途径，成为"一带一路"顺便推进的必要保障。

目前处理"一带一路"项目纠纷的主要方式有：东道国法院、国际投资争端解决中心（ICSID）、国际法庭、外交保护以及国际商会国际仲裁院（ICC）伦敦国际仲裁院（LCIA）、美国仲裁协会（AAA）、海牙常设仲裁庭（PCA）等商业性仲裁机构，其中的主流机构还是 ICSID 和商业性仲裁机构。① 只有提高中国在"一带一路"争端解决机制中的行动能力与水平，才能保护投资者。

2015 年，德恒律师事务所牵头，和意大利 CBA 律所及中外商会协会等在意大利米兰启动"一带一路"服务机制，该机制通过联合 5 大洲 60 多个国家的咨询、法律、会计、金融、科技、企业、商会和政府机构，协助中国和沿线国家的企业在"一带一路"经济区域投资、合作、创办实业、并购、融资过程中，提供"项目对接、风险化解和纠纷调解"等专业服务。2018 年 10 月，针对"一带一路"国际商事调解具有重要指导意义的里程碑式文件《罗马宣言》由来自亚洲、欧洲、美洲和非洲 12 个国家 20 余个机构代表共同签署，成为东西方和谐共赢与国际调解事业的最新发展。

2018 年 1 月，中央全面深化改革领导小组会议审议通过了《关于建立"一带一路"国际商事争端解决机制和机构的意见》，提出最高人民法院设立国际商事法庭，牵头组建国际商事专家委员会，支持"一带一路"国际商事纠纷通过调解、仲裁等方式解决，推动建立诉讼与调解、仲裁有效衔接的多元化纠纷解决机制，形成便利、快捷、低成本的"一站式"争端解决中心，为"一带一路"建设参与国当事人提供优质高效的法律服务。同时，最高人民法院在广东省深圳市设立"第一国际商事法庭"，在陕西省西安市设立"第二国际商事法庭"，受理当事人之间的跨境商事纠纷案件。最高人民法院民事审判第四庭负责协调并指导两个国际商事法庭的工作。②

中国还以国际合作的方式提供争端解决与仲裁服务。如按照《中非合作论坛—约翰内斯堡行动计划（2016—2018）》，"中非联合仲裁中心"成为联合纠纷解决机制，分设在上海、北京、南非约翰内斯堡、肯尼亚内罗毕的仲裁中心联合提供争端解决服务。澳大利亚国际商会仲裁院也专门成立了"一带一路"委员会，以帮助"一带一路"倡议解决商业争端。

总而言之，异质化国际公共服务需求将随着"一带一路"的推进而不断攀升，其差异化、不断变化的属性决定了难以完全由国家政府独立供给，发挥多元组织的作用，以建构服务功能为核心，打造公共服务供给链，提高供给效率，是高质量建设"一带一路"的内在要求。

---

① 护航"一带一路"，中国参与创新争端解决机制［EB/OL］．第一财经，2018-02-11.
② 中共中央办公厅、国务院办公厅印发《关于建立"一带一路"国际商事争端解决机制和机构的意见》［EB/OL］．新华网，2018-06-27.

第四节　打造功能性国际治理中心

随着高质量建设"一带一路"所需国际公共服务的攀升,以及供给机构增多,新型国际治理体系与机制相应建构。在主权范围内打造差异化的功能性国际交往平台,有助于为国际治理体系建构提供服务与支撑。

一、打造功能性国际治理中心的必要选择

"一带一路"建设的特殊性,决定了中国需要通过双向内外拓展来提高国际合作的能力与水平,在国家主权范围内发挥代表性地区的资源优势,打造差异化功能性国际交往平台和治理中心,具有现实必要性。

(一)推进国际交往是一个循序建构的过程,需要通过启动点发挥推动作用,并累积发展为国际交往中心

国际交往涉及跨国跨文化背景下的人员互动,相较同国同文化背景之下,其交通通信沟通等成本大幅攀升。随着交往的深化,特别是彼此社会经济政治等联系越趋紧密后,只有促进国家交往的组织、机构等上层建筑才能稳固建构,由此,在完全自发状态下,国际交往是一个缓慢且循序建构的过程。"一带一路"建设的推进,就是通过政府、企业、社会组织等各方力量的协同,创造更为有利的互动情境,继而加快国际交往。互动交往以及共识达成,依赖于分散的个体行为,这更增加了不确定性和难度,由此,聚集分散的、具有交流意愿和能力的个体,在特定的空间能够创造更多的交往场景,也就是建构促进国际交往的启动点,而相对集中的交往场景,有助于共识形成,有助于推动参与方合作。在共识、合作、成效的循环往复作用机制下,可以形成国际交往的示范效应,并助推更大范围交往的开展。随着启动点集聚便利于国际交往的软硬件基础设施及服务机制,竞争优势相应形成,在累积强化作用过程中,启动点具有率先成为国际交往中心的潜力(见图7-3)。

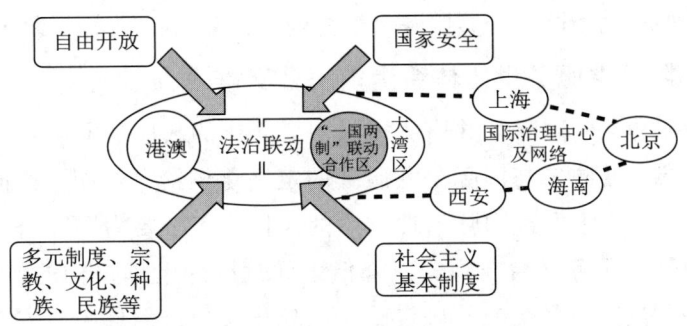

图 7-3 功能性国际治理中心及网络

(二) 处于社会主义初级阶段的中国在扩大开放过程中需要保障国家安全

新中国建立的是社会主义国家,由代表最广大人民根本利益的中国共产党领导,以马克思主义基本原理为指导,坚持社会主义基本经济与政治制度,实行人民民主专政,建设社会主义现代化强国,实现中华民族伟大复兴。坚持社会主义基本制度的中国在扩大国际交往、提高自由开放程度过程中,面对着社会主义制度与不同社会制度、不同宗教信仰、不同文化背景、不同种族民族等之间的矛盾与冲突,特别是处于欠发达的初级阶段,中国各方面制度并不完善,存在着国家安全的隐患和风险。如何在扩大开放过程中有效地保障国家安全,并促进对外交往,是摆在我们面前的现实挑战。

(三) 跨文化交往的难度决定了主权范围内先行建构差异化国际交往中心确有必要

面对跨文化交往的循序建构特征,以及保障国家安全的现实需要,要通过在主权范围内率先建构国际交往中心,一方面承担启动点职能,另一方面加强规制与监管,以维护国家安全。之所以强调主权范围之内,主要是离开主权范围,一是存在推动建设的难度,二是不易控制风险。由于文化交往具有多元属性与特征,基于不同的资源与文化优势,需要打造功能有所差异的交往中心,以最大规模吸引偏好差异化的多国人员参与互动交往,以促进广泛共识加快形成。由于北京是政治经济文化及中央决策中心,在国内及国际交往中均扮演核心角色,从而奠定了其顶层决策与国际治理中心的地位。以香港为中心城市的粤港澳大湾区以"一国两制""两大法系""三个独立关税区"并存的独特制度优势,为其展开多元化的国际交往奠定基础。上海背靠泛长江经济带,后者为其提供强大的腹地支撑,这为上海成为泛长江经济带战略核心制造群落的国际经济金融交往中心创造了条件。西安作为汇聚中华文化的千年古都,是古丝绸之路的起点,多元文化交流中心,基于历史人文优势创造国内外人员交流互动的场景,西安有条件建构国际交往与治理中心。海南是相对独立的岛屿,位于东亚地理中心,优越的自然环境使其在促进国际人员往来与交流中能够发挥独特优势。这些差异化的国际交往中心基于各自优势、发挥独特功能,便利于建构主权范围内多元化的国际交往平台,从而有助于国际公共服务供给机构运作及国际治理体系的发展。

(四) 为国际公共服务供给体系提供平台支撑

面对大规模差异化的国际公共服务需求,多元化的政府或非政府国际组织可以通过网络组织的模式,共同参与国际公共服务的定制化供给,然而,这同样是发展缓慢且难度较大的过程。为了促进国际治理体系的建构,有必要为国际公共服务供给体系建构提供必要的公共服务平台支撑,以降低多元化国际治理机构的组建与运作成本,这些公共服务平台包括信息交流基础设施、国际化人力资源储备、安全设施、法治规章等。

二、顶层决策与国际治理中心——北京

北京,是中国的首都、国际化大都市,是中央机构所在地、重要会议召开地、重大决策发布地,是建交国家大使馆聚集地、国际交流平台,这便决定了北京在"一带一路"建设中国际治理中心、决策中心的重要地位。

(一) 北京在"一带一路"的战略定位、规划布局中起到重要作用

2013年11月,在北京召开的中共十八届三中全会通过《中央关于全面深化改革若干重大问题的决定》,提出"建立开发性金融机构,加快同周边国家和区域基础设施互联互通建设,推进丝绸之路经济带、海上丝绸之路建设,形成全方位开放新格局",将"一带一路"纳入国家发展蓝图;2015年3月28日,经国务院授权,国家发展改革委、外交部、商务部联合发布了《推动共建丝绸之路经济带和21世纪海上丝绸之路的愿景与行动》,这是"一带一路"首次公布的总体的顶层设计;2015年11月9日在京召开中央全面深化改革领导小组第十八次会议,会议强调要加快实施自由贸易区战略,坚持与推进共建"一带一路"和国家对外合作紧密衔接,坚持把握开放主动和维护国家安全,逐步构筑起立足周边、辐射"一带一路"、面向全球的高标准自由贸易区网络;2015年12月,亚洲基础设施投资银行成立,总部设在北京,为亚洲基础设施和"一带一路"建设提供资金支持;2016年12月,中央全面深化改革领导小组第三十次会议提出"一带一路"软力量建设,指出软力量是"一带一路"建设的重要助推器;2017年1月,国家发改委同外交部、环境保护部、交通运输部、水利部、农业部、人民银行、国资委、林业局、银保监会、能源局、外汇局以及全国工商联、中国铁路总公司等13个部门和单位,共同建立"一带一路"PPP工作机制,与沿线国家在基础设施等领域加强合作,积极推广PPP模式,鼓励和帮助中国企业"走出去",推动相关基础设施项目尽快落地;2017年10月18~24日在北京召开党的十九大,将"一带一路"写入党章。在党中央的带领下,众贤才齐聚北京、集思广益,为"一带一路"筹谋,北京如同一个"大脑"迅速地反应着,召开重要会议、发布重大决策、做出整体部署,有

关"一带一路"的建设定位、总体规划、分层布局在北京诞生。

(二)北京在"一带一路"的政策沟通中起到重要作用

在对内沟通方面,党中央通过政策传递机制由上至下逐层传达,从中央到地方,各级政府以中央的指示为纲,对所属地区进行"一带一路"建设,当建设中遇到问题时,地方又将问题集中传达至北京,党中央针对这些问题进行各部门之间的协调改进,从而使"一带一路"建设更加合理可行。除此之外,北京也承担着由政府到民间的传达作用,党中央与企业、民间组织机构进行沟通,通过民间的传递,使更多的人参与到"一带一路"建设中来,团结多方力量,使"一带一路"更加深入人心。在对外沟通方面,北京凭借建交国大使馆集聚地、国际组织集聚地的优势,为"一带一路"起着窗口的作用。截至2018年5月,共有177个国家与我国建交,各国均在北京设有大使馆。北京现有三大使馆区,在建一个,第一使馆区位于日坛附近,第二使馆区位于三里屯,第三使馆区位于亮马桥,第四使馆区位于东坝。联合国、国际货币基金组织、亚洲开发银行驻中国代表处、世界银行驻华代表处、亚投行总部等都在北京。通过大使馆与各种国际组织代表处,我国能够及时、准确地与各个国家和各个组织总部对话,交流政策,取得回应,能够对"一带一路"建设中存在的问题及时沟通、及时解决,更容易交流碰撞产生新思路。

(三)北京为"一带一路"提供了国际性集聚共商交流平台

2014年11月,第22届亚太经合组织会议在北京召开,提出用中国梦托起亚太梦,会上"一带一路"成为热议话题;2016年4月28日,亚信第五次外长会议在京召开,会议上多位中外与会代表在发言中积极评价中国的"一带一路"倡议,并表示沿线国家应利用好这一平台,加强经贸合作,增进互信,促进共同发展;2017年5月14~15日在北京举行首届"一带一路"国际合作高峰论坛,总结前期成果,共商下一阶段举措,推动合作共赢;2017年11月30日至12月3日在北京举行中国共产党与世界政党高层对话会,"构建人类命运共同体、共同建设美好世界:政党的责任",包括以"共建'一带一路':政党的参与和贡献"为主题的分组会;2018年7月10日,中国—阿拉伯国家合作论坛第八届部长级会议在北京召开,习近平主席倡议携手打造蓝色经济通道,共建"一带一路"空间信息走廊;2018年9月3日中非合作论坛在北京召开,峰会主题为"合作共赢,携手构建更加紧密的中非命运共同体",会议上将共建"一带一路"和联合国2030年可持续发展议程、非洲2063年议程以及非洲各国的发展战略实现具体对接,促进中非在更高程度上能够实现合作共赢,共同发展。2019年4月25~27日,第二届"一带一路"国际合作高峰论坛在北京举行,习近平主席提出进一步丰富国际合作理念、内涵等重要主张。北京以其完善的基础设施为"一带一路"搭建起面对面交流平台,为政策理念的阐述、国与国之间的对话提供了宜人的空间与国际性氛围。

"一带一路"建设是一项系统性工程,既需要切实的局部推进,又需要强化整体联结,北京将作为国际治理中心、决策中心承担起这一重大任务,通过整体规划布局、内外政策沟通、搭建国际共商平台实现功能性外交中心的打造,为国际经济治理体系的构建营造良好的环境,更好地服务于"一带一路"建设。

三、"一国两制"联动支撑的国际交往中心——粤港澳大湾区

香港以拥有公正、透明、廉洁、高效的法治与营商环境而著称,"一国两制"的贯彻落实,保障了香港在中华人民共和国主权范围内,依据特别行政区基本法,实行资本主义制度。《宪法》和《基本法》构建起"一国两制"和平共处的法治框架,为香港保持自由港特色、促进多元文化交融、实现繁荣稳定提供基础性保障。面对"一带一路"的建设重任以及日趋频繁的国际交往,香港作为中华人民共和国主权范围内国际化程度最高、开放程度最高、市场化与法治最健全的城市,在服务于国家大局提供国际治理服务方面有着得天独厚的领先优势,与其毗邻的珠三角处于转型升级和改革开放的最前沿,同样具有提供国际治理服务的义务与拓展空间。由此,保障香港面向未来的支点角色建构,探索国际治理主权服务平台的建设路径,是毗邻香港的改革开放先行试验区以及粤港澳大湾区必须承担的使命。

(一)建设"一国两制联动区"的必要性

香港地理空间有限、缺乏制造业基础,属于适应环境而弹性变革的城市经济体,不是依靠自我驱动来转型发展的自由港,因此,在面对新兴产业培育、要素资源储备等远期战略制定与执行任务时,特别是在近年来因社会矛盾累积而使政治生态变得复杂的形势下,香港的行动力受到很大的制约。因此,既保持香港的相对独立性,又为其提供转型升级的驱动力,就有赖于发挥毗邻香港的深度合作区发挥作用,提供香港支点角色建构所需的公共服务,由此支撑香港的转型升级、支点角色建构以及保障引领地位,这是基于国家发展大局、维护"一国两制"、实现粤港澳战略支点协同联动的现实需要。而与香港实现有效联动最可行的制度基础,就在于探索最大公约数——建设社会主义法治保障的自由开放社会,即"一国两制联动区"(见图7-3)。

设立"一国两制联动区"就是在与香港便利联结的地区,率先建立社会主义制度基础上的法治自由港,即由社会主义法治所规制与建构的开放市场环境,其并非依赖于物理围网、内部自由放任,而是建构与完善法治规范,创造透明、有序、可控、安全的制度环境,能够利用数字化、网络化、智能化技术等对全流程经营与运作行为进行有效的安全防范、廉洁管理,从而保障经营主体的合法自由权利及整体的市场秩序。

1. 香港是高度开放的自由港，"一国两制联动区"的作用在于充分发挥香港的离岸中心优势

香港自由港的优越性体现为商品、资金、人才、服务等领域的全方位开放，这有助于其成为离岸贸易、航运与金融中心，但也表现出全港资源流入这些产业领域，在先进制造、高科技产业等领域发展乏力。"一国两制联动区"设立的目标并非建成离岸贸易、金融中心，与香港形成竞争关系，而是，在创建与香港的联动机制基础上，"一国两制联动区"可以充分利用香港自由港平台，满足本地区对于资金、商品、人才等自由流动的需求。

2. 设计与香港的联动机制，对接香港自由港，并且弥补其开放薄弱的领域

"一国两制联动区"可以开辟高度开放区域，直接设立口岸，在社会主义法治基础上，提供货物、资金、人才自由流动的条件，特别是内地要素与服务、特别是国内供给方提供的内外向公共服务的流出，与香港自由港相对接。与此同时，香港制造业基础薄弱，新兴科技研发与产出并不充裕，以及"23条立法"并未通过，一定程度上影响到服务于国家大局、提供国际准公共服务的非政府组织或社会组织的有序发展，因此，促使技术、数据、信息、国际准公共服务等商品和服务的自由流动，既是香港相对薄弱的短板，又对深圳或大湾区的发展甚为重要。因此，"一国两制联动区"还需要在保障国家总体安全的前提下，扩大开放领域，提高开放水平，与香港合力来提升大湾区整体的开放水平与质量。

3. 依托公共服务支撑，使粤港澳大湾区具备服务于转型升级的功能

香港作为独立关税区，全岛实行统一的自由开放政策."一国两制联动区"的职能并非仅提供离岸中转服务，而在于支撑地区产业转型，因此，技术、人才、信息等要素是促进自由流动的目标。这些要素除引进之外，更为重要的是在于开发与培育，也就是需要提供定制化公共服务的支撑，这就要求"一国两制联动区"通过放开准公共服务供给主体的市场准入，以增强供给能力与水平。

由于涉及的开放领域与目标较多，在相关制度并不完善的前提下，有可能对国家总体安全构成冲击。由此，"一国两制联动区"有必要通过起初划定空间范围、而后逐步将之扩大的方式来展开建设。

（二）粤港澳大湾区联动支撑自由开放的国际交往中心

2015年国家三部委联合制定《推动共建丝绸之路经济带和21世纪海上丝绸之路的愿景与行动》，2016年的"十三五"规划，2017年政府工作报告、十九大报告及中央经济工作会议，以及2018年中共中央政治局第三次集体学习强调建设现代化经济体系中，粤港澳大湾区均作为重要内容被纳入国家顶层设计。2019年2月18日，《粤港澳大湾区发展规划纲要》正式发布，粤港澳大湾区作为各支点体系有机整合的空间载体，

其发展被纳入国家层面规划。

1. 大湾区肩负引领国家转型升级和扩大开放的使命

大湾区规划的出台以新一轮科技产业革命、世界多极化、经济全球化、社会信息化、文化多样化为背景，作为全国高端服务、科技创新、生产制造、对外开放、社会治理等各领域具有坚实基础与引领条件的地区，大湾区被赋予以体制机制创新为突破口，以"国际科技创新中心"和"'一带一路'重要支撑"为核心功能，通过"内地与粤港深度合作"，辅之以"宜居宜业宜游的优质生活圈"，来"建设现代化经济体系，更好融入全球市场体系"的"世界新兴产业、先进制造业和现代服务业基地"的战略定位。其中，以科技创新引领国家转型升级，以支撑"一带一路"建设来深化双向开放，开放与转型互为支撑、共同服务于国家发展大局，成为大湾区建设的核心目标与时代使命。

2. 大湾区规划通过功能分工来扩大协作的整合效应

在《粤港澳大湾区发展规划纲要》中，"极点带动"是最为核心的空间布局，"香港、澳门、广州、深圳四大中心城市"是"区域发展的核心引擎"。其中，香港巩固和提升国际金融、航运、贸易中心和国际航空枢纽地位；澳门建设世界旅游休闲中心、中国与葡语国家商贸合作服务平台；广州充分国家中心城市和综合性门户城市引领作用；深圳"成为具有世界影响力的创新创意之都"。可见，在粤港澳城市群中，香港依旧是高端服务聚集的首要城市，澳门承载休闲旅游、商贸交流功能，广州主要提供综合交通运输、科技教育文化等区域性公共服务，深圳则是创新创意的引领主体，粤港澳形成互为支撑、互促转型的有机整体。

3. 大湾区规划以强化公共服务的协同供给来支撑核心功能的培育

为了培育具有国际竞争力的先进产业，以形成引领国家转型升级与扩大开放的格局，大湾区规划从体制机制先行试验、内外合作网络、科技创新平台、基础设施互联互通、生态环境治理和优质生活圈建设等各领域提出了公共服务的供给方向与内容，它们为优质要素聚集、微观主体高效运营、内外交往便利等提供必要的软硬件环境和条件。并且，大湾区公共服务供给打破各中心城市分散供给的模式，强调从粤港澳整体层面协同供给，由此提升公共服务供给的规模效应，进而有助于促进专业化分工及提高供给效率。

4. 大湾区规划赋予前海等粤港澳合作发展平台以独特职责与使命

大湾区规划中强调"加快推进深圳前海、广州南沙、珠海横琴等重大平台开发建设"，其职责在于充分发挥"进一步深化改革、扩大开放、促进合作中的试验示范作用，拓展港澳发展空间，推动公共服务合作共享，引领带动粤港澳全面合作"。其中，深圳前海的功能在于"联动香港构建开放型、创新型产业体系"，构成大湾区中深港发展引擎的合作支撑，法律事务合作及国际化城市新中心建设为其创造有利的内外部环境与条件，广州南沙是华南科技创新成果转化高地，珠海横琴着力于推进粤澳合作。这些深度合作平台基于各自的资源与优势，扮演差异化的角色，成为粤港澳大湾区"一国两制"框架下的制度与区域合作的新型载体和通道，既赋予"一国两制"以崭新的实践内容，又维护和支撑起粤港澳大湾区多元化并存及合作的活力。2019年8月，《中共中央国务院关于支持深圳建设中国特色社会主义先行示范区的意见》出台，深圳承担起在更高起点、更高层次、更高目标上推进改革开放，形成全面深化改革、全面扩大开放新格局，丰富"一国两制"事业发展新实践，探索全面建设社会主义现代化强国新路径等战略使命。

可见，大湾区发展规划在新时代背景下，从区域规划的角度明确粤港澳发展及深化合作的方向、目标与路径，而从国家发展大局需要出发的粤港澳战略支点体系所承载的功能与角色，正是赋予了大湾区建设的实质内容与根本属性。大湾区是粤港澳战略支点体系的整合空间载体，建构粤港澳战略支点体系正是大湾区建设的目标与意义所在，发挥前海等深度合作区作为"一国两制"联动合作区、香港转型支撑平台、自主转型承载区以及大湾区公共服务协同供给区的功能，是新时代贯彻落实粤港澳大湾区规划的内在要求。粤港澳大湾区的内在联动，为承担起高开放度、创新驱动的国际交往中心奠定了坚实基础。

大事记

(2017年11月至2019年8月)

2017年11月
2日
中国—希腊三年合作计划第二次会议在雅典举行。

3—5日
第十四届北京论坛（2017）在北京钓鱼台国宾馆举行。此次论坛的主题为"文明的和谐与共同繁荣——变化中的价值与秩序"，聚焦探讨"一带一路"等八大主题。

3日
"一带一路"先锋论坛在香港举行。论坛以"一带一路"与欧亚合作现实与前景为主题。

第五十四届亚洲太平洋广播联盟大会暨第十四届四川电视节在成都举行，"一带一路"倡议成为贯穿本次大会的高频热词。

4日
十二届全国人大常委会组成人员分组审议《中华人民共和国船舶吨税法（草案）》，常委会委员普遍认为，制定船舶吨税法对于落实税收法定原则，促进"一带一路"与海洋强国建设具有重要意义。

5日
中国自主研制的"北斗三号"全球导航系统首发星"北斗三号"双星成功发射，拉开了北斗系统全球组网建设的大幕。根据计划，我国将于2018年前后完成18颗北斗卫星发射，率先为"一带一路"沿线国家提供基本服务。

6日
第五届中国阿拉伯友好大会在北京开幕。

中国东方航空集团公司开通西安—布拉格直飞航线。该航线是中国西北地区首条直飞布拉格的航线，也是中国直飞捷克的第四条航线。

7日

中国和巴拿马《关于共同推进丝绸之路经济带和21世纪海上丝绸之路建设的谅解备忘录》《关于铁路交通系统领域合作的谅解备忘录》《关于开展产能与投资合作的框架协议》在北京签署。

亚太经合组织领导人会议周在越南岘港拉开帷幕。本届会议的主题是"打造全新动力，开创共享未来"。

8日

中国信保与国家发改委签署《关于协同推进"一带一路"产能合作的框架协议》。此次合作旨在进一步发挥金融机构在推动"一带一路"产能合作中的金融支持与风险保障作用，得到了国家发展改革委领导和中国信保领导的高度重视。

10日

丝路基金与通用电气旗下GE能源金融服务在北京签署"成立能源基础设施联合投资平台合作协议"，共同投资包括"一带一路"国家和地区的电力电网、新能源、油气等领域的基础设施项目。

11日

中国商务部副部长王炳南与柬埔寨商业部国务秘书金西谭10日在金边共同签署《中国商务部和柬埔寨商业部关于电子商务合作的谅解备忘录》。

商务部部长钟山与智利外交部部长埃拉尔多·穆尼奥斯分别代表两国政府，在越南岘港正式签署中国—智利自贸区升级谈判成果文件——《中华人民共和国政府与智利共和国政府关于修订〈自由贸易协定〉及〈自由贸易协定关于服务贸易的补充协定〉的议定书》。

12日

中国香港特别行政区政府与东盟在马尼拉签署自由贸易协定与相关投资协定。协定涵盖货物贸易、服务贸易、投资、经济和技术合作、争端解决机制及其他相关领域，对加强和巩固香港与东盟十国的贸易和投资意义重大，香港企业及服务提供者在东盟的商机会大幅增加。

13 日

中共中央总书记、国家主席习近平在河内主席府同越南国家主席陈大光举行会谈。习近平强调，双方要巩固好双边贸易额稳步增长势头，加快"一带一路"同"两廊一圈"建设对接，推进基础设施建设、产能、跨境经济合作区等重点领域合作，抓好重点项目。要加大对人文领域的投入，广泛开展民间交往。

14 日

《区域全面经济伙伴关系协定》(RCEP) 首次领导人会议在菲律宾首都马尼拉举行。与会各国领导人在会后发表了联合声明。

中老签署联合声明，将共建中老经济走廊，签署了《中老两国外交部关于加强新形势下合作的协议》《关于共同推进中老经济走廊建设的谅解备忘录》等合作文件。

15 日

来自"一带一路"沿线及相关国家的 13 国医卫专家在成都共同签署了《成都宣言》，将共建一个国际网络合作平台，加快诊断、治疗和疫苗等领域的研究与转化，提升监测应对能力，最终助力实现 2030 年包虫病等人兽共患病得到有效控制的目标。

中国国务院总理李克强在马尼拉总统府同菲律宾总统杜特尔特举行会谈。李克强指出，中菲应把各自的发展视为彼此的机遇，中方愿将"一带一路"倡议同菲方发展战略对接。

中国银行董事长陈四清与菲律宾财政部部长卡洛斯·多明格斯在菲律宾总统府签署了《菲律宾共和国 2017 年人民币债券发行承销协议》。

17 日

2017 "中哈旅游年"在哈萨克斯坦首都阿斯塔纳举行闭幕式。在"中哈旅游年"活动框架下，两国合作举办了"中哈旅游论坛"和企业洽谈活动。哈萨克斯坦还推出了"友好中国"计划，为中国游客创造舒适的旅行条件。

外交部部长王毅在北京同摩洛哥外交与国际合作大臣布里达共同签署了《中华人民共和国政府与摩洛哥王国政府关于共同推进丝绸之路经济带和 21 世纪海上丝绸之路

的谅解备忘录》。摩洛哥成为首个签署该文件的马格里布国家。

国家发展和改革委员会主任何立峰与巴拿马副总统兼外长德圣马洛分别代表两国政府签署中巴政府间《关于共同推进丝绸之路经济带和 21 世纪海上丝绸之路建设的谅解备忘录》《关于铁路交通系统领域合作的谅解备忘录》，同时代表国家发展和改革委员会和巴经济财政部签署了《关于开展产能与投资合作的框架协议》。

19 日
外交部部长王毅在内比都与缅甸国务资政兼外交部部长昂山素季共同会见记者时表示，中方提议建设"人"字形中缅经济走廊，打造三端支撑、三足鼎立的大合作格局。

21—22 日
首届丝绸之路沿线民间组织合作网络论坛在北京举行。51 国代表共同发表丝绸之路沿线民间组织"北京共识"。

21 日
普华永道发布《"一带一路"背景下的大健康产业投资白皮书》。

全球生态环境遥感监测 2017 年度报告正式发布，国家遥感中心会同遥感科学国家重点实验室，为"一带一路"生态环境"把脉"，为地球系统科学研究、全球生态环境保护、资源合理利用、应对气候变化和政府决策等提供中国方案。

泛珠三角区域知识产权合作联席会议在湖南长沙举行。香港特区政府和与会各方签署了《"一带一路"背景下泛珠三角区域知识产权合作协议》。

新疆维吾尔自治区党委全面深化改革领导小组办公室举行新闻发布会，就《关于加快推进丝绸之路经济带核心区文化科教中心（科技中心）建设的实施意见》做了专题发布。

22 日
由中国国务院新闻办公室主办的"中国—东盟新闻部长会议"在江苏苏州举行。

23 日
国家发改委、人民银行、商务部等 28 个部门联合印发《关于加强对外经济合作领域信用体系建设的指导意见》和《关于对对外经济合作领域严重失信主体开展联合惩戒的合作备忘录》,明确在对外经济合作领域,以对外投资、对外承包工程和对外劳务合作、对外贸易、对外金融合作为重点,加强对外经济合作信用记录建设。

以"改革、创新与机遇——'一带一路'倡议下的国际油气贸易合作"为主题的第六届中国国际石油贸易大会在上海举行,商务部副部长王受文出席大会开幕式并致辞。

由中国公共外交协会、上海市政协对外友好委员会、上海公共外交协会共同举办的第五届公共外交对话会在上海举行。以"'一带一路'倡议与公共外交"为主题。

24 日

国家发展改革委、交通运输部、国家铁路局、中国铁路总公司联合发布《铁路"十三五"发展规划》。

中非合作论坛第十二届高官会在北京举行。

26—29 日

国务院总理李克强赴匈牙利出席第六次中国—中东欧国家领导人会晤并对匈牙利进行正式访问。此次会晤期间签署 40 份重磅文件,其中,中国与爱沙尼亚、立陶宛、斯洛文尼亚三国签署"一带一路"合作谅解备忘录,实现了共建"一带一路"倡议对中东欧 16 国的全覆盖。

27 日

中国与爱沙尼亚《关于电子商务合作的谅解备忘录》在匈牙利首都布达佩斯签署。

国务院总理李克强在布达佩斯出席第六次中国—中东欧国家领导人会晤。而后中国同中东欧 16 国共同发表《中国—中东欧国家合作布达佩斯纲要》。

中国国家开发银行与中东欧金融机构共同发起的中国—中东欧银联体正式成立。

中国交建与塞尔维亚政府正式签订 E763 高速公路普瑞立那—波热加段项目商务合同,所涉金额约 5.2 亿美元,工期 42 个月。

27—30 日

中国—新西兰自由贸易协定第三轮升级谈判在新西兰举行。

28 日

由国家新闻出版广电总局、福建省人民政府、陕西省人民政府主办的"第四届丝绸之路国际电影节"在福州开幕。

29 日

中亚天然气管道累计向国内输气突破 2000 亿立方米。

马尔代夫内阁批准与中国签署马尔代夫—中国自由贸易协定。

30 日

中巴在巴勒斯坦共同签署启动中国—巴勒斯坦自由贸易协定联合可行性研究的谅解备忘录。

2017 年 12 月

1 日

第二届中国—中亚政党论坛在北京举行。

由中国翻译协会主办的"一带一路"中的话语体系建设与语言服务发展论坛暨 2017 年中国翻译协会年会在北京召开。

意大利对外贸易委员会主办的"沿着一带一路，投资意大利"论坛在北京举行。

3—5 日

第四届世界互联网大会在浙江乌镇举办。大会主题为"发展数字经济促进开放共享——携手共建网络空间命运共同体"。中国、老挝、沙特阿拉伯等国家相关部门共同发起《"一带一路"数字经济国际合作倡议》。

4 日

中华人民共和国政府和阿富汗伊斯兰共和国政府经济和贸易联合委员会第三次会议在北京举行。

新疆维吾尔自治区人民政府印发了《丝绸之路经济带核心区区域金融中心建设规划（2016—2030年）》。

6日

西安至成都高速铁路实现全线开通运营。

印度尼西亚央行决定把人民币作为其离岸经营货币之一，各方可选择人民币套期保值。

"数字丝路"国际科学计划和香港中文大学联合主办的第二届"数字丝路"国际会议在香港开幕。

7日

由中共中央对外联络部发起成立的"一带一路"智库合作联盟与天津市人民政府联合举办的"一带一路"国际港口城市研讨会在天津开幕。

中、马两国政府在人民大会堂签署《中华人民共和国政府和马尔代夫共和国政府自由贸易协定》。

《中华人民共和国商务部和巴拿马共和国外交部关于开展巴拿马铁路项目可行性研究的合作协议》在巴拿马城签署。

8日

中俄能源合作重大项目——亚马尔液化天然气项目第一条液化天然气（LNG）生产线正式投产，这是中国提出"一带一路"倡议后实施的首个海外特大型项目，也是全球最大的北极LNG项目。

由国家发展改革委西部司和亚洲开发银行东亚局支持举办的第六届生态保护补偿国际研讨会在重庆召开。

10日

全球最大单体自动化智能码头和全球综合自动化程度最高的码头——上海洋山港四期码头正式开港。

11日

亚洲基础设施投资银行发布公告，显示首个对华项目落户北京，一笔2.5亿美元的贷款将用于天然气输送管网等工程建设，助力北京清洁能源发展。

第十六届中国企业实施"走出去"战略论坛在北京举行，论坛以"新时代 新机遇 新模式：'一带一路'国际合作 构筑经济全球化共享之路"为主题。

12日

《中华人民共和国商务部和毛里求斯共和国外交、地区一体化和国际贸易部关于启动中国—毛里求斯自由贸易协定谈判的谅解备忘录》签署。

13日

内蒙古出入境检验检疫局对外通报称，中国第一列以入境班列作为首发的班列"乌蒙欧"中欧班列在内蒙古自治区乌海市开通。

14日

国家发展改革委与香港特区政府在北京签署《关于支持香港全面参与和助力"一带一路"建设的安排》。

首届中国（伊朗）贸易博览会在德黑兰太阳城国际展览中心开幕。

18日

商务部副部长高燕与澳门特区政府经济财政司司长梁维特在澳门签署了内地与澳门《CEPA投资协议》和《CEPA经济技术合作协议》。

中亚（开远—海防）国际货运班列首发，列车将通过米轨铁路直达越南海防。

19日

亚洲基础设施投资银行宣布批准库克群岛、瓦努阿图、白俄罗斯和厄瓜多尔四个经济体的加入申请，实现了自2016年开业以来的第四次扩容。

《中阿关于互免持外交护照人员签证的谅解备忘录》再次修订，将持普通护照人员纳入免签范围。

20 日

国家开发银行在香港联交所以私募方式成功发行 3.5 亿美元 5 年期固息"一带一路"专项债。

香港贸易发展局"一带一路"委员会正式成立。

21 日

《中华人民共和国政府和冈比亚共和国政府经济、贸易、投资和技术合作谅解备忘录》在北京正式签署,中冈正式建立双边经贸联委会机制。

中泰铁路一期工程正式开工,该铁路是泰国第一条标准轨高速铁路,也是两国务实合作的旗舰项目。

国家"一带一路"官方网站——中国一带一路网(www.yidaiyilu.gov.cn)正式开通俄文、法文、西班牙文、阿拉伯文四个语言版本。目前,中国一带一路网可同步支持中、英、俄、法、西、阿六大联合国官方语言访问,可覆盖全球大部分地区用户。

22 日

国家标准委发布的《标准联通共建"一带一路"行动计划(2018—2020 年)》提出,要深化基础设施标准化合作,支撑设施联通网络建设,推动 5G、智慧城市等国家标准在沿线国家应用实施。

26 日

国家发展改革委发布《企业境外投资管理办法》。新办法将于 2018 年 3 月 1 日起施行。

首次中国—阿富汗—巴基斯坦三方外长对话在北京钓鱼台国宾馆举行。

28 日

《中华人民共和国商务部和摩尔多瓦共和国经济与基础设施部关于启动中国—摩尔多瓦自由贸易协定谈判的谅解备忘录》在北京签署。

2018年1月

1日

《中华人民共和国政府和格鲁吉亚政府自由贸易协定》正式生效。

2日

巴基斯坦央行发表声明,批准贸易商在与中国的双边贸易中使用人民币作为结算货币。

3日

中国驻埃及大使馆经商参处和埃及贸工部出口发展局在开罗共同举办了首届中国国际进口博览会专场推介会,近120家埃及出口企业参会。

5日

《中国人民银行和印度尼西亚银行关于印度尼西亚银行在华设立代表处的协定》签署。

9日

欧洲通信卫星公司(Eutelsat)与中国联合网络通信有限公司(中国联通)签订了合作谅解备忘录,就在"一带一路"倡议框架下共同开拓亚太地区增长迅速的商用卫星通信市场达成共识。

中国气象局编制的《气象"一带一路"发展规划(2017—2025年)》出台。

10日

国务院总理李克强在金边和平大厦出席澜沧江—湄公河合作第二次领导人会议。李克强表示,中方愿与湄公河国家一道,打造澜湄流域经济发展带,建设澜湄国家命运共同体。

11日

中国一带一路网正式公布了由推进"一带一路"建设工作领导小组办公室印发的《标准联通共建"一带一路"行动计划(2018—2020年)》。

12日

"2017中国—中东欧国家媒体年闭幕式暨2018中国—中东欧国家地方合作年开幕

式"在北京举行。

青海省文化厅出台《青海省丝绸之路文化产业带发展规划及行动计划（2018—2025）》。

中国电信集团公司与尼泊尔电信公司在尼泊尔首都加德满都举行两国跨境光缆开通仪式，标志着尼泊尔正式通过中国的线路接入互联网。

15—16 日

中国—巴拿马自贸协定联合可行性研究工作组第一次会议在北京举行。

15 日

天津高院召开新闻发布会，发布《天津法院服务保障"一带一路"建设状况白皮书》。

16 日

推进"一带一路"建设工作会议在北京召开。国务院副总理张高丽主持会议并讲话。

18 日

由国家信息中心"一带一路"外贸大数据研究所研发完成的贸易大数据系统——《全球贸易观察》（简称 GTF）正式上线运行。

22 日

中国—拉美和加勒比国家共同体论坛第二届部长级会议在智利开幕，会议通过了《圣地亚哥宣言》《中国与拉美和加勒比国家合作（优先领域）共同行动计划（2019—2021）》，以及专门通过并发表了《"一带一路"特别声明》。

23 日

中央全面深化改革领导小组第二次会议召开。会议审议通过了《关于建立"一带一路"争端解决机制和机构的意见》。

首趟重庆至宁波（渝甬）沿江铁海联运国际班列从重庆团结村铁路中心站始发。

26 日

中国政府发表首份北极政策文件——《中国的北极政策》白皮书，其中有关共建

"冰上丝绸之路"的表述引起世界的高度关注。

28 日

外交部部长王毅在北京钓鱼台国宾馆与到访的日本外相河野太郎举行会谈。日方对参与"一带一路"建设积极表态。

29 日

巴基斯坦瓜达尔自由区开园。

30 日

海关总署制定出台《推进"一带一路"沿线大通关合作行动计划（2018—2020年）》，推出17条具体措施，以"信息互换、监管互认、执法互助"为重点，提出建立适应沿线国家贸易投资需求、适应新技术发展的高水平大通关国际合作机制。

丝绸之路南亚廊道（青海段）首年考古调查在青海西宁公布。

1月31日—2月2日

英国首相特雷莎·梅对中国进行为期三天的国事访问。

31 日

陕西省环境保护厅、省外事办、省发展改革委、省商务厅联合出台了《陕西省推进绿色"一带一路"建设实施意见》。

国家开发银行董事长胡怀邦与渣打集团行政总裁温拓思在北京签署《国家开发银行与渣打银行100亿人民币"一带一路"项目授信贷款备忘录》。

2018 年 2 月

1 日

《文明的回响——来自阿富汗的古代珍宝》大展在成都博物馆拉开帷幕。

4 日

第三十四届中国哈尔滨国际冰雪节"一带一路"中俄美术作品交流展在哈尔滨举办。

5日

韩国民间主导创立的社团法人"一带一路研究院"正式成立。

6日

中俄友好、和平与发展委员会地方合作理事会会议在哈尔滨举行。

7—8日

阿塞拜疆、格鲁吉亚、哈萨克斯坦、土耳其四国驻华使馆在北京联合举办"'一带一路'上的'跨里海东西贸易运输走廊'"推介会。

中国—巴基斯坦自贸区第二阶段谈判第九次会议在北京举行。

7日

新疆维吾尔自治区发展改革委印发《丝绸之路经济带核心区（新疆）能源规划》，规划明确了新疆丝绸之路经济带核心区能源发展总体思路、实施重点及相应保障措施。

8日

甘肃省政府印发《甘肃省建设丝绸之路"科技走廊"工作方案》。

陕西省清理和规范庆典研讨会论坛活动工作领导小组出台《关于加强和规范"一带一路"对外交流平台审核工作的通知》。

10日

首届世界海关跨境电商大会在北京闭幕，大会发布《北京宣言》。

"一带一路"和中泰（北）经贸投资研讨会在清迈举行。

11日

国家发展改革委发布《境外投资敏感行业目录（2018年版）》。

中哈产能与投资合作第十四次对话在北京举行。

12日

中国保监会、国家外汇管理局发布《关于规范保险机构开展内保外贷业务有关事项的通知》。

22 日

内蒙古自治区发展改革委、商务厅等联合出台《关于进一步引导和规范我区企业境外投资方向实施意见的通知》。

国务院批复同意《兰州—西宁城市群发展规划》。

23 日

成都海关与乌鲁木齐海关在成都签署合作备忘录，协力提升中欧班列（蓉欧快铁）经济效益和支持班列高质量运营。

25 日

中国—吉尔吉斯斯坦—乌兹别克斯坦国际公路正式通车。

宁夏中卫市银阳新能源有限公司与伊朗海陆能源重工有限公司签订1000MW光伏项目合作协议。

26 日

首趟由新疆发往那不勒斯的中欧班列从乌鲁木齐集结中心驶出。

哈萨克斯坦首部《汉哈大辞典》首发式在位于阿斯塔纳的哈萨克斯坦国立欧亚大学举行。

27 日

泰国国家研究委员会与中国科学院合作的"数字丝路"国际科学计划曼谷卓越中心正式启动。

2018年3月

1 日

国家林业局印发《"一带一路"生态互联互惠科技创新行动方案》。

2 日

沪、深交易所制定《关于开展"一带一路"债券试点的通知》并对外发布。

4—5 日

2018年文化部对外文化工作会议暨"一带一路"工作会议在北京召开。

7 日

首趟由荷兰阿姆斯特丹驶往中国义乌的中欧班列正式启程。

9 日

中国援老挝玛霍索综合医院项目实施协议签约仪式在老挝卫生部举行。

10 日

经中国—吉尔吉斯斯坦—乌兹别克斯坦国际公路正式通车后的首批货物，经新疆伊尔克什坦口岸入境中国，顺利抵达新疆喀什综合保税区。

有着巴基斯坦"三峡工程"之称的德尔贝拉水电站项目四期举行首台机组投产发电仪式。

12 日

中国—乌干达姆巴莱工业园举行奠基仪式。

15 日

中亚五国领导人在哈萨克斯坦首都阿斯塔纳举行会晤。

16 日

中国驻比利时大使馆和中国对外贸易中心在比利时首都布鲁塞尔举办中国国际进口博览会推介会。

由中国交通建设公司参与投资建设的圣路易斯港项目奠基仪式在巴西东北部马拉尼昂州州府圣路易斯市举行。

18 日

中国建筑建设的"一带一路"重点项目、中国企业在埃及的最大项目、非洲新地标——埃及新行政首都中央商务区项目开工。

19 日

亚投行首个对华项目在北京签约。这是亚投行开业以来主导完成的首个非主权担保贷款项目,用于北京天然气输送管网建设等工程。

中非纺织有限公司项目奠基仪式在萨利马举行。

20 日

第十三届全国人民代表大会第一次会议举行闭幕式,中华人民共和国主席习近平发表重要讲话。习近平说,中国将继续积极推进"一带一路"建设,加强同世界各国的交流合作,让中国改革发展造福人类。

陕西省发布"一带一路"建设 2018 年行动计划。

21—22 日

澜沧江—湄公河水环境治理圆桌对话暨澜沧江—湄公河环境合作云南中心启动活动在昆明召开。

21 日

中国石油天然气股份有限公司在阿拉伯联合酋长国首都阿布扎比与阿布扎比国家石油公司签署协议,获得两块海上油田区块各 10%权益,合作期为 40 年。

商务部对外投资与经济合作司和中国对外承包工程商会联合举办新版《境外中资企业机构和人员安全管理指南》发布会。

22 日

德国工业巨头西门子公司宣布已在北京设立全球"一带一路"办公室。

23 日

海关总署会同口岸管理各相关部门出台《提升我国跨境贸易便利化水平的措施(试行)》。

中国港湾与喀麦隆克里比港务局在北京签署克里比物流园区投资合作框架协议。

26 日

中国与葡萄牙语国家最高法院院长会议一致通过《广州声明》。中国与葡语国家最高法院愿意加强沟通、深化合作,为"一带一路"建设提供法治保障。

27 日

中国—瑞士自贸协定升级联合研究第二次会议在北京举行。

泰国内阁批准了连接曼谷廊曼机场、素万那普机场和罗勇府乌塔堡机场的高铁项目,项目将通过为期 50 年的政府与社会资本合作模式实施。

28—30 日

第五届"亚太可持续发展论坛"在曼谷举行,论坛主题为"变革迈向可持续和有复原力的社会"。

28 日

全球能源互联网发展合作组织在北京发布《全球能源互联网发展指数 2018》。

由中国企业承建的津巴布韦卡里巴南岸水电站扩机工程举行竣工仪式,标志着津巴布韦独立以来最大的水电项目全面建成投产。

中央全面深化改革委员会第一次会议召开,习近平总书记主持会议并发表重要讲话。会议指出,要以"一带一路"建设为统领,以多边机制和平台为重点,运用好财政、货币、结构性改革等政策工具,统筹发挥好政府、企业、行业协会等各方力量,逐步形成参与国际宏观经济政策协调新机制。

29—31 日

大湄公河次区域经济合作(GMS)第六次领导人会议在越南首都河内举行。会议通过了共同宣言、《2018—2022 河内行动计划》和《2022 区域投资框架》三项成果文件。

29 日

尼日利亚莱基深水港在其西南部的拉各斯州举行开工典礼。

30 日

我国在西昌卫星发射中心用"长征三号"乙运载火箭（及远征一号上面级），以"一箭双星"方式成功发射第三十、三十一颗北斗导航卫星。按照计划，北斗卫星导航系统将于2018年底服务"一带一路"沿线国家。

2018 年 4 月

2 日

中缅国际通道广大铁路全线铺通，为昆明至大理按计划开行动车奠定了坚实基础。

中国国家知识产权局与老挝科技部一致同意正式建立中老知识产权双边合作关系，并签署首份知识产权领域合作谅解备忘录。

由上海银行主办的"一带一路"跨境合作研讨会在沪举行，会上上海银行"一带一路"境外服务中心揭牌。

中国葛洲坝集团股份有限公司承建的斯里兰卡米尼佩水坝加高项目举行开工仪式。

3 日

中国和马来西亚合作建设的马来西亚南部铁路工程项目在马南部柔佛州的昔加末正式开工。

4 日

"一带一路"高端智库论坛暨"一带一路"智库合作联盟理事会第四次会议在北京举行。

6 日

中国机械设备工程股份有限公司在基辅同乌克兰顿巴斯燃料和能源公司签订合同，将在乌中部地区建设一座200兆瓦太阳能电站。

8 日

《中华人民共和国和奥地利共和国关于建立友好战略伙伴关系的联合声明》发表，《中华人民共和国国家发展和改革委员会与奥地利共和国联邦交通、创新与技术部关于未来就共建"一带一路"倡议开展合作的联合声明》同时签署。

财政部、商务部等五部门发布《关于印发口岸进境免税店管理暂行办法补充规定的通知》。

"蓉欧+"东盟国际铁路通道首次试运。韩国LG集团在越南生产的电子产品装满8个40尺集装箱从越南东英站出发,顺利通过凭祥铁路口岸驶入中国境内直达成都,而后搭乘中欧班列(成都)到达目的地波兰罗兹,这标志着越南经凭祥铁路口岸到成都的全线铁路通道测试成功。

9日

《中华人民共和国政府与蒙古国政府关于加强产能与投资合作的框架协议》在北京签署。

中国和喀麦隆《关于开展产能合作的框架协议》在北京签署。

首届上海合作组织人民论坛在西安举行。会议通过了《首届上海合作组织人民论坛西安宣言》。

2018年"一带一路"青年成长与发展系列活动启动仪式暨2018年"一带一路"学生流动与教育发展研讨会在兰州举行。

10日

国家主席习近平在海南博鳌出席博鳌亚洲论坛2018年年会开幕式并发表题为《开放共创繁荣 创新引领未来》的主旨演讲。

埃及本班光伏产业园首个由中国企业承建并参与融资的光伏发电项目在埃及南部阿斯旺省本班举行奠基仪式。

中国银行在境外成功完成32亿等值美元"一带一路"主题债券发行定价,此次发行包括美元、欧元、澳大利亚元和新西兰元4个币种,共计6个债券品种。

12日

由中国人民银行与国际货币基金组织共同举办的中国—国际货币基金组织联合能力建设中心启动仪式暨"一带一路"高级别研讨会在北京召开。

"一带一路"贸易投资论坛在北京举行。

中国—国际货币基金组织联合能力建设中心在北京宣布成立。

13 日

由中企承建的巴基斯坦最大的水电站项目尼鲁姆—杰卢姆首台机组实现并网发电。

14 日

第二届"一带一路"研讨会在马尔代夫首都马累召开。

15 日

第一、二、三届中国进出口商品交易会在广州开幕,来自"一带一路"沿线国家和地区的 21 个国家 382 家企业参展。

中国(重庆)自由贸易试验区举行首次智库专家会。

17 日

中国航空工业向尼泊尔再次交付 2 架运 12E 飞机,标志着尼泊尔政府采购的中国产 2 架"新舟"60 飞机和 4 架运 12E 飞机的交付工作已顺利完成。

18 日

国家国际发展合作署举行揭牌仪式并召开成立大会。

中国驻泰国大使吕健和泰国商业部次长暖塔婉在泰国商业部共同签署澜湄合作专项基金泰方首批项目合作协议。

国际金融论坛与英国《中央银行》杂志在华盛顿智库布鲁金斯学会联合发布《"一带一路"5 周年调查报告》。

20 日

中新互联互通项目南向通道 2018 年中方联席会议在重庆召开,重庆、广西、贵州、甘肃 4 省区邀请内蒙古、四川、云南、陕西、青海、新疆 6 省区参加,各方就进一步合作共建南向通道达成共识并提出"重庆倡议"。

23 日

由中国路桥公司牵头的中国企业联合体在杜布罗夫尼克与克罗地亚公路公司正式签署佩列沙茨跨海大桥及其连接线一期工程项目建设合同。

上海证券交易所与阿布扎比全球市场就建立"一带一路"交流合作签署谅解备忘录。

26 日

"一带一路"电力能源高级管理人才研讨班结业仪式在香港举行。

27 日

中国政府与联合国开发计划署共同推进"一带一路"建设联合工作组第一次会议在北京召开。

《"一带一路"投资安全蓝皮书：中国"一带一路"投资安全研究报告（2018）》在北京发布。

"一带一路"办公室综合组组织召开加强"一带一路"建设法律风险防控专题座谈会。

29 日

中国证监会发布《外商投资证券公司管理办法》，允许外资控股合资证券公司。

2018 年 5 月

1 日

新西兰—中国关系促进委员会发布关于"一带一路"倡议的研究报告。

2 日

巴布亚新几内亚和肯尼亚获批加入亚洲基础设施投资银行，亚投行成员总数增至86个。

人民币跨境支付系统（二期）全面投产。

4 日

国家发展改革委、商务部共同召开加大西部开放力度地方座谈会。

四川省召开推进"一带一路"建设工作领导小组会议，明确近期重点任务清单、工作清单和项目清单。

6日
由国家信息中心"一带一路"大数据中心、大连瀚闻资讯有限公司共同编写的《"一带一路"贸易合作大数据报告2018》在海南"京陵大数据论坛"上正式发布。

9日
国务院总理李克强在东京经团联会馆与日本首相安倍晋三、韩国总统文在寅共同出席第六届中日韩工商峰会并致辞。李克强总理与日本首相安倍晋三共同见证签署《关于中日企业第三方市场合作的备忘录》。

10日
首列巴彦淖尔临河至伊朗德黑兰的中欧班列从内蒙古自治区巴彦淖尔市临河站发出。

11日
第三届丝绸之路国际博览会暨中国东西部合作与投资贸易洽谈会在陕西西安开幕。

阿拉伯联合酋长国阿布扎比国际金融中心（ADGM）及金融服务监管局中国办公室开幕仪式在北京举行。

14—16日
"一带一路"税收合作会议在哈萨克斯坦首都阿斯塔纳开幕。会议以"共建'一带一路'：税收协调与合作"为主题，与会者就税收法治、纳税服务和争端解决等议题深入讨论并联合发布了《阿斯塔纳"一带一路"税收合作倡议》。

14日
《中华人民共和国政府与特立尼达和多巴哥政府关于共同推进丝绸之路经济带和21世纪海上丝绸之路建设的谅解备忘录》在北京签署。

中国国家电网公司与巴基斯坦政府签署默蒂亚里至拉合尔高压直流输电工程系列

文件，标志着这一中巴经济走廊优先实施项目即将进入全面实施阶段。

以"新合作新机遇"为主题的首届"一带一路"上海论坛在上海召开。

15日
《中华人民共和国政府与阿曼苏丹国政府关于共同推进丝绸之路经济带与21世纪海上丝绸之路建设的谅解备忘录》在北京签署。

上海证券交易所和布达佩斯证券交易所在布达佩斯签署合作谅解备忘录（MOU）。

尼日利亚政府与中国土木工程建设公司签署了66.8亿美元的合同协议，用于修建拉卡铁路伊巴丹至卡杜纳段。

16—19日
中国信保与哈萨克斯坦巴伊捷列克国家控股集团签署《框架合作协议》。

16日
中国阿联酋"一带一路"产能合作园区正式开工建设。

17日
《中华人民共和国与欧亚经济联盟经贸合作协定》签署。

重庆市人民政府办公厅印发的《重庆市开放平台协同发展规划（2018—2020年）》提出，要突出产业集聚平台核心功能。

18日
第二十一届中国（重庆）国际投资暨全球采购会（简称渝洽会）新闻发布会举行。

20日
第16届哈萨克斯坦—中国商品展览会在哈南部城市阿拉木图开幕，来自中国的220余家企业参展。

重庆市发布《重庆口岸提升跨境贸易便利化若干措施（试行）》。

23 日

经李克强总理签批,国务院印发《关于做好自由贸易试验区第四批改革试点经验复制推广工作的通知》。

伊拉克石油部在巴格达同中国油企就开发东巴格达油田南段项目签署合同。

24 日

中国人民银行与巴基斯坦国家银行续签了中巴双边本币互换协议,旨在便利双边贸易投资,促进两国经济发展。

由中交二航局参建的泰国铁路复线项目完成路基施工,该项目是中国港湾和二航局在海外首个由路基到线上系统全覆盖的铁路项目。

25 日

上海合作组织经济智库联盟成立大会暨上海合作组织经济论坛在北京举行。

27 日

由中国路桥承建的越南高岭桥项目举行通车仪式。这是中国企业在越南承建的首座斜拉桥项目,也是全线率先按期完工的项目。

28 日

"首届一带一路服务贸易合作论坛"在北京举行。

29 日

以"中国与俄罗斯:新时代的合作"为主题的中俄智库高端论坛(2018)在北京开幕。

《中华人民共和国政府和波黑部长会议关于互免持普通护照人员签证的协定》正式生效。两国公民可在任意 180 天内在对方国家免签停留 90 天。

2018 年 6 月

1 日

国家发展改革委西部司在中国能建葛洲坝国际公司组织召开了"一带一路"建设规范企业海外经营投资行为防控风险现场会。

2 日

首趟石家庄至明斯克中欧班列在河北省石家庄市开行。

国合会绿色"一带一路"与2030年可持续发展议程专题项目启动会在北京召开。

3 日

中国（海南）自贸区海口江东新区新闻发布会在海口举行。为落实好海南自贸区建设的国家战略，海南省委、省政府决定设立海口江东新区，并将其作为建设中国（海南）自由贸易试验区的集中展示区。

重庆、广西、贵州、甘肃四省区市与青海省签署《青海省加入共建中新互联互通项目南向通道工作机制备忘录》，标志着青海省加入共建"南向通道"工作机制。

4 日

中央企业参与"一带一路"共建座谈会在北京石油大厦举行。

2018年中欧企业家峰会在巴黎开幕，此次峰会重点聚焦"一带一路"倡议指引下，如何深化中欧共赢合作，推动包容性经济增长。

《中华人民共和国政府与安提瓜和巴布达政府关于共同推进丝绸之路经济带与21世纪海上丝绸之路建设的谅解备忘录》签署。

5 日

为落实《中捷合作规划纲要》，稳步推进中捷两国在"一带一路"倡议框架下的务实合作，中捷协调推动"一带一路"合作规划工作会议在浙江省义乌市召开。

中国"风云二号"H星在西昌卫星发射中心用"长征三号"甲运载火箭成功发射。该卫星将与第二代静止气象卫星"风云四号"形成业务上的无缝衔接，并为"一带一路"沿线国家提供天气预报、防灾减灾等监测服务。

中国能源建设宣布，旗下中国电力工程顾问集团华东电力设计院有限公司与上海电气香港有限公司签署了迪拜太阳能园区第四期700兆瓦光热发电项目勘察设计服务合同。该项目是目前世界上投资规模、装机容量最大的光热项目。

6日

西门子一带一路国际合作论坛在北京举行。

中国—乌克兰政府间合作委员会科技合作分委会第三次会议在中国烟台举行。

7日

第四届中国与拉美和加勒比国家基础设施合作论坛在澳门开幕。

《中华人民共和国商务部和哈萨克斯坦共和国国民经济部关于电子商务合作的谅解备忘录》《中华人民共和国国家发展和改革委员会与哈萨克斯坦共和国投资和发展部关于共同编制中哈产能与投资合作规划的谅解备忘录》《中华人民共和国国家发展和改革委员会与哈萨克斯坦共和国投资和发展部关于产能与投资合作重点项目清单及其形成机制的谅解备忘录》在北京签署。

8日

在中国国家主席习近平和俄罗斯总统普京的见证下，《中华人民共和国商务部与俄罗斯联邦经济发展部关于完成欧亚经济伙伴关系协定联合可行性研究的联合声明》《中华人民共和国商务部和俄罗斯联邦经济发展部关于电子商务合作的谅解备忘录》《中华人民共和国国家发展和改革委员会与俄罗斯联邦经济发展部关于进一步加强投资合作的谅解备忘录》在北京签署。

丝路基金与哈萨克斯坦阿斯塔纳国际金融中心签署战略合作伙伴备忘录，并与阿斯塔纳国际交易所签署框架协议，拟通过下设的中哈产能合作基金认购阿斯塔纳国际交易所部分股权。

中匈塞交通基础设施合作联合工作组第七次会议在北京召开。

9日

中、俄、蒙三国元首举行第四次会晤，围绕中方"一带一路"建设、俄方发展战略特别是跨欧亚大通道建设、蒙方"发展之路"倡议相互对接这条主线，推动合作逐步深入，取得阶段性成果。

丝路基金与乌兹别克斯坦国家石油天然气控股公司签署合作协议，为乌油气相关项目提供美元和人民币投融资支持；与乌兹别克斯坦国家对外经济银行签署合作备忘录，带动中方产业合作伙伴共同推进乌第二大城市撒马尔罕的文化旅游综合体建设，助力其打造"丝绸之路"上国际地标性的文化旅游项目。

由中国国家博物馆和湖南省博物馆共同举办的"无问西东——从丝绸之路到文艺复兴"展览在中国国家博物馆开幕。

10日

阿富汗能源和水利部举行戴孔迪省5.5兆瓦太阳能光伏储能设计、供应及安装项目签约仪式，该项目是中国企业在阿富汗承接的首个光伏项目。

《中华人民共和国政府和白俄罗斯共和国政府关于互免持普通护照人员签证的协定》在青岛签署。

11—14日

中国—新西兰自由贸易协定第四轮升级谈判在北京举行。

11日

中企承建的苏丹上阿特巴拉水电站1号机组成功并网发电。至此，电站4台机组全部投产发电，将极大地缓解苏丹电力短缺问题。

12日

法国参议院发布首份关于中国"一带一路"倡议的评估报告，呼吁法国在"一带一路"建设中发挥积极作用。

《支持香港全面参与和助力"一带一路"建设联席会议制度》审议通过。

国务院自贸试验区工作部际联席会议第五次全体会议在北京召开。

13日

"长安号"中欧班列整车进口专列抵达仪式在西安国际港务区举行。

《甘肃省数据信息产业发展专项行动计划》印发。

14日

由商务部和云南省人民政府共同主办的第五届中国—南亚博览会暨第二十五届中

国昆明进出口商品交易会在昆明开幕。

15 日
由中国企业承建的斯里兰卡医院设施升级项目在斯南部城市阿鲁斯伽马开工。

16 日
《中俄人民币基金管理公司合作协议》签约仪式在哈尔滨举行。

19 日
丝绸之路国际美术馆联盟在北京成立。

中柬经贸合作委员会第五次会议在柬埔寨首都金边召开。

《中华人民共和国政府与多民族玻利维亚国政府关于共同推进丝绸之路经济带和 21 世纪海上丝绸之路建设的谅解备忘录》在北京签署。

20 日
《中尼电力联网可研合作协议》签署，标志着中尼电力联网项目进入工程可研阶段。

21 日
国际金融论坛（IFF）在北京发布《"一带一路"5 周年调查报告》，该报告是首份在全球范围内进行问卷调查的有关"一带一路"倡议的报告。

《中华人民共和国政府与巴布亚新几内亚独立国政府关于共同推进丝绸之路经济带和 21 世纪海上丝绸之路建设的谅解备忘录》在北京签署。

22—25 日
由商务部主办的"2018 年发展中国家行业协会（商会）管理官员赴粤考察暨经贸合作交流会"在广州举办。

22 日
布加勒斯特中国签证申请服务中心在罗马尼亚首都布加勒斯特市北部开业。这是中国在中东欧地区国家设立的第一家签证申请中心。

乌鲁木齐综合保税区正式封关运营。

25—26 日
主题为"助力基础设施融资：创新与合作"的亚投行第三届理事会年会在印度孟买举行。

25 日
中国政府同非洲东部 86 个政府和国际组织在"一带一路"框架下签署 101 项合作协议。

第七次中欧经贸高层对话举行。

中非基础设施建设合作成效与经验研讨会在肯尼亚首都内罗毕正式开幕。

26 日
亚洲基础设施投资银行（亚投行）理事会在第三届年会上宣布，已批准黎巴嫩作为意向成员加入，其成员总数将增至 87 个。

摩洛哥邮政集团同中国邮政集团在北京签署《中摩邮政跟踪小包双边合作协议》《中摩邮政金融服务双边合作协议》和《中摩邮政邮乐平台合作双边协议》三项合作协议，旨在促进中摩电子商务往来，推动融资便利化，促进双边邮政领域合作关系发展。

27 日
白俄罗斯国民会议代表院（议会下院）批准了《白中政府间关于互免持普通护照人员签证》的协议。

俄罗斯亚马尔地区首批途经北极航线运输的液化天然气已自萨别塔市起航，向东驶向中国江苏港口。

28 日
香港特别行政区政府及香港贸易发展局合办的第三届"一带一路高峰论坛"在香港会议展览中心举行。

国家发展改革委、商务部于以第 18 号令，发布了《外商投资准入特别管理措施（负面清单）（2018年版）》（以下简称2018年版负面清单），自2018年7月28日起施行。

30日
《区域全面经济伙伴关系协定》（RCEP）第5次部长级会间会在日本东京举行。

2018年7月
2日
"一带一路"法治合作国际论坛在北京开幕，论坛发表《"一带一路"法治合作国际论坛共同主席声明》。

5日
推进"一带一路"建设工作领导小组办公室召开办公室主任会议。

天使之旅"一带一路"人道救助计划第三批27名阿富汗先天性心脏病患儿，在抵达乌鲁木齐后，将被送到新疆医科大学第一附属医院接受手术救治。

6日
以"一带一路"粮食合作为主题的高峰论坛活动在甘肃省兰州市举行。

7日
李克强总理出席在保加利亚首都索非亚举行的第七次中国—中东欧国家领导人会晤，中国同中东欧16国共同发表《中国—中东欧国家合作索非亚纲要》。

《中华人民共和国国家发展和改革委员会与塞尔维亚共和国对华、对俄合作国家委员会关于共同编制中塞"一带一路"框架下双边合作规划的谅解备忘录》在索非亚签署。

9—12日
第五届中俄博览会在叶卡捷琳堡市举办。本届博览会以"新起点、新机遇、新未来"为主题。

9日
国务院办公厅转发了由商务部等20个部门发布的《关于扩大进口促进对外贸易平衡发展的意见》。

中国交建承建的援马尔代夫中马友谊大桥主桥 20~21 号墩之间的钢箱梁成功合龙，大桥至此全线贯通，建设工作取得关键性进展。

中铁二十局承建的蒙古国首座互通立交桥——乌兰巴托雅尔玛格立交桥主桥通车。
《中华人民共和国政府和卡塔尔国政府关于互免签证的协定》在北京签署。

由云南省人民政府、国家开发银行和新加坡星展银行共同举办的"金融支持中国—南亚东南亚区域合作"论坛暨 2018 年中国—东盟银行联合体高官会议日前在云南昆明召开，会议主题为"加大金融支持力度，助力区域互利合作"。

10 日
中国—阿拉伯国家合作论坛第八届部长级会议在北京举行。本届部长会计划通过《北京宣言》《2018—2020 年行动执行计划》等成果文件，涵盖 10 多个合作领域，为未来中阿共建"一带一路"制定清晰可行的路线图。

中国—中东欧国家领导人索非亚会晤期间，中国和罗马尼亚签署《关于开展交通和基础设施合作的谅解备忘录》。

11 日
2018 年中国航海日论坛在上海开幕，主题为"航海新时代 丝路再出发"。论坛发布了"21 世纪海上丝绸之路"港航合作倡议。

中国与突尼斯签署共建"一带一路"谅解备忘录。

12 日
中阿银联体成立仪式暨首届理事会会议在北京举行，各成员行共同签署了《关于中国—阿拉伯银行联合体成立宣言》。

由中国土木工程集团（以下简称中土）尼日利亚有限公司承建的尼首都阿布贾城铁正式开通，这是西非地区开通的第一条城铁。

13 日
"一带一路"关键性项目——"中巴光缆"开通仪式在巴基斯坦首都伊斯兰堡举行。

《中华人民共和国政府与多米尼克政府关于共同推进丝绸之路经济带与21世纪海上丝绸之路建设的谅解备忘录》签署。

13—15日

第九届中国民族植物学大会暨第八届亚太民族植物学论坛"在昆明召开,会上发布了《"一带一路"生物多样性与传统知识保护昆明宣言》。

14—15日

第七届世界和平论坛在清华大学举行。中共中央政治局委员、中央外事工作委员会办公室主任杨洁篪出席论坛开幕式并致辞。

16日

国务院总理李克强同欧洲理事会主席唐纳德·图斯克、欧盟委员会主席让—克洛德·容克在北京举行第二十次中国欧盟领导人会晤并发布联合声明。

丝路基金与欧洲投资基金(EIF)签署《关于中欧共同投资基金首单项目落地与继续深化合作的谅解备忘录》,宣布中欧共同投资基金投入实质性运作。

新疆伊尔克什坦口岸迎来了第一辆沿中吉乌国际道路进入中国境内的TIR车辆。

17—18日

由中国共产党主办的中国共产党与世界政党高层对话会非洲专题会在坦桑尼亚达累斯萨拉姆举行,会议主题为"中非政党探索符合国情发展道路的理论与实践"。

19日

中俄能源合作重大项目——亚马尔液化天然气项目向中国供应的首船液化天然气(LNG)通过北极东北航道运抵中国石油旗下的江苏如东LNG接收站,交付给中国石油。

德国商业银行与中国工商银行公布,双方已签署合作备忘录,将支持"一带一路"倡议的相关项目,德商行未来5年内投放50亿美元支持"一带一路"项目。

20日

中国与阿拉伯联合酋长国在北京签署《关于加强重点领域务实合作的谅解备忘

录》，指出中阿在互联互通、产能合作园区和金融平台、共同投资基金、能源上下游全产业链等重点领域的务实合作，并开展第三方市场合作。

中国信保和缅甸投资者发展协会签署《谅解备忘录》，双方将搭建合作机制，重点在电力、矿产、农业和能源等领域加强合作，特别是共同致力于加强"一带一路"下的互联互通和产能合作。

23 日

由中企承建的津巴布韦最大机场罗伯特·穆加贝国际机场改扩建工程开工仪式在首都哈拉雷举行。

国家主席习近平同卢旺达总统卡加梅共同见证了关于"一带一路"建设等多项双边合作文件的签署，卢旺达加入"一带一路"国际合作"朋友圈"。

中国与纽埃签署《关于共同推进丝绸之路经济带和21世纪海上丝绸之路建设的谅解备忘录》。

24 日

第五届中非民间论坛在成都闭幕。闭幕会上发布了《中非民间友好伙伴计划（2018—2020）》，从民生合作与捐赠救助、能力建设和人才交流、促进发展、文化交流、建立交流机制五个方面，推出了30项中国民间未来三年将要实施的对非民间合作项目。

中国出口信用保险公司与南非标准银行在南非行政首都比勒陀利亚签署《框架合作协议》。

25 日

国家主席习近平应邀出席在南非约翰内斯堡举行的金砖国家工商论坛，并发表题为《顺应时代潮流 实现共同发展》的重要讲话。

"一带一路"中国工艺美术作品展之"丽水三宝"走进蒙古国活动在乌兰巴托中国文化中心举行。

26 日

中国商务部副部长钱克明与巴勒斯坦国民经济部部长欧黛在北京共同签署谅解备

忘录，宣布中巴自贸协定联合可行性研究正式完成。

27 日

中国与圭亚那"一带一路"合作文件签署仪式在圭首都乔治敦隆重举行，《中华人民共和国政府与圭亚那合作共和国政府关于共同推进丝绸之路经济带和 21 世纪海上丝绸之路建设的谅解备忘录》签署。

29 日

首列由成都开往俄罗斯的汽车出口定制中欧班列，从成都国际铁路港出发驶向莫斯科，该专列搭载 123 辆台东风汽车，预计贸易额超过 123 万美元。

30 日

国家外汇管理局"一带一路"国家外汇管理政策研究小组发布《"一带一路"国家外汇管理政策概览》。

中柬文化创意园项目在柬埔寨旅游城市暹粒举行开工仪式。

31 日

中国在太原卫星发射中心用"长征四号"乙运载火箭，成功将高分十一号卫星发射升空并送入预定轨道。

2018 年 8 月

1 日

由中国中铁六局集团总承包的越南河内吉灵—河东线城铁项目完成首次有电情况下列车与接触轨运作（热滑）测试，标志着该条线路正式具备电客车运行条件。

2 日

由中日两国学术界共同举办的"一带一路"学术研讨会在日本东京举行。

4 日

中远海运集团旗下中远海运特运公司的"天恩号"货轮从连云港起航，其将取道"冰上丝绸之路"，经白令海峡、跨越北冰洋前往欧洲港口。

8—10 日

中泰铁路合作联合委员会第 25 次会议在北京召开。

8 日

中国南方电网公司、老挝国家电力公司和老挝计划投资部在老挝首都万象共同签署《关于开发建设老挝国家输电网可行性研究谅解备忘录》。

9 日

上海海事法院发布首份涉"一带一路"海事审判白皮书。据上海海事法院方面介绍，这是中国首份专题涉及"一带一路"海事审判工作的白皮书。

中俄亚马尔液化天然气（LNG）项目在俄罗斯亚马尔—涅涅茨自治区萨别塔港完成第二条生产线液化天然气的首次装船，装船量达 17 万立方米。

11 日

阿克套库里克港多式联运枢纽举行开通仪式。

12 日

第五届里海峰会在哈萨克斯坦阿克套举行，里海五国——俄罗斯、哈萨克斯坦、伊朗、阿塞拜疆和土库曼斯坦的国家元首首次达成共识，签署《里海法律地位公约》承认里海的合法地位。

18 日

由国家卫生健康委国际交流与合作中心和中国红十字基金会主办、中国太平保险（香港）有限公司和欧盟中国健康产业促进委员会协办的首届"一带一路"医学救援大会在北京国家会议中心召开。

19 日

孟加拉国达舍尔甘地污水处理厂项目开工仪式在孟首都达卡举行。项目建成后将成为孟加拉国乃至南亚地区最大规模的污水处理厂，也是孟加拉国第一座使用中国援外优惠贷款、采用中国先进技术并由中国公司建设的污水处理厂。

20—24 日

中国—巴拿马自贸协定第二轮谈判在北京举行。

《中华人民共和国政府与乌拉圭东岸共和国政府关于共同推进丝绸之路经济带和21世纪海上丝绸之路建设的谅解备忘录》在北京签署。

21日

意大利经济发展部宣布成立中国任务小组,旨在建立政府、商界和社会间对话机制,进一步加强意中两国经贸关系。

24日

中泰经贸联委会第六次会议在泰国曼谷召开期间,中国商务部与泰国商业部共同签署谅解备忘录,正式建立中泰贸易畅通工作组机制。

中国在智利投资建设的首个风电场——蓬塔谢拉风电场正式投产发电。

中英经贸联委会第13次会议在北京举行。

25日

吉尔吉斯斯坦首都比什凯克主干道马纳斯大街的修复工程完成,同日举行了通车仪式。比什凯克市政道路修复项目由中国路桥公司承建,此次中国企业的修复工程,是比什凯克有史以来第一次使用沥青马蹄脂碎石混合料新技术。

26日

最高人民法院国际商事专家委员会成立,特聘32名中外专家为国际商事专家委员会首批专家委员。根据《关于建立"一带一路"国际商事争端解决机制和机构的意见》,国际商事专家委员会将通过调解、仲裁等方式解决"一带一路"国际商事纠纷,为"一带一路"建设参与国当事人提供优质高效的法律服务。

27日

推进"一带一路"建设工作5周年座谈会在人民大会堂召开,中共中央总书记、国家主席、中央军委主席习近平出席座谈会并发表重要讲话。

国新办举行新闻发布会,介绍共建"一带一路"五年进展情况及展望。

中国和希腊签署两国政府间共建"一带一路"合作谅解备忘录。

28 日

2018 年"一带一路"知识产权高级别会议在北京开幕。

29 日

中国贸促会研究院发布《中国对外直接投资战略研究》。该报告指出,中国"走出去"战略与管理体系不断调整,对外直接投资正处于历史最好时期。

越南《越南新闻》消息称,自 2018 年 10 月 12 日起,越中边境地区可使用人民币结算,相关货物或服务结算可采用越南盾或人民币进行支付。

30 日

中国援建的中马友谊大桥正式开通。大桥全长 2000 米,将连通马尔代夫首都马累和机场岛,设计使用寿命 100 年。

第六届中国—亚欧博览会在乌鲁木齐开幕。

31 日

重庆市代表团在越南首都河内举办中新互联互通项目"南向通道"专题推介会,推介会上"南向通道"铁海联运越南国际货物集散中心正式揭牌。

2018 年 9 月

1 日

在中国国家主席习近平与加纳总统纳纳·阿库福—阿多的共同见证下,中国信保与加纳财政部签署《融资保险合作框架协议》。

2 日

《中华人民共和国商务部与毛里求斯共和国外交、地区一体化和国际贸易部关于结束中国毛里求斯自由贸易协定谈判的谅解备忘录》签署,标志着谈判正式结束。

中国银行与南非财政部、公共企业部签署《关于支持南非国有企业结构性改革的谅解备忘录》,与南非贸工部签署了《贸易与投资合作协议》。

中非合作论坛第七届部长级会议在北京举行。

3日

驻哥斯达黎加大使汤恒与哥第一副总统兼外长坎贝尔在哥外交部共同签署中哥共建"一带一路"谅解备忘录。

中国国务院总理李克强和埃塞俄比亚总理阿比共同见证了中埃共建"一带一路"谅解备忘录的签署。

4日

中非合作论坛北京峰会举行，会议通过了《关于构建更加紧密的中非命运共同体的北京宣言》和《中非合作论坛—北京行动计划（2019—2021年）》两份成果性文件。

浦发银行与大华银行在上海签署"一带一路"倡议合作备忘录。

土耳其泽塔斯三期2×660MW超临界火电项目获得业主签发的最终完工证书，这是中国工程总承包企业在欧洲首个重大项目。

5日

中非开发性金融论坛暨中非金融合作银行联合体成立大会在北京召开。中国国家开发银行等17家成员行在会上签署《中非金融合作银联体成立协议》，标志着中国与非洲间首个多边金融合作机制成立。

中远海运"天恩"号货轮当地时间抵达法国西北部港口城市鲁昂。这是"天恩"轮首次沿"冰上丝绸之路"取道北极，访问欧洲。

巴基斯坦总理伊姆兰·汗的联邦内阁成立了中巴经济走廊委员会。

中国海外基础设施开发投资有限公司与刚果共和国政府在北京签署《刚果共和国黑角经济特区开发框架协议》。

6日

吉尔吉斯斯坦国家化肥厂（中吉农业产业示范园）项目签约。该项目是中吉两国"一带一路"重大合作项目，预计总投资2亿美元，采用BOT模式，投资方运营30年后无偿移交给吉尔吉斯斯坦政府。

7 日

第五届丝绸之路国际艺术节在西安开幕。

8 日

第二十届中国国际投资贸易洽谈会在厦门揭幕,大会主题是"贯彻新发展理念,融入'一带一路',促进双向投资"。

9 日

《中华人民共和国政府与缅甸联邦共和国政府关于共建中缅经济走廊的谅解备忘录》签署。

10 日

英国议会跨党派"一带一路"和中巴经济走廊小组正式成立。

11 日

国家主席习近平在符拉迪沃斯托克和俄罗斯总统普京共同出席中俄地方领导人对话会。

中俄企业咨询委员会第四次会议在符拉迪沃斯托克举行。

12 日

第四届东方经济论坛全会在符拉迪沃斯托克举行,习近平主席发表题为《共享远东发展新机遇开创东北亚美好新未来》的致辞。

12—15 日

第 15 届中国—东盟博览会将在广西南宁举行,主题为"共建 21 世纪海上丝绸之路,构建中国—东盟创新共同体"。

13 日

《中华人民共和国政府与马耳他共和国政府中期合作规划指导委员会首次会议纪要》在北京签署。

14 日

"重文德之光华:重华宫原状文物展"在希腊雅典卫城博物馆开幕。

16 日

"'一带一路'产能合作园区论坛"在北京成功举行,论坛以"高质量推动'一带一路'产能合作园区"为主题。

17 日

中国驻委内瑞拉大使馆与委文化部在委国家图书馆举办"一带一路"图片展暨中国文化周开幕式。

中蒙经贸联委会第 15 次会议在北京召开。

瑞典至赣州港首列班列开通。

18—20 日

第四次中国—中东欧国家旅游合作高级别会议在克罗地亚南部旅游名城杜布罗夫尼克召开。

18 日

西安市发布建设"丝路文化高地"行动计划。

第十二届夏季达沃斯论坛在天津开幕,国家信息中心发布了《"一带一路"大数据报告(2018)》。

首届数字经济暨数字丝绸之路国际会议在杭州召开。本次会议以"数字经济引领未来,共建 21 世纪数字丝绸之路"为主题,围绕大数据、云计算、互联网+、电子商务、智慧城市建设等领域进行了交流。

19 日

丝路基金与哈萨克斯坦阿斯塔纳国际金融中心签署战略合作伙伴备忘录,并通过中哈产能合作基金购买阿斯塔纳国际交易所部分股权。

中国与格林纳达签署共建"一带一路"谅解备忘录。

"新时代、新起点"第二届"一带一路"和澜湄合作国际研讨会在泰国清迈举行。

欧盟委员会与欧盟对外行动署发布题为《连接欧洲和亚洲——对欧盟战略的设想》的政策文件，全面阐述欧盟实现"更好连接欧亚"愿景的计划。

20日

第十七届中国西部国际博览会在四川成都举行，本届西博会以"中国新时代 西部新作为"为主题。

由中国企业总承包的越南首都河内吉灵—河东线轻轨项目开始试运行。

21日

中国和意大利《关于开展第三方市场合作的谅解备忘录》在北京签署，这标志着两国政府间第三方市场合作工作机制正式建立。

25—28日

中国—挪威自由贸易协定第十二轮谈判在北京举行。

26—27日

中国—蒙古自贸协定联合可行性研究第一次会议在蒙古乌兰巴托举行。

26日

中国信保与中国机电产品进出口商会签署了《战略合作协议》。

四川航空公司（川航）成都至特拉维夫航线首飞成功，这是中国中西部地区第一条直飞以色列航线。

27日

第三届丝绸之路（敦煌）国际文化博览会在甘肃敦煌举行。

2018年10月

12日

国务院总理李克强在杜尚别国宾馆出席上海合作组织成员国政府首脑（总理）理事会第十七次会议。

18 日

在江苏省苏州市举行的"一带一路"能源部长会议上,中国与 17 国共同发布建立"一带一路"能源合作伙伴关系部长联合宣言。

第二届世界油商大会在浙江舟山举行。

19 日

国务院总理李克强在布鲁塞尔出席第十二届亚欧首脑会议,并率先发表题为《共担全球责任 共迎全球挑战》的引导性讲话。

22 日

香港特区政府与亚投行签署"项目准备特别基金"的拨款协议。

23 日

中巴自贸协定谈判正式启动。

24 日

河南省会郑州至比利时物流枢纽列日的货运班列正式开通。

2018 年 11 月

1 日

《中华人民共和国政府与萨尔瓦多共和国政府关于共同推进丝绸之路经济带和 21 世纪海上丝绸之路建设的谅解备忘录》在北京签署。

2 日

《中华人民共和国政府与多米尼加共和国政府关于共同推进丝绸之路经济带和 21 世纪海上丝绸之路建设的谅解备忘录》在北京签署。

《中华人民共和国政府与智利共和国政府关于共同推进丝绸之路经济带和 21 世纪海上丝绸之路建设的谅解备忘录》在北京签署。

5 日

首届中国国际进口博览会在上海开幕。国家主席习近平出席开幕式并发表题为《共建创新包容的开放型世界经济》的主旨演讲。

7 日

中俄总理第二十三次定期会晤在北京举行。

8 日

中法第三方市场合作指导委员会第二次会议在北京召开,会议签署了中法第三方市场合作新一轮示范项目清单。

首趟合肥至赫尔辛基中欧班列发出,标志着安徽省中欧班列北欧线路成功开行。

12 日

《中华人民共和国政府与斐济共和国政府关于共同推进丝绸之路经济带和 21 世纪海上丝绸之路建设的谅解备忘录》正式签署。

中国央行宣布,已经与英格兰银行续签了中英双边本币互换协议,此举旨在维护国内金融市场稳定。

在中新两国总理的见证下,新加坡正式宣布核准《"一带一路"融资指导原则》。

13 日

中国和新加坡签署《自由贸易协定升级议定书》。

17 日

郑州经非洲至南美洲的首条包机货运航线正式开通。

22 日

《关于中哈产能与投资合作第十五轮重点项目清单的谅解备忘录》签署。

30 日

二十国集团领导人第十三次峰会在阿根廷布宜诺斯艾利斯举行,国家主席习近平出席。

2018 年 12 月

1 日

在国家主席习近平对阿根廷进行国事访问期间,《中华人民共和国商务部和阿根廷共和国生产和劳工部关于电子商务合作的谅解备忘录》在布宜诺斯艾利斯签署。

6日

国家开发银行在国际债券市场成功发行2018年首笔24亿美元等值双币种债券,这是今年境内中资银行高级债券的最大规模单次发行。

11日

位于北极圈内的亚马尔液化天然气(LNG)项目第三条生产线正式投产,比计划提前一年。

12日

由中国银行发行的匈牙利人民币债券(又称"熊猫债")挂钩结构性票据产品在匈首都布达佩斯交易所挂牌上市,这是中国银行在欧洲地区面向机构投资者发行的第一只连接中国境内熊猫债的美元/欧元双币种票据类投资产品。

14日

俄罗斯Unistream支付系统与银联推出MoneyExpress跨国汇款服务。

18日

国内首条双层集装箱海铁联运班列——宁波舟山港至浙江绍兴双层集装箱班列成功首发。

20日

中巴经济走廊联合合作委员会第八次会议在北京召开。

28日

国际陆海贸易新通道江津班列正式开通运行。

31日

中国—印度高级别人文交流机制首次会议在新德里举行。

2019年1月

1日

海南自由贸易账户(FT账户)体系在海南省内部分金融机构正式上线运行。

7 日

中新互联互通项目联合实施委员会第四次会议及共建"陆海新通道"主题对话会在重庆举行。

8 日

由支付宝提供的普惠技术解决方案——区块链跨境汇款项目在巴基斯坦首都伊斯兰堡举行揭牌仪式,该项目为南亚首个落地的区块链跨境汇款项目。

16 日

中埃产能合作第三次部长级会议在埃及首都开罗召开。

19 日

来自宁波的中国货物于 2018 年 12 月 18 日启运,通过铁路运至哈萨克斯坦阿克套港,再通过迪巴(Diba)散货船运抵伊朗里海港口安扎里自由区。

31 日

《中华人民共和国国家发展和改革委员会与卡塔尔国外交部关于共同编制中卡共建"一带一路"倡议实施方案的谅解备忘录》签署。

2019 年 2 月

12 日

司法部召开"中国—上海合作组织法律服务委员会"成立大会暨第一次部际联席会议。

19 日

新疆首批 TIR 运输货物从霍尔果斯公路口岸入境,标志着首次中欧"门到门双向公路运输"顺利完成。

20 日

《国家发展和改革委员会与澳门特别行政区政府关于支持澳门全面参与和助力"一带一路"建设的安排》签署。

21 日

《中华人民共和国政府与巴巴多斯政府关于共同推进丝绸之路经济带和 21 世纪海

上丝绸之路建设的谅解备忘录》签署。

23 日

海南自贸区开放发展基金在三亚设立。

27 日

中华人民共和国、俄罗斯联邦和印度共和国外长在中国（浙江）举行第十六次会晤。

28 日

中国—欧盟安全智能贸易航线试点计划第三十二次工作组会议结束，确定将中欧班列（成都—波兰罗兹）铁路线路及相关企业纳入"安智贸"。

2019 年 3 月

1 日

《中华人民共和国政府与智利共和国政府关于修订〈自由贸易协定〉及〈自由贸易协定关于服务贸易的补充协定〉的议定书》正式生效实施。

12 日

陆海贸易新通道（果园港）班列从重庆果园港铁路专用线驶出，通过"陆海新通道"直达广西钦州港。这标志着"陆海新通道"、中欧班列（重庆）物流通道和长江黄金水道在中国长江上游最大内河港重庆果园港实现无缝衔接。

中欧"赤满欧"国际集装箱回程班列正式抵达内蒙古自治区赤峰市，此举真正实现"重去重回"往返开行。

14 日

"一带一路"国际合作典型项目研讨会在河南省郑州市召开。

18 日

装载货物原产地为台湾高雄的两个集装箱的中欧（厦门）班列抵达莫斯科，标志着"海陆联运"开辟台湾至莫斯科物流通道。

19 日

中国同欧盟成员国首次举行外长集体对话。

中巴经济走廊政党共商机制第一次会议在北京举行。

巴基斯坦央行允许渣打银行（巴基斯坦）设立人民币账户，以开展本地人民币清算和结算业务。

20 日

中国银行作为牵头主承销商和牵头簿记管理人，成功协助新加坡大华银行在中国银行间债券市场发行 20 亿元人民币债券（即"熊猫债券"），发行人国际评级 AA，中国境内债项评级 AAA，3 年期，票面利率为 3.49%。

22 日

首届中意第三方市场合作论坛在罗马成功召开。

23 日

国家主席习近平对意大利进行国事访问期间，《中华人民共和国商务部和意大利共和国经济发展部关于电子商务合作的谅解备忘录》在罗马签署。

26 日

国家主席习近平在巴黎同法国总统马克龙一道出席中法全球治理论坛闭幕式。德国总理默克尔、欧盟委员会主席容克应邀出席。

28 日

博鳌亚洲论坛 2019 年年会开幕，国务院总理李克强发表题为《携手应对挑战实现共同发展》的主旨演讲。

2019 年 4 月

5 日

由中国铁建股份有限公司（中国铁建）承建的莫斯科地铁第三换乘环线维尔纳茨基大街站至米丘林站右线隧道贯通，这是中国企业在俄罗斯承建的第一条地铁隧道。

7 日

由西安始发至匈牙利布达佩斯的首班中欧班列"长安号"用时 11 天抵达布达佩斯 BILK 场站,刷新全国中欧班列平台布达佩斯线路的时效纪录。

9 日

国务院总理李克强在布鲁塞尔欧洲理事会总部同欧洲理事会主席图斯克、欧盟委员会主席容克共同主持第二十一次中国—欧盟领导人会晤。

中巴经济走廊国际合作协调工作组首次会议在北京召开。

10 日

"陆海新通道"铁海联运出口印度专列从重庆发车。

12 日

第九届中国—中东欧国家经贸论坛在杜布罗夫尼克举行。

16 日

中国工商银行发行全球首只绿色"一带一路"银行间常态化合作债券(简称"BRBR 债")。本次发行涵盖人民币、美元、欧元三种币种,等值金额 22 亿美元,期限为 3 年和 5 年,募集资金用于支持"一带一路"绿色项目建设。

22 日

推进"一带一路"建设工作领导小组办公室发表《共建"一带一路"倡议:进展、贡献与展望》报告。

中拉开发性金融合作机制成立大会暨首届理事会会议在北京召开,各成员行共同签署了中拉开发性金融合作机制合作协议。

亚投行理事会批准科特迪瓦、几内亚、突尼斯和乌拉圭为新一批成员。至此,亚投行成员达到 97 个。

24 日

中国银行卢森堡分行发行的总额为 5 亿美元的"一带一路"主题债券在卢森堡证券交易所正式挂牌上市。

25—27 日

第二届"一带一路"国际合作高峰论坛在北京成功举行,国家主席习近平在开幕式发表题为《齐心开创共建"一带一路"美好未来》的主旨演讲。论坛期间举行了高峰论坛开幕式、领导人圆桌峰会、高级别会议、12 场分论坛和 1 场企业家大会。包括中国在内,38 个国家的元首和政府首脑等领导人以及联合国秘书长和国际货币基金组织总裁共 40 位领导人出席圆桌峰会。来自 150 个国家、92 个国际组织的 6000 余名外宾参加了论坛。

25 日

第二届"一带一路"国际合作高峰论坛"数字丝绸之路"分论坛在北京国家会议中心举行。

26 日

2019 中捷"一带一路"合作论坛举行,捷克共和国总统泽曼、捷克工贸部部长诺瓦科娃、捷克经济商会主席德卢希等政要及中捷企业家代表参加论坛。

中国和希腊签署《关于重点领域 2020—2022 年合作框架计划》。新的三年合作计划将两国重点合作领域从交通、能源、信息通信领域进一步拓展至制造业和研发、金融领域。

《中国银行关于在巴设立代表处的谅解备忘录》在北京签署。

29 日

中国和瑞士签署《关于开展第三方市场合作的谅解备忘录》。根据该备忘录,双方将按照企业主体、市场原则,根据国际惯例和准则以及合作受益国的法律、法规在第三方市场开展合作。

2019 年 5 月

9 日

亚投行在伦敦证券交易所上市发行首只全球债,为 25 亿美元年利率 2.25% 的 5 年期全球债券。

15 日

亚洲文明对话大会在北京开幕,国家主席习近平发表题为《深化文明交流互鉴共建亚洲命运共同体》的主旨演讲。

16 日
由俄罗斯始发的中欧班列（重庆）上合组织国家专列抵达重庆。

22 日
上海合作组织成员国外长理事会会议在吉尔吉斯斯坦首都比什凯克召开。

30 日
非洲大陆自由贸易区协定生效。

2019 年 6 月

8 日
第二十三届圣彼得堡国际经济论坛全会在圣彼得堡举行。习近平发表了题为《坚持可持续发展 共创繁荣美好世界》的致辞。

11 日
上海合作组织银行联合体理事会第十五次会议在吉尔吉斯斯坦乔尔蓬阿塔召开。

13 日
《中华人民共和国商务部与吉尔吉斯共和国工业、电力和矿产资源利用委员会和投资促进保护署关于建立投资和工业合作工作组的谅解备忘录》签署。

14 日
上海合作组织成员国元首理事会第十九次会议在吉尔吉斯斯坦首都比什凯克举行。

15 日
亚洲相互协作与信任措施会议第五次峰会在塔吉克斯坦首都杜尚别举行，国家主席习近平出席峰会并发表重要讲话。

17 日
第十次中英财金对话期间，中英《关于开展第三方市场合作的谅解备忘录》签署。

中国（西部）"一带一路"跨境投资与贸易对接会在重庆举行。

18 日

新疆塔城巴克图中哈边民互市转型发展试点项目在巴克图口岸正式运营,助力巴克图口岸从"过境口岸"转型为"产业口岸"。

26 日

重庆首次开通前往非洲的定期货运航线——至印度新德里和埃塞俄比亚的斯亚贝巴的全货机定期航线正式开通。

28—29 日

二十国集团领导人第十四次峰会在日本大阪举行,国家主席习近平出席并发表题为《携手共进,合力打造高质量世界经济》的重要讲话。

金砖国家领导人会晤在大阪举行。五国领导人围绕金砖伙伴关系、全球治理、科技创新合作等深入交换意见,达成广泛共识。

国家主席习近平在大阪主持中非领导人会晤。

由烟台发往莫斯科的"齐鲁号"欧亚班列实现中俄方向首发,开启了北向国际物流通道。

2019 年 7 月

1 日

《中国(四川)自由贸易试验区条例》正式施行。

2 日

福建正式开通首条"卢森堡—郑州—厦门—洛杉矶"第五航权货运航线。
中国商务部与白俄罗斯经济部在白首都明斯克郊区的中白工业园共同举办"一带一路"区域合作发展论坛。

2019 年夏季达沃斯论坛在大连国际会议中心举行,李克强总理出席开幕式并发表特别致辞。

3 日

中韩(武汉)石油化工有限公司揭牌,标志着中韩石化一体化合资项目投入商业运营。这是中国、韩国两国在能源化工领域的最大合资项目，也是中国石化吸收外资参与国有企业混合所有制改革的重要举措。

由中国公共外交协会、上海市政协主办，上海市政协对外友好委员会、上海公共外交协会、《亚太日报》共同承办的"一带一路—中国企业走进亚太"研讨会在上海黄浦江畔举行。

4日
郑州市政府官网发布《关于印发中国（河南）自由贸易试验区郑州片区三年行动计划（2019—2021年）的通知》。

第二十五届中国兰州投资贸易洽谈会在兰州开幕。

几内亚国民议会批准几内亚加入亚投行。

8日
中俄东线天然气管道中段工程全面进入开工建设。中俄东线天然气管道工程是我国建设的首条具有1422毫米超大口径、X80高钢级、12兆帕高压力等级的，具有世界级水平的天然气管道工程，每年可输送来自俄罗斯380亿立方米的天然气。

深圳市人民政府印发《支持自由贸易试验区深化改革创新若干措施工作方案》，方案共发布39条举措，对前海蛇口自贸片区进一步深化改革创新措施作出指导与工作要求。

以"稳定国际秩序：共担、共治、共享"为主题的第八届世界和平论坛在北京清华大学举行，国家副主席王岐山出席开幕式并致辞。

9日
首趟中欧班列（明斯克—成都）运贸一体化回程班列从白俄罗斯首都明斯克的科里亚季奇车站启程，这意味着中欧班列成功实现双向贸易。

11日
中美"为'一带一路'倡议导航"研讨会在北京举行。

12—13 日

主题为"合作与互联互通"的亚投行第四届理事会年会在卢森堡举行。

中国匈牙利"一带一路"工作组第二次会议在布达佩斯召开。

15 日

亚洲基础设施投资银行（亚投行）和安本标准投资管理（安本标准投资）达成战略合作，安本标准投资代表亚投行管理 5 亿美元的亚投行亚洲 ESG 增强信用管理投资组合。

17 日

以"全媒体时代的新闻发布与共建'一带一路'"为主题的第三届中国—中东欧国家新闻发言人对话会在中国贵阳举行。

18 日

中俄首条国际跨境索道黑河——布拉戈维申斯克跨黑龙江（阿穆尔河）索道工程建设正式开工。

19 日

国家发展改革委、国务院港澳办、香港特区政府在京召开支持香港全面参与和助力"一带一路"建设联席会议第二次会议。

22 日

中国光大集团董事长李晓鹏与阿拉伯联合酋长国国务部长、阿布扎比国际金融中心主席艾赫迈德·阿里·阿尔·沙耶赫在北京人民大会堂交换合作协议，以共建产融合作示范平台，服务"一带一路"建设。

《中华人民共和国国家发展和改革委员会与阿拉伯联合酋长国阿布扎比国际金融中心关于推动中阿双边及共同在中东北非地区开展"一带一路"产能与投融资合作的谅解备忘录》《中华人民共和国科学技术部与阿拉伯联合酋长国总理办公室人工智能办公室关于人工智能科学技术合作的谅解备忘录》等在北京签署。

31 日

《中华人民共和国商务部和哥伦比亚共和国贸易、工业和旅游部关于电子商务合作的谅解备忘录》在北京签署。

2019年8月

1日

全国海关推广"单一窗口"商品条码申报功能,适用范围将逐步扩大到所有商品类别。

2日

中国—新加坡(重庆)战略性互联互通示范项目联合工作委员会第一次会议在北京举行。

5日

2019年中蒙俄经济走廊国际商品博览会在内蒙古锡林郭勒盟苏尼特左旗开幕。

8日

巴基斯坦国家发展委员会批准了《中巴经济走廊(CPEC)管理机构章程》,以确保走廊项目的顺利实施。

中巴经济走廊首个投产发电的大型能源项目——萨希瓦尔燃煤电站荣获巴基斯坦第16届年度环保卓越奖(电力和能源类)。

9日

首趟"对称往返"中欧班列从成都国际铁路港始发。无缝对接的"对称往返"模式,将大大提升班列运营时效、降低运营成本。

11日

满载氯化钾和PVC材料的铁海联运班列从青海省海西蒙古族藏族自治州格尔木市始发,标志着青海省"国际陆海贸易新通道"铁海联运班列实现常态化开行。

12日

《新时代甘肃融入"一带一路"抢占"五个制高点"规划》通过。

由智利中资企业协会和智中商会联合主办的2019"一带一路"与中智贸易合作主题会议在智利首都圣地亚哥举行。

14 日

由国家电投集团中国电力国际有限公司控股投资的中巴经济走廊重要能源项目——位于巴基斯坦俾路支省的中电胡布 2×660 兆瓦燃煤发电项目顺利完成双机 168 小时试运和巴政府规定的其他考核试验，即将正式投产进入商业运营。

16 日

由哈欧公司运营新开通的梅尔基—绥芬河—哈尔滨班列，经绥芬河口岸入境，顺利抵达目的站新香坊，全程运行时效 7 天，这标志着黑龙江中欧班列新线路开通。

17 日

由中国进出口银行贷款、上海建工集团承建的蒙古国巴彦洪戈尔至巴依扎格桥 129.4 千米公路竣工通车典礼在巴彦洪戈尔省奔巴县举行。

18 日

中企承建的塞尔维亚 E763 高速公路奥布雷诺瓦茨—利格段通车。

22 日

第八次中俄财长对话在俄罗斯莫斯科举行，双方共同发布了《第八次中俄财长对话联合声明》，这是中俄双方自 2006 年建立中俄财长对话以来首次发布联合声明。

23 日

塞尔维亚财政部部长西尼沙·马利宣布，塞尔维亚已正式成为亚洲基础设施投资银行（AIIB）的第 73 个非区域成员。

第十二届中国—东北亚博览会在长春开幕。

一批通过"市场采购贸易方式"通关的小商品，首次通过西部陆海新通道从成都出发抵达广西钦州港，标志着市场采购贸易方式与西部陆海新通道成功融合。

23—26 日

"2019 广东 21 世纪海上丝绸之路国际博览会"在广州举办，来自 92 个国家的 3500 多家企业参展，并首次设置"一带一路"沿线国家展区。

28 日

中欧（南昌—明斯克）食品专列实现双向对开。

29 日

德国汉堡商会通过"一带一路"倡议要点文件，深入分析中国"一带一路"倡议给汉堡带来的机遇及挑战，提出汉堡深度参与共建"一带一路"的政策建议，要求汉堡市政府、联邦政府及欧盟委员会拿出相关务实举措。

附　记

第一章　高质量建设"一带一路"的形势与路向选择（马莉莉）
　　第一节　共建"一带一路"的形势变化
　　第二节　高质量建设"一带一路"的使命
　　第三节　高质量建设"一带一路"的路向选择

第二章　联结市场与建设区域生产网络支撑平台
　　第一节　层级市场与区域生产网络平台的联动体系（马莉莉）
　　第二节　东亚区域生产网络的功能升级（张亚楠）
　　第三节　欧洲区域生产网络的扩展与欧亚协同（马莉莉、王艳艳）

第三章　打造泛长江经济带战略重心区
　　第一节　泛长江经济带作为战争重心区的背景与形势（马莉莉、郑建东）
　　第二节　泛长江经济带承载新型功能的资源条件（郑建东）
　　第三节　全面开放新格局下战略重心区的建设选择（马莉莉、郑建东）

第四章　拓展差异化功能性支点及高速通道
　　第一节　建设粤港澳大湾区升级性支点体系（马莉莉、李聪丫）
　　第二节　打造陕西为支撑泛长江经济带的发展性支点（马莉莉、刘大羽、周逸哲）

第五章　创建"多式联运港区城"支点及高速通道
　　第一节　创新"多式联运港区城"支点建设模式（马莉莉、黄光灿）
　　第二节　郑州空港城市的建设实践（马清怡、张玉洁）
　　第三节　重庆多式联运港口城市的建设实践（尹伊、李星霖）
　　第四节　支点城市与中欧班列的联动发展（张萍、马莉莉）

第六章　推进国际产能合作园区建设
　　第一节　国际产能合作园区的拓展空间（骆晓）
　　第二节　中白工业园的建设与发展选择（马莉莉、郑旭）
　　第三节　爱菊多园联动的建设与发展选择（马莉莉、张喆文、王浩霖）

第七章　建构国际经济治理体系
　　第一节　国际经济治理体系的建构方式（马莉莉）
　　第二节　拓展定制化经贸协议网络（余紫菱、吴博林、马莉莉）
　　第三节　多元组织协同供给国际公共服务（李若萱、亢瑷琪、马晓娟、孙鑫凤、马莉莉）
　　第四节　打造功能性国际治理中心（郭巧慧、邝菁菁、白冬欣、马莉莉）

大事记　严澜鑫、朱航、马明山